Carl Christoph Schweitzer

Der Abgeordnete im parlamentarischen Regierungssystem der Bundesrepublik

Leske Verlag + Budrich GmbH, Opladen

Der Autor

Carl-Christoph Schweitzer (1924), Professor für Politikwissenschaft seit 1963, seit 1968/73 an der Pädagogischen Hochschule Bonn und Universität Köln, Gastprofessor für Außenpolitik Duke University, USA 1967/68 und Universität Oxford 1977, Verfasser u.a.: Chaos oder Ordnung – Einführung in die Probleme der Internationalen Politik, Köln 1973; Amerika's chinesisches Dilemma, Opladen 1969; Die deutsche Nation – Aussagen von Bismarck bis Honecker, Köln 1976; Die nationalen Parlamente in der Gemeinschaft, ihr schwindender Einfluß in Bonn und Westminster auf die Europagesetzgebung, Bonn 1978.

CIP-Kurztitelaufnahme der Deutschen Bibliothek

Schweitzer, Carl-Christoph:
Der Abgeordnete im parlamentarischen Regierungssystem der Bundesrepublik / Carl-Christoph Schweitzer. – Opladen : Leske und Budrich, 1979.
(Uni-Taschenbücher ; 814)
ISBN 3-8100-0260-7

Satz: Satzagentur Beermann, Leverkusen
Druck: Hain Druck KG, Meisenheim/Glan
Buchbinderische Verarbeitung: Sigloch – Henzler Stuttgart
Einbandgestaltung: A. Krugmann, Stuttgart

Printed in Germany

Inhalt

Widmung

Allen echten Parlamentariern der drei Fraktionen des Deutschen Bundestages der 7. Legislaturperiode – an ihrer einsamen Spitze Herbert Wehner – sowie den vielen wirklichen Freunden unter den SPD-Mitgliedern im Bundestagswahlkreis 149.

Einleitung

Die hier vorgelegte politikwissenschaftliche Fallstudie wendet sich vornehmlich an Studierende und Lehrende in den Sozialwissenschaften bzw. an Lehrende in den entsprechenden Unterrichtsfächern der Schulen, aber auch an die politisch interessierte allgemeine Öffentlichkeit. Die Studie will die Frage nach den Möglichkeiten und Grenzen der Einflußnahme eines Mitgliedes des zweithöchsten Staatsorganes der Bundesrepublik Deutschland, des Deutschen Bundestages, auf den Prozeß der politischen Meinungsbildung im allgemeinen und auf innerparteiliche, innerfraktionelle und letztendlich parlamentarische Entscheidungsprozesse im besonderen problematisieren helfen und darüber hinaus praxisnah aufzuzeigen versuchen, unter welchen Voraussetzungen man in der Bundesrepublik Deutschland zum MdB als Berufspolitiker werden kann. Im gegebenen Rahmen kann dabei nur exemplarisch vorgegangen werden.
Die Untersuchung basiert unter anderem auf Quellenmaterial des Verfassers (Protokolle, Aufzeichnungen, Briefwechsel) aus seiner Mitgliedschaft im Deutschen Bundestag der 7. Legislaturperiode – Material, das er eines Tages wunschgemäß dem Bundesarchiv in Koblenz für die weitere auswertende Forschung Dritter zur Verfügung stellen wird. Er gehörte damals der sozialdemokratischen „Regierungsfraktion" an und war sogenanntes ordentliches Mitglied in zwei Bundestagsausschüssen – Auswärtiger Ausschuß und Ausschuß für Bildung und Wissenschaft – sowie der Enquete-Kommission für Verfassungsreform und des Bundestags-Kuratoriums der Bundeszentrale für politische Bildung. Auch Material aus der Zeit seiner zunächst zwischen 1969 und 1972 ehrenamtlichen und dann zwischen 1972 und 1976 – als ein Listenabgeordneter – hauptamtlichen Betreuung eines sehr großen ländlichen Bundestagswahlkreises in Rheinland-Pfalz wird herangezogen. Es ist allerdings an dieser Stelle schon deutlich zu machen, daß sich der Verfasser besonders im Hinblick auf den streng vertraulich arbeitenden Auswärtigen Ausschuß (1), aber auch mit Rücksicht auf noch politisch aktive frühere Kolleginnen und Kollegen bei der Verwendung des vorliegenden Quellenmaterials eine gewisse Zurückhal-

tung auferlegen mußte und daher auch nur in wenigen Fällen andere Personen direkt nennt oder auch nur zitiert. Zwangsläufig mußte damit auch der Nachteil des Anscheins in Kauf genommen werden, daß er seine eigene Rolle in vier Jahren Deutscher Bundestag oder acht Jahren Wahlkreisbetreuung als ein Bonner „Mittelbänkler" überschätzt, weil er ja im wesentlichen nur von Ereignissen, Tatsachen und Bewertungen im Zusammenhang mit seiner eigenen Person ausgehen kann. (1a)

Schon an dieser Stelle bittet der Verfasser seine früheren Bundestagskollegen aller Parteien, die ihm auch nach seinem Ausscheiden aus der Parlamentsarbeit durchweg mit ausgesprochener Herzlichkeit in den Wandelgängen des Hohen Hauses in Bonn begegnen, um Verständnis dafür, daß er manche Probleme des Parlamentarismus in der Bundesrepublik Deutschland mitunter vielleicht überpointiert anspricht aus der Verantwortung auch des Wissenschaftlers heraus, der sich nicht von Gefühlen der „Kameraderie" leiten lassen darf, wenn es um den Versuch geht, im Interesse von Wissenschaft und demokratischer Praxis zugleich Probleme unseres Parlamentarismus zu beleuchten, zu analysieren und zu bewerten. Der Verfasser möchte diese Untersuchung auf keinen Fall als irgendeine Form einer Teilbiographie, geschweige denn als „Enthüllungsliteratur" aufgefaßt wissen, sondern vielmehr als Beitrag eines Wissenschaftlers, der auch in den Jahren seiner aktiven politischen Betätigung die Wahrnehmung seines politikwissenschaftlichen Lehrstuhles mit allem was dies an Lehre und Forschung impliziert, nicht vernachlässigen zu dürfen glaubte und sich seiner Disziplin, seinen Fachkollegen und nicht zuletzt den Studierenden in diesem Fach gegenüber geradezu verpflichtet fühlt, theoretische oder „vortheoretische" Erkenntnisse verifizieren oder auch falsifizieren zu helfen aus der seines Erachtens unumgänglichen Sicht eines engen Theorie-Praxis-Bezuges in den Sozialwissenschaften. Eingearbeitet wurden daher auch zwei Umfragen in dem in Frage kommenden Bundestagswahlkreis zur Einschätzung von politischen Parteien und ihren Repräsentanten vorort – einmal vor und einmal nach der Zeit der Betreuung dieses Wahlkreises durch den Verfasser. Vom Ansatz her ist diese Untersuchung im übrigen eine deskriptiv-analytische. „Theorie" ist hier also im Hinblick auf den Bezug zur Praxis im weitesten Sinne des Wortes, d.h. nicht im engeren wissenschaftlichen, zu verstehen.

Abgesehen von diesem Theorie-Praxis-Bezug und dem sich daraus ergebenden eigenen Erkenntnisinteresse werden der hier vorgelegten Fallstudie die Kategorien einer Struktur- und Funktionsanalyse

zugrunde gelegt, wie sie auch der Verfasser schon in verschiedenen Untersuchungen politischer Entscheidungsprozesse angewandt hat (2). Dabei wird danach zu fragen sein, ob der Abgeordnete – einzeln oder im Kollektiv, das heißt, zusammen mit anderen eine Gruppe bildend etwa im Sinne der Geschäftsordnungsbestimmungen über die Einbringung von Gesetzesentwürfen im Deutschen Bundestag – wirksame Initiativ- und Empfehlungsfunktionen erfüllen kann; ob er einzeln oder mit anderen an der klassischsten aller parlamentarischen Funktionen, das heißt derjenigen der Kritik und Kontrolle gegenüber der Exekutive, zumal in einer Regierungsfraktion, partizipieren kann und schließlich in einer solchen Regierungsfraktion auch auf die Festlegungsfunktion oder politische Richtlinienbestimmung im Hinblick auf ganz konkrete politische Entscheidungen einzuwirken in der Lage ist. In diesem Gesamtzusammenhang werden gelegentlich Parallelbetrachtungen über die Möglichkeiten und Grenzen der Abgeordneten des immer noch, wie der Verfasser allerdings meint, heute zu Unrecht, als parlamentarisches Vorbild angesehenen britischen Unterhauses unter den Gesichtspunkten einer vergleichenden Lehre der Herrschaftsformen angestellt (3). Näher herangezogen wird hier – als Vergleich zur SPD-Bundestagsfraktion – die Fraktion der Labour Party im britischen Unterhaus.
Die Untersuchung gliedert sich in die folgenden Problemabschnitte:
Erstens: „Parteiapparate und parteipolitische Einzelkämpfer" – am Beispiel einer dreimaligen Aufstellung eines Direkt- und Listenkandidaten zum Deutschen Bundestag. Hier geht es nicht zuletzt um das Problem der mangelnden Beteiligung der Parteibasis an der Aufstellung von Bundestagskandidaten in unserem System. Auch Fragen der Konzeption, Finanzierung und Durchführung von Bundestagswahlkämpfen als innerparteiliches Problem in einem Bundestagswahlkreis werden dabei angesprochen.
Zweitens: Das in der Theorie schon seit Jahrzehnten erörterte „Spannungsverhältnis zwischen Artikel 21 und Artikel 38 des Grundgesetzes", das heißt das Problem des Abgeordneten zwischen Parteidisziplin und Entscheidungsfreiheit im innerfraktionellen und gesamtparlamentarischen Entscheidungsprozeß anhand praktischer Beispiele aus der 7. Legislaturperiode des Deutschen Bundestages, bezogen auf den Ablauf von Fraktions-, Ausschuß- und Plenarsitzungen sowie die Abwicklung von Fragestunden und Gesetzgebungsprozessen.
Drittens: „Der Deutsche Bundestag – Rede- oder Arbeitsparlament"? Hier wird vor allem auf das „anstößige" Problem der Präsenz der Ab-

geordneten im Plenum und in den Ausschüssen eingegangen. Dieser parlamentstheoretisch nicht unwichtiger Aspekt soll anhand genauer Statistiken behandelt werden, die der Verfasser während eines bestimmten Zeitraumes der 7. Legislaturperiode zu jedem einzelnen Tagesordnungspunkt des Deutschen Bundestages anfertigte.
Viertens: „Vom parlamentarischen Selbstverständnis der Abgeordneten des Deutschen Bundestages" – am Beispiel der Behandlung vor allem des Hochschulrahmengesetzes. In diesen Abschnitt wird in Anlehnung an andere Bundestagskollegen (4), aber untermauert durch weiteres empirisches Material die Frage nach den Grenzen und Möglichkeiten von Einflußnahmen einzelner Abgeordneter auf den Gesetzgebungsprozeß untersucht. Problematisiert werden soll hier unter anderem das Übergewicht der Exekutivspitze und ihrer Beamten bei der Beratung von Vorlagen in Bundestagsausschüssen ebenso wie der Einfluß des Vermittlungsausschusses bei der Veränderung von Gesetzesentwürfen.
Fünftens: „Vom repräsentativen Selbstverständis eines MdB". Hier geht es um Fragen der Betreuung eines Bundestagswahlkreises anhand von ausgewählten Beispielen einer Einschaltung von Bundes- und Landesbehörden bei der Behandlung von Petita aus dem Kreis der Volkssouveräne, das heißt Wählerinnen und Wähler, aber auch um das Problem der Abgeordnetentätigkeit als full-time-job nicht zuletzt in Verbindung mit der neuen Diätenregelung. Diese Fragestellung leitet dann über zu dem Abschnitt
Sechstens: „Zusammenfassung und Schlußfolgerungen". Hier wird nach Zukunftsperspektiven für die parlamentarische Demokratie als solche am Beispiel der Bundesrepublik Deutschland und damit auch erneut nach Parlamentsreformen zu fragen sein. Der Verfasser möchte schon in dieser Einleitung seinen eigenen wertenden Standpunkt dahingehend andeuten, daß unter anderem den Möglichkeiten einer Stärkung der Stellung des Abgeordneten nachgegangen werden muß auf der Linie etwa einer „Verschärfung" des Artikels 38 unseres Grundgesetzes und damit auch einer Beseitigung von Paragraphen der Fraktionsgeschäftsordnungen, die mit den Bestimmungen des Grundgesetzes und denen der Geschäftsordnung des Deutschen Bundestages selber bei strenger Auslegung und vor allem strikter Anwendung nicht in Einklang zu bringen sind. Auch er wird in diesem Zusammenhang der in der Theorie immer wieder angesprochenen Problematik nachgehen, ob nicht die Herrschaft oligarchisch organisierter und oligarchisch funktionierender Parteispitzen innerhalb und außerhalb des Parlamentes eingedämmt werden könnte. Es kann sich aber auch beim

Schlußkapitel im Rahmen dieser Veröffentlichung nur um Hinweise auf Problemstellungen handeln, die der Verfasser aufgrund seiner Erfahrungen für dringend lösungsbedürftig hält vonseiten sowohl kompetenter Praktiker der Politik als auch kompetenter Wissenschaftler der beteiligten Disziplinen und Teildisziplinen.

Der Verfasser ist sich der Tatsache bewußt, daß die in dieser Fallstudie behandelten Fragestellungen schon Gegenstand einer großen Anzahl von fundierten Abhandlungen besonders in den Forschungsgebieten Parteiensoziologie und Parlamentarismustheorie gewesen sind (5), Gebiete, die er als Vertreter der Teildisziplin „Internationale Politik" in Forschung und Lehre nicht intensiv bearbeitet hat. Er fühlt sich der Arbeit dieser Fachkollegen und insbesondere auch mancherlei direkten und indirekten Anregungen sehr verpflichtet. Desgleichen hat er von wegweisenden Abhandlungen insbesondere dreier ehemaliger „Doppelkollegen", Schäfer, Apel und Lohmar (6), profitiert. Wenn er angesichts dieser Arbeiten dennoch an das Wagnis einer weiteren politikwissenschaftlichen Darstellung herangegangen ist, so vor allem aus der oben schon angesprochenen Erwägung heraus, daß es in diesen von der Wissenschaft zu untersuchenden Bereichen wie in allen übrigen immer wieder der Anstrengung aller Sachkundigen bedarf, um mit Hilfe von neuem Quellen- und vor allem „eigenem" Anschauungsmaterial theoretische und pretheoretische Ansätze zu verifizieren oder zu falsifizieren.

Der Verfasser ist sich ebenso wie der Verleger eines gewissen experimentellen Charakters dieser Studie bewußt, die daraus resultiert, daß über eigene Erfahrungen und empirische Daten im Rahmen dieser Reihe objektiv zu reflektieren versucht wird. Er ist daher auch dankbar für Anregungen im Hinblick auf eine mögliche spätere Erweiterung dieser Studie, die im Sommer 1978 abgeschlossen wurde.

Abschließend möchte er seinen unermüdlichen Sekretärinnen, Frau Irmgard Herrmann und Frau Elke Dumpich, für ihren großen Arbeitseinsatz bei der technischen Abfassung des Manuskriptes ebenso danken, wie einmal mehr (nicht zuletzt als früheres Mitglied des Unterausschusses „Bibliothekswesen" im Deutschen Bundestag) dem so hervorragend arbeitenden Mitarbeiterstab der „Ausleihe" in der Bundestagsbibliothek unter der Führung von Frau Eckstein. Stellvertretend für alle, die ihn in dieser Bibliothek seit nunmehr 25 Jahren betreut haben, seien hier ausdrücklich die Damen Ilsemarie Querner, Friederike Kloska, Irmintrud Zerber, Ursula Riggert und Hannelore Beyer genannt.

I. Parteiapparate und parteipolitische Einzelkämpfer

Nach dem erklärten Willen des Grundgesetzgebers ist die Bundesrepublik Deutschland eine Parteien-Demokratie. Erstmals wurden hier die politischen Parteien nach Artikel 21 des Grundgesetzes in einen Verfassungsrang erhoben. Unbeschadet der Frage, ob man mit dem Bundesverfassungsgericht nicht nur eine verfassungstheoretische, sondern auch eine der Verfassungswirklichkeit entsprechende Unterscheidung vornehmen will zwischen der Mitwirkung der politischen Parteien einerseits am „staatlichen“ und andererseits am „allgemeinpolitischen“ Willensbildungsprozeß (7) – eine Unterscheidung, die nach Auffassung des Verfassers weder nach der einen noch nach der anderen Seite aufrechtzuerhalten ist, – können auf der Linie der Verfassungsväter nach dem Bundeswahlgesetz nur politische Parteien Listen von Bewerbern um das höchste Mandat, das die Bundesrepublik Deutschland zu vergeben hat, für die ausschlaggebende Zweitstimmenwahl einreichen. Zwar können auch einzelne Bewerber mit einer entsprechenden Unterstützung von Mitbürgern im Hinblick auf die Erststimme bei Bundestagswahlen direkt kandidieren. Die politische Wirklichkeit seit 1949 hat aber gerade in der Bundesrepublik gezeigt – man denke hier nur an das Beispiel des einzelkämpfenden Direktkandidaten, des früheren Oberbürgermeisters von Bonn, Daniels, im Jahre 1969 –, daß nur solche Kandidaten am Wahltage eine Chance haben, die als Direkt- und/oder Listenkandidaten von politischen Gruppierungen im Sinne des Parteiengesetzes aufgestellt worden sind. Wir formulieren hier „und/oder“ Listenkandidaten, da es in der SPD in den meisten Landesverbänden zur Regel geworden ist, daß einigermaßen aussichtsreiche Listenkandidaten in unsicheren Wahlkreisen gleichzeitig als Direktkandidaten aufgestellt werden, nicht zuletzt, weil sie auch ohne Direktmandat möglicherweise als Listenabgeordnete einen Wahlkreis für ihre Partei als MdB mitbetreuen sollen. Dieser Aspekt der Betreuung eines Wahlkreises durch einen unterlegenen Direktkandidaten als Listenabgeordneter ist bislang in der interessierten Öffentlichkeit viel zu

wenig bekannt, geschweige denn in der Theorie genügend gewürdigt worden. Der Verfasser hat in Großbritannien 1977 (8) bei den dortigen öffentlichen Auseinandersetzungen um eine erstmalige Einführung einer Listenwahl im Vereinigten Königreich im allgemeinen und im Zusammenhang mit der ersten Europäischen Direktwahl im besonderen, wiederholt aufgrund seiner eigenen empirischen Beobachtungen darauf hingewiesen, daß die Wählerinnen und Wähler in den einzelnen Bundestagswahlkreisen in der Praxis – immer vorausgesetzt, daß der Listenabgeordnete „*in*" einem Bundestagswahlkreis (9) (*nicht* „*des*" Bundestagswahlkreises) gute Arbeit leistet – keinen Unterschied machen zwischen „solchen" und „solchen" betreuenden Bundestagsabgeordneten. Wir sehen hier einmal ganz davon ab, daß – wie auch die Erörterung des Problems sogenannter Fraktionswechsler gezeigt hat – ohnehin nach der Verfassung nicht zwischen zweierlei Arten von Bundestagsabgeordneten unterschieden werden darf.
In der Tat: Ohne politische Parteien „läuft" im politischen System der Bundesrepublik Deutschland nichts. Ihre Beseitigung etwa durch die Etablierung einer einzigen Staatspartei wäre ebenso verfassungswidrig wie allerdings auch ein Übersehen oder gar eine Verletzung in der politischen Alltagspraxis des Wörtchens „mit"-wirken in der Formulierung des Grundgesetzartikels 21. Was den letzteren Aspekt betrifft, so dürfen die politischen Parteien hinsichtlich ihrer Mitwirkung an der allgemeinen politischen Meinungs- und Willensbildung im Wählervolk der Bundesrepublik Deutschland gerade auch unter finanziellen Gesichtspunkten einer staatlichen Förderung gegenüber anderen Gruppen in unserer pluralistisch verfaßten politischen Ordnung keine Vorteile, geschweige denn eine Monopolstellung genießen. Herausgehoben sind sie nur dadurch, daß sie mittels Wahlen allein über die Zusammensetzung von Legislativen und damit von Exekutiven bestimmen.
An der gesetzlich vorgegebenen Monopolstellung der politischen Parteien bei der Aufstellung von Kandidaten zum Deutschen Bundestag – oder mutatis mutandis zu anderen Parlamenten in der Bundesrepublik Deutschland – konnte und wollte auch die Enquete-Kommission für Verfassungsreform nicht rütteln, obwohl sie sich mit möglichen Reformen in diesem wichtigen Bereich befaßt hat. Reformen müssen allein schon deshalb immer wieder zur Diskussion gestellt werden, weil, wie Thomas Ellwein schon 1965 aufzeigte, die Parteibasis – von der gesamten Wählerschaft ganz zu schweigen – an der Aufstellung von Kandidaten und zwar gleichermaßen zum Direkt- wie zum Listenmandat minimal beteiligt ist. Dieser Tatbestand bleibt zweifellos demokratietheoretisch höchst unbefriedigend (10).

Wie sieht nun die Praxis solcher *Aufstellungen* aus – eine Frage, mit deren Beantwortung in dieser Untersuchung auf empirischer Grundlage zugleich für alle „theoretisch" und praktisch Interessierten ein weiterer Grundstein zu einer Art Vademecum oder Handlungsanweisung: „Wie wird man MdB"? – gelegt werden könnte. Zur Einführung in diese Unterfallstudie über eine ganz bestimmte „dreimalige" Aufstellung eines Bundestagskandidaten seien zunächst die wichtigsten Daten für unsere Problemanalyse vorgelegt:

Der Kandidat bzw. Verfasser trat kurz nach dem großen Wahlsieg Konrad Adenauers bei den Bundestagswahlen 1957 in die SPD ein. Sofern eine Motivationsforschung in eigener Sache überhaupt möglich ist, sei hier lediglich angemerkt, daß er zu einem solchen Eintritt einmal außenpolitisch motiviert, das heißt von der besseren außen- und insbesondere deutschlandpolitischen Konzeption der damaligen SPD-Opposition überzeugt war, und zum anderen das seiner Ansicht nach autoritäre, insbesondere auch personalpolitisch sehr einseitige Regime Konrad Adenauers mit dessen ersten beiden Staatssekretären im Bundeskanzleramt, Otto Lenz und H. Globke, ablehnte. Dabei vermochte er aus eigener Anschauung als ein „Gründungsmitglied" (ab 1951/52) einer dem Bundesinnenministerium nachgeordneten Behörde – der Bundeszentrale für Politische Bildung, damals für Heimatdienst – eine Bundespersonalpolitik nach Partei- und Gesangbuch sehr genau festzustellen. Der Verfasser war bei seinem Eintritt in die SPD davon überzeugt, daß für ihn aus historisch erklärbaren Gründen in erster Linie diese Partei dazu berufen war, mehr soziale Gerechtigkeit, mehr „Demokratie" in deutschen Landen zu wagen – bis hin zur Realisierung einer besseren Form der Mitbestimmung aller an Entscheidungsprozessen in relevanten gesellschaftlichen Bereichen Beteiligten (11).

Schon nach einer relativ kurzen Zeit der aktiven Mitarbeit in seinem Ortsverein – Ippendorf, damals noch *bei* Bonn –, das heißt schon nach zwei Jahren, avancierte er zunächst zum stellvertretenden, dann zum ersten Vorsitzenden dieser kleinen Parteizelle. Er beteiligte sich als Kandidat an Kommunalwahlen und wirkte drei Jahre im örtlichen Gemeinderat mit – teilweise bei Ausübung seines Hauptberufes als Referent in der oben genannten Bundeszentrale, teilweise als Mitarbeiter beim Bundespräsident Lübke und Lehrbeauftragter für Internationale Politik an der Universität Frankfurt. Mit seiner Übernahme eines politikwissenschaftlichen Lehrstuhles an der Pädagogischen Hochschule und einer Lehrbeauftragung an der Freien Universität Berlin 1963 schied trotz Beibehaltung eines ersten Wohsitzes in Bonn die Möglichkeit einer weiteren aktiven politischen Betätigung im „Westen" vorerst aus. Von 1963 bis 1968 war er daher ein ganz „normales“ Mitglied der SPD. Erst während eines halbjährigen Auftenthaltes als Gastprofessor für Außenpolitik an der Duke Universität in den USA 1967 ventilierte er schriftlich bei einem alten Bekannten, Wilhlem Dröscher, die Möglichkeit einer Aufstellung als Bundestagskandidat in einem Bundesland, Rheinland-Pfalz, das über relativ viele traditionell sichere CDU-Wahlkreise verfügte, wo also eine Direktkandidatur der SPD häufig einer Zählkandidatur gleichgekommen war.

Die erste Aufstellung

Nach seiner Rückkehr aus den USA im Frühjahr 1968 wurde denn auch mit Hilfe von Wilhelm Dröscher, als dem damals zuständigen Bezirksvorsitzenden der SPD, ein solcher Bundestagswahlkreis an der Grenze zu Nordrhein-Westfalen und daher seinem eigenen, ersten Wohnsitz „ausgemacht“ – der Bundestagswahlkreis 149, „Ahrweiler“ (Ahrweiler/Mayen) –, und in die Vorerörterung einer Kandidatur mit den entsprechenden Funktionären der SPD dort eingetreten. Ausschlaggebend für eine positive Vorentscheidung dieser Funktionäre war ein örtlicher SPD-Politiker von beachtlicher politischer Naturintelligenz und einem im übrigen durchaus typischen Lebenslauf von der Gewerkschaftsbewegung zum Berufspolitiker (12). Er hatte sich zweimal als Zählkandidat in diesem Bundestagswahlkreis aufstellen lassen und war offensichtlich nicht geneigt, dies ein drittes Mal zu tun, sondern ging eher davon aus, daß zumindest vorübergehend in diesem sozialdemokratisch insgesamt unterentwickelten Gebiet ein „Professor“ der SPD gut bekommen würde. In verschiedenen Vorgesprächen mit anderen Funktionären in diesem Bundestagswahlkreis – und ohne Beteiligung des Verfassers mit anderen potentiellen Bewerbern aus dem damaligen, von der SPD-Mitgliederzahl her sehr viel stärkeren Landkreis Mayen –, setzte sich der von der Bezirks- und Unterbezirksspitze, also von oben lancierte, wenn auch nicht direkt gemachte, Vorschlag schließlich durch. Mit besonderer Genehmigung des Bezirksvorstandes wurde der Verfasser Mitglied eines der größten Ortsvereine im Bundestagswahlkreis, in Andernach, also in einem anderen Ort als dem seines beruflichen Interesses und Hauptwohnsitzes (13). Nacheinander wurde er den einzelnen SPD-Ortsvereinen im Bundestagswahlkreis vorgestellt und zu Sitzungen entsprechender Entscheidungsgremien der Partei (Unterbezirksvorstand, Kreisvorstände) ohne Sitz und Stimme eingeladen. Bereits im Herbst 1968 war klar, daß der Verfasser zum unum-

strittenen Bundestagsdirektkandidaten des Wahlkreises für die Wahl 1969 auf der wahlgesetzlich vorgeschriebenen Delegiertenversammlung gewählt werden würde.
Schon von dieser Zeit an begann er daher ohne formelle Aufstellung als Bundestagskandidat einen mehr oder weniger persönlichen Vorwahlkampf mit einem eigenen Team junger Enthusiasten vorwiegend aus Berlin, aber auch mit Hilfe der örtlichen Jusos.
Am *12.1.1969* erfolgte (ohne Gegenstimme) die *Aufstellung zum Direktkandidaten* und bald danach auch zum Listenkandidaten – also gewissermaßen aus dem Stand heraus, das heißt ohne die geringste parteipolitische Basis und Hausmacht vor Ort oder sonstwo, als völliger Ortsfremder, von dem dann die gegnerische Propaganda ebenso schnell wie fälschlich behauptete, er betätige sich an Rhein und Ahr von seinem Berliner Wohnsitz aus, von „oben" initiiert, aber nicht in irgendeiner Form von der Parteispitze auf Bundesebene empfohlen, von den Parteifunktionären im Raume sodann mehr oder weniger begeistert akzeptiert und schließlich von der sicherlich mehrheitlich skeptischen Basis per Delegiertenabstimmung ordnungsgemäß gewählt. Zweifellos „wußte" die Führung des Unterbezirks von Anfang an, daß ihm kein sicherer Listenplatz beschieden sein würde und arbeitete zum Teil, wie sich herausstellte, auch auf ein solches Ergebnis im eigenen Interesse hin. Die Basis aber war sich dieses Umstandes ganz sicherlich bis zuletzt, das heißt bis zum Wahltag, nicht bewußt. Eine irgendwie geartete Meinungsbildung, geschweige denn Abstimmung über seine Kandidatur an der Basis der einzelnen Ortsvereine fand von wenigen Ausnahmen abgesehen nach Kenntnis des Verfassers nicht statt, obwohl erneut darauf hingewiesen werden muß, daß er sich ohne innerparteilichen Gegenkandidaten sehr intensiv schon Ende 1968/Anfang 1969 den einzelnen Ortsvereinen vorstellte. Die Wahl der Ortsvereins-Delegierten zur Wahlkreisdelegiertenkonferenz war auch unproblematisch gewesen, weil gegen die Kandidatur nirgendwo ernsthafte Widerstände angemeldet wurden.
In der allerletzten Phase des Bundestagswahlkampfes 1969 hatte der nunmehrige „Bundestagskandidat der SPD im Bundestagswahlkreis Ahrweiler" per Flugblatt das Versprechen abgegeben, sich „so oder so", also auch im Falle seines Nichteinzuges in den Deutschen Bundestag, um den Wahlkreis und seine Bevölkerung nach den Wahlen zu kümmern. Er wollte auf diese Weise nicht zuletzt der gegnerischen Propaganda entgegenwirken, die immer wieder auf den relativ aussichtslosen Listenplatz hinwies. Ob dieses Versprechen zum damaligen Zeitpunkt innerhalb und außerhalb der eigenen Partei ernst genommen wurde,

sei dahingestellt. Viele Funktionäre rechneten aus ihrer eigenen Sicht, gewissermaßen einer Kosten-Nutzen-Analyse, nachweislich nicht damit. Anders urteilten damals auswärtige Beobachter wie etwa der Korrespondent der Frankfurter Rundschau, der den Kandidaten einige Tage im Wahlkampf begleitet hatte (14). Tatsächlich hat dann der Verfasser diesen Bundestagswahlkreis, wie er glaubt nachweisen zu können, in jeder Weise zwischen 1969 und dem vorgezogenen Bundestagswahltermin 1972 so arbeitsintensiv und kostenpflichtig für die SPD unter bundespolitischen Gesichtspunkten betreut, als ob er tatsächlich im Bundestag säße und nicht nur „Schattenabgeordneter" war.

Die zweite Aufstellung

Schon im Vorfeld der Erwartung eines vorgezogenen Bundestagswahlkampfes 1972, das heißt 1971, meldeten sich im parteipolitisch, das heißt von der Mitgliederzahl und daher Delegiertenstimmenzahl her gesehen „zweitrangigen" Landkreis Ahrweiler, dem der Verfasser seit 1970 von seiner neuen Ortsvereinszugehörigkeit (Sinzig/Rhein) „zuzurechnen" war, zwei Gegenkandidaten und aus dem zumindest bis zur späteren kommunalen Gebietsreform stimmentscheidenden Landkreis Mayen ein ebenso potenter wie dem Bundestagskandidaten 1969 selber ausgesprochen sympathischer Mitbewerber. Da einer der Ahrweiler Kandidaten nach einer sehr eindeutigen Probeabstimmung zugunsten des Verfassers im erweiterten Kreisvorstand und Kreisausschuß der SPD Ahrweiler ausschied und später nach Nordrhein-Westfalen verzog und ein anderer, H. Wallow, nach dem Mißlingen eines Sturms auf den Vertretungssitz für Ahrweiler im Bezirksvorstand Rheinland-Hessen-Nassau anstelle des Verfassers ebenfalls sehr bald aufgab, blieb für die *Kandidatenaufstellung 1972* nur noch der Mitbewerber aus dem stärkeren Landkreis Mayen übrig. Für ihn setzte sich vor allem hinter der Kulisse ein starker DGB-Flügel im Wahlkreis ein. Schon sehr früh empfahlen Kreisvorstand und Kreisausschuß Ahrweiler parteioffiziell den Verfasser als einzigen Kandidaten der SPD in diesem Landkreis, so daß der Gegenkandidat aus dem Landkreis Mayen kaum noch eine Gelegenheit zur Vorstellung in den Ortsvereinen dieses Landkreises hatte. Dies war sicherlich nicht ganz korrekt, aber auch mit der relativ späten offiziellen Bitte des Mitbewerbers um Vorstellung zu erklären (15). Bis zur entscheidenden Wahlkreis-Delegiertenkonferenz entfaltete umgekehrt der Verfasser gewissermaßen als „amtierender" Kandidat auch im Landkreis Mayen eine sehr intensive Vertrauenswerbung und es setzte sich

im übrigen auch an der dortigen Basis das Gefühl durch, daß man einen relativ bewährten (und vielleicht auch von seinen Parteiarbeitsmethoden her ein wenig „neuartigen“) Schattenabgeordneten nicht fallen lassen sollte, sondern vielmehr dessen Einsatz honorieren müsse. Die Entscheidung auf der Wahlkreiskonferenz fiel daher in einem Verhältnis von 2:1 zugunsten des Verfassers, für ihn selber, wie er nachweisen könnte, sozusagen delegiertenmathematisch keine Überraschung, hingegen sehr für die meisten „alten Hasen“ der parteioligarchischen Spitze im Bundestagswahlkreis und darüber hinaus auf Bezirksebene. Auf dieser Wahlkreiskonferenz war es sehr korrekt zu getrennten Vorstellungen und Befragungen der beiden Kandidaten zu Sach- und Personalkomplexen gekommen. Hingegen hatte es Abstimmungen auf Ortsvereinsebene zwischen den beiden Bewerbern nach gemeinsamen Vorstellungen und Befragungen, von einigen wenigen Ausnahmen abgesehen, auch 1972 in diesem Raum nicht gegeben.
Entgegen der Annahme gerade auch des erneuten Kandidaten, der nur einen Platz besser auf der Landesliste abgesichert worden war als 1969, gelang bei der Wahl 1972 der Einzug in den Bundestag. Damit begann eine normale und, um es zu wiederholen, gegenüber dem Direktabgeordneten von der CDU völlig gleichberechtigte Betreuung des infrage kommenden Bundestagswahlkreises 149 (16). Erstmalig überhaupt in der deutschen Geschichte war nun dieser Raum auch durch einen sozialdemokratischen Abgeordneten im nationalen Parlament vertreten. Zur Überraschung mancher einheimischer und auswärtiger Analytiker, Kenner und Kommentatoren war es in den beiden Bundestagswahlkämpfen 1969 und 1972 gelungen, den Abstand zwischen CDU und SPD in diesem Wahlkreis (einem der stärksten CDU-Wahlkreise im Bundesgebiet) um rund 21% der Zweitstimmen und 25% der Erststimmen zu verringern (17). Dies kam dem Prestige des jetzt ohnehin schon regional bekannten neuen MdB innerhalb und außerhalb seiner Partei natürlich zugute.

Die dritte Aufstellung

Unter diesem Gesamtaspekt ist nun die *Direktkandidatenaufstellung des Jahres 1976* zu sehen und zu bewerten. Der Verfasser hatte zwar in einer Kreisvorstandssitzung Ahrweiler vor den Bundestagswahlen 1972 erklärt, er würde „an einer dritten Bundestagskandidatur zu gegebener Zeit nicht mehr interessiert sein“, worunter er (zumindest nachträglich) eine wiederum „aussichtslose“ Kandidatur verstanden wissen wollte, sein späterer Gegenspieler jedoch einen grundsätzlich vorab festgelegten Verzicht für alle Zeiten. Dennoch wurde allen Beteiligten sehr bald klar, daß er wieder kandidieren würde. Ohnehin entsprach eine solche Absicht der traditionellen Linie aller „frisch" amtierenden MdBs und lag bzw. liegt ja auch im Interesse der Gesamtpartei. In Großbritannien ist sie ganz sicherlich noch stärker die allgemeine Regel (18). Während es gewissermaßen systemgerecht erscheint, daß innerhalb der Oppositionspartei, die bei einer Bundestagswahl die Machtübernahme verfehlt hat, schon unmittelbar nach einer solchen Wahl Profilierungsversuche einzelner Spitzenpolitiker im Hinblick auf die nächste Wahl trotz eines Bonus des quasi-Amtsinhabers „Oppositionsführer" einsetzen, kann es als durchaus atypisch gelten, wenn auf der Ebene eines Bundestagswahlkreises relativ früh nach einer gewonnenen Wahl solche Versuche gegen den eigenen MdB im Hinblick auf die nächste Aufstellung in vier Jahren zu verzeichnen sind. Dennoch legte es – auch aus der Sicht des Verfassers völlig legitimerweise – der abgesprungenen Gegenkandidat des Jahres 1972 schon bald darauf an, im Landkreis Ahrweiler, der inzwischen durch die Gebietsreform erweitert worden war und damit zusätzliche Ortsvereine und Delegierte aufweisen konnte, besonders mit Hilfe der jungen und jüngsten Parteigeneration Mehrheitsverhältnisse zu seinen Gunsten zu schaffen.

Im Laufe des Jahres 1975 setzte dann aber eine bislang zum Teil unaufgeklärte publizistische Kampagne gegen den Verfasser und amtierenden Abgeordneten ein, die dieser als in jeder Weise verleumderisch ansehen mußte, da die Stoßrichtung zum einen an seine Berufsehre ging, zum zweiten an seine „Parteiehre" und zum dritten einer Verhöhnung seines jahrelangen Einsatzes im Bundestagswahlkreis gleichkam (19). Relativ spät wehrte er sich dagegen, indem er unter anderem die Mitgliederbasis in einzelnen Ortsvereinen aufrief, zu Vorstands- und Delegiertenwahlen zu kommen und das in einer Illustrierten falsch interpretierte Experiment durchführte, die gesamte Parteibasis in dem in jeder Weise innerparteilich labil gewordenen Landkreis Ahrweiler um ihr briefliches Votum für oder gegen eine erneute Kandidatur des amtierenden Bundestagsabgeordneten zu ersuchen (20). Die Parteimitglieder im Landkreis Ahrweiler wurden schriftlich aufgefordert, anonym einen entsprechenden Stimmzettel zurückzuschicken. Dieses Experiment auf der Linie von Überlegungen der Enquete-Kommission für Verfassungsreform des Bundestages war zweifellos von einigem wissenschaftlichem Interesse, erwies sich

aber als ein totaler Fehlschlag, da insgesamt nicht mehr als zwei Dutzend von über 1 000 Stimmzetteln zurückkamen.
Unter solchen Umständen und weil nunmehr viele Ortsvereine im Bundestagswahlkreis dies so wünschten, kam gemeinsam durchgeführten Befragungen beider Bewerber in etwa 10 von über 60 Ortsvereinen erhöhte Bedeutung zu. Mit der jeweiligen Abstimmung zugunsten des einen oder anderen Kandidaten wurde, von wenigen Ausnahmen abgesehen, auch die Wahl von, wenn auch nicht de jure, so doch de facto „festgelegten Delegierten" zur entscheidenden Wahlkreiskonferenz verbunden. Trotz durchaus gekonnter Versuche des Gegenkandidaten, sich die Sympathien in den einzelnen Ortsvereinen des Bundestagswahlkreises zu sichern – sein aggressives „Überziehen" oder zumindest das Überziehen in seinem Auftrage hatte eher das Gegenteil bewirkt, wie er selber sehr schnell feststellen mußte – war schon vor der entscheidenden Abstimmung auf der Wahlkreiskonferenz für alle eingeweihten Beobachter mit Ausnahme offenbar des Mitbewerbers selber und seiner Umgebung ein Sieg des amtierenden Bundestagsabgeordneten sicher. Letzterer hatte sich auf einen kleinen Stamm treu ergebener und vom Mitbewerber verärgerter Ortsvereine im Landkreis Ahrweiler ebenso stützen können wie auf die überwiegende Mehrzahl der Ortsvereine im stärkeren Landkreis Mayen, aus dem kein Gegenkandidat, sondern vielmehr eine sehr aktive Unterstützung des Gegenkandidaten 1972 gekommen war. In der Endphase der Auseinandersetzung hatte er immer wieder klargestellt, daß er der amtierende Bundestagsabgeordnete für beide Landkreise gleichermaßen sei und nicht mehr ein Bewerber aus dem Landkreis Ahrweiler, wie dies 1972 noch teilweise dargestellt werden konnte. Die Wahlkreiskonferenz am 17.1.1976, auf der sich der amtierende Abgeordnete den Fragen der Delegierten unter dem Tagesordnungspunkt „Bericht aus Bonn" (!) und der Mitbewerber zu einem programmatischen Referat stellten, ergab denn auch eine Aufstellung zur Direktkandidatur mit einem Stimmenverhältnis von wiederum fast 2:1 (58 zu 31 bei 1 Enthaltung).
Als Fazit aus diesen drei im Sinne unserer übergeordneten Fragestellung keineswegs atypischen Direktwahlaufstellungen kann festgehalten werden: Eine solche Aufstellung von Bundestagskandidaten vollzieht sich unter demokratietheoretischen Gesichtspunkten im allgemeinen und bei strengster Auslegung der pateiengesetzlichen Erfordernisse einer innerparteilichen Demokratie im besonderen auf eine nach wie vor häufig unbefriedigende Weise. Zwar hat sich beim Vorhandensein von mehr als einem Bewerber in allen drei Bundestags-

parteien die Methode der gemeinsamen Vorstellung und dann der Probeabstimmungen auf Ortsvereinsebene hier und da durchgesetzt, wo es um die Aufstellung von Direktkandidaten geht (im Gegensatz zu Listenkandidaten, wie noch zu zeigen sein wird) (21). Ganz sicherlich nimmt aber die Parteibasis insgesamt, das heißt die Mitgliederschaft, die Gelegenheit nur sehr unzureichend wahr, zu solchen entscheidenden Versammlungen tatsächlich auch zu gehen und mit abzustimmen. Es läßt sich aufgrund der Erfahrungen des Verfassers 1969, 1972 und 1976 die Annahme bestätigen, daß zu Befragungen von Kandidaten und entsprechenden Abstimmungen in den Ortsvereinen höchstens ein Viertel der Gesamtmitgliederschaft erscheint (22). Entscheidende Abhilfe bei diesem unbefriedigenden Gesamtbild sieht der Verfasser in erster Linie in der Einführung eines Systems von Vorwahlen nach nordamerikanischem Muster und zwar nach dem dort zum Teil praktizierten System sogenannter „geschlossener Vorwahlen", bei denen nicht nur die Parteimitglieder, sondern die Wähler insgesamt aufgrund einer durch Listeneintragung bekundeten allgemeinen Sympathie für die eine *oder* andere Partei (daher geschlossen im Gegensatz zu offen) einen direkten und entscheidenden Einfluß auf die Auswahl bzw. Einordnung von mehreren Kandidaten einundderselben Partei in dem betreffenden Gebiet nehmen. Leider hat sich die Enquete-Kommission für Verfassungsreform zu diesem Modell nicht durchringen können. Sie hat aber nach Auffassung des Verfassers als zweitbeste Lösung die Einführung sowohl von Briefwahlen als auch von sogenannten „begrenzt-offenen Listen" empfohlen (23).

Auch im Hinblick auf Direktkandidaturen stellt sich bereits die grundsätzliche Frage, *wer aufgrund welcher Kriterien die meisten Chancen hat, aufgestellt zu werden.* Der Verfasser kann die vor allem von H. Kaack (24) ermittelten Kriterien insgesamt nur bestätigen. Es zeigt sich immer wieder, daß ein erfolgreicher Bewerber alternativ – oder auch idealiter in einigen Kombinationen – sein kann:

1. ein herausragender Fachmann auf einem bestimmten Sachgebiet, der die Mitbewerber kraft seiner Expertise aus dem Felde schlägt;
2. ein „Zugpferd" vom Status des eigenen Berufes oder der Persönlichkeit her zumal dann, wenn in den Augen einer Funktionärskonkurrenz wenig Chancen auf einen gesicherten Listenplatz bestehen (auch sonst können aber Zugpferde über einen Bonus verfügen);
3. ein Funktionär mit großer politischer Hausmacht auf Wahlkreisebene oder überregionaler Hausmacht, der entweder politisch wirklich etwas darstellt oder aber rücksichtslos-opportunistisch genug ist, andere Bewerber mit allen Tricks an die Wand zu spielen; oder

4. unter Umständen auch ein aus der lokalen Organisation hochgedienter oder von der *Parteispitze* protegierter Parteifunktionär ohne solche „Charaktereigenschaften", der kraft Persönlichkeit überzeugt (25). In den Fällen 1 und 2 kann sogar mitunter auf eine längere Parteimitgliedschaft verzichtet werden, die aber gerade in der SPD in der Regel eine wichtige Voraussetzung ist.

Muß ein Bewerber um eine Kandidatur sich in zwei SPD-Kreisgliederungen einunddesselben Bundestagswahlkreises durchsetzen, dann hat er es schwerer gegenüber einem Mitbewerber, wenn sein eigener Ortsverein im mitgliedsschwächeren liegt, der des Konkurrenten aber im mitgliedsstärkeren, weil sich „lokalpatriotische" Faktoren in der Regel auch auf Parteiebene auswirken. Im Hinblick auf eine Wiederaufstellung als amtierender MdB sollte er rechtzeitig in die Rolle eines Kandidaten aus beiden Kreisorganisationen hineinwachsen.

Genauere empirisch-repräsentative Untersuchungen auf Bundesebene, die bislang leider nicht vorliegen, würden nach Ansicht des Verfassers die häufig zu hörende Hypothese bestätigen, daß gerade der Prozeß der Kandidatenaufstellung eine zumindest unter charakterlichen Gesichtspunkten negative Auslese begünstigt – ein ernstes Problem, das im Interesse des Ansehens unserer Repräsentanten in der parteiinternen wie der allgemeinen Öffentlichkeit zweifellos eine noch größere Aufmerksamkeit aller Beteiligten verdient.

Es kann für den Verfasser nach sehr genauen Beobachtungen vor und nicht zuletzt hinter der Kulisse des politisch-parlamentarischen Geschehens von der kommunalen Ebene bis zur Bundespolitik leider kein Zweifel daran bestehen, daß der Weg „nach oben" eines Berufspolitikers wie in kaum einem anderen Berufsstand gepflastert ist mit Gefahren einmal für den Charakter (z.B. Rücksichtslosigkeit, Unaufrichtigkeit und Opportunismus) und zum anderen für den Arbeitsstil (mit Eilen von Sitzung zu Sitzung, unverbindlichen öffentlichen Reden zu allem und jedem und im Laufe der Zeit dann auch mangelnder Konzentrationsstärke und Unfähigkeit, auf Mitmenschen im eigentlichen dialogischen Sinne zu hören und einzugehen). Eine moderne politische Ethik in diesen Zusammenhängen muß erst noch geschrieben werden. Bemerkenswerte Ansätze dazu fanden sich in der 7. Legislaturperiode zum Beispiel in einer vielbeachteten Erklärung zu Protokoll des SPD-Abgeordneten Adolf Scheu vom 19.3.75, in der er als „christlicher Demokrat" ausführte . . .:

„Der 86. (US)Kongreß hat die Initiative einiger weniger aufgegriffen und am 11.7.58 einen „Ethischen Kodex für das öffentliche Leben" angenommen. Es sind 10 Punkte, deren erster lautet: Jeder, der in der Verwaltung oder Regierung dient, sollte die Loyalität den höchsten moralischen Grundsätzen und dem Land gegenüber höher stellen als die Loyalität anderen Menschen, der Partei oder seiner Behörde gegenüber" . . .

Auf jeden Fall sollten in allen Parteien auch weiterhin Überlegungen darüber angestellt werden, wie am besten eine weitestgehende „Objektivierung" des Vorganges der Kandidatenauslese zu erzielen ist. Sie ist ebenso wichtig, wenn nicht vielleicht noch wichtiger, für die Plazierung der einzelnen Kandidaten einer Partei auf der Landesliste – ein Vorgang, dem wir uns nun anhand unseres Falles zuwenden wollen.

Listenkandidatur

Bei jeder der drei Direktkandidaten erfolgte auch eine Aufstellung auf der Landesliste Rheinland-Pfalz. Die SPD hatte sich seit 1949 in diesem Bundesland kontinuierlich verbessern können, was die eroberten Landeslistenplätze betraf: 1949 waren es 7, 1965 waren es bereits 12 gewesen; 1969 konnte allenfalls mit einem zusätzlichen Mandat gerechnet werden. Insofern räumte die Plazierung zwei Stellen nach dem letzten Mandat der Wahl von 1965 *im Jahr 1969* dem Verfasser nicht die geringste Chance ein. Es entsprach durchaus den Usancen zumindest der SPD, daß keiner der etablierten Bundestagsabgeordneten zugunsten eines völligen Außenseiters ohne jegliche Hausmacht von den zuständigen Gremien fallengelassen oder aber von sich aus weichen würde. Diese Bundestagsabgeordneten besetzten damals die Liste bis zum letzten sicheren Platz.

Hinzu kam, daß innerhalb des zuständigen *Bezirkes Rheinland-Hessen-Nassau* der letzte einigermaßen sichere Bezirksplatz im Hinblick auf das spätere Einrangieren in die Landesliste zwischen den drei Bezirksverbänden bei jeder Kampfabstimmung traditionell demjenigen MdB bzw. Kandidaten eingeräumt wurde, dessen Unterbezirk oder Wahlkreis mehr Mitglieder und damit auch mehr Delegierte auf dem Bezirksparteitag aufweisen konnte. Wie in solchen Fällen in allen Parteien üblich, waren 1969 die wesentlichen Weichen schon vor dem Bezirksparteitag durch Koalitionen und andere Absprachen gestellt worden, zumal manchen Funktionären aus dem eigenen Unterbezirk eine Absicherung des eigenen Mannes im Hinblick auf ganz persönliche Zukunftspläne auch nicht gelegen kommen konnte. Das entspricht wiederum durchaus den Spielregeln – trotz aller Verbalismen in gegenteiliger Richtung, die diese Spielregeln ebenfalls vorsehen. Eine geschickte Regie der „Stimmführer" aus den einzelnen Unterbezirken und der

betreffenden Mitglieder des Bezirksausschusses und Bezirksvorstandes, dem der Mitbewerber um den letzten sicheren Bezirksplatz ex officio angehörte, der Verfasser hingegen nicht, führte – demokratietheoretisch gesehen bedauerlicherweise – dazu, daß eine direkte Konfrontation zwischen dem Anwärter und dem bisherigen Inhaber des entscheidenden Bezirkslistenplatzes, das heißt eine Sach- und Personaldebatte, verhindert wurde (26).
Die Regeln machen bei der SPD Rheinland-Pfalz anschließend an den Bezirksparteitag ein Einrangieren der Bezirkslistenplätze in eine gemeinsame Landesliste erforderlich. Hier kam 1969 dasselbe Spiel des regionalen Taktierens, Austarierens und des do-ut-des-Geschäftes zum Zuge. Es ging nur noch darum, ob das erste unsichere Listenmandat an den eigenen Bezirk oder aber an den rivalisierenden, in diesem Falle an die Pfalz, gehen würde. Auch persönliche Rücksprachen des Verfassers mit den drei betreffenden Bezirksvorsitzenden vermochten an dem vorab auf den verschiedensten Ebenen ausgehandelten Ergebnis zugunsten der Pfalz nichts mehr zu ändern. Die Pfalz bekam damit zweifellos einen Platz „zu viel" auf der Landesdelegiertenkonferenz zugesprochen, – zu viel im Sinne des Mitglieder- und daher Delegiertenproporzes zwischen den drei Bezirksverbänden. Wie schon auf der Ebene des Bezirksparteitages, wurde auch vor und auf dem Landesparteitag in noch stärkerer Form die Drohung laut, daß ein Versuch des Kandidaten zur Kandidatur auf einem früheren als dem „ausgehandelten" Platz bei dem tatsächlichen Vorgang des Aufrufens und der Abstimmung die Sanktion eines totalen Abrutschens auf der Liste nach sich ziehen würde. Sehr charakteristischer Weise kam es auf dem Landesparteitag im Mai 1969 zu keiner Sach- oder Personaldebatte, sondern lediglich zu einer Abstimmung nach dem vorgelegten Vorschlag des Landesvorstandes.
1972 wiederholte sich dieses „Spiel" auf beinahe identische Weise auf beiden Ebenen. Ins Gewicht fiel auf der Ebene des Bezirkes dieses Mal die Tatsache, daß wegen der oben bereits erwähnten Zersplitterung innerhalb des eigenen Landkreises Ahrweiler bei der letzten zurückliegenden Wahl zum Bezirksvorstand durch die Gegenkandidatur des ursprünglichen Mitbewerbers um das Bundestagsmandat der Verfasser zum Zeitpunkt des Bezirksparteitages dem Bezirksvorstand nicht mehr angehörte, hingegen erneut der gleiche Bewerber um den letzten sicheren Bezirksplatz auf der Landesliste für die Bundestagswahlen ex officio (27). Immerhin war aufgrund nicht zuletzt der im Verhältnis zwischen dem Bezirk Rheinland-Hessen-Nassau und dem Bezirk Pfalz leicht veränderten Mitgliederzahlen dieses Mal vorab klargestellt wor-

den, daß der Verfasser auf der Landesliste gegenüber 1969 um einen unsicheren Platz aufrücken, das heißt also dieses Mal auf den ersten und nicht auf den zweiten unsicheren Platz kommen würde. Zur allgemeinen Überraschung – nicht zuletzt des Verfassers – kam dieser dann auf eben diesem ersten unsicheren Platz aufgrund des im Bundesdurchschnitt gut abschneidenden SPD-Landesverbandes Rheinland-Pfalz doch noch in den Deutschen Bundestag.

Bei der dritten in unsere Analyse einzubeziehenden *Aufstellung einer Landesliste im Jahr 1976* vollzog sich insgesamt der gleiche Selektionsritus – jedoch mit zwei signifikanten Varianten: Einmal handelte es sich nunmehr bei dem Bewerber um einen noch sicheren Platz auf der Landesliste aus Rheinland-Hessen-Nassau um einen amtierenden MdB und zum anderen hatte inzwischen dieser Bezirk den Bezirk Pfalz von der Mitgliederstärke her eingeholt, ja knapp überholt. Würde in Rheinland-Pfalz die SPD ihre Anwärter auf der Landesliste unter objektivierten Gesichtspunkten einrangiert haben, dann wäre dieses Mal der letzte, wie sich herausstellen sollte, noch sichere Platz an den Verfasser, nicht hingegen an den jetzigen Staatsminister im Auswärtigen Amt, von Dohnanyi, gegangen, der seinerseits in seinem eigenen pfälzischen Bezirk (abgerutscht ohnehin von dem Landeslistenplatz Nr. 1 als Minister im Jahre 1972) an die letzte noch aussichtsreiche Stelle gelangt war.

Das eigene Protokoll der entscheidenden *Bezirksvorstandssitzung* Rheinland-Hessen-Nassau, an der der amtierende MdB und Verfasser ja auch ohne Mitgliedschaft per Wahl ex officio wie an allen anderen Vorstandssitzungen (28) unter Parteigremien *teilnehmen* konnte, ist für unsere Zwecke außerordentlich aufschlußreich. Der Landes- und Bezirksvorsitzende W. Dröscher, erklärte,

daß man von Rheinland-Hessen-Nassau aus nicht gegen Dohnanyi antreten sollte, zumal der eigene Bezirk gegenüber dem von Dohnanyi's (Pfalz) leider nicht über mehr abgerechnete (!) Mitglieder verfüge, was vom Bezirkssekretär Steen bestätigt wurde. Vor einer möglichen Aussprache, die dazu aber gar nicht mehr stattfand, gab der Verfasser eine persönliche Erklärung des Inhaltes ab, daß er seit bald 20 Jahren für eine Objektivierung des Aufstellungsmodus in der SPD eintrete, leider aber erfolglos „angesichts der uns allen bekannten Tatsache, daß es in der Politik in erster Linie um die Befolgung handfester Interessen, gerade auch Eigeninteressen geht". Im eigenen Bezirk rangiere die SPD auch dieses Mal mit seiner vollen Billigung die einzelnen Kandidaten unter anderem nach der Mitgliederstärke der Unterbezirke ein, und der eigene Bezirk stelle darüber hinaus im Lande dieses Mal den Spitzenkandidaten, Staatssekretär Haehser vom Bundesfinanzministerium (um diese Kandidatur ginge es natürlich auch bei unseren Überlegungen). Die Vermeidung einer Gefährdung dieser Spitzenkandidatur etwa von Seiten der Pfalz sei auch ihm wichtig. Das „Abrechnungsargument" sei hingegen doch recht zufällig. Er selber aber wolle Dohnanyi auch unter beruflichen Gesichtspunkten mit absichern, zumal er es aus ganz persönlich-familiären Gründen nicht bedauere, wenn bei ihm eine „Pause einträte". So oder so gehe er aber bei seinem hier angekündigten „Wohlverhalten" und Verzicht auf eine keineswegs aussichtslose Kampfabstimmung auf dem Landesparteitag davon aus, daß sein Bezirksvorstand ihn dafür zu gegebener Zeit in Sachen Direktwahlen zum Europäischen Parlament unterstützten werde – eine Feststellung, die ebenfalls nicht weiter diskutiert wurde!

Der Bezirksparteitag selber lief unter diesen Umständen, was den Verfasser betraf, völlig „reibungslos" ab. Ein kritisches Moment für die Regisseure trat nur ein, als Bedenken gegen eine erneute Kandidatur des Bundestagsabgehordneten Konrad Ahlers auf einem sicheren Platz durch einen Teil der Jusos angemeldet wurde. Dieser Versuch, etwas an dem vorab ausgehandelten Ergebnis zu ändern, hatte aber angesichts der üblichen Parteitagsregie keine Chance. Der Bezirks- und Landesvorsitzende selber – Wilhelm Dröscher – von Linken ohnehin geliebt, von den Rechten geduldet und von der Mitte rückhaltlos unterstützt, konnte die „Revolte" im Keim ersticken und auch noch einige passende Worte für den amtierenden MdB aus Ahrweiler anfügen, was er später auf dessen ausdrücklichen Wunsch hin auch auf dem Landesparteitag tat, wo die Regie genauso perfekt angelegt war und noch reibungsloser ablief. Wiederum kam es weder auf Bezirks- noch auf Landesebene zu irgendeiner Personal- oder Sachdebatte.

Wenn man in Rechnung stellt, daß 1976 das in letzter Minute auf der eigenen Bezirksebene vorgebrachte Argument, „die Pfalz hat leider mehr *abgerechnete* Mitglieder (und damit mehr Delegierte) als wir und daher einen Anspruch auf den letzten noch einigermaßen sicheren Platz", (s. Anm. 272) bestenfalls an den statistischen Haaren herbeigezogen war, dann erhebt sich in unserem Zusammenhang die Frage, ob der Gesetzgeber – auf dem Wege einer Novellierung des Parteiengesetzes oder des Bundeswahlgesetzes –, nicht eine stärkere Objektivierung des gesamten Vorganges der Listenaufstellung vorschreiben sollte, und wenn ja, unter Zugrundelegung welcher Kriterien: Auch weiterhin sollte das *erste Kriterium* (die weitere Reihenfolge ist rein willkürlich) die Mitgliederstärke in den konkurrierenden Bundestagswahlkreisen sein. Das Herausstellen dieses Kriteriums mit und ohne Variante „abgerechnete Mitgliedsbeiträge" fördert ja zusätzlich eine gesunde innerparteiliche Konkurrenzsituation in Richtung Mitgliederwerbung, zumal aus übergeordneten Gesichtspunkten eine möglichst hohe Mitgliederzahl in allen demokratischen Parteien als Verbreiterung der am politischen Geschehen direkt mitwirkenden Basis aller Wahlbürger sehr zu begrüßen ist. *Zweitens* sollten Erfordernisse der Repräsentanz der betreffenden Partei in einem bestimmten Raume als Kriterium in Erwägung gezogen werden. Auch dies geschah gelegentlich in Rheinland-Pfalz in dem hier geschilderten Raum und zeitlichen Rahmen etwa dergestalt, daß „langgediente" MdBs wie der Wehrfragen bearbeitende Werner Buchstaller aus Koblenz oder der Finanzexperte K. Haehser, Trier, unabhängig von der Einordnung ihrer Unterbezirke nach Mitgliederstärke im Bezirk Rheinland-Hessen-Nassau vorrangig abgesichert wurden. Zweifellos konnte hier das Argument ins Feld geführt werden, daß es noch wichtiger war, die SPD in den Großräumen Koblenz und Trier vertreten zu sehen als in dem ländlichen Raume Ahrweiler. Allerdings ließe sich dieses Kriterium mit einem *dritten* verbinden, das schon weniger leicht zu objektivieren ist und ganz allgemein als Persönlichkeitskriterium bezeichnet werden könnte. Objektivieren ließe sich ein solches Kriterium insofern, als zunächst nachgeprüft werden könnte, wer in der jeweils letzten Bundestagswahl der Partei am meisten Stimmen zugeführt hat. Dabei würde in erster Linie auf die mögliche und häufig auch gegebene Differenz zwischen Erst- und Zweitstimmen zurückzugreifen sein. Mit einzubeziehen wäre hier die Frage, wer der Partei einerseits im gesamten Raum und andererseits in Bonn bei der Arbeit im Bundestag am meisten zu „bringen" verspricht bzw. schon gebracht hat. Unter solchen Aspekten hat sich in der allgemein interessierten Öffentlichkeit, gelegentlich aber sogar in den beteiligten Wissenschaftsbereichen, die Auffassung festgesetzt, daß eine direkte Einflußnahme der jeweiligen Bundesspitze der Partei und der Hinweis etwa auf einen in Bonn dringend gebrauchten Experten „Wunder" bei einer Dirktaufstellung oder einer Listenplazierung bewirken könne. Bezogen auf die SPD im allgemeinen und den hier geschilderten Landesbereich im besonderen trifft dies in der Regel nicht zu. Vielmehr bewirken Interventionen der Parteispitze häufig das Gegegenteil (29). Bei der CDU mag ein solcher Eindruck eher den Tatsachen entsprechen, zumal dort die Parteisatzungen ein entsprechendes Vorgehen der Parteispitze noch klarer ermöglichen (Bundesvorstand „wirkt... mit"). Angemerkt sei in diesem Zusammenhang, daß entsprechende Vorschriften in England bei beiden großen Parteien als selbstverständlich gelten und in der Regel befolgt werden (30).

Es stellt sich in diesem Gesamtzusammenhang wiederum nicht nur ein Problem der praktischen Politik im institutionell-materiellen Sinne, sondern auch eines der *politischen Ethik oder der politischen Verhaltenslehre*. Es ist dabei mit aller Deutlichkeit darauf hinzuweisen, daß in der Politik, auf welcher Ebene auch immer, jeder mit jedem in einem unvermeidbaren Konkurrenzverhältnis immer dann steht, wenn es sich um Ambitionen auf Ämter handelt, die Prestige, Macht und oder materielle Vorteile versprechen. So sperren sich auf der Ebene der Bundestagsabgeordneten bei jeder neu anstehenden Wahl ebenso automatisch wie verständlicherweise alle amtierenden Mandatsträger mehr oder weniger geschlossen gegen alle, die als Neulinge in die vorhandenen Positionen einzudringen versuchen. Praktisch vom ersten Tage eines neu konstituierten Bundestages an beginnt dann – eingestandenermaßen oder uneingestandenermaßen – der interne Konkurrenzkampf zwischen den einzelnen Landesabgeordneten ein und derselben Partei um die nächste Aufstellung, das heißt, Absicherung auf der Landesliste. Primär unter solchen Gesichtspunkten werden in einer Bundestagsfraktion innerhalb einer Landesgruppe „Freundschaften" gepflegt. Mit anderen Worten: Diese sollen der in spätestens vier Jahren wieder fälligen Koalitionsbildung bei der Aufstellung auf der Landesliste dienen. Innerhalb einer Bundestagsfraktion insgesamt kommt es daher in der Regel zu echten Freundschaften entweder nur auf der Basis einer durchgehaltenen persönlichen „Interessengemeinschaft" eben im Hinblick auf eine Landesliste oder aber zwischen Angehörigen verschiedener Landesgruppen, bei denen das Moment der Konkurrenz um den nächsten Listenplatz entfällt. Hier kann es dann nur noch um ein Konkurrenzverhältnis im Hinblick auf Vorstandssitze in der Fraktion oder auf Parlamentsämter geben und schließlich um wirklich divergierende politische Anschauungen. Unter letzteren Gesichtspunkten war in der 7. Legislaturperiode etwa die Gruppe der sogenannten „Leverkusener" oder aber der „Kanalarbeiter" in der SPD-Fraktion zu sehen. Zwischen diesen Gruppen entstand auch aus politischen Gründen im Laufe jener Legislaturperiode eine immer kältere persönliche Atmosphäre, die zuweilen an Gefühle der Abneigung, Gegnerschaft ja Feindschaft grenzte.

Persönlich weiß sich der Verfasser mit einer größeren Anzahl von ehemaligen Bundestagskollegen aus der Zeit der gemeinsamen Fraktionszugehörigkeit sehr wohl verbunden. Echt bzw. „menschlich" waren diese Beziehungen aber nur, von ganz wenigen Ausnahmen abgesehen, zu Angehörigen anderer Landesgruppen. Von einer harmonisch-offenen Atmosphäre konnte zu seinem größten Bedauern bei der eigenen nie die Rede sein. Trotz aller Bemühungen des Vorsitzenden entstand keine echte solidarische Gemeinschaft in dieser „Sekundärgruppe". Insofern ist natürlich das „Genossen-Du" ebensowenig ein Indikator für zwischenmenschliche Beziehungen wie etwa die Anrede unter evangelischen Theologen mit dem „Brudergruß"!

Wo aber, so wäre zu fragen, liegen die Grenzen zwischen fairem, gewiß notwendigem Wettbewerb in einer Parteiendemokratie – in diesem Falle innerparteilich – einerseits und unfairen und unter Umständen durch einen neuen internen Parteienehrenkodex zu verbietenden Verleumdungen des jeweiligen Mitbewerbers andererseits? Kann sich ein Kandidat für sein Amt wie das eines MdB ohne Verletzungen solcher Spielregeln durchsetzen, darf er es mit Hilfe solcher Verletzungen, wie sie hier nur angedeutet wurden? Nach Auffassung des Verfassers kann er auch ohne Regelwidrigkeiten zum Zuge kommen. Möglichkeiten zu Regelwidrigkeiten sollten aber auf jeden Fall eingedämmt werden. Als ehrenamtlicher Schattenabgeordneter und hauptamtlicher Bundestagsabgeordneter in dem dieser Studie zugrundeliegenden geographischem Raum hat er es auch unabhängig von seiner eigenen Kandidatenaufstellung im Laufe von 10 Jahren immer wieder erlebt, daß einzelne Parteimitglieder sich nicht nur gegenseitig verleumden, sondern gelegentlich Gerichte anrufen, Entscheidungen von ordnungsgemäßen Wahlkonferenzen etwa bei Vorstandswahlen gerichtlich anfechten oder auch versuchen, die Zusammensetzung von Delegiertenkonferenzen durch das Einschleusen von ortsfremden Mitgliedern in andere Ortsvereine zu manipulieren.
Zwischen 1972 und 1976 wurde der Verfasser in einem der beiden Landkreise seines Bundestagswahlkreises immer wieder Zeuge eines zunehmenden Verfalls innerparteilicher Sitten und mußte als ranghöchster Mandatsträger seiner Partei in diesem Raume ohne irgendwelche Parteiämter nach 1972 zwischen konkurrierenden und sich zum Teil sehr heftig befehdenden Gruppen laufend vermitteln. Wahrscheinlich sollten sich auf allen Ebenen in einer solchen politischen Großgruppe mehr Vermittler ohne Ämter auch für informelle Schiedsgerichtsverfahren zur Verfügung stellen (31).

Wahlkämpfe

Konzeption, Durchführung und Bewertung eines Wahlkampfes in einem Bundestagswahlkreis sind – bezogen auf eine oder alle Parteien – im Zusammenhang mit Wahlanalysen und auch sonst des öfteren Gegenstand von wissenschaftlichen Untersuchungen gewesen (32). Dieser Abschnitt bietet dazu auf der Basis von detaillierten Unterlagen, (und wiederum im Hinblick auf ein „Vademecum" im positiven und negativen Sinne) eine Ergänzung.
Der erste der hier zur Diskussion stehenden Bundestagswahlkämpfe im

Bundestagswahlkreis 149, 1969, kann als atypisch gelten, ist aber gerade deshalb vielleicht von besonderem Interesse, weil der Kandidat ihn in einer ungewöhnlich langen Vorphase von nahezu 12 Monaten bewußt auch als ein, wenn man so will, politikwissenschaftliches Experiment anlegte. Er konnte davon ausgehen, daß bei vorausgegangenen Bundestagswahlkämpfen noch niemals systematisch der gesamte Raum mit seinen damals 232 Gemeinden von einem SPD-Kandidaten „erfaßt" worden war (wahrscheinlich auch nicht von einem CDU-Kandidaten) und vor allem kein einziger sozialdemokratischer Bundestagskandidat es bis dahin unternommen hatte, ebenso systematisch die nach wie vor gegenüber der SPD stark vorhandenen weltanschaulich-religiösen und „klassenbedingten" Vorurteile abzubauen. Das galt besonders für den Landkreis Ahrweiler. Solche Vorurteile wiederum führten oft bei potentiellen Sympathisanten der SPD oder aber auch nur bei Inhabern von Lokalen, in denen die SPD Versammlungen abhalten wollte, zu einer ausgesprochenen Angst vor „Repressalien" und damit bis in die 70er Jahre auch zu verweigerten, ja sogar wieder zurückgenommenen Buchungen von solchen Lokalen in konfessionell gebundenen ländlichen Räumen.
Zum *organisatorischen und konzeptionellen Ablauf* des Bundestagswahlkampfes 1969 ist zunächst anzumerken, daß der Kandidat den aus seiner oben angedeuteten politikwissenschaftlichen Nebenabsicht vielleicht verständlichen Fehler machte, den langen Vorwahlkampf zunächst mehr oder weniger ausschließlich mit ortsfremden jungen Kräften zu bewältigen, die er aus einer Gruppe „Freiwilliger", früherer Berliner Studenten der Politischen Wissenschaft, zusammenstellte. Dadurch kam es im Laufe des Wahlkampfes zweifellos zu Friktionen mit vorhandenen SPD-Kräften und damit auch zu Reibungsverlusten.
Manche führenden Mitglieder vor Ort waren andererseits auch froh, daß sie selber auf diese Weise entlastet wurden, zumal sie ohnehin mit dem Kandidaten aufgrund eigener Erfahrungen von dem Grundsatz ausgingen, daß die Basis bei der Durchführung von Wahlkämpfen zeitlich nicht überfordert werden dürfe. Sicherlich ist auch nicht auszuschließen, daß Friktionen bewußt von potentiellen Rivalen unter den Funktionären entfacht wurden, die einen zu großen persönlichen Erfolg des ortsfremden Kandidaten ungern gesehen hätten (33). Formell wurde erst relativ spät ein Bundestagswahlkampfausschuß „zusammengestellt". Es wird hier diese Vokabel gewählt, weil 1969 im Gegensatz zur späteren Praxis, die parteiintern üblicher ist , von den zwei wichtigsten Untergliederungen – den beiden Kreisvorständen –nicht per Wahl Vertreter in das oberste Wahlkampfgremium delegiert

wurden. Den Vorsitz führte nicht der Kandidat, ein Fehler aus seiner Sicht, den er erst bei der Wahl 1976 korrigierte.
In diesem Ausschuß gab es immer wieder konzeptionelle Schwierigkeiten. Sie bezogen sich unter anderem darauf – und dies war ein durchgehender psychologisch verständlicher und ebenfalls wohl nicht atypischer Konfliktstoff –, ob der Wahlkampf insgesamt mehr auf die Person des Kandidaten oder auf die Partei abgestellt werden sollte. In allen drei Bundestagswahlkämpfen, besonders aber nach den Erfolgen von 1969 und 1972, neigten der Kandidat und seine persönlichen Berater zu einer stärkeren Betonung der Person, um traditionell SPD-skeptische Wähler anzuziehen, während die Mehrheit der Funktionäre aus angeblich „objektiven", aber sicherlich auch subjektiven Gründen für einen Primat der Partei plädierten und sich durchsetzten. Natürlich spielte in allen drei Wahlkämpfen umgekehrt auch bei dem Kandidaten eine subjektive Komponente eine Rolle, da ihm daran lag, möglichst mehr Erst- als Zweitstimmen zu erzielen, obwohl er ja selber auch nur bei möglichst vielen Zweitstimmen zugunsten der SPD eine Chance haben konnte.

Ein zweiter kontroverser Aspekt, der den ersten tangierte, betraf die Teilkonzeption einer immer wieder vorgenommenen Gegenüberstellung mit dem CDU-Bundestagsabgeordneten auf der Linie des Argumentes: „Der seit 1953 in diesem Gebiet sozusagen automatisch immer wieder mit großer Mehrheit direkt gewählte Kandidat der CDU kommt erst jetzt erstmalig auch in die kleineren Ortschaften, weil ein Kandidat der SPD hier war." Mit anderen Worten, im ersten Bundestagswahlkampf wurde eine bewußt kontroverse Personalisierung in dieser Beziehung zwischen den beiden Spitzenkandidaten vorgenommen (34). Wie sich bei einer späteren Analyse der Wahlergebnisse herausstellte, „brachte" dieser Teil der Konzeption weniger, als hätte vermutet werden können. Es irrte also der Kandidat mit seinen Beratern im Gegensatz zur Mehrheit der Funktionäre, die „ihre" Leute bzw. Wähler an Ahr, Rhein und Eifelmaaren ganz richtig einschätzten. Hier zeigte und zeigt sich nämlich ein interessantes Phänomen, das bislang viel zu wenig in der Wissenschaft und von Praktikern durchleuchtet worden ist: In Gebieten wie dem hier in Frage stehenden mit einer entsprechenden Wählertradition wird nach wie vor insofern mit zweierlei Maß gemessen, als man persönliche Angriffe auf den Gegner und auch sonst Einseitigkeiten jeder Art mehr den Vertretern der etablierten, sozusagen zur Herrschaft geborenen Partei „CDU" als einem Vertreter (welchem auch immer), der nicht zur Herrschaft legitimierten Partei „SPD" zubilligt (35). Schon aufgrund der gemeinsamen Betreuung des Wahlkreises 149 durch beide Rivalen, das heißt den CDU-Abgeordneten und den SPD-Schattenabgeordneten und später ebenfalls Bundestagsabgeordneten, unterblieb eine von der SPD bzw. vom SPD-Kandidaten bewußt betrieben Personalisierung in dieser Beziehung weitgehend bei den Bundestagswahlen 1972 und 1976. In der Zeit zwischen 1972 und 1976 kam es dann – unter demokratietheoretischen Gesichtspunkten im Hinblick auf das „dialektische" Verhältnis zwischen interparteilichem Konflikt und Grundkonsens zu betrachten – bei allen parteipolitischen Gegensätzen, die zu keinem Zeitpunkt verschleiert wurden, zwischen beiden Bundestagsabgeordneten immer wieder zu Gemeinschaftsaktionen und bewußt gemeinsamen öffentlichen Auftritten, die *scharfe* Auseinandersetzungen zwischen ihnen im Bundestagswahlkampf 1976 (interessanterweise zum Leidwesen mehr der CDU-Funktionäre in diesem Raume) verhinderten. Es sollte im übrigen schon in diesem Zusammenhang angemerkt werden, daß eine Umfrage 1968/69 das zunächst überraschende Ergebnis einer Prozentzahl von nur rund 22% derjenigen ergeben hatte, die „ihren" alteingesessenen CDU-MdB überhaupt kannte (36).

Ein dritter konzeptioneller Kontroversaspekt schließlich – um nur drei der wichtigsten zu nennen – stellte eine Unterkomponente der beiden anderen dar und spielte 1969 eine Rolle: Sollte der Kandidat zunächst als hauptamtlicher Professor und erst danach als jemand herausgestellt werden und in Erscheinung treten, der es mit der Masse der Arbeitnehmer in diesem speziellen Bundestagswahlkreis „gut konnte" oder umgekehrt? Hier nun neigten manche Funktionäre zum Herausstellen des „Professors", während der Kandidat selber bis zum Zeitpunkt unentschieden in seinem Urteil blieb, als feststand, daß er sich gerade bei den Arbeitern als einer „der ihren", zumindest als ihr besonderer Interessenvertreter verständlich machen konnte. In den Wahlkämpfen 1972 und 1976 spielte dieser psychologische Aspekt bei der Festlegung einer Wahlkampfkonzeption keine Rolle mehr. Vielmehr dominierten auf Wunsch des gesamten Wahlkampfausschusses nun immer wieder volle „Titel".

Im übrigen war die Konzeption des Bundestagswahlkampfes 1969 unumstritten. Eröffnet wurde die lange Vorwahl–Kampf–Phase mit einem Angriff auf konfessionelle Vorurteile durch frühzeitige gemeinsame Diskussionsveranstaltungen über unverfängliche Themen wie „Politik und Christentum" mit einem der bekanntesten Patres von Maria Laach sowie mit der Herausgabe einer Massenpublikation an alle Haus-

halte mit dem Titelbild: Kandidat und Pater und Bildunterschrift: „Gespräch unter Freunden“ (37). Man wird von der Hypothese ausgehen können, daß diese Eröffnungszüge eine beträchtliche Einwirkung auf die allgemeine Bewußtseinslage der Bevölkerung erzielten und daher von der gegnerischen Seite nicht nur sehr bald als gefährlich erkannt, sondern auch mit allen Mitteln beantwortet wurden – bis hin zu direkten, sehr massiven Interventionen aus Mainz bei der Leitung des Klosters. Die nächstwichtigste Komponente der Anlage dieses langen Bundestagswahlkampfes 1969 bestand darin, daß der Kandidat mit größtmöglichem publizistischem Einsatz in unter geographischen Verteilungsgesichtspunkten gut ausgesuchten Schwerpunktgebieten vor allem ländlicher Art offenkundig grobe Mißstände aufgriff, anprangerte und ihre Abhilfe – damals ausschließlich als Professor – gegenüber den zuständigen Landesbehörden durchsetzte (38).
Man konnte, was den Informationsfluß in dieser Beziehung betraf, sicherlich zu Recht von einem Schneeball – oder Wüstentrommeleffekt ausgehen angesichts der vielen Verwandtschafts- und Freundschaftsverhältnisse von Dorf zu Dorf. Tatsächlich sprechen sich auch heute noch etwa an der Ahr aus dem Rahmen fallende Begebenheiten sehr schnell herum. Darüber hinaus begann der Kandidat – schon in der langen Vorwahlkampfzeit, als er noch nicht offiziell aufgestellt worden war – mit der systematischen Abhaltung von sonntäglichen „Frühschoppen“, die dann zwischen 1969 und 1972 und erst recht bei den kürzeren Bundestagswahlkämpfen 1972 und 1976 zu seinem wichtigsten methodischen Arsenal gehörten und etwa von 1970 an auch von der CDU in diesem Raume systematsich „übernommen“ wurden (39). Ebenfalls schon frühzeitig im Bundestagswahlkampf 1969 – wie dann selbstverständlich auch in den beiden anderen der Jahre 1972 und 1976 –, kamen zu diesen Frühschoppen systematische Hausbesuche hinzu. Öffentliche Abendveranstaltungen wurden vor allem in der Endphase des Bundestagswahlkampfes durchgeführt, zum Teil gemeinsam mit dem CDU-Kandidaten, zum Teil gemeinsam mit beiden anderen Kandidaten (40).
Bei jeder Konzipierung und Durchführung eines Wahlkampfes spielt die Frage der *Finanzierung* naturgemäß eine entscheidende Rolle. Die Grundregel in den drei hier zugrundeliegenden Wahlkämpfen war in der SPD die, daß von der Parteizentrale in Bonn in sehr großem Umfange – zuletzt, wie man sicherlich wird sagen müssen in einem zu großen – Werbematerial und darüber hinaus finanzielle Zuschüsse an die örtliche Wahlkampfleitung gegeben wurden und sich auch der Landes- bzw. Bezirksvorstand mit weiteren Zuschüssen pro Bundestagswahl-

kreis mit einem leichten Bonus zugunsten finanzschwächerer Gebiete beteiligte. Sogenannte Kandidaten-Plakate und Kandidaten-Flugblätter an alle Haushaltungen unterlagen in der Regel einer Art Mischfinanzierung. Vor Ort, das heißt in den einzelnen Bundestagswahlkreisen selber, kamen und kommen im wesentlichen – abgesehen von einem einzubehaltenden Anteil an Wahlkampfsondermarken, die Mitglieder in Wahlkampfzeiten kaufen – drei Finanzierungsquellen in Frage: Spenden des Kandidaten, die durchweg erwartet werden (41), „Kontributionen" der einzelnen Ortsvereine und sonstiger SPD-Gliederungen im Raume einschließlich Sondermittel der Arbeitsgemeinschaft der Jusos und schließlich auch Spenden Dritter, die aber im Bundestagswahlkreis 149 kraft seiner demographischen Struktur nur im Bereich des Landkreises Mayen eine Rolle spielten. Da dieser Landkreis auch über die finanzstärksten Ortsvereine verfügte, kam ihm verständlicherweise in allen drei Wahlkämpfen ein stärkeres Mitspracherecht zu als dem schwächeren Landkreis Ahrweiler.

Kontrovers gestalteten sich durchweg Probleme im Bereich der erst- und zweitgenannten Finanzierungsquellen. 1969 wurde vom Kandidaten persönlich noch kein allzu hoher Zuschuß „erwartet", zumal man im eingeweihten Kreis des Wahlkampfausschusses ja wußte, daß es sich wiederum nur um eine Zählkandidatur handeln würde. Insbesondere seinen Vorwahlkampf, aber auch Teile der sogenannten „heißen" Phase, finanzierte der Kandidat dennoch selber oder aber brachte Mittel von außen unter eigener Verantwortung auf. Es dürfte speziell auch im Hinblick auf einen Vademecum-Charakter dieses Teils unserer Untersuchungen aufschlußreich sein, festzustellen, welche Mittel im konkreten Falle vom Kandidaten aufgebracht oder eingesetzt wurden. Auch seine Aufwendungen zugunsten des Wahlkreises zwischen 1969 und 1972, die sich aus seinem erwähnten Wahlversprechen der „Betreuung so oder so" ergaben, dürfte in diesem Gesamtzusammenhang von Interesse sein, zumal sie, wie wir sahen, dann 1974/75 die Vorwürfe von Parteigegnern in eben dieser finanziellen Richtung nicht gegenstandslos machten (42). Im Bundestagswahlkampf 1972 wurden einige Mitglieder der Wahlkampf-Kommission in Bezug auf eine Eigenbeteiligung des Kandidaten schon insistierender, obgleich der schon erwähnte langjährige Unterbezirksvorsitzende und Zählkandidat früherer Bundestagswahlkämpfe, W. Klein, allen entsprechenden Argumenten dann doch den Riegel mit der Bemerkung vorschob, „ein weiteres finanzielles Engagement könne dem Kandidaten unter den obwaltenden Umständen" (einer wiederum unsicheren Listenplacierung) nicht zugemutet werden.

Die unerfreulichsten Kontroversen gab es in diesem Bereich daher erst im Zusammenhang mit dem Wahlkampf 1976. In Bezug auf den des Jahres 1972 beschränkten sich diese Kontroversen im Endeffekt auf Auseinandersetzungen ex post über den genauen Zeitpunkt, von dem ab der örtliche Wahlkampf in rote Zahlen geriet und natürlich noch mehr über die Verantwortung für diesen Zustand, der dann durch die Aufnahme eines Kredites und durch weitere nachträgliche Zuwendungen des Kandidaten wettgemacht werden mußte. Der Kandidat selber zog die Konsequenzen aus seinen Erfahrungen von 1969 und 1972 und bestand 1976 bei der Konstituierung der aus beiden SPD-Kreisvorständen heraus paritätisch beschickten Wahlkampfleitung auf seinem Vorsitz. „Gefordert" wurde jetzt eine schon vorher zwischen den beiden Kreisvorsitzenden und dem Geschäftsführer ohne Wissen und in Abwesenheit des Kandidaten ausgehandelte Eigenbeteiligung von DM 10.000,–. Der Kandidat erklärte sich auf der konstituierenden Sitzung der Wahlkampfleitung vorläufig nur zu DM 5.000,– bereit unter Hinweis auf ganz bestimmte häusliche Belastungen, deren Erwähnung jedoch bei den Mitgliedern der Wahlkampfleitung kaum einen nachhaltigen Eindruck hinterließen. Es zeigte sich auch hier, daß die oligarchische Abkapselung innerhalb der Parteiführungen auf allen Ebenen in Verbindung mit dem „logischen" Streben dieser sich abkapselnden Eliten nach eigener Macht zu mitunter eiskaltem Kalkulieren im wörtlichen Sinne führt – unter Hintenanstellung jeglicher „menschlicher" Regungen und Erwägungen. Mit einer solchen eiskalten Luft muß daher jeder rechnen, der sich in die politische Arena auf dieser Ebene begibt. Jedenfalls blieb die Mehrzahl der Beteiligten 1976 völlig unberührt sowohl von erneuten Nachweisen des Eigenengagement des Kandidaten im Zeitraum von 1969 bis 1972 als auch von Nachweisen über die Verwendung von großen Teilen der sogenannten Diäten zwischen 1972 und 1976 zugunsten des Wahlkreises (43). Insbesondere die Aufwendungen zwischen 1968 und 1972 waren der Vergessenheit anheimgefallen. Tatsächlich konnten ja auch die jüngeren und sehr jungen Parteimitglieder davon nichts mehr oder noch nichts wissen. Ja ihre gelegentliche defensive Erwähnung durch den Kandidaten führte interessanterweise zu einer Mischung aus Nostalgie und Ungläubigkeit zur Sache überhaupt.
Was die Finanzierungsebene „Kontribution" der einzelnen Ortsvereine betraf, so zeigte sich 1969 immer wieder die durchaus typische Tendenz von Ortsvereinen, möglichst viel Geld für eigene Zwecke insbesondere zur Bestreitung künftiger Kommunalwahlen zurückzuhalten. 1972 und 1976 traf dies nur noch auf einen Teil der Ortsvereine zu.

Viele andere engagierten sich jetzt sehr stark, zum Teil sogar durch Sonderaktionen größten Stils zugunsten der Bundessache und gerieten in rote Zahlen. 1972 konnten die Ortsvereine durch den allgemeinen Schwung des „Willy-Wahlkampfes" motiviert werden, 1976 durch die Parole: Es geht um Sein oder Nichtsein der sozial-demokratisch geführten Bundesregierung. Dennoch stellte sich auch bei der Schlußsitzung des Wahlkampfausschusses in Bonn Anfang 1977 heraus, daß wiederum eine ganze Reihe von Ortsvereinen ihre Pflicht in finanzieller Hinsicht nicht getan hatten (44). Es ist daher ganz sicherlich ebenfalls ein Gebot innerparteilicher Reformen, daß von Anfang an bei solchen Wahlkampfvorbereitungen „Kontributionen" in verbindlicher Höhe nach der jeweiligen Mitgliederzahl von allen Ortsvereinen gleichermaßen erhoben werden und zu persönlichen Eigenleistungen erst danach aufgerufen wird.
Im übrigen fand insbesondere 1976 ein gut durchdachter und mit großem Engagement aller Beteiligter durchgeführter Wahlkampf statt (45). Ganz sicher ist, daß das Engagement der Basis in allen Ortsvereinen – wenn auch erfahrungsgemäß beschränkt auf denselben relativ kleinen Kreis von Mitarbeitern – in allen drei Wahlkämpfen sehr groß war und selbstverständlich der Kandidat bei seinem eigenen Einsatz uneingeschränkt und zum Teil auch aufopferungsvoll von allen einschließlich der früheren innerparteilichen Gegner unterstützt wurde.
Obwohl der Verfasser den Wert von Plakatierungen hinsichtlich ihrer Wirkung auf den Wahlbürger stark bezweifelt und darüber hinaus der Ansicht ist, daß auch von ihm durchweg zu viel sich „kommunikationspsychologisch" gegenseitig aufhebendes Material verteilt wurde (46), zeigte doch das unermüdliche Kleben, Verteilen und Begleiten des Kandidaten von der Basis her immer wieder, daß besonders in der letzten Phase eines Wahlkampfes alle Beteiligten sich völlig ohne Rücksicht auf Erwägungen möglicher persönlicher Vorteile einsetzen.
1976 gab es im Bundestagswahlkreis 149 in der letzten Phase und unter dem Gesichtspunkt einer guten Team-Arbeit nur ein Gegenbeispiel, dessen Erwähnung nun überleiten soll zu einer kurzen Erörterung der Problematik von *Erst- und Zweitstimmen* bei den drei Bundestagswahlen in einem solchen Gebiet. Ohne Absprache mit dem Kandidaten und Vorsitzenden des Wahlkampfausschusses hatte der Kreisvorsitzende „Mayen" in Zusammenarbeit mit dem Kreisvorsitzenden „Ahrweiler", ein Flugblatt (47) mit der Aufforderung erstellt, dem ja „schon gewählten CDU-Kandidaten" die Erststimme und dem SPD-Kandidaten die Zweitstimme zu geben, und es zwei Tage vor der Wahl bereits in seinem Landkreis verteilen zu lassen. Es sollte scheinbar dem Kandi-

daten im letzten Augenblick noch eine Chance qua Liste einräumen, zeugte tatsächlich aber mehr von der im kleinsten Kreise geäußerten Besorgnis, der amtierende MdB würde dieses Mal noch mehr Erststimmen als 1972 erhalten und somit der SPD in diesem Raum nicht eigentlich „nützen", sprich: Andere, frühere und künftige Bundestagskandidaten und derzeitige Mandatsträger auf Landtagsebene in den Schatten stellen. Tatsächlich stoppte der Kandidat die Verteilung im Kreis Ahrweiler in letzter Minute, nachdem er zufällig davon Kenntnis erhalten hatte. Er ließ sich dabei von folgenden Erwägungen leiten, die er auch dem damaligen Kreisvorsitzenden und SPD-Landtagsabgeordneten von Ahrweiler sofort mitteilte:

Erstens: Die Aktion komme viel zu spät, um noch auf das tatsächliche Wahlverhalten „übermorgen" den geringsten Einfluß zu haben. Im Gegenteil, sie würde, da seiner Auffassung nach in diesem Raume nicht viele Wähler die Möglichkeiten eines Stimmensplitting verstünden, nur Verwirrung stiften und daher letztlich für Partei und Kandidaten kontraproduktiv sein. Zweifellos würden echte CDU-Sympathisanten, unabhängig davon, ob sie das Stimmensplitting als Möglichkeit richtig einzuschätzen wüßten, ihre Zweitstimme nicht der CDU entziehen, da sie ja dafür verantwortlich würden, daß unter Umständen ein CDU-Abgeordneter aus Rheinland-Pfalz weniger in den Bundestag einziehen könnte.
In umgekehrter Richtung wäre ein Stimmensplitting schon eher denkbar, d.h. im Hinblick auf die Erststimmen.
Zweitens: Ein größeres Stimmensplitting käme in diesem Gebiet 1976 noch weniger als 1972 in Betracht, weil zweifellos die FDP dieses Mal ihre Wähler dazu auffordere, auch die hoffnungslose Erststimme ihrem Kandidaten bzw. ihrer Kandidatin zu geben (48), und somit der mögliche Vorsprung von Erst- und Zweitstimmen auf jeden Fall zurückgehen würde.
Drittens: sei für ihn, den Kandidaten, nach drei Bundestagswahlkämpfen ganz persönlich und quasi als politikwissenschaftliches Experiment aufschlußreich, ob der Durchschnittswähler seinen eigenen Einsatz in diesem Raume zwischen 1968 und 1976 mit einem noch größeren Achtungserfolg qua Erststimmen honorieren bzw. „belohnen" würde.

Zugegebenermaßen hatte der Kandidat 1976 wie auch schon 1972 und teilweise 1969 auf Wunsch des Wahlkampfausschusses nur ungern auf jeden Versuch verzichtet, der Bevölkerung rechtzeitig die Möglichkeiten des Stimmensplitting im allgemeinen und der Stimmabgabe auf der Erststimme zu seinen Gunsten im besonderen vor Augen zu führen, obwohl entsprechende Entwürfe für Flugblätter auf dieser Linie vorbereitet worden waren. Insofern wohnte dann dem ganzen Vorgang doch kein echter experimenteller Charakter auf der angedeuteten Linie inne. Tatsächlich kam der Ausgang der Wahl am 3. Oktober 1976 einer mehr oder weniger totalen Falsifizierung der Arbeitshypothese des Verfassers und Kandidaten gleich, der gegenüber einem kleinen Kreise von Parteifreunden mit einer Erhöhung der Erststimmen

gegenüber 1972 absolut um mindestens 5.000 und relativ um einige Prozent gerechnet hatte.
Wie war somit das Wahlergebnis 1976 bezogen auf den Unterschied zwischen Erst- und Zweitstimmen im Bundestagswahlkreis 149 tatsächlich zu werten – abgesehen von dem abgesunkenen Bundes- und Landestrend der SPD bei jener Bundestagswahl?
Erstens: Der auch vom Verfasser vorausgesehene Entzug der FDP-Erststimmen schlug voll durch – ein für die ganze SPD 1976 bundesweiten Wahlanalysen zufolge typisches Ergebnis. Trotzdem hatte er aber, um dies zu wiederholen, mit einem gegenüber den beiden vorausgegangenen Bundestagswahlen noch sehr viel höheren Erststimmenergebnis gerechnet.
Zweitens: Darüber hinaus dürften – dies ist selbstverständlich eine Mutmaßung, für die es letztlich nur Indizienbeweise gibt – einige hundert Parteigegner des Kandidaten, zumindest im Kreis Ahrweiler, die sich aufgrund der langen Vorgeschichte der Kandidatenaufstellung formiert hatten, der SPD nur die Zweitstimme, dem Kandidaten aber nicht ihre Erststimme gegeben haben. Auch dies war für andere Wahlkreise und andere Parteien mutatis mutandis nicht als atypisch anzusehen.
Drittens: In diesem unter demographischen Gesichtspunkten im Hinblick auf die Wählerschaft „typischen CDU"-Bundestagswahlkreis, vor allem aber angesichts der Unkenntnis über die Möglichkeiten und Auswirkungen eines Stimmensplitting in Ermangelung einer irgendwie gearteten, geschweige denn in diesem Raume erfolgreichen politischen Bildungsarbeit seit 1949 läßt sich ein stärkerer Überhang von Erstgegenüber Zweitstimmen kaum erzielen. Ein aufgezeichneter Beleg für sicherlich viele mögliche andere in Richtung Unkenntnis mag hier genügen:

Vierzehn Tage vor der Bundestagswahl selber kehrte der Verfasser nach einigen Versammlungen noch relativ spät abends in einem Wirtshaus in Andernach ein und stieß dort auf einen Arbeiterkegelverein, der ihn sofort zu sich an den Tisch bat. In aufgeräumter Stimmung erklärte einer der Anwesenden: „C.C. wir haben Dich schon gewählt". Auf die erstaunte Rückfrage, wie das denn möglich sei, kam die Erläuterung, daß der Verein am Wahlsonntag selber zu einem auswärtigen Spiel sei und daher geschlossen von der Briefwahl Gebrauch gemacht habe. Auf die Frage des Verfassers, ob die Runde denn auch „brav" ihre Zweitstimme der SPD gegeben habe und nicht nur ihm persönlich die Erststimme, kam die Reaktion eines verunsicherten Erstaunens. Es stellte sich schließlich heraus, daß die Anwesenden der Ansicht gewesen seien, die Zweitstimme hätte sich gar nicht auf die Bundestagswahl bezogen, sondern auf eine mögliche Landtagswahl, da hier ja ausschließlich bekannte „Landespolitiker" namentlich aufgeführt worden waren. Mit anderen Worten, die Runde hatte offensichtlich ihre Zweitstimme, die für den Kandidaten selber entscheidende, nicht abgegeben. Selbstredend brachte es der Verfasser nicht übers Herz, seiner politischen Aufklärungspflicht in diesem Stadium noch zu genügen und den Anwesenden zu erläutern, daß sie mit ihrem Abstimmungsverhalten ihm persönlich gerade nicht geholfen hätten! (49)

Ein abschließendes Fazit bietet sich an: Der Einsatz eines Schattenabgeordneten und/oder MdB, geschweige denn eines Kandidaten, wird selbst bei zunehmender Bekanntheit in der Öffentlichkeit in einem derart strukturierten Gebiet von der Masse der Bevölkerung nicht honoriert, – wie nochmals betont werden muß, entgegen den Erwartungen und Arbeitshypothesen des Verfassers selber (50).

II. Das Spannungsverhältnis zwischen Artikel 21 und 38 des Grundgesetzs im Deutschen Bundestag am Beispiel der 7. Legislaturperiode – Entscheidungsfreiheit des Abgeordneten oder Fraktionsherrschaft?

Die mit dieser Kapitelüberschrift angedeutete Problemstellung von erheblicher grundsätzlicher Bedeutung in unserer pluralistischen Staatsordnung ist in der Literatur und in der politischen und verfassungsjuristischen Praxis der Bundesrepublik Deutschland ebenso oft behandelt worden wie eine ganze Reihe von sich daraus ergebenden einzelnen Fragestellungen (51). Wir wollen demgegenüber versuchen, diese Fragestellungen – eigene und solche anderer Verfasser – auf einer möglichst exakten, vorwiegend aus einer Legislaturperiode des Deutschen Bundestages hervorgehenden, empirischen Basis zu überprüfen, zumal viele der für diese Zwecke heranzuziehenden Vorgänge aus Plenum, Ausschüssen und Fraktionen des Deutschen Bundestages bislang für den allgemein politisch Interessierten, ja sogar für den Fachmann, zu wenig transparent geworden sind.

Der verfassungsrechtliche und satzungstechnische Befund, von dem wir in diesem Kapitel auszugehen haben, ist bekannt und braucht daher einleitend nur mit einer kurzen Zusammenfassung Erwähnung zu finden: Wir müssen nicht nur von einem Spannungsverhältnis zwischen zwei Grundgesetzartikeln, das heißt also, von einem schon in der Verfassungstheorie selber angelegten Spannungsverhältnis auszugehen, sondern auch von einem weit weniger bekannten zwischen der Geschäftsordnung des Bundestages – die ja ihrerseits auch im Grundgesetz „verankert" ist – und den Fraktionsgeschäftsordnungen der Bundestagsfraktionen – hier exemplarisch demonstriert an der Geschäftsordnung der SPD-Fraktion. Während die Geschäftsordnung des Bundestages zum Beispiel festhält, daß sich ein Abgeordneter jederzeit im Plenum zu Worte melden oder Fragen an die Bundesregierung einreichen kann (52), heißt es demgegenüber in der Geschäftsordnung der SPD-Fraktion, daß Wortmeldungen und Anfragen über die Geschäftsführer einzureichen bzw. mit der Fraktionsgeschäftsführung und anderen Fraktionsfunktionären abzustimmen sind.

Insoweit scheint sich auch hier die These von G. Leibholz zu bestätigen,

daß im Kollisionsfalle der Artikel 38 als erhabener Grundsatz des Liberalismus früherer Jahrhunderte gegenüber dem Parteienprimat weicht, eben weil es heute in keinem System der parlamentarischen, präsidentiellen oder Ratsdemokratie (53) noch einen von einer politischen Partei völlig unabhängigen „Repräsentanten“ mehr gibt, mehr geben kann. Wenige Ausnahmen vor allem aus Großbritannien bestätigen nur diese allgemeine Regel.
Ob wir so weit gehen sollten, aus der gegebenenfalls zugunsten der politischen Parteien zu vollziehenden Auflösung des Widerspruches zwischen den Grundgesetzartikeln 38 und 21 die Konsequenz zu ziehen, die Widersprüche zwischen der Geschäftsordnung des Bundestages und den Fraktionsgeschäftsordnungen zu billigen, ist eine Frage, die wir im Verlaufe unserer Studie beantworten wollen (54).
Von der schon hier angedeuteten geschäftsordnungsmäßigen Ausgangslage her ist in diesem Abschnitt an die oft formulierte Feststellung heranzugehen, daß zwar ein Fraktionszwang strictu sensu nicht gegeben ist und ja auch verfassungsrechtlich gar nicht gegeben sein kann, hingegen eine „Fraktionsdisziplin“ um so unausweichlicher (55). Wenn dem so ist, dann ist auch in dieser Studie einmal mehr zu fragen, ob erstens die im Interesse einer politischen Willenseinheit gemeinschaftlich handelnde Fraktion den Handlungsspielraum ihrer Mitglieder tatsächlich einschränkt, und wenn ja, in welchem Umfange; ob zweitens die Fraktions- und Parteiführungen tatsächlich sowohl über Sanktions- als auch Belohnungsmöglichkeiten gegenüber einzelnen Abgeordnetetn verfügen und wenn ja, über welche; ob drittens unterschiedliche Trends in Richtung Entscheidungsfreiheit des einzelnen und Einschränkung derselben auszumachen sind, je nachdem, ob sich eine Fraktion an der Regierung oder aber in der Opposition befindet (56) und ob viertens solche unterschiedlichen Trends auch von der jeweiligen politischen Gesamtkonstellation abhängig sind. Mit letzterer Fragestellung ließe sich zum Beispiel die Arbeitshypothese verbinden, daß der einzelne Abgeordnete um so „freier“ agieren kann, je stärker er selber eine Hausmacht hinter sich hat (57), in eine kohärente Fraktionsgruppe integriert ist mit gleichen Ansichten und Zielsetzungen und diese angesichts der gesamten parlamentarischen Mehrheitsverhältnisse ein Zünglein an der Waage darstellen kann, oder aber auch um so „unfreier“, je näher z.B. sich das Parlament an einem Wahltermin befindet.
Bevor wir solche und andere Fragen zu beantworten suchen, seien zunächst noch allgemeine Betrachtungen zur Fraktionsgeschäftsordnung der SPD sowie zur Struktur und Arbeitsweise von Bundestags-

fraktionen und gelegentlichen Versuchen ihrer „Reformierung" am Beispiel der SPD-Fraktion angestellt.

Wir gehen hier aus von der Geschäftsordnung der Fraktion der SPD im Bundestag in der Fassung des Fraktionsbeschlusses vom 2. Juni 1970, die ihrerseits die Fassung vom 6. Dezember 1966 außer Kraft setzte. In der 7. Legislaturperiode des Deutschen Bundestages kam der nicht zuletzt aufgrund der Erfahrungen des Jahres 1972 vom Vorstand eingebrachte Ergänzungsvorschlag zum § 7 betreffend allgemeine Pflichten der Fraktionsmitglieder hinzu, wonach „auch in allen sitzungsfreien Wochen und Parlamentsferien die Fraktionsmitglieder erreichbar sein müssen. Von der Heimatanschrift abweichende Anschriften müssen dem Fraktionsgeschäftsführer mitgeteilt werden". Ferner wurden neue Bestimmungen über die Meldepflicht von Reisen ins Ausland eingeführt.

Reformen der Fraktionsarbeit in der 7. Legislaturperiode

Schon im 1. Jahr der 7. Legislaturperiode des Deutschen Bundestages, das heißt, bald nach einer sogenannten Fraktionsklausurtagung vom 12. Juni 1973, wurde durch den Fraktionsvorstand eine „Reformkommission" eingesetzt, die aus der Fraktion heraus unterbreitete Reformvorschläge sammeln, sichten, untersuchen und dann zur Annahme oder Ablehnung durch Fraktionsvorstand und Fraktionsplenum empfehlen sollte. Die Vorgeschichte dieser Kommissionsbildung ist durchaus aufschlußreich. Natürlich war es 1973 nicht das erste Mal gewesen, daß insbesondere „dienstjüngere" Abgeordnete der Fraktion den Drang verspürten, Neuerungen sowohl im Hinblick auf eine größere Effizienz und Transparenz der Fraktionsarbeit als auch eine stärkere „Kontrolle" des Fraktionsvorstandes durch das Fraktionsplenum ins Auge zu fassen. Überlegungen und Bemühungen in dieser Richtung waren besonders in der 5. und 6. Legislaturperiode Teil einer umfassenderen Diskussion über Reformen der gesamten Parlamentsarbeit gewesen (58). Reformfreudige „junge" Parlamentarier sind nachweislich jedoch immer wieder sehr schnell desillusioniert worden.

So berichtete zum Beispiel PPP am 6. Januar 1976 unter der Überschrift: „Bonns Jungparlamentarier und die Realitäten" über eine wissenschaftliche Befragung solcher Parlamentarier. Die damalige Untersuchung von D. Badura und J. Reese bezog sich auf Parlamentsneulinge zwischen 1969 und 1972, das heißt also in der 6. Legislaturperiode. In der Zusammenfassung hieß es hier: „Illusionen, so sie vorhanden waren, weichen dem, was man so schön Realitätssinn nennt. Das Establisment akzeptiert Individualisten, aber keine Illusionisten. Doch die meisten Neulinge wählen den sanften, gleichwohl nicht immer erfolgreichen Weg der Anpassung . . .". In der Organisation des Bundestages herrsche eine Subkultur, stellten die Forscher fest, die die „Initiativkraft, Motivation und Kreativität des einzelnen lähme" . . . Wörtlich fuhren sie fort: „Es scheint so, daß die Organisation Parlament formelle und informelle hierarchische Strukturen herausgebildet hat, und daß der Aufstieg des Jungparlamentariers in dieser Hierarchie in der Regel seine Anpassung an die herrschenden Normen und Werte zur Voraussetzung hat. Aus Sorge um seine politische Wirkung zieht er meistens die Anpassung vor . . . Die Hircharchie wird zur täglichen Routine".

Auf der turnusmäßigen Sitzung der SPD-Fraktion am 22. Mai 1973 wurde der Beschluß gefaßt, in Kürze eine Klausurtagung mit einer Grundsatzdiskussion über Fragen der Fraktionsarbeit abzuhalten. Klausurtagungen zu speziell politischen Problemen hatte es natürlich auch schon in früheren Legislaturperioden gegeben (59), nicht jedoch in der beabsichtigten Form, die allgemeine Fraktionsarbeit betreffend. Eine Grundsatzdiskussion darüber war zuletzt am 3. Oktober 1967 in der Zeit der großen Koalition vom SPD-MdB H. Collet angeregt worden. Zu einer besonderen Klausurtagung war es jedoch damals nicht gekommen.

In einem Brief vom 24. Mai 1973 an den Fraktionsvorstand zu Händen des Parlamentarischen Geschäftsführers K. Wienand („durchschriftlich an die Genossinnen und Genossen der SPD-Fraktion mit herzlichen Grüßen") brachte der Verfasser nach dem Fraktionsbeschluß thematische Vorschläge zu Papier, als „einer der neuen, aber im Grunde schon sehr alten Bonner Hasen . . . ". Wörtlich führte er aus: „Ich *weiß,* daß sich insbesondere die Neuen in der Fraktion etwas von einer solchen Klausurtagung versprechen und kann eigentlich nur unsere alten „Fraktionshasen" bitten, gerade im Hinblick auf einen sicherlich uns allen gleichermaßen am Herzen liegenden Integrationsprozeß der neuen Fraktion jenseits von allen tatsächlichen und denkbaren Gruppierungen sowie völlig normalen Meinungsunterschieden Verständnis für das Bedürfnis an den Tag zu legen, manches in der Fraktionsroutine kritisch in Frage zu stellen, vor allem aber über Sachfragen detaillierter zu diskutieren, als dies bei regulären Sitzungen unseres Mammutgremiums möglich ist. Was letzteres betrifft, so würde ich vorschlagen, daß wir die Klausurtagung an einen anderen Ort im Raume Bonn-Bad Godesberg verlegen, um die Atmosphäre aufzulockern . . .

Mir will scheinen, daß wir *drei große Fragenkomplexe* zur Diskussion – unter Umständen auch bei weiteren Fortsetzungen unmittelbar nach der Sommerpause – stellen könnten:

I. Fragen der „Transparenz" unserer innerfraktionellen Entscheidungsprozesse;

II. Probleme des Verhältnisses zwischen Fraktion, Parteivorstand und Bundesregierung, d.h. also des Selbstverständnisses dieser unserer Fraktion als der meiner Ansicht nach obersten Kontroll- und Unterstützungsinstanz gegenüber unserer Regierung in allen Fragen, die direkt oder indirekt im Deutschen Bundestag entschieden werden müssen; und nicht zuletzt

III. vordringliche Sachfragen, hinsichtlich derer wir uns vielleicht noch zusammenraufen müssen im Interesse einer größtmöglichen Geschlossenheit unserer gesamtparteilichen Argumentation und unter Umständen sogar der CDU Anlaß zu Versuchen bieten könnten, uns hier und da „auseinanderzudividieren"!

Es wäre m.E. zur Vorbereitung der ersten Klausurtagung in dieser Legislaturperiode wichtig, wenn von der Basis, d.h., den Fraktionsmitgliedern her, der

Fraktionsführung rechtzeitig konkrete Vorschläge für die Tagesordnung übermittelt, diese dann durch einen vielleicht am 5. Juni zur Entlastung des Vorstandes einzusetzenden ad-hoc-Ausschuß gesiebt und im Plenum der Fraktion am 12. Juni zur Diskussion empfohlen werden. Deshalb erlaube ich mir, diesem kurzen und in Eile zu Papier gebrachten Anschreiben einen Abschnitt anfügen zu lassen, der von den Genossinnen und Genossen an die Fraktionsführung weitergeleitet werden könnte. So oder so sollten wir meines Erachtens alle rechtzeitig wissen, was auf der Klausurtagung zur Sprache gebracht werden wird.

Es war nun für den Neuling sehr aufschlußreich, wie die Fraktionsführung auf diesen thematischen Vorstoß reagierte. Zunächst wurde der Brief in der Fraktionspoststelle nicht verteilt, was der Verfasser erst einige Tage später feststellte. Dies sollte ihm noch des öfteren passieren. Naturgemäß war er davon ausgegangen, daß die Postfächer allen Fraktionsmitgliedern zu Mitteilungen an alle zur Verfügung stünden. Er wußte jedoch damals noch nicht, daß vor einer Zirkulation erst das Einverständnis der Parlamentarischen Geschäftsführung einzuholen war bzw. dieses Einverständnis von den Poststellenbetreuern automatisch eingeholt wurde. Im vorliegenden Falle wurde ein solches Einverständnis nicht gegeben; vielmehr traf unter dem Datum vom 25. Mai 1973 nachstehender Brief des mit dem Verfasser seit Jahren in einem guten Einvernehmen stehenden Geschäftsführers K. Wienand ein:

„Dein Schreiben ... habe ich erhalten ... Du hast inzwischen wahrscheinlich mein heutiges Rundschreiben und weißt, daß ich alle Fraktionsmitglieder darin auffordere, etwaige Wünsche für die Tagesordnung anzumelden. Du hast sicher Verständnis dafür, daß ich wegen meiner Umfrage Dein zur Verteilung im Fraktionsbüro lagerndes Rundschreiben zunächst zurückhalten möchte".

Tatsächlich lag diesem persönlichen Schreiben ein Rundbrief bei an alle Fraktionsmitglieder, in dem es hieß:

„Einige haben mündlich und auch schriftlich die Erwartung geäußert, für die vorgesehene Klausurtagung am 12. Juni 1973 Themenvorschläge oder Fragen, die zur Erörterung gestellt werden sollen, vorher mitzuteilen. Ich bitte daher, mir bis zum 6. Juni Fragen und Themen, die gelegentlich der Klausurtagung behandelt werden sollen, mitzuteilen. Wir werden dann die eingegangenen Vorschläge zusammengefaßt allen Mitgliedern der Fraktion übermitteln".

Am 7. Juni 1973 schrieb dann der Fraktionsvorsitzende selber an alle Fraktionsmitglieder und schlug unter Beifügung einer Synopse der eingereichten Themenvorschläge zusammen mit den Namen der jeweils Vorschlagenden zur Behandlung bei dieser ersten „Reform-Klausur" den Themenkomplex „Probleme der Abgeordneten und der Fraktion" vor, aus

„denen sich die dringendsten Verbesserungen entwickeln lassen, die fühlbar die Leistungsfähigkeit unserer Fraktion steigern und höchstmögliches Mitwirken jedes Mitglieds gewährleisten“.

Ausgeführt waren in der Synopse Vorschläge der Abgeordneten Brück (1), Conradi (3), Dübber (2), Immer (2), Wittmann (1), Riedel-Martiny (1), Waltemathe (1), Bredel (2), Fellermeier (1), Reuschenbach (5) und Schweiter (10). Der Verfasser hatte ja schon mit seinem Schreiben vom 24. Mai, das er übrigens dann durch die Poststelle des Bundestages selber zur Verteilung brachte, die drei oben genannten Fragenkomplexe eingereicht und entsprechend diesem Rundschreiben der Fraktionsführung aufgegliedert. Also zum Fragenkomplex *eins:*

– Rechtzeitige Vorwarnung in Bezug auf wichtige Tagesordnungspunkte für Fraktionssitzungen,

– flexiblerer Fraktionsmechanismus in Sachen Wortmeldungen bei Plenardebatten und Wahrnehmung „unserer Rechte als Abgeordnete“ nach der Geschäftsordnung des Deutschen Bundestages im Bedarfsfalle auch ohne Vorplanung.

Auswahlkriterien für die Zusammensetzung von Parlamentsdelegationen jeder Art;

zum Fragenkomplex *zwei:*

Bessere Abstimmung von Parteivorstandsbeschlüssen mit denen der Fraktion bzw. Vermeidung einer Konstellation, wonach die Fraktion durch den Parteivorstand vor vollendete Tatsachen gestellt wird;

zum Komplex *drei:*

Probleme des Radikalismus in der Bundesrepublik Deutschland unter besonderer Berücksichtigung der Lage an unseren Hochschulen, des Extreminstenbeschlusses etc. sowie Probleme der völkerrechtlichen Anerkennung der DDR.

Von Reuschenbach und Immer waren Themen gekommen wie „Versteuerung der Diäten“, „Behandlung von Parteitagsbeschlüssen“ und „Informationen über die Fraktionsvorstandssitzungen“. An Sachthemen waren von den oben angeführten Abgeordneten noch angeregt worden: „Probleme der EG-Agrarpolitik“, „die Arbeit des Europäischen Parlamentes“, ein Generalverkehrsplan, eine langfristige strategische Vorbereitung der anstehenden Landtagswahlen in Abstimmung zwischen der Bundestagsfraktion und den Landtagsfraktionen sowie Steuer- und Devisenprobleme. Als Tischvorlage kamen von der späteren informellen Gruppe „der Mitte“ nachstehende Anregungen:

– Regelmäßige mittelfristige Trend-Diskussionen nach einer Einleitung durch einen Bundesminister;

– Berichterstattung in der Fraktion über Gesetzesvorhaben nicht wie bislang durch die Obleute der jeweiligen Ausschüsse, sondern durch die betreffenden Berichterstatter selber;

– Hinzuziehung der jeweiligen Berichterstatter zu Koalitionsgesprächen über strittige Gesetzesvorhaben;

– Begründung von Personalvorschlägen zu Delegationen durch den Fraktionsvorstand;

Überprüfung der Durchführung der Parteitagsbeschlüsse von Hannover durch die Fraktion. (60)

Auf diese Weise vorbereitet kam es zu der recht guten Klausurtagung, die allerdings in ihrer ersten Hälfte nach einer Einleitung durch Herbert Wehner unvermeidlicherweise zu einer langen Diskussion zum Thema K. Wienand „benutzt“ werden mußte. Auch die eigentliche Reformdiskussion wurde von Herbert Wehner eingeleitet mit einem Vorschlag für eine 8-Punkte-Tagesordnung bestehend aus den am wenigsten „heiklen“ Problemkreisen. In der sehr lebhaft von einer Minderheit geführten Diskussion brachte der Verfasser vor allem das Verhältnis von Parteivorstand zu Fraktion zur Sprache und wollte sichergestellt sehen, daß die Fraktion nicht durch wichtige politische Beschlüsse des Parteivorstandes vorher gewissermaßen festgelegt wird – eine Auffassung, der ein Mitglied des Leverkusener Kreises energisch widersprach; er betonte ferner die Notwendigkeit einer Sicherstellung des jederzeitigen Rederechtes von Fraktionsmitgliedern im Plenum und des Ausdiskutierens von echten politischen Kontroversen innerhalb der Fraktion, damit Gruppenbildungen, die es ja schon gäbe, eingedämmt würden. Der nervus rerum schien ihm die Frage der „Bewertung des Kommunismus“ in der Bundesrepublik mit allen damit zusammenhängenden Problemen zu sein. Ein Vertreter des Leverkusener Kreises lud in der Sitzung zur Teilnahme an den Zusammenkünften des Kreises ein, um zu beweisen, daß es keine fixierte Gruppe dieser Art gäbe. Der „schwarze Peter“ einer Gruppenbildung wurde vielmehr den „Kanalarbeitern“ zugeschoben, deren Sprecher, Egon Franke, dies sehr engagiert zurückwies. Als Fazit der Aussprache wurde dem Verfasser damals schon klar – wie aus seinen Protokollnotizen hervorgeht –, daß das von ihm vorgeschlagene, seiner Ansicht nach sehr wichtige Kommunismus-Thema keine Chance haben würde, in der Fraktion nach allen Seiten und Tiefen hin grundsätzlich diskutiert zu werden (61).

Auf Vorschlag des Fraktionsvorstandes wurde nach der Klausurtagung in der Fraktionssitzung am 17. Juni die erwähnte „Reformkommission“ der Fraktion eingesetzt als ad-hoc-Gruppe unter Vorsitz des stellvertretenden Fraktionsvorsitzenden und früheren Finanzministers Alex Möller. Ihr gehörten ferner die Abgeordneten Conradi, Gansel, Glotz, Haase, Lenders, Ravens, Reuschenbach, Schulte und Schweitzer an. Sie sollten die während der Klausurtagung gemachten Vorschläge auswerten, ordnen und der Fraktion zur eventuellen Beschlußfassung unterbreiten. Als Ergebnis ihrer Beratungen wurden durch die Fraktion am 16. Oktober 1973 *erste kleinere Reformen* verabschiedet. Sie gab der Fraktionsvorsitzende in einem Rundschreiben an die Mitglieder der Fraktion vom 17. Oktober 1973 ebenso bekannt wie die noch nicht behandelten Vorschläge der Arbeitsgruppe.

Die zunächst für sechs Monate in Kraft gesetzten Neuerungen betrafen vor allem die Vorbereitung und Abwicklung von Fraktionssitzungen (zum Beispiel rechtzeitige Vorlage der Tagesordnung), die verstärkte Möglichkeit von Schwerpunkt- und Trenddiskussionen zur Fraktions- oder Regierungsarbeit und eine Neuregelung der Protokollführung („über die Fraktionssitzungen werden Beschlußprotokolle geführt. Jedes Fraktionsmitglied kann beantragen, daß eine Äußerung zum Beschluß als Anlage zum Protokoll festgehalten wird. Die Protokolle können von den Mitgliedern der Fraktion bei der Geschäftsführung der Fraktion eingesehen werden") sowie schließlich die stets kontroverse Frage von „Delegationen und Reisen" („der Fraktionsvorstand teilt der Fraktion seine personellen Vorschläge für alle Delegationen und Reisen, soweit sie vom Bundestag oder der Fraktion entsandt werden, zur Billigung mit", vgl. § 4 der Fraktionsgeschäftsordnung). Sichergestellt werden sollte die Präsenz der Parlamentarischen Staatssekretäre in regelmäßigen Abständen bei Sitzungen der Arbeitskreise und -gruppen zur Berichterstattung über anstehende Gesetze etc. Bei Koalitionsgesprächen über einzelne Gesetzesvorhaben sollte auf Vorschlag des Arbeitskreises bzw. der Arbeitsgruppe einer ihrer Vertreter hinzugezogen werden. Die Fraktionsmitglieder erhielten schließlich die Möglichkeit – die kaum ausgenutzt wurde – dem Fraktionsvorstand einmal monatlich auf einem Formular mitzuteilen, welche Themen sie aus ihrer Wahlkreisarbeit bzw. Korrespondenz für besonders wichtig und behandlungsbedürftig hielten.

Als noch unerledigt durch die Gesamtfraktion und den Vorstand wurden durch Herbert Wehner die Bereiche genannt: Zusammenarbeit Partei/Fraktion; Einrichtung einer Verbindungsstelle für Europafragen in der Bundestagsfraktion und – die dann in der gesamten Legislaturperiode überhaupt nicht mehr zur Sprache gebrachte – Thematik „Debattenführung und Präsenz im Plenum", zu der die Arbeitsgruppe ebenfalls einzelne Vorschläge unterbreitete.

Ein *weiterer Bericht der Reformarbeitsgruppe* wurde der Fraktion über den Fraktionsvorstand – eine Prozedur, die der Verfasser als „Notwendigkeit" übersehen hatte – am 26. bzw. 27. November 1973 vorgelegt. Er betraf das Generalthema:

Zusammenarbeit Partei und Fraktion, insbesondere die Frage der Durchführung von Parteitagsbeschlüssen durch die Fraktion sowie eine Verbesserung der Zusammenarbeit von Partei- und Fraktionsgremien. Zur Zusammenarbeit von Partei und Fraktion wurde auf dieser Sitzung beschlossen, daß künftig ein Fraktionsgeschäftsführer dafür verantwortlich sein sollte, daß vor Parteitagen ein gesonderter Fraktionstagesordnungspunkt „Vorbereitung des Parteitages" und Diskussion von Parteitagsanträgen und gegebenenfalls Stellungnahmen der Fraktion aufgestellt werden würde und nach Parteitagen ein regelmäßiger gesonderter Tagesordnungspunkt „Parteitagsbeschlüsse". Hier sollte dann – was auch geschah – eine Übersicht über Anträge und Überweisungen an die Fraktion sowie die Weiterleitung der Beschlüsse an Arbeitskreise und Arbeits- und Projektgruppen gegeben werden. Zum Jahresende sollte künftig ein schriftlicher Bericht an Parteirat, Parteivorstand und Fraktion über den Stand der Erledigung von Parteitagsbeschlüssen durch die Fraktion übermittelt werden.

Erstmalig wurde. ein gesonderter Tagesordnungspunkt „Parteitagsbeschlüsse“ mit einem schriftlichen Bericht über Aufträge des Parteitages Hannover 1973 auf einer Fraktionssitzung Anfang 1974 aufgestellt.

Zur Verbesserung der Zusammenarbeit zwischen Partei- und Fraktionsgremien wurde schließlich von der Fraktion beschlossen, daß die Mitglieder des Parteivorstandes, auch wenn sie nicht dem Bundestag angehören, an der Sitzung der Fraktion teilnehmen können. Der Parteivorstand wurde gebeten sicherzustellen, daß ein von der Fraktion gewähltes Mitglied mit beratender Stimme an den Kommissionen und Ausschüssen der Partei teilnehmen kann, soweit diesen Gremien nicht schon Mitglieder der Bundestagsfraktion angehören. Diese Mitglieder sollen der Fraktion regelmäßig über die Beratungen der Ausschüsse und Kommissionen der Partei berichten, darüber hinaus die Verbindungsleute jährlich zum 1. Dezember. Umgekehrt sollen die Ausschüsse und Kommissionen der Partei ein Mitglied aus ihrer Mitte für die Verbindung zu den entsprechenden Gremien der Fraktion bestimmen. Bei Bedarf sollen gemeinsame Diskussionstagungen beider Gremien ohne Beschlußfassung stattfinden.

Die „heikleren“ Reform-Vorschläge der Arbeitsgruppe – zum Beispiel jederzeitiges 5-Minuten-Rederecht im Plenum, ein Vorschlag, an dem der Abgeordnete Gansel und der Verfasser sehr interessiert waren – versandeten im weiteren Verlauf der Legislaturperiode, während dann einige Klausurtagungen zu bestimmten Sachthemen wie zum Beispiel zur Verteidigungspolitik, aber keine mehr zur Reform der Fraktionsarbeit abgehalten wurden. Ende 1974 wurde schließlich durch den Vorstand eine Übersicht der Reformarbeitsgruppe über die bereits „abgehakten“ und die noch nicht von der Fraktion behandelten Vorschläge der Klausurtagung vom 12. Juni 1973 vorgelegt (62).

Die reinen Geschäftsordnungsvorschläge, die sich aus der Reformklausurtagung ergeben hatten, wurden nach derselben wie vorgeschlagen praktiziert, – so etwa eine regelmäßige Berichterstattung des Fraktionsvorstandes über die jeweils abgelaufene Fraktionsvorstandssitzung; eine rechtzeitige Übermittlung der Tagesordnung für die Fraktionssitzungen; oder die Einsetzung von ad-hoc-Projektgruppen. *Der Ablauf der Fraktionssitzungen* war stets derselbe: Zunächst „politische Berichte“ des Bundeskanzlers und oder des Parteivorsitzenden, Berichtserstattung aus dem Fraktionsvorstand und als Tagesordnungspunkt 3 in der Regel: „Informationen“, das heißt Fragen an den Bundeskanzler, die Minister oder Staatssekretäre (63), Skizzierung des generellen Ablaufes der angebrochenen Plenarwoche und Berichterstattungen der verschiedenen Experten der Fraktion zu den in der Woche anstehenden Gesetzesvorhaben, Bekanntgabe von Ausschußumbesetzungen und Delegationsreisen etc.

Das Schicksal der verschiedenen Reform-Vorschläge – sowohl der wenigen eingeführten als auch der gar nicht erst über den Fraktionsvorstand vorgelegten und von der Fraktion beschlossenen – zeigte einmal mehr, daß die „Fraktionsmaschine" stärker war als der Reformwille einzelner und daß darüber hinaus die Mehrheit der Fraktion weder an geschäftsordnungsmäßigen Reformen noch an der Diskussion von grundsätzlich kontroversen Themen interessiert war. Die Fraktionsführung vermied solche Diskussionen ebenso wie die große Mehrheit der Fraktion selber offensichtlich aus Sorge um die Einheit der Fraktion, – die Minderheit wohl aus Angst, von der Mehrheit überfahren zu werden. Diese Erkenntnis zusammen mit der sehr schnell gemachten Erfahrung, daß die Mehrheit in der Fraktion auf Sitzungen ohnehin nur wenigen Rednern und dann ausschließlich nur bei ganz wenigen Themen zuzuhören geneigt war, brachte zumindet den vom Verfasser bei sich selber beobachteten anfänglichen Elan recht bald zum Erliegen. Hinzu kam, daß er von Berufs wegen nicht an ein so undisziplinertes Verhalten größerer Gremien während irgendwelcher Reden gewöhnt war. Er nahm daher auch im Verlauf der Legislaturperiode zwar weiterhin regelmäßig an allen Fraktionssitzungen teil, (64) ergriff aber immer seltener das Wort.

Die hier skizzierte Tagesordnung der Fraktionssitzung entspricht dem Ablauf einer normalen Plenarwoche für die Angehörigen aller drei Bundestagsparteien:

Montagnachmittag	Fraktionsvorstandssitzung
Dienstagvormittag	zunächst Sitzung der Arbeitsgruppen und dann der diesen übergeordneten Arbeitskreise – bei den Regierungsparteien häufig mit den zuständigen Ministern, immer mit den Parlamentarischen Staatssekretären
Dienstagnachmittag	turnusmäßige Fraktionssitzung, auf der die Ergebnisse von Arbeitsgruppen- und Arbeitskreissitzungen zum Beschluß erhoben werden sollten
Mittwochvormittag	Sitzung der Bundestagsausschüsse
Mittwochnachmittag	Sitzung der Bundestagsausschüsse
Mittwochabend	– für die SPD – Sitzung der sogenannten Obleute dieser Ausschüsse mit dem Fraktionsvorstand
Donnerstag	Plenarsitzung mit einer 90-Minuten-Fragestunde – eine weitere 90-Minuten Fragestunde in der Mittagszeit mittwochs
Freitagvormittag	Plenarsitzung (65).

Zur Struktur der Fraktion:

Die Fraktion verfügt über ein Netz von Funktionsinhabern aus der Fraktion selber ebenso wie von Fraktionsangestellten. Abgeordnete mit Fraktionsfunktionen werden in regelmäßigen Abständen vom Fraktionsplenum gewählt bzw. wiedergewählt, in der SPD Vorstand und Geschäftsführer zu Beginn jeder Legislaturperiode für ein Jahr, dann nach einem Jahr erneut für zweimal 18 Monate, Obleute und Ausschußvorsitzende bzw. deren Stellvertreter für die ganze Legislaturperiode zu Beginn derselben auf Vorschlag des Fraktionsvorstandes (66). Seit 1975 gibt es fünf stellvertretende Fraktionsvorsitzende, die zusammen mit dem Fraktionsvorsitzenden den geschäftsführenden Vorstand bilden. Noch in der 7. Legislaturperiode kam es zu einer großen Anzahl von dazu noch sehr stark ausgebildeten Ämterhäufungen, bezogen auf Funktionen in Fraktion und Bundestag. Mit Beginn der 8. Legislaturperiode ist hier eine ausgezeichnete „Reformentscheidung" gefallen, das heißt, es wurde eine Ämterhäufung innerhalb der Fraktion ebenso wie zwischen Fraktionsfunktionen und solchen des Bundestages unterbunden (67). Alle Inhaber von Fraktions- und Parlamentsämtern zusammen machen die Führungseliten einer Fraktion, in diesem Falle der SPD-Fraktion aus. Diese Eliten und ihr sogenanntes „Arcanverhalten" sind vor allem von H. Kaack auch unter quantitativen Gesichtspunkten sehr umfassend untersucht worden. Bei den – sämtlich geheimen – Fraktionswahlen kommt es zu Mehrheitsbildungen je nach informellen Fraktionsgruppierungen, wobei in der Regel zunächst von der Fraktionsführung bei der Vorlage etwa von Vorschlägen für die Besetzung des Vorstandes der Versuch unternommen wird, auch einer Minderheit Sitze zukommen zu lassen. Bei Wahlvorschlägen für die vom Gesamtparlament zu vergebenden Ämter kann sich der Fraktionsvorstand in der Regel darauf verlassen, daß sich die Mehrheit der Fraktion fraktionsintern seinem Vorschlag anschließt und diese Mehrheitsentscheidung im Plenum exekutiert. Einzige Ausnahme in dieser Beziehung war in der 7. Legislaturperiode nur die Wahl eines neuen Wehrbeauftragten. Zunächst war hier ohne jegliche Vorwarnung auf einer Fraktionssitzung vom Vorstand Werner Buchstaller vorgeschlagen worden, was vor allem angesichts des Anscheines eines Überrumpelungsversuches eine ebenso lebhafte wie kontroverse Debatte auslöste. Schließlich mußten die Fraktionsmitglieder davon ausgehen, daß der Vorschlag der Fraktionsspitze wegen der notwendig werdenden Umbesetzungen auf der Ebene der Ausschußobleute und der Parlamentarischen Staatssekretäre auch mit der Bundesregie-

rung bzw. dem Bundeskanzler hatte vorbesprochen werden müssen, daß mit anderen Worten die Vorentscheidung nicht unter Zeitdruck gefallen war. Ohne eine Klarstellung der Mehrheitsverhältnisse in der Fraktion durch eine Abstimmung über den Vorstandsvorschlag scheiterte dieser schließlich im Plenum daran, daß offensichtlich einige SPD- und vielleicht auch FDP-Abgeordnete mit der Opposition gegen den eigenen Mann stimmten (68). Dies führte wiederum zu einer harten Manöverkritik in der SPD-Fraktion, so daß dann erst der zweite Vorschlag (W. Berkhan) in Fraktion und Plenum durchging. Mangelnde Fraktionsdisziplin bei einer derartigen Wahl durch das Plenum ist aber auch in der SPD stets eine Ausnahme geblieben.
Der „Apparat" der Fraktion, wie er in der 7. Legislaturperiode bestand, ergibt sich aus der Anlage (69). Aus dem Apparat der leitenden Angestellten bzw. Arbeitskreisreferenten sind häufig in der Geschichte des Deutschen Bundestages seit 1949 in allen Fraktionen Persönlichkeiten zu MdBs „aufgestiegen", ebenso wie ja auch aus der Funktionärsschicht des Parteivorstandes, von der des übrigen Parteiapparates ganz abgesehen (70). Da es sich bei diesen Referenten in der Regel um ganz ausgezeichnete jüngere Fachkräfte handelte, hat es ihnen auch nie an Selbstbewußtsein gegenüber „ihren" MdBs gefehlt (71).
Dieser strukturelle Aspekt einer Bundestagsfraktion wie der SPD berührt auch das Problem der *Vertraulichkeit* von Sitzungen der Gesamtfraktion sowie ihrer Arbeitsgruppen und Arbeitskreise. Dieses Problem ist insofern für unsere Fragestellung in diesem Kapitel nach dem Ausmaß der Mitbestimmung am innerfraktionellen Willensbildungs- und Entscheidungsprozeß durch die Gesamtfraktion von Bedeutung, weil häufig auf Fraktionssitzungen bei heiklen politischen Themen von den verschiedensten Seiten, das heißt nicht nur von Mitgliedern des Fraktionsvorstandes, mehr oder weniger offen mit dem Argument operiert wird, „hier kann nicht alles auf den Tisch gelegt werden, weil es nicht in diesem Raum bleibt". Gelegentlich hat man dieses Argument ernst genommen und die jeweilige Fraktionssitzung oder Sondersitzung für streng vertraulich erklärt, das heißt alle Nicht-MdBs von der Sitzung ausgeschlossen, an der sonst alle leitenden Fraktionsangestellten ebenso teilnehmen wie an den Sitzungen der Fraktions-Arbeitsgruppen und -Arbeitskreise (72). Nach Auffassung des Verfassers wird jedoch einerseits von der Möglichkeit solcher vertraulicher Sitzungen viel zu wenig Gebrauch gemacht; andererseits aber dürften sich alle Beteiligten darüber im klaren sein, daß Indiskretionen den Medien gegenüber in der Regel sehr gezielt von den MdBs selber kommen und nicht von den Fraktionsangestellten. Insofern hat sich etwa Herbert Wehner

gelegentlich zu Recht über das vorgebrachte Argument mokiert, Sitzungsräume, in denen im Parlament Arbeitsgruppen und -kreise tagten, seien „nicht abhörsicher" im technischen Sinne (73). Man wird auch in diesem Zusammenhang nicht außerachtlassen dürfen, daß mit und ohne innerfraktionelle Gruppenbildungen generell alle MdBs aus einer Position nicht nur der innerparteilichen Solidarität, sondern auch der innerparteilichen Rivalität miteinander operieren. Dieser zwangsläufig vorgegebene Tatbestand erklärt sicherlich auch das für den Verfasser erstaunliche, von Anfang bis Ende der 7. Legislaturperiode immer wieder innerhalb der Fraktion vorgebrachte Argument, daß dieser oder jener Abgeordnete sich mit Wortmeldungen auf Fraktionssitzungen nur „profilieren" wolle. Dieses Argument beeinflußt oft Qualität und Quantität der Aussprachen und führt zu den schon erwähnten undisziplinierten Unterhaltungen während der Abgabe von Voten auf Fraktionssitzungen. Zugehört wird in der Fraktion letzlich nur denjenigen Rednern, von denen man annimmt, daß sie über ein besonderes „Herrschaftswissen" verfügen (74), oder aber, wenn von der gesamten Fraktion sehr ernstgenommene Gewissens- und andere Grundsatzfragen zur Diskussion und zur fraktionellen Entscheidung anstehen, wie zum Beispiel die Reform des § 218.

Die PLP (Labour Fraktion, Parliamentary Labour Party) *im britischen Unterhaus* weist vergleichsweise zur SPD eine sehr viel losere Struktur auf. Regelmäßige Fraktionssitzungen an feststehenden Wochentagen (donnerstags) gibt es erst seit 1974 – und zwar speziell im Hinblick auf die Diskussion der in der jeweils nächsten Woche anstehenden Tagesordnung des Unterhauses, die ja weitgehend von der Regierung bestimmt wird. Erst durch den auf dem Wege eines „Überraschungseffektes" in ein knapp eindreiviertel Jahr innegehabtes Amt gewählten „linken" Exponenten, I. Mikardo, wurde 1974 auf diesen Sitzungen eine regelmäßige Berichterstattung des sogenannten Liaison-Ausschusses (bestehend aus dem Fraktionsvorsitzenden, sechs back-benchers des Unterhauses und einem des Oberhauses, dem Führer des Oberhauses, dem „Haupteinpeitscher" bzw. Geschäftsführer, vier „anderen" Regierungsmitgliedern und dem Sekretär der PLP) über seine eigenen Beratungen eingeführt und sichergestellt, daß wenigstens dieses Gremium von der Regierung über ihre geplanten Gesetzesvorhaben und andere Maßnahmen unterrichtet wird (75).

Erst 1977 wurde der Beteiligung der Labour Fraktion am Meinungs- und Willensbildungsprozeß der eigenen Regierung mit Hilfe dieses Instrumentariums durch die Verabschiedung eines Reformpapiers eine fester umrissene Form gegeben. Danach sollen die verschiedenen Minister dreimal im Jahr dem Vorsitzenden der ihnen zugeordneten Arbeitsgruppen ein Memorandum zu beabsichtigten wichtigen politischen Maßnahmen, Gesetzen und dergleichen übermitteln und mündlich erläutern. Wörtlich hieß es hier:

„Es ist unbedingt erforderlich, daß die Arbeitsgruppen der PLP mindestens die gleiche Behandlung erfahren wie außenstehende Interessengruppen". Die Gesamtfraktion sollte „konsultiert werden, bevor entscheidende politische

Weichenstellungen getroffen und bekanntgegeben werden". Während eines Gesetzgebungsvorhabens sollten die zuständigen Fraktionsmitglieder mit den zuständigen Ministerien regelmäßig zusammenkommen, um auf den Gesetzgebungsprozeß Einfluß zu nehmen. Hinsichtlich kontroverser wichtiger Fragen schließlich sollte die Gesamtfraktion in den Meinungs- und Willensbildungsprozeß eingeschaltet werden, das heißt nicht nur die Arbeitsgruppen, die in ihrer Zahl von 35 auf 16 reduziert wurden (unter ihnen auch eine besondere Arbeitsgruppe „Europa", die den Kontakt zu den britischen Europaabgeordneten wahrzunehmen hat). Alle Fraktionsmitglieder sollten die Möglichkeit haben – die in der SPD-Fraktion von je her die Regel gewesen ist – sich zu verschiedenen Arbeitsgruppen nach Wahl zu melden, wobei ein Fraktionsmitglied nicht mehr als sechs Gruppen insgesamt „angehören" durfte. Der jeweilige Vorsitzende der Arbeitsgruppe sollte gleichzeitig Mitglied der entsprechenden Arbeitsgruppe des Labour-Parteivorstandes sein. In den 60er und 70er Jahren der Labour Regierung haben auf den Antrag von einzelnen Fraktionsmitgliedern oder -gruppen bzw. des Liaison-Ausschusses immer wieder wichtige Sondersitzungen stattgefunden, zum Beispiel drei zur Frage des britischen EG-Beitrittes.
„Erstmalig" am 15. November 1966 in einer Grundsatzerklärung des damaligen Außenministers Brown während einer Fraktionsaussprache mit 24 Rednern ohne Abstimmung als wünschenswert bezeichnet, kamen diese EG-Sondersitzungen auf Wunsche des Premierministers dann am 6., 20. und 24. April 1967 zustande. Mit diesem Hinweis soll nun übergeleitet werden zu dem Unterabschnitt in diesem Kapitel:

Meinungs- und Willensbildungsprozeß innerhalb der SPD-Fraktion im 7. Deutschen Bundestag im Hinblick auf Kollisionen zwischen Artikel 38 und 21 Grundgesetz

– hier auch in die allgemeinverständliche Frage zu kleiden: Wer bestimmt über wen und was? Betrachten wir nacheinander unter Zugrundelegung unseres analytischen *Funktionsschemas* (76) das Verhältnis von Fraktion und ihren Mitgliedern zum Fraktionsvorstand, von Fraktion zur „eigenen" Regierung, von Fraktion zu Parteivorstand und insbesondere die Möglichkeiten der Partizipation der Gesamtfraktion und ihrer einzelnen Mitglieder am Informations- und Empfehlungsprozeß sowie an der entscheidenden Funktionsphase der Festlegung der politischen Linie einer Regierungsfraktion und „ihrer" Regierung sowohl personell als auch inhaltlich.
Zunächst bedarf die Tatsache Erwähnung, daß der *Informationsfluß* innerhalb der SPD-Fraktion in jeder Weise als gut zu bezeichnen ist. Diese Feststellung trifft ebenso auf die SPD als „Oppositionsfraktion" wie auf die SPD als Regierungsfraktion zu. Für die 7. Legislaturperiode kann festgehalten werden, daß die MdBs durchweg ebenso umfassend wie schnell mit Material jeder Art, vor allem mit sogenannten Argu-

mentationshilfen und Briefentwürfen für ihre Wahlkreise sowie mit detaillierten Ausarbeitungen „ihrer" Minister, versorgt wurden. Man hatte sogar manchmal den Eindruck, daß aus der Sicht des Fraktionsvorstandes und der Regierung die Hauptaufgabe eines Regierungs-MdB darin besteht, Informationen entgegenzunehmen und an die Wahlkreise weiterzugeben. Auch die Berichte des Fraktionsvorsitzenden auf der wöchentlichen Fraktionssitzung über die jeweils letzte Fraktionsvorstandssitzung waren ausreichend. Wo hier aus taktischen Gründen die Dinge nur gestreift oder gar verschleiert wurden (77), konnte von interessierten MdBs nachgehakt werden, wurde auch gelegentlich nachgehakt, wenngleich die Mehrheit durchaus mit den Informationen zufrieden war, die der Vorstand zu geben für richtig hielt.

Das Niveau der Berichterstattung zu den einzelnen wöchentlichen Tagesordungspunkten (TOP) „Gesetzesvorhaben" war in der Regel so ausgezeichnet, daß im Grunde jedes Fraktionsmitglied danach wußte, um was es bei den anstehenden Plenarberatungen im Kern gehen würde. Auch in der „Oppositionszeit" der SPD unterrichtete zum Beispiel der damalige stellvertretende Fraktionsvorsitzende Helmut Schmidt 1966 die Fraktion über die mit dem damaligen Innenminister Lücke geführten Gespräche in Sachen Notstandsgesetzgebung. In der Zeit der Großen Koalition erstattete er (nunmehr als Fraktionsvorsitzender) sehr lange Berichte zur Lage, insbesondere zu Koalitionsgesprächen (78). Wo in der Regierungs- oder Mitregierungszeit der SPD „eigene" Kabinettsmitglieder nicht zur Verfügung standen, wurden gelegentlich Koalitionsfreunde zu Fraktionssitzungen gebeten, also etwa in der Großen Koalition einmal sogar Bundeskanzler Kiesinger zur allgemeinen Lage, unter der Kleinen Koalition Außenminister Genscher zum Polen-Abkommen (79). Das Bemühen um maximale Information bzw. Wahrnehmung von „Disseminations"-Funktionen durch die Fraktionsmitglieder nach außen wird zum Beispiel auch daran erkennbar, daß zumindest die „Landeslistenkronprinzen" (Nachrücker) der SPD mit Beginn der 8. Legislaturperiode regelmäßig mit Fraktions- und Informationsmaterial versorgt werden.

Eine *Empfehlungsfunktion* im Hinblick auf innerfraktionelle Entscheidungen kann theoretisch von jedem Fraktionsmitglied auf jeder Fraktionssitzung zu jeder Zeit zu jedem TOP ohne Fristeneinhaltung wahrgenommen werden und wird auch wahrgenommen. Ob sich solche Empfehlungen einzelner oder (indirekt) von Gruppen als Mehrheitsmeinung in der Fraktion durchsetzen und zu Fraktionsempfehlungen insgesamt werden, ist selbstverständlich und legitimerweise eine Frage

der demokratischen Mehrheitsbildung, der eine geschickte Regie der Fraktionsführung und insbesondere des Fraktionsvorsitzenden häufig nachhilft. Eine detaillierte Analyse der Fraktionsprotokolle allein zu diesem letzeren Punkt würde zweifellos die Meisterschaft gerade eines Herbert Wehner deutlich werden lassen. (80)
In der 7. Legislaturperiode gab es bei einer ganzen Reihe von Resolutionsentwürfen in Form von Tischvorlagen aus Arbeitskreisen oder vom Fraktionsvorstand nach zähem Debattenringen und Abstimmungen Änderungen an ursprünglichen Texten, so daß insgesamt an dieser Stelle unserer Analyse festgehalten werden kann: Eine echte demokratische Mehrheitsbildung zu allen politischen Fragen innerhalb der SPD-Fraktion sowohl in der Opposition als auch an der Regierung ist nicht nur jederzeit möglich gewesen, sondern in der Regel zustandegekommen, wenn Mehrheitsbildungen von der Mehrheit erzwungen wurden, das heißt, wenn Vertreter von Mehrheitsansichten bei tatsächlichen Abstimmungen nicht schon die Fraktionssitzung verlassen hatten (81).
Erst recht – und hier nun ohne Ausnahme auch in der Praxis wirksam werdend – gilt die Endentscheidung der souveränen SPD-Gesamtfraktion in Bonn in personellen Fragen der Fraktion selber. Darauf wurde schon hingewiesen. Daß gerade hier Mehrheiten andhand etwa von informell vorab gegebenen „Gruppenanweisungen" von Anfang an feststehen, ist zwar häufig auch für die 7. Legislaturperiode anzunehmen, aber keineswegs immer zu „beweisen" gewesen.
Immerhin konnte mit Sicherheit eine Gruppe wie die der sogenannten „Kanalarbeiter" auch in der 8. Legislaturperiode zunächst die Wahl von H. Ehmke zum stellvertretenden Fraktionsvorsitzenden blockieren; umgekehrt hat mit Beginn der 8. Legislaturperiode zweifellos eine dieses Mal sehr geschickte Fraktionsregie „linkere" Gruppierungen von Anfang an durch eine personelle Einbeziehung in Führungsfunktionen der Fraktion zunächst neutralisiert.

In der PLP wurden in den 70er Jahren der Labour-Regierungszeit offensichtlich weniger kritische Anträge der sogenannten Parteilinken eingebracht, als in den 50er Jahren. Sachanträge können von Fraktionsmitgliedern nur vorab mit Einhaltung einer bestimmten Frist eingebracht und dann zur Diskussion und Abstimmung nur mit der – allerdings in der Regel gegebenen – Genehmigung der Fraktionsführung bzw. des Liaison-Ausschusses gestellt werden. Dabei ist zu bedenken, daß im Falle von Abstimmungen über Anträge mitunter auch auf eigens dazu einberufenen Fraktionssitzungen sämtliche Mitglieder der „erweiterten" Regierung (das heißt also einschließlich der Parlamentarischen Staatssekretäre), en bloc abstimmen und vor allem auch anwesend sind – ganz im Gegensatz zu den normalen back-bencher, deren Abwesenheit häufig von Fraktionsvorsitzenden beklagt wird (82). Der Hauptgrund für die verminderte Antragsfreudigkeit heute wird von kompetenten Beobachtern darin gesehen, daß seit etwa einem Jahr der Fraktionsvorsitzende nach jeder Fraktionssitzung eine Pressekonferenz abhält. auf der er über den Ablauf der Sitzung objektiv und unter Namensnennungen berichtet, so daß zumindest die Versuchung für einzelne back-bencher entfällt, durch sensationelle Anträge per Indiskretion in die Presse zu gelangen.

Eine Nagelprobe in Sachen Mitbestimmungsmöglichkeiten der SPD-Fraktion *hinsichtlich der politischen Gesamtlinie der SPD* in Legislative und Exekutive stellten vor 1970 sowohl bei der sogenannten Großen Koalition als auch bei der Kleinen Koalition die Diskussionen über die Frage der Regierungsbildung selber dar. Auch die Fraktionsprotokolle weisen aus, daß die Weichen für die großen Entscheidungen schon vorab von den Führungsgremien der Partei und Fraktion gestellt worden waren. Es zeigt sich, daß die Fraktionsführung unter Einbeziehung des damaligen Parteivorsitzenden und Regierenden Bürgermeisters von Berlin (also nicht Fraktionsmitgliedes), Willy Brandt, in den entscheidenden Novembertagen des Jahre 1966 zwar scheinbar sehr genau über den Verlauf der verschiedenen Koalitionsverhandlungen zur FDP und CDU/CSU hin berichtete, die Gesamtfraktion aber dann von der Endentscheidung zugunsten der CDU/CSU schließlich nicht nur überrascht, sondern ganz offensichtlich auch mit derselben „überfahren“ wurde. Zwar dauerte die für vertraulich erklärte entscheidende Sitzung vom 26. November 1966, 18 Uhr bis 27.11., 4.00 Uhr und wies auch beachtliche Koalitionsgegner in der Diskussion auf. Frühzeitig hatte aber z.B. der alte parlamentarische Hase, Haushaltsausschußvorsitzende und langjährige Vizepräsident des Bundestages, Erwin Schöttle, darauf hingewiesen, daß seiner Ansicht nach alle „Weichen schon gestellt seien“. Bei der Bildung der Kleinen Koalition im Oktober 1969 verlief dann offensichtlich alles sehr schnell und ohne nennenswerte Kontroversen (83).

Zur weiteren Illustration von fraktionsinternen sehr kontrovers erörterten und zum Teil in kontroversen Fraktionsabstimmungen behandelten wichtigen Sachfragen seien in diesem Zusammenhang drei Fälle als exemplarisch vorgestellt, bei denen zweifellos *auch „echte“ Gewissensfragen tangiert werden.* Ihre teilweise taktisch unterschiedliche Behandlung durch die Fraktionsführung dürfte sich aus der jeweiligen parlamentarisch-politischen Gesamtkonstellation heraus erklärt haben, das heißt absoluten sicheren Mehrheiten im ersteren Falle, relativ sicheren im zweiten, aber relativ unsicheren im dritten.

Fall 1: Notstandsgesetzgebung

Hier können die Fraktionsprotokolle der 5. Legislaturperiode mit dem Wechsel von CDU/CSU/FDP-Regierung zur Großen Koalition von CDU/CSU und SPD herangezogen werden, obwohl bekanntlich diese Problematik schon in der 4. Legislaturperiode (vgl. SPD-Parteitage Köln 1962 und Karlsruhe 1964) eine Rolle spielte. Am 25. Januar 1966 unterrichtete Helmut Schmidt die Fraktion sehr ausführlich über seine und Herbert Wehner's Gespräche mit Bundesinnenminister Lücke. In der sich anschließenden Diskussion wurde von Fraktionsmitgliedern der Anspruch auf eine weitere umfassende und rechtzeitige Informierung der Fraktion angemeldet, was am 26. Mai 1966 durchaus gründlich geschah. Eine Entschließung, die Fraktion möge die Gesprächsführung von seiten der SPD in diesem Stadium „nur billigen", da noch viel Zeit zur Diskussion in der Sache sein werde, wurde nach der Sitzung an diesem Tage gegen eine Enthaltung angenommen. Am 25. Oktober 1966 erfolgte eine Information mit anschließender Diskussion zum Thema „Fallex"-Übung und sodann eine erneute kurze Behandlung des gesamten Fragenkomplexes am 27. Juni 1967 – jetzt also erstmals in der Zeit der Großen Koalition. Unter dem ad-hoc-Vorsitz des „Kanalarbeiterchefs", Egon Franke, wurde dann sehr gründlich und kontrovers am 15. Januar 1968 von 10.15 bis 19.30 Uhr mit einer Pause von rund zwei Stunden und am 16. von 9.15 bis 11.30 Uhr auf einer gesonderten Klausurtagung in Anwesenheit von drei Gewerkschaftsvertretern als Gästen diskutiert.

Hier ging es laut einleitendem Referat des Fraktionsexperten Martin Hirsch nicht mehr um das „ob" einer Notstandsregelung, sondern um das „wie". Er erklärte, der Zweck dieser Klausurtagung sei zum einen eine eingehende Information aller Mitglieder der Fraktion, zum anderen sollten heute „die Weichen für die Erörterung in den Ausschüssen und den kommenden Koalitionsverhandlungen gestellt werden. Dabei sollte sich die Fraktion noch nicht in den einzelnen Punkten vollkommen festlegen, vielmehr sei der Spielraum für die kommenden Gespräche" abzustecken ... M. Hirsch schlug der Fraktion vor, den gesamten Stoff in der Diskussion entsprechend der Vorlage des Arbeitskreises Rechtswesen nach Sachgesichtspunkten zu gliedern. Dies geschah auch. Im einzelnen sprach sich die Fraktion z.B. mit „großer Mehrheit bei drei Enthaltungen für die Ersetzung des Begriffes Zustand äußerer Gefahr durch den Begriff Verteidigungsfall aus, der als Angriff mit Waffengewalt oder unmittelbar drohender Angriff definiert werden soll." Ferner „stimmte die Fraktion – wiederum mit großer Mehrheit bei vier Stimmenthaltungen – für die Vorschaltung eines formell durch den Bundestag festzustellenden Spannungszustandes vor dem Verteidigungsfall entgegen der Regelung der Regierungsvorlage. ..." Bei der Frage nach der Herstellung der Verteidigungsbereitschaft im Rahmen eines Bündnisvertrages plädierten einige Fraktionsmitglieder für die sofortige Einschaltung des Bundestagsplenums zur Festlegung der jeweiligen deutschen Haltung bei NATO-Entscheidungen. Ein Kompromißvorschlag von Willy Brandt wurde dann aber gegen drei Stimmen bei zwei Enthaltungen in diesem Punkte angenommen. Die Problematik einer möglichen Kanzlerwahl durch den Gemeinsamen Ausschuß gemäß dem späteren § 115 des Grundgesetzes wurde diskutiert, dann aber vorläufig ausgeklammert. Sehr ausführlich und „kritisch" wurde die Frage der Dienstleistungsverpflichtungen und des Streikrechtes erörtert. Besonders kontrovers verlief die Aussprache über den möglichen Einsatz der Bundeswehr bei einem inneren Notstand. Zum Abschluß dieses Teiles der Diskussion sprach sich die Fraktion „mit großer Mehrheit dafür aus, überhaupt keinen Einsatz der Bundeswehr im Falle eines inneren Notstandes vorzusehen. Die übrigen Fragen der Art und Weise eines derartigen Einsatzes werden damit als erledigt betrachtet." Hingegen wurden „gegen den im Zustand äußerer Gefahr vorgesehenen Einsatz der Streitkräfte als Polizeikräfte und zum Objektschutz keine Bedenken erhoben".

Interessant ist, daß unentschuldigt an dieser Klausurtagung laut Protokoll immerhin 38 Bundestagsabgeordnete fehlten. Die Fraktion veranstaltete schließlich am 14. Mai 1968 eine „2. Lesung" der Notstandsgesetzgebung, bei der es zu insgesamt 14 Einzelabstimmungen kam. Bis auf eine Abstimmung (mit 84 gegen 80 bei vier Enthaltungen abgelehnte Streichung eines neuen Artikels 80 a, Absatz 3, Grundgesetz) fielen alle Abstimmungen mit großen Mehrheiten gegen eine Minderheit von im Durchschnitt rund 40 Stimmen aus. Bei der namentlichen Abstimmung im Plenum am 30. Mai 1968 stimmten 53 SPD-Abgeordnete und ein CDU/CSU-Abgeordneter (Schulze-Vorberg) mit nein. Zwei MdBs enthielten sich der Stimme. Die SPD-Führung hatte bei dieser Materie natürlich von Anfang an auf die große Mehrheit der Großen Koalition bauen können. Dennoch verdienen Ernst und Ausdauer des Ringens um die Fraktionslinie damals Anerkennung.

Fall 2: Gesetzgebung zur Reform des § 218

In der 7. Legislaturperiode wurde die *Gesetzgebung zur Reform des § 218* erstmals in der Fraktion am 20. März 1973 angeschnitten. Sie hatte schon in der vorausgegangenen Legislaturperiode eine große Rolle gespielt und gehörte inzwischen 1972 und 1975 zu den Themen, derentwegen die Volksvertreter aller Fraktionen die meisten, zum Teil sehr gelenkten Bekundungen aus allen Teilen und Kreisen der Bundesrepublik Deutschland in Briefform erhielten – vom Vorsitzenden der Fuldaer Bischofskonferenz bis hin zu lokalen Bürgerinitiativen. Am 13. Juni 1973 wurde in der Fraktion der Bericht einer Delegation von Fraktionskollegen über eine Reise in andere Länder zwecks Prüfung

der dortigen Praxis abgegeben, am 3. Dezember 1973 das gesamte Thema in einer gesonderten ersten Klausurtagung behandelt. Hier begründete Müller-Emmert den unter seinem Namen eingebrachten Minderheitenentwurf von 27 SPD-Abgeordneten auf der Linie einer erweiterten Indikationslösung und hob als Kernpunkt den Grundsatz der Individualentscheidung der Schwangeren in jedem einzelnen Falle nach Beratung hervor. Es beteiligten sich rund 20 Abgeordnete an der Aussprache außer den Berichterstattern von Bundestagsausschuß und Fraktionsarbeitsgruppe „Ergänzende Maßnahmen" zur Reform des § 218. Am 22. April 1974 kam es in Anbetracht der bevorstehenden 2. und 3. Lesung der 5. Strafrechtsreform im Plenum zu einer weiteren Klausurtagung, auf der die mögliche Reihenfolge der Abstimmung über die insgesamt vier Entwürfe des Bundestages eine wesentliche Rolle spielte. In der Tat mußte dies von ausschlaggebender Bedeutung für das Schicksal der verschiedenen Entwürfe sein. Der Franktionsvorstand hatte dazu laut Bekundung des Fraktionsvorsitzenden Herbert Wehner keine Empfehlung abgegeben. Zur Sache äußerte sich der Verfasser hier nicht mehr, sondern nur noch zur wahltaktischen Seite, da seiner Ansicht nach die SPD durch die Fristenlösung einige Prozente an Wählerstimmen verlieren mußte. Darüber hinaus erläuterte er entsprechend der Übung der Fraktion mit einigen anderen Kollegen der „Minderheitengruppe" sein eigenes beabsichtigtes Abstimmungsverhalten. Er werde, so betonte er, in der 2. Lesung selbstverständlich für den Minderheitenentwurf stimmen, bei der 3. Lesung aber dann auf keinen Fall gegen die Fristenlösung, eher noch dafür, wenn die Gefahr bestehen sollte, daß sonst entweder ein CDU-Entwurf oder aber gar kein Entwurf durchkäme. Endgültig würde er sich aber erst ad hoc bei der 3. Lesung schlüssig werden.
Auf der routinemäßigen Fraktionssitzung am 23. April ging es dann sehr ausführlich und sehr kontrovers um die Reihenfolge der Abstimmungen im Plenum. Unter anderem brachte Holger Börner in diesem Zusammenhang das Argument der Parteiräson unter Widerspruch von Vertretern der Minderheitengruppe ins Spiel. Die Fraktionssitzung wurde für eine Stunde unterbrochen, damit der Fraktionsvorstand mit den 27 Abgeordneten das Problem nochmals erörtern konnte. Bei dieser Besprechung wurde mit viel taktischem Geschick vonseiten der Führung eine Pressemeldung über das beabsichtigte Verhalten der CDU in dieser Frage herangezogen und im Endergebnis Einstimmigkeit darüber erzielt, daß jeder über sein beabsichtigtes Abstimmungsverhalten dem Fraktionsvorsitzenden eine schriftliche Mitteilung zukommen lassen sollte. Über dieses Gespräch unterrichtete der Frak-

tionsvorsitzende die Gesamtfraktion nach Wiederaufnahme der Sitzung, wobei auch jetzt keine Empfehlung zur Reihenfolge abgegeben bzw. darüber nicht abgestimmt wurde, so daß die 27 schon glaubten, sich durchgesetzt zu haben.
Am 24. April, 11.30 Uhr traten dann 19 der 27 auf Wunsch von Müller-Emmert nochmals zusammen, um nun – durchaus ein wenig „verstört", wie der Verfasser seinem Privatprotokoll entnehmen kann – zu erfahren, daß sich der Ältestenrat inzwischen entgegen der Tendenz der Fraktionssitzung vom vorangegangenen Tage auf eine Reihenfolge (in einem besonders für diesen Zweck in Abweichung von der normalen Geschäftsordnung einzuführenden Abstimmungsverfahren) geeinigt habe. Diese Einigung mußte jeden Erfolg des Minderheitenentwurfs als Ersatz für die Fristenlösung unmöglich machen. Um 14.30 Uhr fand an diesem Tage eine erneute Sondersitzung der Fraktion statt, auf der Karl Wienand die Einigung im Ältestenrat – von der Fraktionsführung wohl von Anfang an gesucht, hier aber als „Vorschlag Funke, FDP" vorgetragen – erläuterte. Gegen diese in Abweichung von der letzten Fraktionssitzung getroffene Regelung wandten sich vier Vertreter der Minderheitsgruppe mit dem Votum, daß es abgesehen von allem anderen sehr bedenklich sei, wenn der Bundestag seine Geschäftsordnung eigens für diesen Zweck abändere. Es sei keineswegs sicher, so der Verfasser, „ob das Vorgehen des Ältestensrates dereinst in die Geschichte des Deutschen Bundestages unter einer sozialdemokratischen Kanzlerschaft eingehen werde als ein Wagnis zu mehr Demokratie", eine Bemerkung, die Herbert Wehner sehr höflich mit dem Satz quittierte, der Genosse werde „sicherlich nicht bei seiner scharfen und eloquenten Ablehung bleiben". Sein eigenes beabsichtigtes Abstimmungsverhalten in dieser Teilfrage kündigte der Verfasser am selben Abend in einem Brief an den Franktionsvorsitzenden vereinbarungsgemäß wie folgt an:

„Ich werde morgen gegen die einmalige Änderung der Geschäftsordnung stimmen. Das schadet ja auch nichts, da Zweidrittel sicher sind. Nach bestem Wissen und Gewissen finde ich nun einmel diesen Vorschlag schlecht und dem Ansehen des Parlaments, ja des Parlamentarismus abträglich. Ich kann nun einmal im Bundestag, solange ich ihm angehöre. . . mit meiner Stimme nichts decken, das ich als schädlich ansehe für unsere Partei und/oder unser demokratisches System. Das mag die Fraktion nicht immer verstehen. Vielleicht mache ich mich auch unbeliebt. Das ist mir aber völlig gleichgültig. Mein Abstimmungsverhalten zur Sache habe ich zweimal vor der Fraktion präzisiert, brauche dies daher nicht zu wiederholen, zumal ich nichts von solchen Erklärungen zur Frage von Gewissensentscheidungen (ich spreche übrigens ungern von Gewissen) in allen denkbaren oder undenkbaren Konstellationen vorab halte. . ." Dieser Brief war dann auf einer letzten Fraktionssondersitzung am 25. April morgens 8.15 Uhr

unmittelbar vor den entscheidenden Abstimmungen zur Änderung der Geschäftsordnung und zur Sache selber Anlaß für Herbert Wehner, vor der Fraktion ohne Namensnennung den „Brief eines Genossen“ anzugreifen, der gegen die Änderung der Geschäftsordnung stimmen wolle und hinzugefügt habe, es „seien ja ohnehin genügend Stimmen vorhanden“. Es handele sich doch hier nicht „um ein großes Drahtziehen“. Unmittelbar im Anschluß an dieses Sitzung warf der Verfasser dem Fraktionsvorsitzenden im Fraktionssaal – er wiederholte dies dann später schriftlich – einen „schweren Vertrauensbruch“ vor, weil er aus diesem Brief zitiert habe und ja nun entweder die Fraktion den Verfasser mit demselben in Verbindung bringen müßte bei dem anschließenden Verhalten im Plenum oder aber er sich veranlaßt sehen könnte, in der Abstimmung auf Fraktionskurs zu gehen. Das letztere habe er, Herbert Wehner sicherlich bei ihm nicht voraussetzen können. Tatsächlich stimmte der Verfasser, wie sich herausstellte, mit einer kleineren Gruppe um den CDU-Abgeordneten Mikat, im Plenum dann gegen die Abänderung der Geschäftsordnung, ohne daß dies bei dem vollbesetzten Haus und in dem großen Trubel dieses Morgens – es geschah alles per Handaufheben – aufgefallen, geschweige denn im Protokoll festgehalten worden wäre.
Im Plenum stimmten von der SPD dann auch in der namentlichen Schlußabstimmung gegen die Fristenlösung 10 MdBs, so u.a. Leber, Schmitt-Vockenhausen, Müller-Emmert und Lemp. 10 weitere MdBs enthielten sich der Stimme, so u.a. Ahlers, Dürr, Farthmann, Jahn, Metzger, Scheu, Vogel und Sieglerschmidt. Der Verfasser stimmte in dieser Schlußabstimmung mit einigen anderen „27ern“ für die Fristenlösung als kleineres Übel und gab dazu eine Erklärung ab. (84)

Tatsächlich beleuchtet das Nebenargument des Verfassers, „es seien ja ohnehin Zweidrittel sicher“ die Fragwürdigkeit abweichenden Abstimmungsverhaltens unterhalb einer Risikoschwelle (vgl. die jeweils 4 Abweichler in der SPD-Fraktion der 8. Legislaturperiode, wo niemand der entscheidende 5. oder 6. sein wollte!); andererseits aber kam die interfraktionell vereinbarte Abstimmungsprozedur einem einzigen „Drahtziehen“ gleich.

Fall 3: Bekämpfung des politischen Extremismus

Die *Bekämpfung des politischen Extremismus* als Problem zunächst der Beschäftigung von Extremisten im Öffentlichen Dienst, später des Terrorismus:

Der Verfasser hatte diese gesamte Problematik vom Anfang der 7. Legislaturperiode an in der Fraktion unter übergeordneten Gesichtspunkten einer Auseinandersetzung mit kommunistischen Tendenzen gesehen und daher schon im Zusammenhang mit der Diskussion um eine Reform der Fraktionsarbeit eine ausführliche, gesonderte Behandlung dieser Thematik vorgeschlagen. Mit einem nie beantworteten Schreiben vom 2. August 1973 an den Franktionsvorstand hatte er den förmlichen Antrag gestellt,

„daß auf der ersten Fraktionssitzung nach der Sommerpause unter einem gesonderten Tagesordnungspunkt am Anfang oder Ende der Sitzung ausführlich die Problematik des sogenannten Extremistenerlasses zur Diskussion gestellt wird. Bei entsprechender Vorankündigung könnte man vielleicht diese Fragen am Ende der Sitzung erörtern, die dann in den Abend hinein verlängert werden müßte."

Tatsächlich nahm der Bundeskanzler – damals Willy Brandt – in seinem politischen Bericht auf der Fraktionssitzung am 12. September 1973 zum Extremistenerlaß Stellung und betonte, daß der letzte SPD-Parteitag nicht die Abschaffung, sondern die Präzisierung desselben verlangt habe. Da diese Bemerkungen in einen allgemeinen Bericht des Parteivorsitzenden und Bundeskanzlers eingebaut worden waren, fand eine gesonderte Aussprache dazu nicht statt.

„Zufällig" nach dem SPD-internen Desaster in München (endgültiges Auseinanderbrechen der sich befehdenden mehrheitlichen „linken" und „rechten" Gruppen in der SPD-Rathausfraktion) wurde die Gesamtproblematik dann auf der Fraktionssitzung am 12. Februar 1974 im Zusammenhang mit der Vorbereitung auf die sogenannte Verfassungsdebatte jener Woche angesprochen. Sie war im Fraktionsvorstand laut Bericht von Herbert Wehner ausführlich diskutiert, aber nicht vom Bundeskanzler Willy Brandt in seinem Lagebericht zu Anfang der Fraktionssitzung erwähnt worden. Die Diskussion in der Fraktion dauerte – laut Protokoll des Verfassers – ganze 20 Minuten. Neben dem Berichterstatter H. Dürr beteiligten sich vor allem zwei Berliner Abgeordnete, von denen einer direkt den „Leverkusener" und Münchener MdB Schöfberger ansprach mit der Frage: „Was willst Du im Plenum sagen"? Die Arbeitsgruppe Rechtswesen hatte ihn als Redner der Fraktion vorgeschlagen, nachdem er einige Wochen zuvor seine beabsichtigte Rede im Entwurf übergeben hatte. Als Schöfberger nun erklärte, er werde sich in seiner Rede an der Gesamtpartei „orientieren" und keineswegs sozusagen „München spielen", erhob sich in der Fraktion kein Widerspruch mehr gegen den Vorschlag, ihn offiziell als Fraktionssprecher „reden zu lassen".

Am 11. März 1975 kam es erstmals in dieser Legislaturperiode – angesichts der bevorstehenden Plenardebatte über einen CDU-Antrag auf Unterrichtung der Bundesregierung über die innere Sicherheit nach der Lorenz-Entführung – zu einer längeren Aussprache über Probleme dieser inneren Sicherheit und die Vorlage einer im Plenum dazu einzubringenden gemeinsamen Resolution von SPD und FDP. Zunächst wurde über die Möglichkeit einer Verurteilung von Franz Josef Strauss durch die Fraktion diskutiert, da dieser von „Sympathisanten der Baader-Meinhof-Bande in der SPD-Fraktion" gesprochen hatte. Die

Mehrheit hielt dies unter der Würde der Fraktion. Die Präsidentin A. Renger versprach eine Prüfung, ob durch das Präsidium des Bundestages eine Rüge erteilt werden könnte. Herbert Wehner unterstrich die Bedeutung der bevorstehenden Plenaraussprache und löste damit eine längere Diskussion aus, an der sich neben dem Justizminister eine größere Anzahl von Abgeordneten beteiligten. Der Verfasser erklärte, die SPD habe sich zu wenig scharf gegenüber zu vielen „nützlichen Idioten" (à la Lenin) abgegrenzt. Er griff in diesem Zusammenhang auf seine Erfahrungen als Hochschullehrer in Berlin zurück mit, wie er formulierte, „Politpsychopathen" aus dem späteren Baader-Meinhof-Kreis sowie mit ersten Predigern einer Anwendung von „Gewalt gegen Sachen". Nach einer längeren, sehr guten Diskussion wurde sodann ein abgeänderter Resolutionsentwurf zur Einbringung im Plenum beschlossen (85).

Erneut kam das Thema unmittelbar nach dem Attentat auf die Stockholmer Botschaft auf einer eine halbe Stunde dauernden Sondersitzung der Fraktion am 25. April 1975 zur Sprache – zum zweitenmal also als Reaktion auf äußere Ereignisse. Zumindest ein „Leverkusener" verurteilte die Entscheidung der Bundesregierung in Stockholm als falsch, während Willy Brandt die Notwendigkeit betonte, daß der Bundestag sein normales politisches Arbeitspensum nicht aufgebe. Zu einer gründlichen Diskussion und Bewertung der Vorgäng konnte es unter dem Zeitdruck dieser Sitzung nicht kommen. Immerhin war die Präsenz an dieser Fraktionssitzung und anschließend im Plenum mit rund dreiviertel aller Abgeordneten sehr gut. Am 13. Mai 1975 fragte der Münchener Abgeordnete Schöfberger auf der Fraktionssitzunng unter dem Tagesordnungspunkt „Informationen" im Hinblick auf eine Meldung der Süddeutschen Zeitung, wonach die SPD-Fraktion jetzt zunehmend auch für eine Verteidigerüberwachung eintrete, obwohl so Schöfberger, die Fraktion doch bisher dies zugunsten einer Ausschlußregelung abgelehnt habe, was nun die Regierung tatsächlich beabsichtige. Er wurde hierin von einigen weiteren Abgeordneten unterstützt. Sehr scharf sprach Herbert Wehner in diesem Zusammenhang von Mördern, „gegenüber denen aber natürlich auch von unserem Rechtsstaat nicht abgewichen werden dürfe," während der Parlamentarische Staatssekretär im Justizministerium in Abwesenheit des Justizministers sehr vage auf die Intentionen des Kabinetts anspielte, das zur Sache „erst morgen beraten und entscheiden" werde. Zum Schluß der Sitzung meldete sich dieser Staatssekretär erneut zu Wort und referierte nun über die Kabinettsvorlage, die dann am nächsten Tage unter dem Namen des

Justizministers an alle Fraktionsmitglieder in schriftlicher Form übersandt wurde. (86)
Auf der *Fraktionssitzung am 20. Mai 1975* äußerte sich dann Bundeskanzler Helmut Schmidt ausführlich zur inneren Sicherheit, bezeichnete dieses Thema als sehr ernst und löste damit eine Auseinandersetzung mit dem Abgeordneten Coppick aus, der zunächst die Bundesregierung nur zögernd angriff, damit eine ebenso höfliche Replik des Bundeskanzlers erntete und erst eine schärfere, als er sich zu der Aussage verstieg, daß durch den Terrorismus „keine ernste Gefahr" drohe. Ehmke schlug sich sehr vorsichtig (viele Redner außer Helmut Schmidt taktierten offensichtlich ein wenig auch im Hinblick auf die bevorstehenden Fraktionsvorstandsneuwahlen) auf die Seite der Kritiker mit dem Votum, daß die „Rechtspolitik nicht in Zugzwang kommen dürfe nach jedem neuen Verbrechen". Herbert Wehner führte insgesamt mit einer klaren Verteidigung der Bundesregierung eine sehr geschickte Regie, während Willy Brandt sich nicht äußerte und noch während dieser an sich guten Aussprache die Sitzung verließ. Helmut Schmidt faßte die Haltung der Regierung „überzeugend" (so vermerkt es der Verfasser) wie folgt zusammen:

Erstens, die Regierung habe sich in einer dreistündigen Kabinettssitzung die Entscheidung nicht leicht gemacht, die nun in Gesetzesform umgegossen werde; zweitens, hier werde kein Grundrecht abgeschafft, sondern nur seine Ausübung unter bestimmten Fällen aberkannt; drittens, die Regierung habe in dieser ganzen Frage gelegentlich eine andere Linie verfolgen müssen als die Regierungsfraktion und müsse notfalls aus ihrer Verantwortung heraus ohnehin eine andere Entscheidung als die Fraktion in ihrer Mehrheit fällen, da sie nicht „deren verlängerter Arm" sei. Er habe aber mit der Fraktionsführung stets enge Fühlung gehalten und sei auch bereit, weitere vertrauliche Informationen zum ganzen Hintergrund im kleinen Kreise zu geben.

Die Rechtsexperten der Fraktion einschließlich eines stellvertretenden Fraktionsvorsitzenden sekundierten der Regierung auf dieser Sitzung sehr wirkungsvoll. Eine Abstimmung fand nicht statt und war auch nicht beantragt worden.
In – beruflich bedingter – Abwesenheit des Verfassers bei den entsprechenden Tagesordnungspunkten 13 und 14 kam es dann am Abend des 3. Juni 1975 zu einer sehr guten und ausführlichen Diskussion über die anstehenden Gesetze auf der Basis einer genauen Texterläuterung durch Justizminister Vogel. Der Verfasser konnte sich davon anhand der Bandaufnahme dieser Fraktionssitzung überzeugen. Möglicherweise absichtlich (?) waren diese Tagesordnungspunkte unter Nummer 13 und 14, das heißt also zu einem relativ späten Zeitpunkt, angesetzt worden. Möglicherweise ebenso absichtlich kam es erst an

diesem Tage zu einer Tischvorlage der komplizierten Gesetzesmaterie. Das nicht rechtzeitige Zirkulieren entsprechender Unterlagen wurde auch sogleich von Coppick moniert und als Begründung für den Antrag benutzt, heute nur zu diskutieren und sich erst bei einer späteren Sitzung zu entscheiden. Er wurde darin von einigen anderen unterstützt. Nach einer langen Diskussion sowohl zum Inahlt als auch zur Verfahrensweise wurde schließlich doch in der Sache abgestimmt und mehrheitlich auf der Regierungslinie entschieden.

Am *10. Juni 1975* kam es zu einer Aussprache sowohl über eine „Neufassung" des Extremistenerlasses als auch über die *anstehende weitere Anti-Terrorismus-Gesetzgebung*. Zum ersteren Punkt bzw. zu dem geplanten neuen Gesetzesentwurf kündigte Willy Brandt eine längere Erklärung des Parteivorstandes an. Zum zweiten Komplex verwies Bundeskanzler Schmidt – bei nur noch halbgefülltem Fraktionssaal – im Verlaufe einer wiederum sehr guten Sachdiskussion, bei der Willy Brandt nicht mehr anwesend war, auf die kanadische Praxis, wo gegen politischen Terror praktisch das Kriegsrecht ausgerufen werde, und legte sich in diesem Zuammenhang unter anderem mit Ehmke an, der davon gesprochen hatte, daß man hier „mit Kanonen auf Spatzen schieße". Im Anschluß an diese Sitzung kam es – per „Rundschreiben" an alle Fraktionsmitglieder – zu einem intensiven „Duell" zwischen Ehmke und Vogel über das Weimarer sogenannte Republikschutzgesetz und die Haltung des Rechtswissenschaftlers Radbruch hierzu. Am 14. Oktober erfolgte nach einer Ankündigung des Fraktionsvorsitzenden, daß in der folgenden Woche die erste Ausschußlesung über den Gesetzentwurf zum Schutze des Gemeinschaftsfriedens stattfinden werde und nur anhand einer Tischvorlage eine weitere Diskussion zum Thema vor einer zu dreiviertel anwesenden Fraktion anhand einer münlichen (!) Erläuterung des Regierungsentwurfs durch Bundesjustizminister Vogel. Unter anderem äußerte sich hier der Schriftsteller Lattmann in einer sehr ernsten Rede kritisch zu dem geplanten Gesetzesvorhaben. Zum Erstaunen auch des Verfassers wurde über den Entwurf, der gar nicht auf der Tagesordnung gestanden hatte, eine Abstimmung in Form einer Empfehlung der Fraktion herbeigeführt, in den zuständigen Bundestagsausschüssen gemäß dem Regierungsentwurf zu verfahren. Diese Empfehlung wurde mit 60 zu 39 Stimmen angenommen.

In der *Fraktionssitzung vom 16. Januar 1976* vor der zweiten und dritten Lesung des entsprechenden *(13.) Strafrechtsänderungsgesetzes* (§ 88a) verhärteten sich in der Diskussion – in Anwesenheit und unter Beteiligung von Helmut Schmidt, der eine glänzende Rede zur politischen „Verantwortungsethik“ aus der Sicht eines Bundeskanzlers hielt – die Fronten in einer zweieinhalbstündigen ausgezeichneten Diskussion, die von einem Teilnehmer schon deswegen begrüßt wurde, weil hier seiner Ansicht nach „erstmals grundsätzlich und nicht von Tag zu Tag“ diskutiert werde. Lattmann kündigte eine Plenarrede gegen den Entwurf an, worauf gefragt wurde, wer noch gegen den Entwurf zu stimmen gedenke. Insgesamt ergab sich eine beabsichtigte Stimmenabweichung von etwa sieben, den „Leverkusenern“ zuzurechnenden Fraktionsmitgliedern.

Speziell im Hinblick auf diese beabsichtigte Reform des § 88 Strafgesetzbuch wurde von einigen „Leverkusenern“ damals subjektiv überzeugend die Problematik als eine „echte geistige Gewissensfrage“ bezeichnet und insbesondere der Beginn eines neuen „Denunziantentums“ in Deutschland befürchtet. Daß es auf das Telos eines solchen Gesetzes, auf seinen „Geist“ und den Geist der Gesetzgeber ankommt – die eben in ihrer Mehrheit nicht überzogenen Ordnungsparolen folgten, sondern gegenüber einem neuartigen Terror maximal Leib und Leben schützen wollten – ging der Minderheit allerdings nicht immer auf. Ebensowenig ließ sie sich von dem Argument überzeugen, daß man sich vor einem Mißbrauch – etwa durch untergeordnete richterliche Instanzen irgendwo in der Bundesrepublik – sowieso nicht schützen könne, daß aber dennoch der Grundsatz gelten müsse: absusus non tollit usum. Offensiv gegen die „Leverkusener“ äußerte sich auf der Sitzung unter anderem der Abgeordnete Reuschenbach mit dem Votum, daß wieder einmal eine Minderheit die Mehrheit strapaziere und es dieser Minderheit gar nicht um den § 88, sondern um eine „Kriegserklärung“ in der Partei gehe. Im Plenum stimmte dann überhaupt niemand gegen die Gesetzesänderung. D. Lattmann hatte sich im letzten Augenblick offenbar anders entschieden und begründete dies mit der Erklärung: „... es gibt Situationen, in denen sich die Prioritäten neu und mit Macht stellen. Meine Abwägung sieht so aus, daß ich, indem ich meine ernsthaften Bedenken zurückstelle, mit der SPD-Bundestagsfraktion für dieses Gesetz stimme.“ (87)

Noch einmal in dieser Legislaturperiode kam der gesamte Fragenkomplex am 17. Februar 1976 unter dem Tagesordnungspunkt „Aktuelles aus Arbeitskreisen“ zu Sprache. Hier referierte der Rechtsexperte Gnädinger – der dann kurz darauf in seinem Wahlkreis bzw. Bundesland Baden-Württemberg bei der Aufstellung zur Bundestagswahl 1976 von einem dem linken Flügel zuzurechnenden jüngeren Sozialdemokraten verdrängt wurde – über weitere Anti-Terrorgesetze (unter anderem Einführung eines neuen Begriffes der „terroristischen Vereinigung“

neben einer kriminellen) – wiederum ohne eine Vorlage von Entwürfen. Es kam jetzt zu keiner weiteren Diskussion, was der Fraktionsvorsitzende am Schluß der Ausführungen des Rechtsexperten mit dem Bemerken quittierte, „die Fraktion ist also einverstanden". Der Gesetzentwurf („Terroristenbekämpfungsgesetz") wurde nochmals am 8.6.76 in der Fraktion kurz behandelt und dann gegen die Stimmen der Opposition am 24.6.76 im Plenum verabschiedet.

Fazit

Gerade die Behandlung des Komplexes Extremismus und Terrorismus in der SPD-Fraktion des 7. Deutschen Bundestages vermittelt Einblicke in das diesem Kapitel übergeordnet untersuchte Spannungsverhältnis zwischen Gewissensfreiheit eines Abgeordneten und Parteiräson. Von ein oder zwei Ausnahmen abgesehen überzeugten die von einer kleinen Minderheit vorgebrachten Argumente subjektiv eben unter dem Gesichtspunkt der Gewissensfreiheit, wenngleich die zitierte Bemerkung aus den Reihen der Mitte-rechts Kritiker, daß es letztlich nicht um Gesetze, sondern um die Richtung der Partei als solche gehe, auch in eine Bewertung mit einzubeziehen ist. Erneut bleibt festzuhalten, daß es in jedem der drei Fälle zu ebenso guten wie gründlichen Sachdiskussionen kam, wenn auch nicht auf jeder einzelnen infragekommenden Sitzung.

In der Notstandsdebatte der 5. Legislaturperiode hatte sich die Fraktion angesichts der großen Mehrheit der Großen Koalition eine große Zahl von „Gewissensabweichlern" sozusagen „leisten" können. Bei der Reform des § 218 ist schon insofern eine andere Bewertung angezeigt, als hier von Anfang an innerhalb der SPD-Fraktion und mit dem SPD-Teil der Regierung der sozial-liberalen Koalition die Ansichten auseinander gingen und ja in der 6. und 7. Legislaturperiode gänzlich verschiedene Regierungsentwürfe vorgelegt worden waren. Zu keinem Zeitpunkt wurde in der SPD-Fraktion das Recht auf Gewissensfreiheit gerade in dieser Frage in Zweifel gezogen, allerdings auf den entsprechenden Fraktionssitzungen immer wieder mit großem Ernst und großer Intensität an die „27" appelliert, daran zu denken, daß jegliche Reform des § 218 an ihnen scheitern könnte. Dieser Fall wäre auch eingetreten, wenn bis zuletzt alle 27 bei „ihrem" erweiterten Indikationsentwurf (der ja dann nach dem Bundesverfassungsgerichtsurteil sozusagen durch die „List der Geschichte" in den wesentlichen Punkten zu dem tatsächlich in Kraft getretenen Gesetz wurde) geblieben wären. Da der Verfasser zu den „Wechslern" bei der Schlußabstimmung gehörte, kann er als seine subjektive Überzeugung festhalten, daß für diese Wechsler nicht eine Parteiräson nach

Artikel 21 Grundgesetz als dem Artikel 38 GG übergeordnet ausschlaggebend gewesen ist, sondern mehr oder weniger ausschließlich die Überlegung, durch einen Abstimmungsbeitrag zum Scheitern der Fristenlösung das Scheitern jeder sinnvollen Reform des § 218 überhaupt zu riskieren, nachdem der eigene „erweiterte Indikationsentwurf" der Ablehnung verfallen war.

In der Anti-Terrorismus- und Anti-Extremismusgesetzgebung der 7. Legislaturperiode konnten sich Regierung und Fraktionsvorstand letztlich voll durchsetzen. Eine parlamentarische Mehrheit war nie ernstlich gefährdet, da sich die innerfraktionelle Opposition noch nicht richtig formiert hatte. Hier bewies der Ablauf des Meinungs- und Willensbildungsprozesses in der SPD-Fraktion, wie geschickt die Fraktionsführung Regie führte und die schwierigen Klippen der Auseinandersetzung um diese Problematik erfolgreich überwand. Ein großes Verdienst kam neben dem Fraktionsvorsitzenden dem Bundeskanzler H. Schmidt zu, der zweifellos nicht zuletzt durch seine erwähnte Stegreifrede zum Thema Verantwortungsethik für manche unerwartet einen tiefen Eindruck in der Fraktion hinterließ. Erst in der 8. Legislaturperiode sollte dann die linke, innerfraktionelle „Opposition" zu einem festen Kern werden, der der Regierung schon angesichts der knappen Regierungsmehrheit im neuen Parlament gefährlich werden mußte. Zu dieser Entwicklung hatte vielleicht auch ein Gefühl der Frustration dieser kleinen Gruppe in der 7. Legislaturperiode beigetragen. Dies ließe sich sicherlich exemplarisch belegen an den unterschiedlichen Voten und dem Abstimmungsverhalten eines Dieter Lattmann von der 7. zur 8. Legislaturperiode (88).

Verhältnis der Fraktion zur eigenen Regierung in der 7. Legislaturperiode des Deutschen Bundestages

Damit ist nun das *Verhältnis der Fraktion zur eigenen Regierung* in der *7. Legislaturperiode des Deutschen Bundestages* angesprochen. Es ist natürlich verknüpft mit dem Problem des Verhältnisses von Fraktion zu Fraktionsvorstand im Hinblick auf die Wahrnehmung entsprechender Funktionen (der Empfehlung, Festlegung und Kontrolle).

Bei dieser Analyse ist zunächst zu wiederholen, daß die Minister den Fraktionsmitgliedern durchweg sehr gute mündliche und schriftliche Informationen zur Verfügung stellten und auch jedem Nachhaken in der mündlichen Fragestunde der Fraktion gegenüber offen waren, es

sei denn, es handelte sich um streng vertrauliche Fragen etwa aus dem Bereich der Verteidigungspolitik. Empfehlungen aus der Fraktion heraus, erst recht aber solche „der Fraktion" selber, mit und ohne Abstimmung, wurden unter besonderen Konstellationen ernst genommen und verdichteten sich in einigen gerdezu sensationellen Fällen zu „Festlegungen" der politischen Linie der Regierung, durch die diese Regierung sozusagen zurückgepfiffen wurde. Zu erwähnen ist hier etwa das Zurückweichen des zeitweiligen Postministers Ehmke sowie das der gesamten Regierung auf der Schwelle von der 7. zur 8. Legislaturperiode in der Frage der Renten. (89) In beiden Fällen – zusätzliche kleinere könnten noch miterwähnt werden – hatte sich ein Sturm der Entrüstung quer durch alle Fraktionsgruppierungen entfacht, da die MdBs an ihrem eigenen politischen Nerv getroffen worden waren, das heißt, an ihrer Wahlkreisbasis. Dies galt insbesondere für das Rentendebakel, in dem auch sonst schweigsame Fraktionsmitglieder von einer schweren moralischen Niederlage der Regierung und ihrer Parteien nach der gerade gewonnenen Wahl mit ihren diesbezüglichen Wahlversprechen redeten, während umgekehrt bei der „Postdebatte" (wie auch bei der Debatte über den Vier-Minuten Telefontakt 1974) nicht zuletzt das Argument bevorstehender Landtagswahlen durchschlug.
Grundsätzliche Probleme des Staatsverständnisses im Regierungssystem der Bundesrepublik Deutschland werden in unserem Gesamtzusammenhang berührt, wenn es um Fragen der *Mitbestimmung der Regierungsfraktion bzw. der Regierungsfraktionen bei der Ausarbeitung einer Regierungserklärung und bei der personellen Zusammensetzung einer neuen Bundesregierung geht.* Was die personelle Seite betrifft, so haben es Willy Brandt und Helmut Schmidt in jedem einzelnen Falle gleichermaßen abgelehnt, sich durch die Fraktion in den verfassungsrechtlich festgelegten Kompetenzen des Bundeskanzlers einengen zu lassen, aber jeweils die Fraktion gerade noch rechtzeitig, das heißt vor einer Informierung der allgemeinen Öffentlichkeit, über ihre beabsichtigten Personalentscheidungen unterrichtet. Bei Willy Brandt ging es 1969 vor allem um die Ernennung des parteilosen Wissenschaftsministers Leussinck „an Stelle" des aussichtsreichsten Kandidaten der SPD-Fraktion U. Lohmar – unter Berufung auf angebliche Schwierigkeiten von Seiten der FDP, um die dann tatsächlich in der Fraktion per Abstimmung gebilligte Zusammenlegung von Wirtschafts- und Finanzministerium oder schließlich auch die „gutgeheißene" Ersetzung von Leussinck durch von Donanyi; bei Helmut Schmidt insbesondere um seine Regierungsbildung vom Herbst 1975 (90). Ob

der Verteidigungsminister Leber tatsächlich Konsequenzen zog aus der Kritik der Leverkusener Gruppe an seinen Entscheidungen in Sachen der Spanienreise des Generals Hillebrandt 1975 (91) oder sich personalpolitisch an einer voraussehbaren Mehrheitsentscheidung in der Fraktion in der sogenannten „Generalsaffäre" des Jahres 1976 orientierte, mag hier dahingestellt bleiben. Sicherlich war er in der 7. Legislaturperiode nicht der Mann, der sich von irgendjemandem sonderlich unter Druck setzen ließ.
Hinsichtlich der Festlegung der *Regierungsprogramme* unter sozialdemokratischen Bundeskanzlern seit 1969 ist darauf hinzuweisen, daß die Gesamtfraktion Ende 1972 erst nachträglich das schon ausgehandelte Koalitionspapier diskutierte und darüber auch Beschwerde geführt wurde (92). Die Vorbereitungen zur Regierungserklärung von Willy Brandt 1972 gingen, was die Fraktion betraf, offensichtlich einmal im Siegestaumel jener Wochen unter, zum anderen aber war der alte bzw. neue Bundeskanzler zunächst an das Krankenlager gefesselt und verkehrte mit der neuen Fraktion schriftlich. Zu Auseinandersetzungen kam es am Rande der Vorbereitungen der ersten Regierungserklärung von Helmut Schmidt und bei der zweiten Regierungsbildung 1976, obwohl nunmehr die Fraktionsmitglieder ausdrücklich aufgerufen worden waren, dem Bundeskanzleramt schriftlich Vorschläge zu unterbreiten, die sorgfältigst beachtet werden würden (93).

Die Möglichkeiten der *PLP in Großbritannien* (gewissermaßen per Anspruch) auf den Entscheidungsprozeß einer „eigenen" Regierung Einfluß zu nehmen, erscheinen demgegenüber traditionell noch weit geringer zu sein. Die vorherige Diskussion einer Regierungserklärung – in diesem Falle der jeweiligen Thronrede – scheidet ohnehin völlig aus. Zu einem detaillierten und sinnvollen Meinungsaustausch zwischen Fraktion und Regierung über wichtige anstehende Maßnahmen der Regierung oder Grundsatzfragen der britischen Innen- und Außenpolitik kommt es in der Regel auch heute noch auf Fraktionssitzungen nur dann, wenn die Regierungsspitze sich ausdrücklich einverstanden erklärt bzw. solche Aussprachen und gegebenenfalls Abstimmungen selber vorschlägt. Die drei Sondersitzungen des Jahres 1967 zum britischen EG-Beitritt wurden in diesem Zusammenhang schon erwähnt. Auf diesen Sondersitzungen sorgte der „Fraktionsvorsitzende" analog zur Praxis des britischen speaker im Unterhaus dafür, daß in einem ausgewogenen Verhältnis jeweils Pro- und Anti-EG-Redner „aufgerufen" wurden. Insgesamt beteiligten sich im Frühjahr 1967 an den Aussprachen 36 Redner. Auf die anschließende Frage des damaligen Vorsitzenden Shinwell, ob die Fraktion Gelegenheit erhalten werde, eine Entscheidung der Regierung zugunsten eines britischen Antrags auf Mitgliedschaft in der EG „zu billigen oder abzulehnen", antwortete der Premierminister Wilson: „Dies ist eine Sache der Fraktion; ganz sicherlich aber beabsichtigt die Regierung, wenn sie ihre Entscheidung trifft, sofort um eine Fraktionssitzung nachzusuchen, und dann muß dieses Gremium selber darüber entscheiden, ob es abzustimmen wünscht . . ."

Natürlich mußte die Führung der Labour Party und Labour Regierung gerade in dieser Frage äußerst behutsam taktieren. Immerhin wurde aber damals noch ein Antrag aus der Fraktion heraus mit 156 zu 38 abgelehnt, in Bezug auf diese ganze Problematik ab sofort alle Abstimmungen im Unterhaus freizugeben und auf die Durchsetzung einer Fraktionsdisziplin zu verzichten (94). Bei Fraktionsdiskussionen über eine nicht ganz so brisante Grundsatzfrage der britischen Politik, die aber in jenen Jahren doch erheblichen Wirbel auch in Großbritannien verursachte, das heißt über die britische Haltung zur amerikanischen Vietnampolitik, hatte derselbe Wilson von der Geschäftsordnung her und in der Sache eine für deutsche Verhältnisse wesentlich autoritärere Haltung eingenommen. Im Frühjahr 1966 erklärte er sich nämlich zunächst nur bereit, einigen „Abweichlern" gegenüber, die sich durch die Absendung eines Telegramms nach Washington profiliert und für einiges Aufsehen gesorgt hatten, zusammen mit dem Außenminister privat zur Verfügung zu stehen und darüber hinaus vielleicht noch dem Vorstand der Fraktionsarbeitsgruppe Außenpolitik. Er stellte dann nach einer längeren Aussprache fest, daß der Liaison-Ausschuß mit „größter Sympathie" jede Bitte um eine Sondersitzung der Fraktion über Vietnam entgegennehmen würde. Offensichtlich aufgrund dieses Entgegenkommens entschied sich die Fraktion am 2. Februar 1966 einstimmig für die prozedurale Linie des Premierministers. Auf späteren Fraktionssitzungen in diesem Jahr zum Thema wurde ein Antrag des linken Flügels, die Regierung möge sich ausdrücklich von Washington distanzieren, mit 214 gegen 46 Stimmen abgelehnt (95). Am 16. Juni 1966 präzisierte der Premierminister im Hinblick auf eine Diskussion über die britische Position „östlich von Suez" seine Haltung wie folgt:
„Ich habe alle Minister gebeten, so eng wie möglich mit den Arbeitsgruppen der Fraktion zusammenzuarbeiten und zunächst einmal, wo immer dies möglich ist, über beabsichtigte Gesetzgebungsvorhaben in eine Konsultation einzutreten. Immer ist dies nicht möglich ... und manchmal stehen auch vertrauliche Diskussionen über Fragen der Politik an".
Wenn sich Minister in Fraktionsgremien frei äußern sollten, könnten keine weiteren Indiskretionen gegenüber der Presse geduldet werden. Im vergangenen Jahr hätte er schon auf einer Fraktionssitzung erklären müssen, daß er nach einigen sehr schädlichen Presseindiskretionen aus der Arbeitsgruppe Außenpolitik heraus „den Außenminister angewiesen" hätte, „an Sitzungen dieser Gruppe nicht mehr teilzunehmen". Er halte jetzt die „Idee für ganz gut", wöchentliche Fraktionssitzungen anzuvisieren, an denen „ich teilnehmen will, so oft ich es kann". Vielleicht sollte man auch Anträge alle zwei Wochen einbringen können und hier dann besonders Fragen der allgemeinen Politik diskutieren. Eindeutig könne aber „die Fraktion nicht selber die Regierung darstellen". Dies würde gegen die „Verfassung der Labour Party und gegen die britische Verfassung" verstoßen. Das Protokoll vermerkt nach dieser längeren Grundsatzrede des damalien Premierministers ausdrücklich „Beifall".

Auch für die Bundesrepublik Deutschland bzw. für die SPD stellt sich das Problem des Verhältnisses von *Fraktion zu Parteivorstand und damit Gesamtpartei* hinsichtlich des innerparteilichen Meinungs- und Willensbildungsprozesses. Es wurde von uns schon auf entsprechende Beschlüsse der Fraktion vom 27. November 1973 hingewiesen, die eine bessere Abstimmung zwischen Fraktion und Parteivorstand sicher-

stellen sollten. Diese Beschlüsse lagen auf der Linie der Mehrheitsbeschlüsse der Arbeitsgruppe „Fraktionsreformen". Der Verfasser konnte sich in diesem Gremium nicht mit seiner Auffassung durchsetzen, wonach sichergestellt werden sollte, daß Parteivorstand, Parteipräsidium oder auch Parteirat durch eigene Beschlüsse zu wichtigen politischen Tagesfragen und die Veröffentlichung derselben in der Presse die Entscheidungen der Fraktion nicht präjudizieren dürften (96). Offensichtlich lag weder den am rechten noch den am linken Spektrum der Fraktion angesiedelten Mitgliedern der Arbeitsgruppe oder der Gesamtfraktion an diesem Aspekt. Vielmehr ging es in der Fraktion vor allem um verbesserte Mechanismen zur Durchführung von Parteitagsbeschlüssen, das heißt in der Tendenz um eine indirekte Anerkennung eines „imperativen Mandates" gewissermaßen von oben und nicht um eine Absicherung des Freiheitsraumes der gewählten SPD-Bundestagsabgeordneten. Es war nach Beobachtung des Verfassers ständige Praxis gerade in der 7. Legislaturperiode, daß sich Parteivorstand und Parteipräsidium zu wichtigen Grundsatzfragen der Politik (zum Beispiel zur Vietnampolitik oder zu Fragen des Extremistenerlasses und neuen gesetzgeberischen Maßnahmen in dieser Richtung) äußerten und festlegten, bevor die Fraktion überhaupt Gelegenheit hatte, solche Fragen auszudiskutieren, geschweige denn entsprechende Beschlüsse zu fassen (97).
Hier offenbart sich eine andere Gewichtung, ein anderes Gleichgewichtsverhältnis als in *Großbritannien* unter britischen Labour-Regierungen der jüngsten Zeit, wobei zu berücksichtigen ist, daß es in Großbritannien in der Regel nicht zu Personalunionen zwischen Parteipräsidium, „Fraktionsvorstand" und Regierungsspitze kommt. In Großbritannien bestätigten zum Beispiel erneut die Verlautbarungen des NEC (Parteivorstand der Labour Party) zur britischen EG-Mitgliedschaft 1977 und ihre relative Nichtbeachtung durch die PLP, erst recht durch die Regierung, die in der bekannten wissenschaftlichen Kontroverse zwischen S. Rose und R. McKenzie aufgestellte Hypothese, wonach bei einer Labour Party als Regierungspartei die wichtigsten Entscheidungen vom Regierungschef bzw. „Leader" und nicht vom Parteivorstand getroffen werden und letztlich auch die PLP wichtiger ist als ein „Parteitag" (98).

Sanktionsmöglichkeiten gegen Abweichler?

Es stellt sich im parlamentarischen System der Bundesrepublik Deutschland genauso wie in dem Großbritanniens im Zusammenhang mit dem Verhältnis des einzelnen Abgeordneten zu seiner Führung immer wieder die Frage nach den „Sanktionsmöglichkeiten", die der Fraktions- und/oder Parteispitze gegenüber „widerspenstigen" Mitgliedern zur Verfügung stehen. In der Bundesrepublik Deutschland – immer am Beispiel der SPD-Bundestagsfraktion – scheint das in Großbritannien indirekt über den Parteivorstand und/oder die zuständige Parteiortsgruppe gelegentlich angewandte Mittel einer Drohung mit *einer Nichtwiederaufstellung* des oder der Betroffenen bei der nächsten Parlamentswahl wegzufallen. Jedenfalls ist dem Verfasser kein einziger Fall bekannt, wo auf diese Weise in der Bundesrepublik erfolgreich „von oben" eingewirkt wurde. Offensichtlich haben sich die „Fraktionsrebellen" immer erst ihrer Basis vor Ort versichert. In Großbritannien kommt es „offiziell" in allen Parteien, ganz sicherlich in der Labour Party, zu förmlichen Genehmigungsverfahren durch den jeweiligen Parteivorstand im Hinblick auf die Erstaufstellung von Kandidaten durch die Ortsvereine bzw. Wahlkreis-Parteidienststellen und häufig zur Anrufung dieser obersten Parteigremien gewissermaßen als Schiedsinstanz durch Wahlkreis-Ausschüsse oder Bewerber im Falle einer drohenden Nichtwiederaufstellung (99).

Ein durchaus wirksames Mittel sowohl der Repressalie als auch der Begünstigung durch die Fraktionsspitze stellt (in allen Fraktionen und in beiden anderen Ländern die Praxis der *Entsendung von Fraktionsangehörigen zu Auslandreisen dar.* Mitglieder von auswärtigen Delegationen (zum Beispiel zu Versammlungen der Interparlamentarischen Union oder Repräsentationsreisen im Namen des Gesamtparlamentes) werden in Westminster ebenso wie im Bonner Bundeshaus in allen Fraktionen von der Fraktionsführung bzw. den Geschäftsführern (whips) „bestimmt", während sich zur Teilnahme an Tagungen bilateraler parlamentarischer Gruppen die einzelnen Abgeordneten selber melden können, da ihnen ja die Mitgliedschaft in solchen Gruppen offensteht. In der neugefaßten Geschäftsordnung der SPD-Bundestagsfraktion heißt es seit Oktober 1973, wie schon erwähnt wurde, daß der Fraktionsvorstand der Gesamtfraktion „seine Vorschläge mitteilt". Diese Vorschläge werden genauso wie solche für Ausschußbesetzungen oder Umbesetzungen zwar häufig durch Handaufheben von der Gesamtfraktion genehmigt, aber wer will schon das Odium einer Gegenstimme in diesem Zusammenhang auf sich nehmen, zumal man ja ganz gern der nächste Begünstigte sein möchte. Ohne Zweifel sind aber auch in der 7. Legislaturperiode des Deutschen Bundestages unzählige Auslandsreisen „verteilt" worden, ohne daß die

Fraktion oder auch nur ein zuständiger Arbeitskreis damit befaßt worden wäre. Es war daher verständlich, daß in verschiedenen Gremien gegen die mangelnde Transparenz in dieser Beziehung von einigen MdBs, vor allem von N. Gansel, Hansen oder dem Verfasser Sturm gelaufen wurde (100). Aufgrund von entsprechenden Vorschlägen in der Fraktions-Reformkommission der 7. Legislaturperiode wurde im Arbeitskreis 1 mehrfach von dem zuständigen Parlamentarischen Geschäftsführer über die geltende Praxis Bericht erstattet und auf die verschiedenen Spielarten von Auslandsreisen der MdBs hingewiesen (101). Andererseits wurde aber auch von der Fraktionsgeschäftsführung der Versuch gemacht, zu einer Meldepflicht gegenüber der Fraktion im Hinblick auf alle beabsichtigten Auslandsaufenthalte zu kommen, nicht zuletzt weil sich wiederholt Abgeordnete derselben Partei ohne vorherige Absprache zur gleichen Zeit in ein und demselben Land befunden hätten.

Die Möglichkeiten und Grenzen einer selbständigen Auslandsreisetätigkeit im Gegensatz zu einer fraktionsamtlichen des einzelnen Abgeordneten reduzieren sich vor allem auf die entscheidende Frage nach der Finanzierung solcher Reisen. Auch in dieser Beziehung kommt es zu Diskrepanzen zwischen dem verbrieften Recht des einzelnen Abgeordneten, über sich nur den Präsidenten zu wissen, und dem Anspruch der Fraktionsgeschäftsführung, gerade Auslandsreisen zu kanalisieren. Im Laufe der Jahre wurden die Fraktionen mit den nötigen Haushaltsmitteln ausgestattet, mit deren Hilfe Auslandsreisen „im Auftrage der Fraktion", wie es seitdem offiziell heißt, bezahlt werden.

Interessanterweise wurde dem Verfasser selber erstmalig eine sachlich durchaus wichtige und von ihm als Mitglied des Auswärtigen Ausschusses im Hinblick auf die Notwendigkeit mit Sicherheit besser zu beurteilende Auslandsreise (nach Paris zur Teilnahme an einer Tagung über Probleme der Europapolitik) von der zuständigen Fraktionsgeschäftsführerein mit Schreiben vom 9. und 11. Juni 1976 also zu einem Zeitpunkt nicht genehmigt, zu dem schon mehr oder weniger feststand, daß er Ende 1976 nicht wieder in den neu zu wählenden Bundestag einziehen würde. Die Begründung für die verweigerte Genehmigung, gegen die sich der Verfasser, nach einem informellen Gespräch mit der Präsidentin, A. Renger zu urteilen, kaum hätte wehren können, war ebenso falsch wie lapidar:

„. . . habe ich große Zweifel, ob diese Veranstaltung (organisiert von hoher parlamentarischer Ebene in Paris, d.V.) den Aufwand einer Entsendung eines Abgeordneten ausdrücklich durch die Fraktion (anders ging es ja gar nicht, d.V.)

rechtfertigt. Ich möchte Dich bitten, von diesem Antrag Abstand zu nehmen".
Dieses Faktum war umso erstaunlicher, als bekannt war, daß der Verfasser ohnehin (nicht zuletzt aus finanzpolitischen Erwägungen) im Bundestagsplenum sowie in einem Zeitungsinterview für weniger Auslandsreisen der Bundestagsabgeordneten eingetreten war und selber zum Beispiel die Teilnahme an einer Parlamentsdelegation zusammen mit der Präsidentin Renger nach Zaire unter Hinweis auf eben die angespannte Haushaltslage abgelehnt hatte (102). Ganz offensichtlich wurde und wird in diesem Zusammenhang immer wieder mit zweierlei Maß gemessen: Reisen von einigen Fraktionsmitgliedern wurden in der 7. Legislaturperiode weder im zuständigen Arbeitskreis noch in der Fraktion bekanntgegeben – so etwa von Bruno Friedrich zur iberischen Halbinsel, oder einer Fraktionsdelegation nach Polen (von Reisen einzelner anderer Mitglieder des Fraktionsvorstandes ganz zu schweigen), während sonst gegenüber Fraktionsreisenden in spe auf die Notwendigkeit einer solchen Genehmigungspflicht durch den Fraktionsvorstand auf Vorschlag des zuständigen Arbeitskreises verwiesen wurde (103). Alles in allem wohnt diesen Reisegenehmigungen sicherlich eine Möglichkeit der Sanktion oder Belohnung inne.
Auch bei *Ausschußbesetzungen und Umbesetzungen* kann dieser Faktor gelegentlich zum Tragen kommen, obwohl festgehalten werden muß, daß zu Beginn einer Legislaturperiode in der SPD-Fraktion die erbetenen und eingegangenen Wünsche der Fraktionsmitglieder in der Regel beachtet werden – analog zu Großbritanniens anders gelagerten Ausschüssen. Einen ebenfalls nicht unwichtigen Punkt stellt schließlich im Zusammenhang mit dem Problem „Sanktionsmechanismen" die Frage des „Rederechtes" im Plenum dar, auf das in diesem Kapitel noch zurückzukommen sein wird.
Das Korrelat zu diesem Problembereich: Sanktions- und Belohnungsmöglichkeiten gegenüber einzelnen MdBs von Seiten ihrer Fraktionsführung ergibt sich aus der Frage nach den *Möglichkeiten und Grenzen des Ausübens von „Druck" auf die Fraktionsführung, die Gesamtfraktion und im Falle einer Regierungsbeteiligung auch auf die eigene Bundesregierung von Seiten der Abgeordneten.* Man wird zunächst von der Hypothese ausgehen können, daß letztlich keine Einzelgänger, sondern nur Gruppierungen etwas auszurichten vermögen. In jeder größeren politischen Gruppe wie auch in anderen gesellschaftlichen Gruppen bilden sich immer wieder rivalisierende Untergruppen heraus, im Falle einer Fraktion als verlängerter Arm von Strömungen in der gesamten Parteiorganisation also sogenannte Flügel. Es war nun das Charakteristikum der SPD-Fraktion im 7. Deutschen Bundestag,

daß man von drei zumindest informellen Untergruppen sprechen konnte – den rechten, sogenannten Kanalarbeitern mit ihrem ungekrönten Chef, Egon Franke, die rund Zweidrittel der Fraktion von 242 MdBs ausmachten; den Linken, sogenannten „Leverkusenern", die etwa 45 Mitglieder um Abgeordnete wie Hansen und Gansel umfaßten, und rund zwei Dutzend einer Mittelgruppe um die Abgeordneten Glotz, Bruno Friedrich, den stellvertretenden Fraktionsvorsitzenden Metzger und den Justizminister Vogel. Der kleine Rest – zu ihnen zählte sich insbesondere der Fraktionsvorsitzende expressiv verbis selber – (104) legte Wert auf eine Position der Neutralität, nahm aber mit Ausnahme des Fraktionsvorsitzenden auf Einladung an den mehrmals im Jahr stattfindenden Sonderveranstaltungen der „Kanalarbeiter" teil, nicht jedoch an den wöchentlichen, mehr geselligen Abenden dieser Gruppe. So ging es jedenfalls dem Verfasser, der im ersten Jahr der Legislaturperiode allerdings auch noch Einladungen zum Leverkusener Kreis erhalten und zweimal angenommen hatte, weil er bestrebt war, Gruppenbildungen im Hinblick auf die zwischenmenschlichen Beziehungen mit überbrücken zu helfen – trotz aller Sachgegensätze, die eben leider nicht durch Fraktionsaussprachen geklärt werden konnten. Er gehörte daher in der 7. Legislaturperiode zu den Abgeordneten, die sich in der Fraktion auf keine der drei Gruppierungen im eigentlichen Sinne „stützen" konnten und zusätzlich noch zu den Abgeordneten, die auch in ihrem Wahlkreis bzw. ihrer Bezirks- und Landesorganisation über keinerlei Hausmacht verfügten.
Es stellte ein durchaus typisches Kennzeichen dieser Gruppenbildungen in der SPD-Fraktion des 7. Deutschen Bundestages dar, daß ihre Exponenten in Aussprachen den traditionellen Vorwurf des „Fraktionalismus" immer wieder zu entkräften suchten mit Hinweisen auf den informellen Charakter ihres Unterfangens, das regelmäßig als ein politischer Debattierclub zum Zwecke der Vorklärung von politischen Entscheidungen hingestellt wurde. Die Gruppe Metzger/Glotz ging dabei am konsequentesten vor und vermied tatsächlich jeden Schein einer institutionalisierten Gruppenbildung. Erstmalig war das Problem in der schon mehrfach erwähnten Klausurtagung der Fraktion vom 12. Juni 1973 diskutiert worden, wobei der Verfasser bemüht war, darauf hinzuweisen, daß man von der Existenz verschiedener Gruppen als einem ganz normalen Phänomen ausgehen und kontroverse Sachfragen ausdiskutieren sollte. Da die Neigung der Fraktionsmehrheit, zum Problem „Gruppenbildung" eine ernste Diskussion zu entfachen, damals offensichtlich sehr gering war, erklärte Herbert Wehner, er wolle dieses Phänomen bei dieser Gelegenheit auch nicht weiter ana-

lysieren. Immerhin kam es zu einem kurzen Wortwechsel, nachdem ein baden-württembergischer „Leverkusener" festgestellt hatte, es handele sich bei ihnen nur um ein für eine politische Partei wie die SPD „normales", loses politisches Diskussionsforum. Jedenfalls wollte daraufhin ein „Kanalarbeiter" präzise wissen, ob der Leverkusener Kreis inzwischen mit einem eigenen Büro operiere, eine Frage, die nicht beantwortet wurde.

Der Fraktionsvorsitzende wollte das Thema eines institutionalisierten Leverkusener Kreises auf einer der spannungsgeladensten, in dieser Studie an anderer Stelle kurz beleuchteten Sitzung der Fraktion in der 7. Legislaturperiode (in Sachen seiner UdSSR-Interviews „gegen" Willy Brandt zum Berlin-Abkommen) am 2. Oktober 1973, an sich wieder aufgreifen (vielleicht um sich das Wohlwollen der „Kanalarbeiter", die damals noch sehr geschlossen hinter Willy Brandt standen, zu sichern). Er stellte dann aber die Behandlung dieses Themas wegen „des vordringlicheren", – eben seiner Moskauer Äußerungen – ausdrücklich zurück. Tatsächlich wurde es in der Fraktion des 7. Deutschen Bundestages nie wieder expressiv verbis erwähnt, was natürlich nicht verhinderte, daß im Laufe der nächsten Jahre bei vielen Sachthemen ein inhärenter Gruppenkonflikt wiederholt zumindest andeutungsweise zu Tage trat. Dies war besonders der Fall im Zusammenhang mit der Verteidigungspolitik oder der Bewertung von Landtagswahlen, die für die SPD zwischen 1973 und 1976 verlorengingen. Diese legten es nahe, daß man der jeweiligen anderen Gruppe in der Fraktion ein gerüttelt Maß an Schuld zuschob, also etwa die „Kanalarbeiter" „den Linken" mit „ihren Jusos". Als Willy Brandt noch Bundeskanzler und nicht nur Parteivorsitzender war, und insbesondere nach der zum fraktionsöffentlich geäußerten Leidwesen gerade des Verfassers nicht ausgetragenen Kontroverse mit Herbert Wehner über dessen Moskauer Äußerungen ging er zuweilen mit Protagonisten von Gruppentendenzen sehr scharf ins Gericht.

So erklärte er zum Beispiel am 12. März 1974 nach einer Analyse der Landtagswahlergebnisse von Hamburg und anderen innenpolitischen Kontroversen, man müsse in Zeiten des Rückschlages zusammenstehen und nach Ursachen für dieselben fragen, nicht aber nach Sündenböcken suchen. Er selber habe seit dem November 1972 vor „gewissen Fehlentscheidungen gewarnt, vielleicht nicht deutlich genug". Eindeutig sprach er sich gegen „disziplinlose Extravaganzen" sowie gegen „die Profelierungssucht bestimmter Gruppen, welche auch immer" aus und versprach, energischer dagegen vorzugehen. Es sei unbedingt ein mehr an Einordnung notwendig. Diese Bemerkung war offenbar gemünzt auf den damals gemachten Vorschlag, ihn personell in seiner Doppelfunktion „zu entlasten". Bezeichnenderweise kam es im Anschluß an diese Ausführungen zu keinerlei Diskussion innerhalb der Fraktion.

Die *PLP* hat demgegenüber Mitte der 60er Jahre in analogen Situationen als Regierungspartei immer wieder versucht, durch eine offene Aussprache und per Abstimmung in der Fraktion eine Klärung herbeizuführen. Am 2. November 1966 wurden zum Beispiel durch den Fraktionsvorsitzenden zwei Anträge des Liaison-Ausschusses zu Fragen der Fraktionsdisziplin erläutert und zur Diskussion und Abstimmung gestellt. In der Präambel zu dem ersten Antrag hieß es, daß die PLP aus dem Wunsche heraus handeln müsse, „eine sinnvolle Balance zu finden zwischen der Freiheit ihrer Mitglieder in Bezug auf tiefempfundene Fragen des persönlichen Gewissens einerseits und der Disziplin, die andererseits notwendig ist, um die Einheit der Partei sicherzustellen". Mit dem ersten Antrag sollte die Form des persönlichen Angriffs von Fraktionsmitgliedern aufeinander abgestellt und sichergestellt werden, daß bei Verstößen die whips , dann der Liaison-Ausschuß und schließlich die Gesamtfraktion selber eingreifen. Im zweiten Antrag hieß es: „Keine organisierte Gruppe gilt als akzeptabel, sofern sie nicht offiziell von der PLP anerkannt wird. Jede Zuwiderhandlung gegen diese Regel ist unvereinbar mit der Mitglieschaft in der PLP". „Linke" Abgeordnete wie Foot oder Driberg sprachen sich gegen den zweiten Antrag mit dem Argument aus, daß „kein Mensch wisse", was eine „organisierte Gruppe" sei. Der Chief-whip (1. Parlamentarischer Geschäftsführer) sprach von „harmlosen, informellen Gruppierungen", die nicht gemeint seien. Der erste Antrag wurde damals mit 136 gegen 18, der zweite mit 120 gegen 49 angenommen. Premierminister Wilson ging dann aber zum Beispiel im Frühjahr 1967 bei Debatten über die britische Verteidigungspolitik mit Abstimmungsabweichlern ebenso scharf wie sarkastisch zu Gericht.
Er wandte sich gegen diejenigen, die sich der Stimme enthalten hätten, ohne selber über eine kohärente alternative Politik zu verfügen und erklärte wörtlich: „Die Parteidisziplin wird jetzt sehr viel freier gehandhabt, was aber nicht mißbraucht werden" dürfe.
Die selbsternannten „Loyalisten", die durch ihre Enthaltung demonstrieren wollten, daß sie ein Recht hätten sich zu enthalten, beschuldigte er der „Narretei" (tom-foolery).

Die Befunde einer ganzen Legislaturperiode, das heißt der von uns herangezogenen 7. des Deutschen Bundestages, scheinen im Zusammenhang mit der übergeordneten Fragestellung dieses Abschnittes (Einflußmöglichkeiten des einzelnen) auf folgende Gesetzmäßigkeiten hinzuweisen:
Erstens: Ohne Rückhalt in einer Fraktionsgruppierung, durch ein Fraktionsamt oder bei seiner eigenen Basis in einem für ihn sicheren Wahlkreis kann der einzelne Abgeordnete unter Bedingungen einer gesicherten Regierungsmehrheit keinen großen Einfluß auf die Meinungs-, geschweige denn Willensbildung in der Fraktion insgesamt und schon gar nicht einen Druck auf die Fraktions- und/oder Regierungsspitze ausüben. Ein dennoch „abweichender" Abgeordneter dieser Kategorie kann durch ein nonkonformistisches Verhalten nur sein eigenes Unabhängigkeitgefühl unter Beweis stellen und sich möglicherweise persönlich einen gewissen Respekt verschaffen. „Ernster"

genommen wird schon eine Einzelkritik, wenn es sich eben um einen politisch und wirtschaftlich unabhängigen Abgeordneten, um einen solchen mit einem sicheren Wahlkreis und/oder mit einem langen parlamentarischen standing und gleichzeitig einer beruflichen Absicherung handelt. Hierfür könnten die die SPD-Fraktion oft verärgernden publizistischen Einmann-Demonstrationen eines Konrad Ahlers in der 7. Legislaturperiode als Beispiel dienen, die Kritik eines U. Lohmar an Bundeskanzler Helmut Schmidt und dessen höfliche Replik an den lieben „Ulli" (in der Fraktion am 4. Juni 1974), oder ein MdB wie Müller-Emmert (105). Was das Verhalten der Fraktionsführung gegenüber Einzelgängern in der Fraktion betrifft, so gibt es darüber hinaus sicherlich auch noch unterschiedliche Nuancen, je nachdem, ob es sich um Anfang oder Ende der Legislaturperiode handelt und je nachdem, ob gegen Ende dann ein Wiedereinzug des Betreffenden in das Parlament feststeht oder aussichtslos erscheint.

Zweitens: In allen Phasen einer Legislaturperiode besteht auf Seiten der Fraktionsführung die Tendenz, tatsächlich vorhandene Gruppenunterschiede im Interesse der Einheit und Einheitlichkeit zumal einer Regierungspartei herunterzuspielen. Die Gesamtfraktion schließt sich einer solchen Linie besonders in parteiintern kritischen Zeiten an, wofür als geradezu klassisches Beispiel die ausgebliebene Auseinandersetzung um die Äußerungen von Herbert Wehner „gegen" Willy Brandt 1973 gelten kann. Auch gegen Ende einer Legislaturperiode schließen sich die Reihen automatisch, um mögliche Wahlerfolge nicht zu gefährden.

Drittens: Vor Wahlen, besonders vor Bundestagswahlen, ist aber auch die eigene Regierung selbst bei einer relativ gesicherten Regierungsmehrheit bereiter, sich von der Fraktion oder einzelnen Gruppen mit und ohne Fraktionsvorstand „zurückpfeifen" zu lassen, bei einer geschrumpften Mehrheit sogar auch vor „Zwischenwahlen" oder vor einer Regierungsbildung. Beispiele lieferten in der 7. Legislaturperiode, wie schon festgehalten, die Auseinandersetzungen um die Erhöhung von Postgebühren, bei der Postminister Ehmke ebenso zurückstecken mußte wie zeitweilig sein Nachfolger im Hinblick auf den Acht-Minuten-Takt, oder die große Niederlage der amtierenden und sich wieder neu konstituierenden Regierung unter Helmut Schmidt zwischen der 7. und 8. Legislaturperiode Anfang Dezember 1976 in Sachen Renten. Auch diese Beispiele bestätigen im übrigen einmal mehr die These, daß in parlamentarischen Regierungssystemen wie dem Großbritanniens oder der Bundesrepublik Deutschland das Parlament der Exekutive unter Gesichtspunkten der Wahrnehmung von Kontrollfunktionen insgesamt nicht mehr als Gegenmacht wirkungsvoll gegenübersteht, die Opposition angesichts ihrer zahlenmäßigen Unterlegenheit letztlich abgesehen von einer Einwirkung auf die öffentliche Meinungsbildung zur Ohnmacht verurteilt ist und somit als einzig wirksame Kontrollinstanz gegenüber der Regierung die eigene Fraktion „übrigbleibt“, – als „Intraorgankontrolle“ im Sinne Oberreuters u.a. Regierung und Fraktionsspitze versuchen aber natürlich immer wieder gemeinsam – und in der Regel erfolgreich – eine Fraktionsmehrheit zu führen und sich nicht von ihr führen zu lassen.

Viertens: Bei geschrumpften Mehrheiten nehmen Fraktionsführung (die ja zum Beispiel Ende 1976 unter Herbert Wehner in der Rentenfrage ganz auf Regierungskurs gelegen hatte) und Regierung auch außerhalb von Wahlzeiten naturgemäß mehr Rücksicht auf Meinungsbekundungen von Minderheiten in der Fraktion. In diesem Zusammenhang wäre zu gegebener Zeit der Einfluß der „linken“ Abweichler in der ersten Halbzeit der 8. Legislaturperiode zu bewerten und zu quantifizieren. In der 7. wurden „Leverkusener“ mit ausgesuchter Höflichkeit durch den Fraktionsvorstand zumindest am Anfang und am Ende behandelt, wobei am Anfang die Nominierung zur sogenannten Reformkommission, die oben analysiert wurde, wohl ein durchaus typischer Versuch war, eine gewisse Ausgewogenheit von Meinungen, Gruppen und vielleicht auch einzelnen Fachleuten herzustellen. Ihrerseits versuchen Minderheiten, sich am Anfang einer Legislaturperiode gegenüber dem Fraktionsvorstand Respekt zu verschaffen. Waren die „Leverkusener“ im Hinblick auf die Verteidigungspolitik noch 1973, im Hinblick auf die „Klausurtagung“ am 20. Mai 1974 oder am 16. September 1975 gegen manche Grundzüge dieser Politik Sturm gelaufen und hatten sie damals ein abweichendes Abstimmungsverhalten in der Fraktion angedeutet und zum Teil im Plenum durchgehalten (106), so traten sie dann im Jahre der Bundestagswahl 1976 auf diesem Gebiet nicht mehr expressis verbis an.

Fünftens: Im Endergebnis können wit aber aufgrund unserer Beobachtungen feststellen, daß im „Innenverhältnis“ einer Fraktion – und nur darum geht es in diesem Abschnitt – zwar von einer versuchten, geschweige denn wirksam werdenden Ausübung eines ohnehin grundgesetzwidrigen Fraktionszwanges nicht die Rede sein kann, hingegen von einer durchaus auch mit Hilfe von gewissermaßen *informellen Mechanismen der Belohnung und des Belohnungsentzugs aufrechterhaltenen Fraktionsdisziplin,* die ja ebenfalls in der Litertur schon oft angesprochen worden ist. Ausschlaggebend aber für diese Disziplin dürfte in der Regel das Loyalitätsgefühl gegenüber der eigenen Großgruppe sein. In der 7. Legislaturperiode hatten solche Loyalitätsgefühle stets die Oberhand gewonnen – von wenigen Ausnahmen abgesehen. Geübte Selbstdisziplin summiert sich dann immer wieder zu einer Demonstration von Fraktionsgeschlossenheit.

Daß auch im Hinblick auf die SPD-Fraktion in der 7. Legislaturperiode des Deutschen Bundestages von einem Fraktionszwang nicht gesprochen werden kann, zeigte im übrigen allein schon das lange Ringen um die Reform des § 218 in dieser Zeit. Als ein anscheinend besonders ängstlicher „Abweichler" hier den Antrag stellen wollte, die Fraktion möge ausdrücklich die Einbringung eines Minderheitenentwurfes zur Sache billigen, verwahrte sich der Fraktionsvorsitzende Herbert Wehner dagegen mit dem Argument, daß die Fraktion hier nicht etwas beschließen könne, was grundsätzlich dem Abgeordneten als Gewissensfreiheit garantiert sei. Konnte man noch die absolute Freigabe der Abstimmung im Falle der Notstandsgesetzgebung 1967 angesichts der damaligen großen Regierungsmehrheit in der CDU/CSU/SPD-Koalition als problemlos hinstellen, so war in der 7. Legislaturperiode das Hinnehmen eines Gegenentwurfes zum § 218 der 27 SPD-Abgeordneten, die letztlich bei der Abstimmung im Plenum das Zünglein an der Waage darstellen mußten, sehr viel gefährlicher, wurde aber dennoch durchgehalten. Wenn der Verfasser von Befunden der 7. Legislaturperiode ausgehend dennoch dafür plädiert, die Rechte des einzelnen Abgeordneten in der Fraktion satzungsmäßig eher zu stärken und dies mit aller gebotenen Vorsicht auch noch bei Erscheinen dieser Studie Ende 1978 angesichts der Entwicklung in der SPD-Fraktion der 8. Legislaturperiode tut, so hat er dabei in erster Linie die nunmehr zu behandelnde Frage im Auge, *wer über wen bestimmt, wenn es um das nach außen, im Bundestagsplenum und in den Bundestagsausschüssen, sichtbare Verhalten der einzelnen Fraktionsmitglieder geht.* Hier werden die Grenzen zwischen einer Fraktionsdisziplin und einer mehr oder weniger friedlichen Koexistenz von Fraktionsgruppen oder auch zwischen wirksam werdenden Zwängen und der Unabhängigkeit des einzelnen Abgeordneten besonders deutlich.

Das Fragerecht des Abgeordneten:

Beginnen wir mit einem der theoretisch wichtigsten legislativen Kontrollmechanismen, der jedem einzelnen Bundestagabgeordneten gegnüber der Bundesregierung laut Geschäftsordnung zusteht, das heißt dem Recht, pro Woche zwei mündliche und zwei schriftliche Einzelanfragen zu stellen. Die mündlichen sind in zweimal 90 Minuten-Fragestunden in Sitzungswochen mit einer Einreichungsfrist von fünf Tagen (abgesehen von Dringlichkeitsfragen) durch den Minister oder seinen Staatssekretär zu beantworten. Daß die Oppositionsabgeordneten von ihrem Fragerecht ausgiebiger Gebrauch machen, ist selbstverständlich. Interessanter für unsere Problemstellung ist daher die Praxis bei einer Regierungspartei. Wie bei den anderen beiden Parteien, ist auch bei der SPD-Fraktion von bedenklichen geschäftsordnungsmäßigen Befunden auszugehen. Während es in der Geschäftsordnung des Bundestages in § 11 eindeutig heißt:

„Jedes Mitglied des Bundestages ist berechtigt, kurze mündliche Anfragen an die Bundesregierung zu richten“ und in den Richtlinien für die Fragestunden unter Punkt 6 lapidar formuliert wird: „Die Fragen sind dem Präsidenten (Parlamantssekretariat) in dreifacher Ausfertigung einzureichen“, liest man in der Geschäftsordnung der SPD-Fraktion im § 5,3: „Fragen für die Fragestunde werden über den Parlamentarischen Geschäftsführer eingereicht“.

In der Praxis sieht das so aus, daß jeweils freitags bis 10.00 Uhr die entsprechenden Fragen von SPD-Bundestagsabgeordneten in fünffacher Ausfertigung im Büro des zuständigen Parlamentarischen Geschäftsführers abgegeben werden und dieser dann – häufig unter Konsultation des zuständigen Arbeitskreisvorsitzenden, jedoch ohne Mitwirkung des Fragestellers – in eine Überprüfung des Vorganges eintritt, um möglicherweise die Frage mit der Bitte um Zurückziehung oder Abänderung an den Fragesteller zurückzureichen, in der Regel aber natürlich an das Bundestagspräsidium weiterzugeben. Eine restriktive Form dieser Handhabung stellt zweifellos einen schweren Eingriff in die Rechte des einzelnen Abgeordneten dar, wie er im *britischen Unterhaus* bei keiner Fraktion geduldet wird. Dort können im übrigen auch aus Einzelanträgen bzw. Entschließungsentwürfen dadurch Gruppenanträge und Gruppenentwürfe werden, daß sich nach dem „tabling“ eines entsprechenden Einzelantrages andere Unterhauskollegen durch ihre Unterschrift anschließen. Auf diese Weise kommt ein Meinungsbild zustande, das in dieser Form wiederum im Deutschen Bundestag unbekannt ist, weil hier Entschließungsanträge ebenso wie Große und Kleine Anfragen nur „in Fraktionsstärke“ eingereicht werden können (107).

Der Grundgedanke einer *„Überprüfung“ von Anfragen der Abgeordneten* – in diesem Fall der SPD – durch einen Parlamentarischen Geschäftsführer ist bestenfalls der, daß Überschneidungen und Kollisionen mit anderen Anfragen aus der Fraktion oder aber rechtliche, ja unter Umständen auch stilistische Ungereimtheiten vermieden werden sollen. Erscheint schon dieses Ziel bedenklich im Hinblick auf den garantierten Freiheitsspielraum jedes einzelnen Bundestagsabgeordneten, der ja schließlich auch etwas vom Geschäft der Politik verstehen muß, wenn er in den Bundestag einzieht, so ist die tatsächliche Handhabung erst recht zweifelhaft, wie nachstehend anhand der Erfahrungen des Verfassers in einer Legislaturperiode empirisch nachgewiesen werden soll. Offensichtlich hat allerdings die Gesamtfraktion der SPD diese Überprüfung nie sonderlich erregt. Das zeigte jedenfalls in der 7. Legislaturperiode die ausbleibende Reaktion auf eine aus gegebenem Anlaß erhobene Forderung des damaligen SPD-Bundesgeschäftsführers, MdB H. Börner, auf einer Fraktionssitzung am 16. September 1975, daß kritische Fragen für die Fragestunde vorher in der Fraktion durch den betreffenden MdB erläutert werden sollten. Offen wehrte sich dagegen nur ein „Leverkusener" MdB aus Baden-Württemberg, der zu Recht darauf hinwies, daß es schon „genüge", wenn alle Fragen grundsätzlich über den Parlamentarischen Geschäftsführer eingereicht werden müßten. Wie selbstverständlich kam denn auch auf die Bemerkung des Verfassers gegenüber Bundesminister Rhode während eines öffentlichen Anhörverfahrens, daß er sich eine Dringlichkeitsfrage in Sachen numerus clausus mit Stoßrichtung gegen die CDU-Länder überlege, die Antwort: „Wir müssen bei einer derartigen Anfrage aber erst den Arbeitskreis fragen".

Erstmalig in der 7. Legilaturperiode wurden dem Verfasser hinsichtlich einer Frage am 21. Februar 1975 Schwierigkeiten bereitet. Vorher war es nur gelegentlich zu redaktionell-technischen Wünschen gekommen, die mit einer gewissen Gutmütigkeit auf beiden Seiten bereinigt werden konnten. Im Februar 1975 nun hatte der Verfasser aufgrund einer Reihe von Anfragen aus dem Wahlkreis heraus die Frage eingereicht, ob die Bundesregierung der Ansicht sei, „daß die Bevölkerung inzwischen genügend aufgeklärt ist über die Möglichkeiten, Steuervorteile auch durch eine entsprechende Eingruppierung erwerbstätiger Ehepaare in die neuen Steuerklassen zu erlangen"? Diese Frage war von dem zuständigen Parlamentarischen Geschäftsführer Lenders, obwohl rechtzeitig eingereicht, nicht weitergegeben worden. Zur Rede gestellt erklärte er nach Verstreichen der Einreichungsfrist:

„Ich habe mit unserer Steuersachverständigen, A. Huber, (der späteren Bundesministerin, d.V.) gesprochen. Die Frage wird für politisch nicht opportun gehalten. Hättest Du allerdings darauf bestanden" (was inzwischen gar nicht mehr möglich war, d.V.), „dann hätte ich sie weiterreichen müssen".

Am 6. März 1975 erfolgte der nächste, nun schon gravierendere Ärger mit der Parlamentarischen Geschäftsführerein H. Timm in Vertretung

von H. Lenders. Es waren zwei Fragen gestellt worden, die jeweils in die beiden Ausschuß-Arbeitsgebiete (Auswärtiger Ausschuß und Ausschuß für Bildung und Wissenschaft) fielen, für die der Verfasser eine Zuständigkeit aufwies. Einmal ging es um den Stand der Neuverhandlungen innerhalb der EG mit Großbritannien. Hier wurde die Bundesregierung nach den Aussichten für eine abschließend befriedigende Regelung der noch offenen Probleme gefragt. Die zweite Frage zielte auf die Schwierigkeiten bei der Verabschiedung des Hochschulrahmengesetzes ab, für das der Verfasser einer der SPD-Berichterstatter war. Die Bundesregierung wurde gefragt, ob sie mit den CDU/CSU-geführten Landesregierungen nochmals Fühlung aufnehmen wolle, um einer dort nach wie vor feststellbaren mangelnden Kompromißbereitschaft in der Sache entgegenzuwirken.
Die Form der Nichtweiterleitung war in diesem Falle besonders unpassend, weil dem Büro des Fragestellers zunächst vom Büro der Parlamentarischen Geschäftsführerein erklärt wurde, letztere „suche ganz dringend" den Abgeordneten. Nachdem dieser sich dann schließlich telefonisch melden konnte, wurde ihm von der Sekretärin bedeutet, daß „sich die Angelegenheit inzwischen erledigt habe", wie sich herausstellte, eben weil die Frist für eine Weiterleitung verstrichen war. Dennoch bestand der Fragesteller auf einer Klärung des Sachverhaltes unmittelbar mit seiner Kollegin, die dann erklärte, sie hätte die Fragen nicht weiterleiten können, weil ihnen doch ein erhebliches Maß an „Wichtigtuerei" angehaftet hätte. Schließlich sei in Kürze eine Regierungserklärung zum Komplex Großbritannien zu erwarten und auch die bildungspolitische Problematik Gegenstand ständiger Überlegungen. Daß damit ein politisch willkommener Druck von der öffentlichen Meinung her gegen den hinausgezögerten Abschluß des Hochschulrahmengesetzes erzeugt werden sollte, war der Geschäftsführerin nicht aufgegangen.
Am 30. Juli 1975 wurde dann eine von zwei Fragen mit der Bemerkung zurückgereicht, daß die Frage nicht hätte weitergegeben werden können, weil sie „im Futurum abgefaßt worden" sei und daher in der nächsten Woche wieder vorgelegt werden müsse. Auch hier war inzwischen die Frist verstrichen. Tatsächlich hatte die Frage gelautet:

„Haben sich im Hinblick auf die weitere Ausgestaltung des deutsch-polnischen Verhältnisses neue Perspektiven aufgrund von Gesprächen des Bundeskanzlers am Rande des KSZE-Gipfels in Helsinki ergeben, und wenn ja, wie werden diese von der Bundesregierung beurteilt"?

Offenbar war nicht zuletzt den Mitarbeitern (!) des Büros Lenders die Funktion des Hilfsverbs „werden" nicht klar. Dieses Mal beschwerte sich der Verfasser in aller Form schriftlich sowohl beim Parlamentarischen Geschäftsführer als auch beim Präsidium des Deutschen Bundestages. In seinem Schreiben vom 11. August 1975 an die Parlamentarische Geschäftsführerin hieß es:

„Ich fühle mich erneut durch Euch in der Wahrnehmung meiner Pflichten und Rechte als Abgeordneter des Deutschen Bundestages behindert ... Zur Zeit meiner Fragestellung stand das Gespräch von Helmut Schmidt mit Gierek an, wenn es nicht schon stattgefunden hatte ... Wir müssen die Dinge einmal durch das Präsidium daraufhin prüfen lassen. Von Futurum konnte gar keine Rede sein.“ An das Präsidium schrieb er: „Ordnungsgemäß und rechtzeitig wurden von mir nachstehende zwei Fragen schriftlich eingereicht. Die Frage 1 kam durch die Geschäftsführung mit dem Bemerken zurück, daß sie nach den geltenden Richtlinien nicht zulässig sei. Ich bitte dies prüfen zu wollen und gegebenefalls diese Frage noch nachträglich zuzulassen bzw. weiterzuleiten. Nach meiner Auffassung entspricht sie den heutigen Bestimmungen. Andernfalls darf ich um eine Erläuterung bitten. Ich werde versuchen, die Frau Präsidentin persönlich anzusprechen“.

Tatsächlich ließ der Verfasser dieses Mal noch die Angelegenheit auf sich beruhen, da er die Präsidentin, A. Renger, angesichts seiner eigenen Termine nicht mehr rechtzeitig vor Beginn der Plenarwoche erreichen konnte.

Am 25. November 1975 hielt H. Lenders zwei Fragen des Verfassers zu aktuellen Fragen der Beziehungen zwischen der Bundesrepublik Deutschland und der Volksrepublik Polen, einem seiner speziellen Sachgebiete im Auswärtigen Ausschuß, wiederum ohne Rückfrage auf und erklärte, in der Fraktionssitzung zur Rede gestellt:

„Ich habe Deine zwei Polenfragen aufgehalten, konnte Dich nicht erreichen, gab sie zur Stellungnahme an den Vorsitzenden des Arbeitskreises I ... Ohnehin war ihre Einreichung nach der Geschäftsordnung nicht zulässig, da es sich um einen Tagesordnungsgegenstand des Plenums selber in der betreffenden Woche handelte“.

An diesem Vorfall war wiederum erstaunlich, daß zwar der Vorsitzende des Arbeitskreises I, nicht aber jedoch der einreichende Bundestagsabgeordnete selber rechtzeitig befragt wurde. Zunächst begnügte sich der Verfasser mit der Auskunft in Sachen Geschäftsordnung, mußte dann aber in der Fragestunde der betreffenden Woche selber feststellen, daß auch von der Opposition zum gleichen Sachgegenstand Fragen gestellt wurden, obwohl tatsächlich die „Polenpolitik“ dann indirekt auf der Tagesordnung des Plenums stand. Er stellte daraufhin den betreffenden Parlamentarischen Geschäftsführer zur Rede, der jetzt passen mußte. Für die Woche vom 5. April 1976 kam es zu einem noch interessanteren Eklat. Der Verfasser hatte zwei Fragen eingereicht, die wiederum nicht weitergegeben wurden. An dem betreffenden Samstag rief das zuständige Bundestagsreferat an und erklärte, die eine

Frage (zu der Situation in Angola und den Möglichkeiten der Vereinten Nationen dort) verstieße gegen die Richtlinien. Eine nähere Begründung erfolgte nicht. Daraufhin sprach der Verfasser am Montag die Präsidentin A. Renger unmittelbar auf den Vorgang an. Am Dienstag kam die Rückfrage, ob er auf einer schriftlichen Begründung für die Ablehnung durch die Präsidentin bestehe. Er bejahte dies, worauf deren Persönlicher Referent in der Fraktionssitzung am Dienstag zu ihm kam und mitteilte, die Präsidentin hätte sich doch noch für die Zulassung der UN-Frage entschieden, obwohl der Parlamentarische Geschäftsführer Lenders und das Auswärtige Amt (!) dagegen gewesen seien. Sie ließe anfragen, ob der Verfasser auf einem Nachdruck der Frage noch rechtzeitig zur Fragestunde in dieser Woche bestehe oder aber bereit sei, die Angelegenheit erst in der nächsten Plenarwoche behandeln zu lassen. Da der Verfasser auf seinen Rechten beharrte, mußte die Frage – sicherlich mit einigen Kosten – gesondert ausgedruckt werden, um noch rechtzeitig im Plenum von der Bundesregierung beantwortet werden zu können (108).
Der interessanteste Zwischenfall spielte sich wenige Wochen danach Ende April 1976 ab. Von zwei eingereichten Fragen wurde nur eine von H. Lenders weitergeleitet und zwar diejenige, besondere Hochschulaufnahmeverfahren im Bereich der Humanmedizin betreffend, während die zweite wiederum ohne rechtzeitige Rücksprache mit dem Fragesteller bei der Weiterleitung an das Präsidium einfach durchgestrichen worden war. Sie hatte gelautet:

„Wie steht die Bundesregierung zu dem Vorschlag des Staatsministers Wischnewski, die Zahl der Mandate im Europäischen Parlament, von einigen Ausnahmen abgesehen, im Hinblick auf die Abhaltung von Direktwahlen zu diesem Parlament im Jahre 1978 zu verdoppeln"?

Der Verfasser hatte der Bundesregierung durch diese Frage Gelegenheit geben wollen, diese sehr begrüßenswerte und dann auch erfolgreiche Initiative des damaligen Staatsministers im Auswärtigen Amt vor der Öffentlichkeit nachdrücklich zu unterstützen. Dieses Mal kam noch am selben Tage ein Brief des Parlamentarischen Geschäfstführers mit dem Inhalt:

„Du wirst mich wahrscheinlich beschimpfen, aber ich habe Deine Frage zur Fragestunde die Direktwahlen zum Europäischen Parlament betreffend nicht weitergegeben. So wie die Frage formuliert ist, zielt sie auf einen zumindest vermuteten Gegensatz zwischen der Auffassung der Bundesregierung und des Staatsministers Wischnewski. Die Frage sollte deshalb anders gestellt werden. Da das Thema in den nächsten Wochen sicher aktuell bleibt, wird sich auch kein Rost ansetzen, wenn sie später gestellt wird".

Zu Beginn der parlamentarischen Woche schrieb daher der Verfasser an die Präsidentin Renger direkt:

„Erneut ist eine von mir rechtzeitig eingereichte und den Bestimmungen entsprechende Anfrage an die Bundesregierung nicht ausgedruckt worden – und zwar für diese Woche. Wie aus der Anlage ersichtlich ist, hatte ich zwei Fragen eingereicht. Die Frage in Sachen Direktwahlen zum Europäischen Parlament wurde nicht weitergegeben. Da es sich hier gerade auch nach der letzten Sitzung der EG-Außenminister ... um eine Frage handelt, die vordringlicher denn je ist und deren Beantwortung im Interesse der Exekutive ebenso wie der Legislative in Wahrnehmung unseres Verfassungsauftrages liegen muß, darf ich darum bitten, daß diese mündliche Anfrage auf der Basis einer Entscheidung von Ihnen entweder nachträglich als Drucksache verteilt wird oder aber von mir als *Dringlichkeitsfrage* in dieser Woche eingebracht werden kann".

In der Antwort vom nächsten Tage hieß es:

„Auf dem von Ihnen der Bundestagsverwaltung zugeleiteten Schreiben war die zweite Frage betreffend Direktwahlen zum Europäischen Parlament bereits gestrichen. Nach der bisher üblichen Praxis konnte diese Frage daher vom Parlamentssekretariat nicht berücksichtigt, also weder der Bundesregierung zugeleitet noch in der Drucksache aufgenommen werden. Um jeden Zweifel auszuschließen, hat die Bundestagsverwaltung jedoch bei dem für die Einreichung der Fragen in Ihrer Fraktion zuständigen Geschäftsführer, dem Kollegen Lenders, angefragt und von ihm die Auskunft erhalten, daß es sich um eine bewußt vorgenommene Streichung handelt. Auch wenn ich davon ausgehe, daß Sie mit Ihrem Brief ... Ihre Absicht bekunden, die Frage erneut zu stellen, so ist jedoch in diesem Falle leider die für die mündlichen Anfragen vorgeschriebene Frist bereits für diese Sitzungswoche abgelaufen. Als Präsidentin ... ist es mir nicht möglich, die Frist für eine nach den geschilderten Umständen verspätet eingereichte Frage zu verlängern. Sofern Sie beabsichtigen, die betreffende Frage als Dringlichkeitsfrage einzubringen, muß diese Frage natürlich daraufhin geprüft werden, ob sie den Bestimmungen für Dringlichkeitsfragen entspricht".

Der Verfasser griff daraufhin die Angelegenheit nochmals unmittelbar mit der Präsidentin auf und erklärte, daß seines Erachtens die Parlamentsverwaltung beim einreichenden Abgeordneten hätte prüfen müssen, ob ein Durchstreichen versehentlich im technischen Sinne erfolgt war, oder aber auch auf ihn selbst zurückging, da er dieses Durchstreichen nicht gekennzeichnet hatte. Er bestand auf der Einreichung einer Dringlichkeitsanfrage, die deshalb begründet sei, weil nach dem Verlauf der letzten Sitzungen der Außenminister der Gemeinschaft vom Montag und Dienstag jener Woche noch intensiver nach einem Ausweg zur Sache gesucht werden müsse und die Öffentlichkeit einen Anspruch darauf habe, zu der in der Frage angedeuteten Möglichkeit einer Alternativlösung im Deutschen Bundestag eine regierungsamtliche Auskunft zu erhalten. Daraufhin wurde dem Abgeordneten noch rechtzeitig vor der Fragestunde der betreffenden

Woche von der Präsidentin Renger schriftlich mitgeteilt, daß sie die Frage

„trotz einiger Bedenken als Dringlichkeitsfrage zugelassen habe". Auf dem Hintergrund der jüngsten Konferenzen sei sie in der Tat als dringlich anzusehen. Weiterhin sei bei der Entscheidung berücksichtigt worden, „daß durch die von der Verwaltung nicht vorgenommene und daher auch nicht von ihr zu verantwortende, jedoch offensichtlich gegen Ihren Willen erfolgte Streichung derselben ursprünglich der von Ihnen fristgerecht eingereichten Frage für Sie nicht mehr die Möglichkeit bestand, die von Ihnen erwünschte Antwort der Bundesregierung innerhalb des normalen Verlaufs der Fragestunde zu erhalten".

Die mit erheblichen Kosten gesondert ausgedruckte Dringlichkeitsfrage wurde, wie sich herausstellte, zur vollsten Zufriedenheit aller Beteiligten, das heißt insbesondere des Staatsministers Wischnewski und des Auswärtigen Amtes, behandelt, das in der Tat die Gelegenheit begrüßte, in dieser Frage die Meinung der Bundesregierung in aller Öffentlichkeit erneut zum Ausdruck bringen zu können.
Die Bewertung dieser hier aus den Akten des Verfassers geschilderten Vorfälle ergibt sich von selbst. Anzumerken wäre, daß die Häufung des Ärgers mit eingereichten Fragen zu einem Zeitpunkt zu verzeichnen war, zu dem öffentlich, das heißt aufgrund von Presseveröffentlichungen im *„Spiegel"*, *„Stern"* und anderen Zeitungen, feststand, daß dem Verfasser in seinem Wahlkreis im Hinblick auf die (nächste) Kandidatenaufstellung zur Bundestagswahl 1976 sehr erhebliche Schwierigkeiten in den Weg gelegt worden waren. Nach Rückfragen des Verfassers bei einer Reihe von Kollegen sind aber die hier geschilderten Vorfälle für die 7. (wie 8.) Legislaturperiode keineswegs als atypisch einzustufen. Festgehalten zu werden verdient, daß die Präsidentin des Deutschen Bundestages, A. Renger, in der 7. Legislaturperiode hier ganz eindeutig die Rechte des Abgeordneten auch gegenüber der eigenen Fraktionsführung zusammen mit dem betreffenden Abgeordneten verteidigt hatte, obwohl ihr dies fraktionsintern Schwierigkeiten bereitet haben dürfte.
Verständlicher ist schon die Praxis, daß Anträge, für deren Einbringung nach der Bundestagsgeschäftsordnung eine Minimumfraktionsstärke erforderlich ist, laut Geschäftsordnung der Bundestagsfraktion der SPD der Genehmigung der zuständigen Fraktionsgremien bedürfen. Über die Einbringung von fraktionseigenen Gesetzesentwürfen, Anträgen sowie großen und kleinen Anfragen beschließt die Fraktion als solche.

Hingegen heißt es analog zur PLP in Großbritannien, daß „entsprechende Initiativen einzelner Fraktionsmitglieder, die nicht von der Fraktion eingebracht werden sollen, vor Einbringung dem Fraktionsvorstand über den zuständigen

Arbeitskreis vorzulegen sind". Dieser muß den Initiatoren Gelegenheit zur Teilnahme an den Beratungen geben. „Lehnt der Fraktionsvorstand eine Vorlage ab, muß der Fraktion auf Verlangen des Einbringers hiervon Mitteilung gemacht werden".

In der Regel handelte es sich auch in der 7. Legislaturperiode bei Anfragen von „X und Genossen" um solche, die in Arbeitsgruppen und -kreisen abgesprochen und zweifellos von den zuständigen Obleuten dem Fraktionsvorstand zur Kenntnis gegeben worden waren. So wurde zum Beispiel in der 7. Legislaturperiode im Arbeitsbereich des Verfassers auf Initiative der Abgeordneten L. von Bothmer eine Anfrage betreffend die Praktiken deutscher Firmen in Südafrika eingebracht (109). Gelegentlich werden Antragstellungen auch durch die Fraktion „gestoppt". Wie das Protokoll der Fraktionssitzung vom 8. Juni 1971, also in der 6. Legislaturperiode, ausweist, beschäftigte sich die Fraktion damals mit dem relativ seltenen Fall, daß ein Fraktionsmitglied (H. Collet) mit anderen Genossen im Plenum einen Abänderungsantrag zu einem vorliegenden interfraktionellen Antrag betreffend eine neue (elektronische, mit viel Geld tatsächlich eingerichtete, aber später dann doch nicht benutzte) Abstimmungsanlage am Pult jedes Abgeordneten im Deutschen Bundestag eingebracht hatte, ohne daß Vorstand oder Fraktion darüber „korrekt" informiert worden waren bzw. einen Beschluß gefaßt hatten.

Collet „entschuldigte" sich damals zum „formalen Ablauf, daß er den Vorstand nicht informiert habe. Er meinte jedoch, daß eine Möglichkeit zur vorherigen Information nicht bestanden habe" und wies im übrigen darauf hin, daß er sein Vorgehen vorher in zwei Fraktionssitzungen angekündigt hätte. Der Fraktionsvorsitzende Wehner teilte die Bedenken der Antragsteller in der Sache, bemängelte aber ebenfalls, daß der Änderungsantrag nicht rechtzeitig den Fraktionsgremien angekündigt worden sei, obwohl „Gelegenheit " dazu bestanden hätte. Ein anderer Abgeordneter fragte die Fraktion, „ob der zur Diskussion stehende Änderungsantrag nicht durch die Fraktion freigegeben werden solle"; ein weiterer erklärte, „daß er den Antrag nicht unterschrieben hätte, wenn ihm bekannt gewesen wäre, daß hiermit ein Verstoß gegen die Fraktionsgeschäftsordnung verbunden sei"; wieder ein anderer warf H. Collet einen „Vertrauensbruch" vor. Der Geschäftsführer Karl Wienand las schließlich aus alten Protokollen vor, wonach der entsprechende Ausschußantrag durch einen Mehrheitsbeschluß der Fraktion gebilligt worden sei, ohne daß H. Collet einen Änderungsantrag hierzu angekündigt hätte. Er hätte lediglich erklärt, daß er dem Ausschußantrag bzw. dem Antrag der Fraktion nicht zustimmen könne. Nachdem der Fraktionsvorsitzende „Konsequenzen aus dem Verstoß gegen die Fraktionsgeschäftsführung" angekündigt und erklärt hatte, er müsse „auf strikte Einhaltung der Fraktionsgeschäftsordnung bestehen", meinte H. Collet, daß die Angelegenheit nicht unnötig dramatisiert werden dürfe und erklärte sich abschließend „wegen des Geschäftsordnungsverstoßes" bereit, auf eine tatsächliche Stellung des Änderungsantrages im Plenum doch noch zu verzichten, beantragte aber gleichzeitig die Zurückziehung des gesamten ursprünglichen Antrages. Dem stimmte die Mehrheit der Fraktion nicht zu, worauf H. Collet zur Sache eine entsprechende Erklärung im Plenum in Aussicht stellte, die er am 8. Juni 1971 dort auch abgab. Laut persönlicher Auskunft gegenüber dem Verfasser war ihm vorher eine Zurücknahme der ganzen „Idee" von berufener Seite in Aussicht gestellt worden.

Zum Rederecht eines Abgeordneten – Probleme der Debattenführung

Unter Gesichtspunkten einer Theorie der parlamentarischen Demokratie noch bedeutungsvoller erscheinen die Diskrepanzen zwischen den nach der Geschäftsordnung des Deutschen Bundestages verbrieften Rechten des einzelnen Abgeordneten im Hinblick auf seine Teilnahme an Plenardebatten und den Fraktionsgeschäftsordnungen zu diesem Thema bzw. der tatsächlichen parlamentarischen Praxis. Ganz eindeutig formuliert der § 32 der Bundestagsgeschäftsordnung „Worterteilung und Wortmeldung":

„Mitglieder des Bundestages, die zur Sache sprechen wollen, haben sich in der Regel schriftlich bei dem Schriftführer, der die Rednerliste führt zum Wort zu melden. Zur Geschäftsordnung und zur persönlichen Bemerkung können Wortmeldungen durch Zuruf erfolgen".

Mit anderen Worten, jedes Mitglied des Deutschen Bundestages kann, muß theoretisch zu einem Tagesordnungspunkt sprechen dürfen – was auch die Redewendung des amtierenden Präsidenten vor Übergang zu einem Tagesordnungspunkt verständlich macht: „Weitere Wortmeldungen liegen nicht vor". Der amtierende Präsident kann lediglich die Reihenfolge der Redner bestimmen – tatsächlich wird diese zwischen den Parlamentarischen Geschäftsführern aller Fraktionen ausgehandelt – die sich beim Schriftführer gemeldet haben, damit die Debatte zwischen den Fraktionen ausgewogen bleibt. In der letzten Zeit sind darüber hinaus analog zum amerikanischen Kongress vorab durch den Ältestenrat für jeden einzelnen Tagesordnungspunkt Gesamtredezeiten vereinbart und diese dann auf die einzelnen Fraktionen aufgeteilt worden. Theoretisch kann sich aber der einzelne Abgeordnete über solche außerhalb der Geschäftsführung liegenden Zeiteinteilungen hinwegsetzen, wie das auch in der 7. Legislaturperiode mehrfach, besonders an Freitagen geschehen ist, wodurch sich dann die jeweilige Debatte verlängert. Auf dem Papier haben also die deutschen Bundestagsabgeordneten mehr Möglichkeiten, sich selber zu Worte zu melden und das Wort im Plenum zu erhalten, als ihre britischen Kollegen, die das „Auge des Speakers erhaschen" müssen, heute in der Regel diesem allerdings vorab schriftlich ihre Redewünsche mitteilen, aber trotzdem nie sicher sein können, ob sie dann tatsächlich „aufgerufen" werden. Ein Speaker führte deshalb eine Art private Buchführung ein, um jederzeit feststellen zu können, ob einzelne Abgeordnete über einen bestimmten Zeitraum hinweg häufig oder selten aufgerufen wurden (110). Auch haben in Großbritannien in allen Fraktionen Abgeordnete immer wieder ihre whips vorab „zu Hilfe" geholt, wenn sie sprechen wollten bzw. sie sind von diesen dazu im Auftrag der Fraktionsführung ermuntert bzw. ernannt worden.

Eine stringente Wortmeldung über die Fraktionsgeschäftsführung hat es aber in Großbritannien im Gegensatz zur Bundesrepublik Deutschland nie gegeben. Insofern ist dort auch in dieser Beziehung der einzelne Abgeordnete in seiner „Außenwirkung" freier. Tatsächlich schreiben nämlich die Geschäftsordnungen (110) auch der anderen Bundestagsfraktionen sinngemäß analog zum § 3 der SPD-Fraktionsgeschäftsordnung vor, daß sich der Abgeordnete „mit dem zuständigen Ausschußobmann und dem Parlamentarischen Geschäftsführer" zu „verständigen" hat, wenn er „in eine Plenardebatte eingreifen will". In der Praxis sieht das in der SPD-Fraktion so aus, daß er seine Redewünsche auf der jeweils einem Plenartag vorausgehenden Arbeitsgruppen- und Arbeitskreis-Sitzung ankündigt, dies dort formell oder informell beschlossen bzw. abgelehnt wird, er sodann – in der Regel zusammen mit anderen – von dem betreffenden Obmann auf der jeweiligen Fraktionssitzung als potentieller Redner genannt wird oder aber theoretisch selber noch auf dieser Sitzung seinen Redewunsch zum Ausdruck bringen kann. Bei bedeutungsvollen Tagesordnungspunkten wird sogar erwartet, daß er dem Arbeitskreis oder der Fraktion oder beiden die allgemeine Tendenz seiner beabsichtigten Rede darlegt, besonders wenn es sich um eine Abweichung von der Fraktionslinie handeln sollte.

Theoretisch wie praktisch wird in letzterem Falle der Fraktion sogar das Recht eingeräumt, einen Beschluß zu fassen, daß der Betreffende von einer beabsichtigten Rede Abstand nehmen solle.

Auch in der 7. Legislaturperiode ist dieser gesamte modus procedendi zum Tragen gekommen. Die Fraktion hat zum Beispiel des öfteren ausdrücklich bestimmt, daß ein „Abweichler" im Plenum reden durfte, ja mitunter gerade deshalb „für die Fraktion" sprechen sollte – also z.B. ein zum linken Flügel zu rechnendes Fraktionsmitglied in Sachen Extremistenerlaß und damit zusammenhängenden Fragen. Auch vor Fraktions-Koryphäen mit einem ehrwürdigen Dienstalter machte diese Fraktionspraxis nicht halt. So machte etwa H. Schmidt als Vorsitzender auf einer Fraktionssitzung am 20. September 1966 sehr detaillierte Angaben über seine beabsichtigte Plenarrede in jener Woche. Ein besonders interessantes Beispiel in dieser Beziehung kann man dem Protokoll der Fraktionssitzung vom 14. Januar 1970 entnehmen, deren einziger Tagesordnungspunkt die „Vorbereitung der Bundestagsdebatte über den Bericht zur Lage der Nation" gewesen war, nachdem am Vormittag der damalige Bundeskanzler Willy Brandt eine entsprechende Regierungserklärung abgegeben hatte. Wörtlich heißt es in dem Protokoll:

„. . . in der ersten Runde werden Kiesinger, Mischnick und Wehner sprechen, für die zweite Runde sind Franz Josef Strauss und Carlo Schmid vorgesehen" . . . „von der SPD-Fraktion werden notfalls sechs oder acht Kollegen sprechen". „Carlo Schmid wird als Fraktionssprecher Ausführungen zum Problem der zwei Staaten in Deutschland machen". Möglicherweise würde, so wurde gemutmaßt, Franz Josef Strauss eine von Carlo Schmid im Arbeitskreis I (u.a. für Außenpolitik, d.V.) gemachte Äußerung zur Oder/Neisse-Grenze aufgreifen, die durch eine Indiskretion bekanntgeworden war. Zur Sache erklärte daraufhin der Obmann für Außenpolitik der SPD-Fraktion, Mattick, daß er die Absicht gehabt hätte, der Fraktion über die Sitzung des Arbeitskreises zu berichten und riet davon ab, jetzt eine Detaildebatte zu führen. Man müsse die Regelung der ganzen Frage den bevorstehenden Verhandlungen mit Polen überlassen, wenn man diese Verhandlungen nicht erschweren wolle. Hans Apel appellierte an Carlo Schmid, in seiner Plenarrede deutlich zu machen, daß es für die Fraktion und für die Bundesregierung klare Aussagen gebe, anderenfalls verspiele man den Erfolg des heutigen Tages. Dazu erklärte Carlo Schmid selber, er werde sich im Plenum „auf die Beschlüsse des SPD-Parteitages beziehen . . .". Nachdem ein Fraktionskollege Carlo Schmid in diesem Zusammenhang nochmals angesprochen und erklärt hatte, es müsse von ihm eine „andere Aussage gemacht werden", betonte schließlich der vorgesehene Redner und damalige Vizepräsident des Bundestages, „daß es für ihn schwer sei, sich richtig zu verhalten. . . .
Keinesfalls werde er sich krank melden". Ein sehr bekannter Abgeordneter regte daraufhin an, „daß Carlo Schmid überhaupt nicht auf die Frage der Oder-Neisse eingehen solle" – was dann auch von Carlo Schmid im Plenum am 15. Januar 1970 befolgt wurde. Daß im Deutschen Bundestag keineswegs etwa nur in der SPD-Fraktion so verfahren wird, zeigt ein Beispiel aus der 7. Legislaturperiode, als der außenpolitische Experte der CDU, Mitglied des Fraktionsvorstandes und des Auswärtigen Ausschusses sowie Schatzmeister seiner Partei, Leisler Kiep, trotz seiner Wortmeldung im Plenum zu einem wichtigen außenpolitischen Vorgang aufgrund von internen „Manövern" seiner Fraktionsgeschäftsführung bzw. der Fraktionsgeschäftsführer seine vorbereitete Rede nicht mehr halten konnte, sondern diese zu Protokoll geben mußte.

Innerhalb der Fraktionen vorgenommene Planungen von *Rednereinsätzen* bei sogenannten *„Aktuellen Stunden"* kommen sehr viel weniger häufig zum Tragen, weil der Anlaß zumeist relativ kurzfristig bekannt wird. Manchmal können sich vorab noch die zuständigen Arbeitsgruppen treffen, häufig aber erfolgt der Rednereinsatz in kurzfri-

stigen Direktabsprachen zwischen einem redewilligen Sachverständigen der Fraktion und dem betreffenden Obmann. Oft sind diese Kurzdebatten, bei denen jeder Redner über eine Redezeit von nur fünf Minuten verfügt, vom parlamentarischen Stil her besonders anregend. In der 7. Legislaturperiode war es zum Beispiel dem Verfasser möglich, zweimal zu solchen Rednereinsätzen zu kommen, zur Polenpolitik am 21. März 1974 und 1976 im Zusammenhang mit dem Antrag der CDU/CSU zur Wahrnehmung der Menschenrechte in der DDR. Im letzeren Falle konnte er als Berichterstatter zur Sache im Auswärtigen Ausschuß trotz vorgeschobenen Redemeldung von Ehmke (damals noch nicht stellvertretender Fraktionsvorsitzender) einfach nicht übergangen werden. In beiden Fällen hatte er seinen beabsichtigten Beitrag nicht mit dem Obmann oder sonst jemandem abgestimmt. Hinsichtlich der Menschenrechtsproblematik hatte er ohnehin innerhalb der Arbeitsgruppe und dem zuständigen Arbeitskreis gleiches Recht für alle, aber auch einen Ermessensspielraum des einzelnen Abgeordneten demonstrieren wollen und am Tage vorher im Auswärtigen Ausschuß als Berichterstatter eine halbe Stunde vorgetragen, ohne zuvor den zuständigen Arbeitskreis bzw. die Arbeitsgruppe – allerdings ganz kurz den Fraktionsvorsitzenden – über die Grundzüge eines Votums zu unterrichten. Abgesehen von dieser stilistischen Seite der Angelegenheit war ihm daran gelegen gewesen, eine Stellungnahme des Auswärtigen Ausschusses in dieser politisch heiklen Frage erst aufgrund der im Ausschuß stattfindenden Debatte selber herbeizuführen. Diese dauerte dann über zwei Stunden, wobei sich „pflichtgemäß" einige Fraktionskollegen vom Berichterstatter überfahren fühlten und entsprechend reagierten(112).
Probleme der Debattenführung und des Rednereinsatzes beschäftigten auch die SPD-Arbeitsgruppe „Fraktionsreform" wiederholt, so insbesondere auf einer Sitzung vom 17. Januar 1974, wo diese beiden Punkte neben der wichtigen Frage der „Plenarpräsenz" auf der Tagesordnung standen (113). Es ging hier um eine strikte Einhaltung der sogenannten 15-Minuten-Regel für Reden im Plenum, von der nur der jeweils erste Fraktionsredner ausgenommen werden sollte, sowie um einen Vorschlag des Abgeordneten Gansel und des Verfassers, bei Debatten mit mehreren sogenannten „Runden" Fünfminutenreden einzuführen. Er selber wollte hier allerdings im Gegensatz zu Gansel hierfür keine Voranmeldung in der Fraktion, sondern lediglich eine ad-hoc Absprache mit dem Fraktionsgeschäftsführer im Plenum vorsehen. Grundsätzlich einigte sich die Reformkommission auf der letzteren Linie. Sie passierten jedoch „nicht mehr" den Fraktionsvor-

stand und daher auch nicht die Gesamtfraktion. Tatsächlich wird hinsichtlich aller Fragen des Rednereinsatzes und der Debattenführung in allen Fraktionen mit zweierlei Maß gemessen, das heißt, einmal wenn es um die Fraktionsmatadoren (Mitglieder des Fraktionsvorstandes, Obleute von Arbeitsgruppen und -kreisen sowie Ausschußvorsitzende) und zum anderen um „normale" Abgeordnete geht. Die erstere Kategorie kommt durchweg häufiger zum Zuge und setzt sich mit und ohne Arbeitskreis, Fraktion bzw. im Plenum Fraktionsgeschäftsführer sozusagen ständig selber auf die Rednerliste. Dies tat in der 7. Legislaturperiode zum Beispiel der damalige stellvertretende Vorsitzende des Auswärtigen Ausschusses, Kurt Mattik, nicht aber der ebenfalls der SPD angehörende Vorsitzende des Ausschusses für Wirtschaftliche Zusammenarbeit (ab 1974, Uwe Holtz). Abgeordnete – auch solche mit langen Dienstjahren – bereiten sich in allen Fraktionen immer wieder umsonst auf entsprechende Reden vor, das heißt müssen auf dieselben verzichten, weil andere über 15 Minuten hinaus reden oder aber im Falle der Regierungspartei, weil Regierungsmitglieder von ihrem jederzeitigen Rederecht zu häufig Gebrauch machen und damit die Gesamtredezeit der Fraktion begrenzen.
In diesem Zusammenhang ist auch auf das Problem des jederzeitigen Rederechts von Bundesratsmitgliedern hinzuweisen. Dieses sich aus dem Grundgesetz und der Geschäftsordnung des Bundestages ergebende Recht ist schon angesichts der mangelnden Gegenseitigkeit – bezogen auf den Bundesrat und Mitglieder des Bundestages – erstaunlich. Es wurde auch in der 7. Legislaturperiode häufiger moniert, so vor allem von dem SPD-Abgeordneten Claus Arndt, aber auch von dem Verfasser in Reden und Zwischenfragen bei Bundesratsrednern, gegenüber dem Ältestenrat und bei einer Erklärung zu Protokoll (114). Am wenigsten eingeengt und sich vergeblich vorbereitend arbeiten sicherlich die Abgeordneten der FDP, weil hier zu einzelnen Themen bei längeren Aussprachen oft gar nicht genug Redner vorhanden sind. Daß auch Exminister wie H. Ehmke in der zweiten Hälfte der 7. Legislaturperiode keine Ausnahmestellung in dieser Beziehung genossen, ist nachweisbar. Keine Chance hatte der Verfasser zum Beispiel in einer durchaus typischen Weise bei der Aussprache zur Lage der Nation im Jahre 1974, trotz Aufnahme in die informelle Rednerliste durch die Fraktion tatsächlich das Wort zu ergreifen, obwohl er für einen Aspekt „vorgesehen" war, – das Problem des nationalen Selbstverständnisses der Deutschen heute – mit dem er sich hauptberuflich beschäftigte.
Mit der Anregung, in solchen Fällen zu der früher geübten und bis

heute im nordamerikanischen Kongreß beibehaltenen Praxis der Veröffentlichung von nichtgehaltenen, offiziell ja „freier" Reden (!) im Protokoll zurückzukehren, hatte der Verfasser in den zuständigen Gremien des Parlaments damals ebensowenig Erfolg wie mit seinem gegenüber der Präsidentin, A. Renger, mit Schreiben vom 17. November 1973 gemachten Vorschlag, daß

„künftig Abgeordnete, die von ihrer Fraktion als Redner bestimmt wurden und im Plenum auch das Wort ergreifen, den vollen Wortlaut ihrer Reden dann zu Protokoll geben können, wenn sie im letzten Augenblick aus Zeitgründen darauf verzichten müssen, die ursprünglich angemeldete Redezeit voll auszuschöpfen".

Der Verfasser hatte sich auf seine Rede im Dezember 1973 als einer der Berichterstatter zum Hochschulrahmengesetz bezogen. Für sie hatte er über die Geschäftsführung eine Redezeit von 25 Minuten beantragt, auf die er im letzten Augenblick auf Wunsch des amtierenden Präsidenten verzichten mußte.

Mitunter wird bei Bekanntwerden eines Interesses, zu einem bestimmten Thema sprechen zu wollen, erheblicher „moralischer" Druck auf den entsprechenden Abgeordneten ausgeübt, von seinem Vorhaben Abstand zu nehmen. Besonders aufschlußreich waren für den Verfasser in der 7. Legislaturperiode in diesem Zusammenhang die jeweiligen Haushaltsdebatten zum Einzelplan 02, das heißt dem des Bundestages selber. Theoretisch sind die Möglichkeiten des einzelnen Abgeordneten, ohne fraktionelle Beeinflussung hierzu zu sprechen, größer, weil es z.B. in der SPD neben der in der 7. Legislaturperiode informell gegründeten ad-hoc-Arbeitsgruppe keinen zuständigen Fraktionsarbeitskreis und ja auch keinen zuständigen Bundestagsausschuß für diese Fragen gibt. Bis zuletzt wurde der Verfasser 1975 von Fraktionskollegen – in welchem Auftrage auch immer – bestürmt, nicht zu sprechen, obwohl er wiederholt diese seine Absicht bekundet und sie damit begründet hatte, daß es an der Zeit sei, daß sich das Parlament einmal wieder im Zusammenhang mit einer solchen Aussprache über seine eigene Arbeitsweise klar werde. Bei der dritten Lesung am 19. März 1975 gab er daher lediglich eine Erklärung zur Abstimmung zu Protokoll, in der es hieß:

„Nur unter Hintanstellung erheblicher Bedenken sehe ich mich imstande, dem Einzelplan 02 in diesem Jahre meine Zustimmung zu geben, weil ich meine, daß es dem Prestige des Deutschen Bundestages und damit unserer parlamentarischen Demokratie überhaupt dienlicher gewesen wäre, bei dieser einzigen sich in einem Haushaltsjahr bietenden Möglichkeit einmal mehr die eigene Arbeitsweise vor der Öffentlichkeit auch selbstkritisch zu analysieren. Lediglich mit Rücksicht auf unser aller in diesem Jahre unvermeidliches Umdisponieren im Hinblick auf die gesamte Haushaltsdebatte und nicht in Honorierung diesbezüglicher Wünsche des Ältestenrates, herangetragen an mich durch Parlamentarische Geschäftsfüh-

rer, verzichte ich auf einen Debattenbeitrag zum Fragenkomplex". Im einzelnen monierte er dann unter anderem die schlechte Präsenz, die ständigen Unterhaltungen von Abgeordneten zwischen den Bänken während der Debatten, unnötige Auslandsreisen von Parlamentariern und das Zeitunglesen in den ersten Reihen.
Seine Bemerkungen riefen zu seinem eigenen Erstaunen einiges Echo in der Presse hervor. Dies war allerdings nicht auf die Presseabteilung der SPD-Fraktion zurückzuführen gewesen (die in diesem Falle, wie in vielen anderen, Stellungnahmen von Abgeordneten im Plenum nicht im amtlichen Pressedienst der Fraktion verbreitete), sondern auf die Übergabe der Erklärung an die Nachrichtenagenturen durch das Büro des Abgeordneten selber. Seine Monita in schriftlicher Form an die Fraktionsführung, für eine gleiche Behandlung von Abgeordneten durch die Pressestelle zu sorgen, zeitigten in der 7. Legislaturperiode keine Ergebnisse, das heißt nicht einmal eine Antwort. Bei den Haushaltsberatungen 1976 zum Einzelplan 02 ließ er sich dann mit seinem Kollegen Gansel im letzten Augenblick von entsprechenden Erklärungen zur Problematik der Diätenneuregelung (115) abbringen, weil von „höchster Stelle" zugesagt worden war, daß diese Frage doch noch „zwischen den Legislaturperioden" geregelt werden würde. Erneut anzumerken ist, daß in solchen und ähnlichen Fällen ein moralischer Druck auch dadurch entsteht, daß direkt und indirekt von Seiten „der Fraktion" mit dem Argument operiert wird, der betreffende Abgeordnete wolle sich nur profilieren und die Sache hinter der Person zurücktreten lassen – eine häufig, wenn auch keineswegs immer, abwegige Argumentation, die nachweislich eine besonders wirksame Form des Gruppendrucks zur Anpassung erzeugen kann.
In Bezug auf die innerfraktionell gelenkten Rednereinsätze und die Rederstrategie im Plenum seien nun im folgenden *vier* Fälle vorgelegt, die die von uns angesprochene Problematik zu erhellen vermögen:

Fall 1: betrifft die Debatte vom 29. Januar 1976 zur „Lage der Nation". Sie wurde in einer Sitzung des Arbeitskreises I vom 27. Januar 1976, an der – durchaus ungewöhnlicherweise – immerhin 15 Bundestagsabgeordnete teilnahmen und nach einer Vorbesprechung in Gegenwart des zuständigen Ministers für Innerdeutsche Beziehungen vom 20. Januar 1976 relativ ausführlich vorbereitet. Der Vorsitzende des Arbeitskreises, K. Mattick, erläuterte zunächst Einzelheiten der beabsichtigten Kanzlererklärung zu einem weiten Feld der Innen-, Außen- und Deutschlandpolitik der Bundesregierung. Er wies darauf hin, daß die CDU 13 Redner insgesamt vorgesehen habe – auf welchen Wegen so etwas in Erfahrung gebracht wird, ist dem Verfasser nie ganz klar geworden – und plädierte für eine „flexible Vorbereitung" von Seiten der SPD durch möglichst viele potentielle Debattenredner. Man erwarte den Hauptstoß der CDU/CSU-Opposition gegen Willy Brandt's jüngste (mißverständliche) Äußerungen in Sachen Zusammenarbeit der europäischen sozialistischen Parteien mit den Kommunisten. Diese Äußerungen selber wurden von einigen Teilnehmern an der

Sitzung einschließlich dem Verfasser als taktisch ungeschickt empfunden, was der Vorsitzende der außenpolitischen Arbeitsgruppe, B. Friedrich, zunächst bestritt. Ausdrücklich wurden von Mattick „kurze Beiträge" gewünscht, die der Pressesprecher Terjung möglichst vor der Debatte im Text haben wollte – womit sie dann wiederum doch genau ausgearbeitet werden mußten. Mattick „dachte" daran, daß Herbert Wehner, Bruno Friedrich, Claus Arndt, Corterier, Seefeld (zu Europa), Höhmann, Kreutzmann, Büchner und er selber (zur Nato) sowie Barche und Zebisch sprechen sollten.
Die „Eigenmeldung" des Verfassers zu Fragen des Nationalbewußtseins und möglicherweise zu Aspekten der Polenpolitik wurde im Arbeitskreis ohne Kommentar zur Kenntnis genommen, in der Nachmittagssitzung der Fraktion dann vom Berichterstatter Mattick mit keinem Wort erwähnt (116). Hier wurden von diesem – ohne daß das im Arbeitskreis zur Sprache gekommen war – zusätzlich Ehmke und Pawelczyk genannt, abgesehen von Minister Franke, der selbstverständlich vorzusehen war. Zu diesem Zeitpunkt waren ohnehin nur noch ein Drittel bis zur Hälfte der Fraktion anwesend. Es erfolgte keinerlei Diskussion. Der Verfasser fühlte sich nicht bemüßigt, seine Redeabsicht erneut anzumelden, bereitete aber eine Rede vor, die nicht gehalten werden konnte, obwohl er im Plenum wiederholt den Arbeitskreisvorsitzenden und die Geschäftsführer aufforderte, ihn zu melden. Tatsächlich redeten dann neben Herbert Wehner und abgesehen von den Kabinettsmitgliedern die Abgeordneten Mattick, Höhmann, Barche, Grimming und Arndt (also 6 von der SPD), zwei von der FDP und 11 von der CDU/CSU. Es hatten somit einmal mehr auch eine ganze Reihe von SPD-Mitgliedern, die „offiziell" gebeten worden waren, sich vorzubereiten, nicht sprechen können, einschließlich des ehemaligen Bundesministers Ehmke, ein durchaus typisches Ergebnis im Verhältnis von Aufwand zu Ertrag, das nicht zuletzt auf die vielen Wortmeldungen der „Regierung" zurückzuführen war.
Zweiter Fall: Die Verabschiedung der Polenverträge des Jahres 1976, am 19. Februar 1976. Sie waren am 14, 21. u. 28. Januar im zuständigen Auswärtigen Ausschuß behandelt worden, ohne daß dies in der *SPD-Arbeitsgruppe Außenpolitik* vorher vorbereitet worden war. Schuld daran war nicht zuletzt eine ständig schlechter gewordene Präsenz in dieser Arbeitsgruppe gewesen (117). Anzumerken ist in diesem Zusammenhang, daß diese Arbeitsgruppe in der 7. Legislaturperiode zunächst von Kurt Mattick, dann von Wischnewski und nach dessen Ernennung zum Parlamentarischen Staatssekretär im Auswärtigen Amt von Bruno Friedrich geleitet wurde. Eine von manchen Mitgliedern schon im Frühjahr 1973 gewünschte und grundsätzlich beschlossene Arbeitsaufteilung zwischen den einzelnen Abgeordneten unter geographischen und übergeordneten sachpolitischen Gesichtspunkten wurde bezeichnenderweise erst im Herbst 1974 im Zusammenhang mit einer ersten und einzigen außenpolitischen Klausurtagung in Anwesenheit von zeitweilig 10 Abgeordneten (nun eine ungewöhnliche hohe Zahl) verabschiedet, ohne dann jemals eine Rolle gespielt zu haben (118). Im Gegenteil wurde zum Beispiel der für Polen nach dieser Aufteilung zuständige Abgeordnete Schlaga bei wichtigen Fragen dieses Politikbereiches – unter anderem auch bei einer damals anstehenden Bonner Tagung mit polnischen Politikern – völlig übergangen. Andere wie L. von Bothmer „nahmen" sich ihre Zuständigkeit nicht zuletzt auf dem Wege von Einzelreisen – in Sachen Südafrika in diesem Falle – und gegen Ende der Legislaturperiode der Verfasser selber in Sachen Volksrepublik China. Systematisch wurde in dieser Arbeitsgruppe jedenfalls zu keinem Zeitpunkt gearbeitet. Nach vielem Drängen kamen aber in der hier

interessierenden Polenfrage am 23. September und 10. Juni 1975 gute Sitzungen mit Experten zustande. An der besonders vertraulichen Sitzung vom 10. Juni nahm interessanterweise neben Abgeordneten und Mitgliedern des Auswärtigen Amtes sowie Vertretern des Parteivorstandes und einigen Referenten des Arbeitskreises auch ein Gaststudent aus den USA von der Universität Havard teil, der sich eifrig Notizen machte.

Am 10. Februar 1976 kam nun die beabsichtigte Debattenführung im Hinblick auf den 19. Februar unter „Verschiedenes" in der Arbeitsgruppe Außenpolitik in Gegenwart von immerhin sechs Abgeordneten und drei Fraktionsassistenten zur Sprache. Bruno Friedrich erläuterte die vorgesehene Gesamtredezeit von 180:120 Minuten zwischen einerseits Regierung plus Koalitionsfraktionen und andererseits Opposition für die fünfstündige Debatte, forderte mehrere kürzere Debattenbeiträge der SPD den Wünschen des Fraktionsvorstandes entsprechend, der am Abend vorher die taktische Linie besprochen habe. Herbert Wehner hätte dort unter anderem darauf hingewiesen, daß die Frage der deutsch-polnischen Schulbuchkonferenzempfehlungen unbedingt im Plenum behandelt werden müsse. Tatsächlich hatte der Verfasser im Hinblick auf seine eigenen Redeabsichten an den Fraktionsvorsitzenden am 5. Februar 1976 geschrieben:

„Ich habe Dir schon meinen Wunsch angedeutet, in der Polendebatte sprechen zu wollen. Ich höre nun von Bruno Friedrich, daß sowohl Willy Brandt als auch der Fraktionsvorsitzende sprechen möchten. Wie soll ich verfahren? Ist es sicher, daß außer einem weiteren Wirtschaftspolitiker und einem Sozialpolitiker von unserer Seite nach diesen blödsinnigen Rundenvereinbarungen mit der Opposition niemand anders sprechen kann? Ich möchte eigentlich ungern dieses Mal von meinem Recht der Rede zurücktreten, nachdem ich das ja schon in den letzten Monaten und Jahren (wie viele von uns) immer wieder getan habe. Auf jeden Fall müßte es aber unter den Polenfachleuten vorab besprochen werden, daß heißt dann wohl auch in einer besonderen Besprechung mit Dir".

Nach der Ankündigung Friedrichs auf der Arbeitsgruppe sollten auf jeden Fall Willy Brandt und Herbert Wehner das Wort ergreifen. Der Verfasser kritisierte recht scharf die mangelnde Debattenplanung bislang in der Arbeitsgruppe überhaupt sowie in diesem Falle zwischen den einzelnen Fraktionsarbeitsgruppen und Arbeitskreisen und meldete unter Hinweis auf seine schriftliche Fühlungnahme mit dem Fraktionsvorsitzenden seinen präzisen Redewunsch an. Es sei nicht gut, wenn immer nur der Fraktionsvorstand plane und hier erklärt würde, es sei „alles mit Herbert Wehner abgesprochen." Unter solchen Umständen könne man sich über eine mangelnde Präsenz in der Arbeitsgruppe nicht beklagen. Bruno Friedrich antwortete zunächst ebenfalls sehr scharf, daß Herbert Wehner und Willy Brandt keine Zeit hätten, in diesem Gremium über ihre Debattenbeiträge zu sprechen. Der Verfasser wurde von Lieselotte von Bothmer und dem Abgeordneten Schlaga, dem Polensprecher der Fraktion unterstützt, der sich ohnehin verärgert darüber äußerte, daß der Fraktionsvorstand das anstehende Bonner Gespräch mit einer polnischen Delegation im Rahmen der Deutschen Gesellschaft für Auswärtige Politik ohne Hinzuziehung von Polenexperten der Fraktion geplant habe. Nach Zwischenrufen des Verfassers, daß man sich keine Farcen bei einer solchen Debattenvorbereitung leisten dürfe, erklärte Bruno Friedrich schließlich, es sei für die nächste Woche eine sehr genaue Debattenplanungsbesprechung vorgesehen.

Tatsächlich fand diese dann auch in einer „Inter-Arbeitsgruppen-Sitzung" am 18. Februar statt, zu der Bruno Friedrich die Abgeordneten Mattick, Arndt,

Fiebig, Junghans (Wirtschaft), Metzger (Recht), Schlaga, Sund (Soziales) sowie Schweitzer eingeladen hatte. Auch Jahn als Parlamentarischer Geschäftsführer kam hinzu. Es wurde hier verabredet, daß jeder der Beteiligten eine Zehnminutenrede vorbereiten solle mit Ausnahme des stellvertretenden Fraktionsvorsitzenden Metzger, dem als erstem Sprecher der Fraktion eine längere Redezeit eingeräumt wurde. Die Themen wurden im einzelnen aufgeteilt. Der Verfasser übernahm das Problem der Schulbuchempfehlungen.
Am Nachmittag des 18. Februar fand eine erneute kurze Arbeitsgruppensitzung Außenpolitik statt, auf der Bruno Friedrich über die Debattenvorbereitung im Parteivorstandspräsidium berichtete – natürlich in Abwesenheit von Herbert Wehner und Willy Brandt – und erklärte, daß neben Metzger von diesem Gremium auch noch der Bremer Senatspräsident Koschnick vorgesehen worden sei. Auf der Sitzung des zuständigen Arbeitskreises I am 17. Februar war zur Debattenführung überhaupt keine Aussprache erfolgt.
Tatsächlich sprachen dann in der Plenardebatte am 19. Februar neben Willy Brandt, Herbert Wehner, Koschnik und Metzger von der SPD die Abgeordneten Sund, Arndt und Schlaga. Olaf Sund überzog wider alle Vereinbarungen seine Redezeit um 10 Minuten – wenn auch als Redner der Fraktion zu dem wichtigen Rententhema im engeren Sinne – und beschwor dadurch im zweiten Teil der Debatte Schwierigkeiten für die anderen vorgesehenen SPD-Redner herauf. Als schließlich feststand, daß nur noch etwa acht Minuten Redezeit für die SPD zur Verfügung stünden, verzichtete der bereits beim Präsidium gemeldete Verfasser zu Gunsten des Polensprechers der Fraktion, Schlaga. Dieser hatte ihm kurz vorher versichert, daß er weder in dieser noch in der vorigen Legislaturperiode überhaupt im Plenum habe sprechen können. Tatsächlich traf dies für die 6. zu, in der 7. hatte er kurz zu Wehrfragen das Wort ergriffen. Der Verfasser machte nun von der Möglichkeit einer Erklärung zur Abstimmung Gebrauch. Eine Kurzfassung seiner vorgesehenen Zehnminutenrede kam auf diese Weise ins Protokoll und wurde dieses Mal auch durch die Fraktionspressestelle verbreitet. Im Nachhinein veröffentlichte er im PPP eine längere Erklärung zu den Zahlen der Umsiedler, über die er noch vor Jahresfrist beim Deutschen Roten Kreuz in Hamburg recherchiert hatte (119).
Das Beispiel *Nummer drei* stellt den im Bundestag relativ seltenen Fall einer 15-Minuten-Rede dar, die ohne jegliche Vorabsprache in Arbeitsgruppe, Arbeitskreis oder Fraktion gehalten wurde. Dieses Beispiel beweist, daß es unter bestimmten Voraussetzungen dem Abgeordneten doch möglich ist, von seinem jederzeitigen Rederecht Gebrauch zu machen: Einmal muß es sich um einen „letzten" Tagesordnungspunkt handeln, dessen Verlängerung weder einem tatsächlich vorgesehenen Redner zu einem anderen Tagesordnungspunkt Zeit wegnimmt noch die Reisedispositionen der Abgeordneten wegen einer etwa noch anstehenden wichtigen Abstimmung stört. Idealiter sind also solche Reden am späten Vormittag eines Freitag zu halten, wenn sich die Abgeordneten zur frühen Heimreise rüsten. Und schließlich sollte es sich um ein Thema handeln, das von der Fraktionsführung, unter Umständen sogar vom Fraktionsvorsitzenden selber, für wichtig angesehen wird. Einige dieser Voraussetzungen lagen zufällig am 1. April 1976 vor, als der Verfasser seine länger gehegte Absicht wahrmachen konnte, zu einem Thema zu sprechen, das ihm politisch wie politikwissenschaftlich schon lange am Herzen gelegen hatte, das heißt zur Frage der Behandlung von EG-Vorlagen durch den Deutschen Bundestag. Er hatte mehrere Monate lang – wie der Fraktionsvorsitzende selber – regelmäßig gegen

die „Kenntnisnahme" von EG-Verordnungen gestimmt, die ja ohne Transformation durch ein nationales Parlament gültiges Europarecht darstellen, weil hiermit eine „Souveränität" vorgetäuscht werde, die das nationale Parlament gar nicht mehr besitze, und weil überdies auch häufig über Vorlagen abgestimmt würde, die die EG-Behörden inzwischen entweder zurückgezogen oder aber schon in Kraft gesetzt hätten. Schon an einem früheren Freitag hatte er gegen Ende der Debatte seine Bemerkungen anbringen wollen. Damals hatte die Parlamentarische Geschäftsführerin, H. Timm ihn jedoch von diesem Vorhaben mit dem Hinweis abgebracht, daß der Ältestenrat eine Diskussion zu diesem Thema nicht beschlossen habe und die Rede weder bei Fraktion, Fraktionsgeschäftsführung noch CDU (!) angemeldet worden sei. Wäre dies „wenigstens noch am selben Morgen" geschehen, laut H. Timm, so hätte sich „hier noch etwas machen" lassen. Tatsächlich sollen nach der dann gehaltenen Rede vom 1. April Unmutsäußerungen von Seiten der Opposition gekommen sein, die sich gerne ihrerseits auf eine solche „Runde" vorbereitet hätte.
Über die Fraktionsgeschäftsführung meldete er sich an diesem Tage unter dem Routinetagesordnungspunkt „Kenntnisnahme von EG-Vorlagen" zu Wort. Das veranlaßte den amtierenden Präsidenten von Hassel zu der einleitenden Feststellung, „bevor ich jetzt in der Tagesordnung fortfahre, mache ich darauf aufmerksam, daß zu Punkt 23 eine Wortmeldung vorliegt, so daß der Beginn der Fragestunde möglicherweise um 15 Minuten verzögert wird (120).
Fall vier: Hier handelte es sich um die NATO-Debatte vom 15. Mai 1975. Der Arbeitskreis 1 hatte diese Debatte – erstmalig in Anwesenheit von Willy Brandt eine Stunde lang – am 13. Mai in einer Sitzung erörtert, an der immerhin 14 Abgeordnete (von 45 denkbaren ordentlichen Ausschußmitgliedern) teilnahmen. Wiederum erläuterte der Vorsitzende Mattick Schwerpunkte und vom Vorstand vorgesehene Redner und begrüßte es ausdrücklich, daß Willy Brandt „bereit sei", das Wort zu ergreifen. Dieser erklärte, er sei um einen Themenbeitrag „gebeten" worden und skizzierte dann seine beabsichtigten Äußerungen insbesondere über das Verhältnis zu den Vereinigten Staaten und dem auslaufenden Vietnamkonflikt. Es entspann sich daran eine sehr gute und kontrovers geführte Diskussion vertraulicher Art. Gegen Ende faßte der Vorsitzende die Rednerliste zusammen, setzte sich an die erste Stelle als Berichterstatter, Corterier an die zweite und Willy Brandt an die dritte, um abschließend platonisch zu fragen, „gibt es weitere Vorschläge"? was natürlich nicht der Fall war (121).

Anzumerken sei hier noch, daß mitunter auch Fragen und Fragesteller in einer zuständigen Arbeitsgruppe der Fraktion „vorbestellt" werden, sei es für die Fragestunde, sei es für Anhörverfahren in Bundestagsausschüssen, und daß mitunter auch durch Arbeitsgruppen-Referenten im Auftrage des jeweiligen Vorsitzenden telefonische Absprachen über Stellungnahmen durch einzelne Fraktionsredner bei zweiten Lesungen von Gesetzesentwürfen getroffen werden können (122).

Ein Fazit dieser Darstellung ausgewählter Beispiele zu einigen Fragen der Debattenführung als wichtigem Aspekt des Gesamtproblems der Entscheidungsfreiheit des einzelnen Abgeordneten wäre wie folgt zu ziehen:

Erstens:

Wichtige Debatten zur Außen- und Deutschlandpolitik wurden in den hier herangezogenen Fällen zumindest kurz entweder im zuständigen Arbeitskreis der SPD-Fraktion, oder (seltener) in der Arbeitsgruppe Außenpolitik vorbesprochen. Von Anfang an stand dabei aber in der Regel die große Linie der Debattenführung ebenso wie die Spitze der Redner aufgrund von Vorentscheidungen des Fraktionsvorstandes oder sogar des Parteivorstandes mehr oder weniger fest. An dieser großen Linie der inhaltlichen Debattenführung oder der Rednerliste, wie sie von den übergeordneten Gremien ausgegeben worden war, wurde im Arbeitskreis oder in der Arbeitsgruppe kaum jemals etwas geändert. Vielmehr wurde beides stets als Entscheidung des Fraktionsvorstandes, mitunter, wie bei den Polenverträgen 1976, auch als Entscheidung des Parteivorstandes bzw. seines Präsidiums vorgetragen und akzeptiert. Daß im Hinblick auf den zunächst „offenen Teil" der Rednerliste immer wieder eine Angst des sozusagen „etablierten Mittelmaßes" vor „neuen" Experten mit im Spiel sein kann, zeigt etwa das Beispiel des früheren Regierungssprechers und Staatssekretär a.D. C. Ahlers, der als Verteidigungsexperte in der ganzen 7. Legislaturperiode im Plenum für seine Fraktion einfach nicht sprechen „durfte" (123).

Zweitens:

Die zum Teil sehr rigide und in der Regel von „oben" aufoktroyierte Aufstellung von Rednerlisten ließ Neuen zunächst kaum eine Chance und beeinträchtigte bei allen Hinter- und Mittelbänklern jeden Hang zur Spontaneität und Kreativität. Als typisch in dieser Beziehung darf das Vorgehen von Kurt Mattick, einem altgedienten SPD-MdB auf den hier zur Diskussion stehenden Gebieten angesehen werden. Bei der Vorbereitung der Debatte zur Lage der Nation 1974, am 11. Januar, erklärte er zum Beispiel ganz unumwunden, daß die „1969er" als Redner vorgesehen seien. Später setzte er sich nahezu durchweg selber auf die Rednerliste – mit von ihm und anderen mehr oder weniger gut vorbereiteten Reden. Diese Praxis kritisierte der spätere Vorsitzende der Arbeitsgruppe Außenpolitik, Bruno Friedrich, gegenüber dem Verfasser schon sehr bald in der 7. Legislaturperiode und machte es tatsächlich dann als Obmann etwas besser.

Drittens:

Nur gelegentlich kam es im Arbeitskreis 1 zu echten und der Sache dienlichen Diskussionen über Debattenstrategie und Taktik sowie die Redneraufstellung unter den Abgeordnetenexperten in der 7. Legislaturperiode, einmal (in Sachen NATO) unter Beteiligung von Willy Brandt und einmal von Herbert Wehner (in Sachen seiner Moskauer Berlin-Äußerungen Ende 1973). Letzteres Thema stand allerdings nicht im Zusammenhang mit einer vorgesehenen Debatte. Man wird bei sol-

chen Bewertungen berücksichtigen müssen, daß in der 7. Legislaturperiode außenpolitische Fragen parteiintern in der Regel nicht sonderlich kontrovers waren – im Gegensatz etwa zu rechtlichen oder anderen Sachfragen in der 8. Legislaturperiode, wo dann sicherlich auch in den Arbeitsgruppen und -kreisen sehr viel härtere Meinungsverschiedenheiten ausgetragen werden mußten.
Entscheidender als eine Mitbestimmung der zuständigen Fraktionsexperten an der inhaltlichen und personellen Debattenlinie war es offensichtlich aus der Sicht der Fraktionsführung und damit auch der Arbeitskreis- und Arbeitsgruppenvorsitzenden, möglichst viele Arbeitskreismitglieder, von denen ja immer nur wenige Experten zur Sache sein können, so gut wie nur möglich informieren und damit für Ausschuß- und Plenarsitzungen „vorbereiten" zu lassen.
In diesem Zusammenhang kommt im übrigen den Abgeordneten der Regierungsparteien insofern ein Bonus zu gute, als stets hohe Ministerialbeamte und vor allem Parlamentarische Staatssekretäre „zur Verfügung stehen" (zur technischen Amtshilfe verpflichtet – also auch zur Ausarbeitung von Alternativgesetzespassagen etc. – sind sie natürlich auch den MdBs der Opposition gegenüber). So kam es auch häufig vor, daß außenpolitische Mitglieder des SPD-Arbeitskreises zweimal hintereinander in ein und derselben Sache unterrichtet wurden: im Arbeitskreis und dann im Auswärtigen Ausschuß. Ein Beispiel dafür war die Berichterstattung über den China-Besuch des Bundeskanzlers – im Arbeitskreis durch einen Vertreter des Auswärtigen Amtes, im Auswärtigen Ausschuß durch den Bundeskanzler selber. Hier war es für den Verfasser interessant, bei den jeweiligen Darstellungen nur relativ unbedeutende Unterschiede der Qualität und damit auch der Geheimhaltungsbedürftigkeit in den Ausführungen „der Regierung" festzustellen.
Für die politikwissenschaftliche Analyse ergibt sich an diesem Punkte erneut das Problem der Verschränkung von Bundesregierung und jeweiliger Regierungspartei und damit die Frage nach einer Negierung des Gedankens einer die Exekutive kontrollierenden Legislative insgesamt in der parlamentarischen Demokratie von heute. Wir werden im Kapitel IV am Beispiel des Gesetzgebungsvorganges Hochschulrahmengesetz in der 7. Legislaturperiode sehen, wie weit solche Verschränkungen im einzelnen gehen. Nicht zuletzt hieraus würde sich der Anspruch der Opposition ableiten lassen, einen größeren Anteil am Parlamentsbudget als die Regierungsseite für Experten und Expertisen zu erhalten, da die Experten aus den oppositionsgeführten Ländern – hier vielleicht mit der Ausnahme von Themen der Bildungs-

politik im Zuständigkeitsbereich der Länder – gegenüber dem Sachverstand der Bundesexekutive kaum einen Ersatz zu bieten vermögen. Im Arbeitskreis I standen in der 7. Legislaturperode neben den Ministern Franke, Leber und Bahr sowie den Parlamentarischen Staatssekretären des Auswärtigen Amtes, des Innerdeutschen Ministeriums und des Verteidigungsministeriums auch beamtete Staatssekretäre wie Rohwedder (Wirtschaftsministerium, zum Beispiel 19. Februar 1974), Frank (Auswärtiges Amt, zu den Beziehungen zur CSSR am 5. Juni 1973 einen Tag vor einer entsprechenden Debatte im Auswärtigen Ausschuß), Gaus (unter anderem 19. Februar 1974), Gelhoff (Auswärtiges Amt, 13. Dezember 1974 zu den Beziehungen zu Prag und Warschau), Schlei, (Bundeskanzleramt 2. Dezember 1975), ein auswärtiger Experte wie Professor Hirsch-Weber (zu Lateinamerika) oder am 27. Februar 1973 die Schriftsteller Böll und Grass auf einer gemeinsamen Sitzung mit der FDP in Anwesenheit von Herbert Wehner und Wolfgang Mischnick (zum Thema „Lage in Griechenland") zur Verfügung.

Viertens:

Der Fraktionsvorstand mit seinem Parteivorstands- und Präsidiumsmitgliedern in Personalunion versuchte sich auf der von ihm selber festgelegten Generallinie gegenüber der Gesamtfraktion immer dann zunächst mit einem Minimum an Informationen durchzusetzen, wenn es sich um heikle Themen handelte, bei denen mit einem abweichenden Verhalten innerhalb der Gesamtfraktion und damit möglicherweise auch aus der Fraktion heraus im Plenum zu rechnen war. Als ein besonders eindrucksvolles Beispiel sei in dieser Beziehung nochmals auf ein völlig anderes Sachgebiet, das der Bekämpfung von Extremismus und Terrorismus, verwiesen. In der 7. Legislaturperiode wurden die Ergebnisse von Arbeitsgruppen- und Arbeitskreissitzungen zur Außen- und Deutschlandpolitik, eben weil sie innerparteilich kaum kontrovers waren, jeweils in den Fraktionssitzungen nur durch kurz zusammengefaßte Berichte der Berichterstatter oder der Obleute zu anstehenden Plenarentscheidungen (Polenverträge, KSZE, Vertrag mit der CSSR, Bericht zur Lage der Nation etc.) zur Sprache gebracht, ohne daß es zu längeren Aussprachen gekommen wäre. Die Fraktion verließ sich hier auf ihre Experten. Mit Einschränkungen (zum Beispiel Fragen der MBFR-Verhandlungen) galt dies selbst für Themen der Verteidigungspolitik, die ja auch in den Zuständigkeitsbereich des Arbeitskreises I fallen.

Die „Notbremse" zieht die Führungsspitze von Partei, Fraktion und Regierung erst, wenn angesichts der gesamten Mehrheitsverhältnisse

Abstimmungsniederlagen im Plenum zu einer echten Möglichkeit werden (124). Dann kommt es zu besonders intensiven Bemühungen der Aufklärung und Beeinflussung von Abgeordneten, einzeln oder in Gruppen. In der 7. Legislaturperiode taktierte der Vorstand in dieser Weise, wenn zum Beispiel Kontroversen über den Haushalt des Verteidigungsministeriums aufgekommen waren. Hier kam es zu besonders intensiven Unterrichtungen durch die Ministerialspitze, mitunter durch den Minister Leber selber, auch auf gemeinsamen Sitzungen des Auswärtigen Ausschusses und des Verteidigungsausschusses.

Fünftens:
Auch an der Vorbereitung von Debatten im Ausschuß und Plenum läßt sich somit genau wie an dem Ablauf von anderen Meinungs- und Willensbildungsprozessen auf Fraktionssitzungen ablesen, daß von wenigen Ausnahmen abgesehen die Mehrheit der Fraktionsmitglieder von ihrer Führung in Partei, Fraktion und Regierung als Stimmbataillone betrachtet werden, die es bei besonders wichtigen Anlässen auch auf dem Wege von sogenannten „Zählappellen" zusammenzuhalten gilt.
Damit ist nun *sechstens* das *Abstimmungsverhalten* des Abgeordneten im Spannungsverhältnis zwischen den Artikeln 38 und 21 des Grundgesetzes angesprochen. Ganz sicherlich wird bei kontroversen Abstimmungen über Gesetze bzw. Vertragsgesetze in Ausschüssen fast ausnahmslos Fraktionsdisziplin im Sinne einer einheitlichen Stimmabgabe geübt. Ohnehin beschränkt sich die Mitarbeit mancher Abgeordneter in den Ausschüssen im wesentlichen auf eine Teilnahme an solchen Abstimmungen. Der Verfasser hat es in der 7. Legislaturperiode sowohl im Auswärtigen Ausschuß (etwa im Zusammenhang mit der Menschenrechtsproblematik) als auch im Ausschuß für Bildung und Wissenschaft (hier besonders im Zusammenhang mit den Gesetzgebungsverfahren Hochschulrahmengesetz und berufliche Bildung) immer wieder erlebt, daß Abgeordnete ihre ganz selbstverständliche Rolle darin sahen, ohne Einzelkenntnisse hinsichtlich der jeweiligen Materie so abzustimmen wie ihre „Stimmführer". Dabei für die nötige Präsenz zu sorgen, ist damit eine der wichtigsten Aufgaben aller Ausschuß-Obleute der Fraktion. In der 7. Legislaturperiode hat sich im Auswärtigen Ausschuß bei einer wichtigen Gesetzesvorlage eigentlich nur einmal ein Abgeordneter aus Gewissensgründen gegen die Fraktionslinie gestellt, und zwar der verstorbene SPD-Abgeordnete Beermann. Er ließ sich dann auch bei der Abstimmungssitzung selber durch ein stellvertretendes Ausschußmitglied vertreten.
Angesichts der veränderten Fraktionskonstellation in beiden Regie-

rungsparteien ist in der 8. Legislaturperiode das Abstimmungsverhalten zweifellos nuanciert anders zu beurteilen.
Ein beabsichtigtes abweichendes Abstimmungsverhalten im Plenum wird in der Regel vorher in der Fraktion angekündigt, wie schon dargestellt worden ist. Am häufigsten, weil auch im allgemeinen am wenigsten schwerwiegend, sind Abweichungen von „Regierungsabgeordneten" bei zweiten Lesungen, die dann aber dem betreffenden Gesetz in der dritten doch noch auf der Fraktionslinie zustimmen. Seltener, weil schon ernster, sind dissentierende Voten bei Schlußabstimmungen über Gesetze, die nur bei namentlichen Abstimmungen „vor der Geschichte" festgehalten werden können, da das Protokoll lediglich die Feststellung des amtierenden Präsidenten vermerkt: „Das erstere war die Mehrheit" oder: „Gegen X Stimmen bei einigen Enthaltungen". Auch in der 7. Legislaturperiode haben sich gelegentlich Abgeordnete des Mittels bedient, selbst bei einer namentlichen Abstimmung dem Plenum fernzubleiben (so etwa einmal bei einer Abstimmung über den Verteidigungshaushalt). Dies zieht bekanntlich für den Betreffenden eine finanzielle Einbuße von DM 75,– nach sich – gegenüber 90,– bzw. DM 150,– pro Tag für ein Fehlen an einem Sitzungs- bez. Plenartage überhaupt. Sehr selten sind sicherlich die Fälle geworden, bei denen Abgeordnete im Plenum bei einer zweiten und dritten Lesung ihr beabsichtigtes und vorher angekündigtes Abstimmungsverhalten noch einmal überprüfen bzw. ändern.
Nach der klassischen Parlamentstheorie war dies einmal der Sinn eines Austausches von Argumenten und Gegenargumenten im Plenum. Wenn ein Abgeordneter heute während einer Debatte aufgrund neu vorgebrachter Argumente wider Erwarten mit einer echten Gewissensfrage konfrontiert wird, so dürfte er in der Regel dann doch mit seiner Fraktion abstimmen. Vor einer solchen Situation sah sich der Verfasser bei der zweiten Lesung und Schlußabstimmung über das neue Eherecht am 11. Dezember 1976 gestellt, als er mit einem für ihn neuen Vorschlag der Opposition konfrontiert wurde, wonach die Verpflichtung zu „Treue und Beistand" der Ehegatten ausdrücklich auch im neuen Gesetz festgehalten werden sollte. Trotz eigener Sympathien für diese Formulierung stimmte er schließlich doch noch auf der Linie der Fraktion in der zweiten Lesung ab. Oder, um ein anderes, sicherlich nicht atypisches Beispiel aus der legislativen Praxis zu nehmen: Als sein CDU-Gegenüber im Wahlkreis 149 in der Haushaltsdebatte am 21. Mai 1974 einen an sich vom Verfasser positiv beurteilten Antrag auf Umschichtung im Etat des Bundesministeriums für Wirtschaftliche Zusammenarbeit zugunsten einr bestimmten

„Hungerhilfe“einbrachte, entschloß er sich im letzten Augenblick nur zu einer Stimmenthaltung zusammen mit einem anderen Fraktionskollegen, nachdem er sich von dem betreffenden Fraktionsexperten hatte sagen lassen, daß die Frist für eine termingerechte dritte Lesung bei Annahme des Antrages verstreichen könnte und ohnehin zu gegebener Zeit überplanmäßige Ausgabentitel für ein solches Vorhaben eingesetzt werden könnten. Tatsächlich war zu diesem Zeitpunkt, weit nach Mitternacht, das Haus nur noch sehr schwach besetzt und die Mehrheit für die Vorlage insgesamt daher gefährdet.
Gelegentlich kommt es bei der großen Zahl der zur Debatte und Abstimmung stehenden Vorlagen völlig unterschiedlicher Art und bei einem Versäumen des entsprechenden Informationsteils der vorausgegangenen Fraktionssitzung vor, daß der Abgeordnete im Plenum erstmalig mit einer für ihn wichtigen Sachfrage konfrontiert wird, die zur Abstimmung und Entscheidung steht, er also keine Möglichkeit gehabt hat, in der Fraktion ein etwaiges abweichendes Abstimmungsverhalten anzukündigen. In dieser Lage sah sich der Verfasser mit einigen anderen Kollegen bei einer sogenannten Hammelsprungabstimmung über Fragen der Länderneugliederung am 10. Dezember 1975 und einer namentlichen am 1.7.1976. Aus regionalen Erwägungen heraus kam es hier zu einer größeren Anzahl von Gegenstimmen aus allen Parteien (125). Auch ein solches Beispiel zeigt, daß ein Abgeordneter immer wieder von seinem Recht nach Artikel 38 unter Hintenanstellung der Erfordernisse des Artikels 21 des Grundgesetzes Gebrauch machen *kann*.
Bestes Beispiel für den Vorrang einer Gewissensentscheidung vor anderen Erwägungen bot in der 7. Legislaturperiode das schon angesprochene Reformwerk des § 218, bekanntestes der 5. Legislaturperiode die Abstimmung über die bereits erwähnte Notstandsgesetzgebung. Obwohl sich bei der Reform des § 218 alle ursprünglichen 27 Abweichler, das heißt Einbringer des Gegenentwurfes aus der SPD-Fraktion, eigenen Bekundungen zufolge unter einem unausgesprochenen moralischen Druck von Seiten der Fraktionsmehrheit fühlten, weil von ihnen in der dritten Lesung schließlich das Schicksal des gesamten Reformwerkes abzuhängen schien, blieben eine Reihe von diesen Abgeordneten, wie schon erwähnt, bis zum Ende, das heißt einschließlich der Schlußabstimmung, bei ihrer ursprünglichen Ansicht und Abstimmungsabsicht. Andere, wie der Verfasser, begründeten ihr Einschwenken auf die Linie der Mehrheit der Fraktion bei der Schlußabstimmung mit persönlichen Erklärungen (126). Dennoch konnten damals gerade solche Abgeordnete, ohne daß sie

bei Namen genannt worden wären, dem in der Presse erhobenen Vorwurf nicht entgehen, sie hätten ihr Gewissen der Fraktionsdisziplin unterworfen, was in dieser Form mit Sicherheit nicht zutraf. Im Hinblick auf *Großbritannien* werden wir an dieser Stelle festhalten können, daß dort auch bei wichtigen Vorhaben die Zahl der Abweichler von der Abstimmungslinie der Gesamtfraktion der PLP in den Jahren nach 1945 wiederholt größer gewesen ist. Keineswegs atypisch war dort in den letzten Jahren die wiederholte Freigabe der Abstimmung durch die Fraktionsführung im Hinblick auf die Europäische Integration bzw. den Eintritt und Verbleib Großbritanniens in der EG. Bei der ersten Abstimmung über das Gesetz zur Direktwahl für das Europäische Parlament konnten sogar Kabinettsmitglieder für oder gegen die eigene Regierungsvorlage stimmen, was in dieser Form und in diesem Ausmaße in der Geschichte der Regierungsfraktionen der Bundesrepublik Deutschland nach 1949 keine Entsprechung findet (127). Häufig haben in der 7. Legislaturperiode des Deutschen Bundestages Abgeordnete der SPD von der Möglichkeit Gebrauch gemacht, ihr abweichendes Abstimmungsverhalten (Gegenstimmen oder Enthaltungen) entweder mit einer persönlichen Erklärung zur Abstimmung oder aber mit einer kurzen Plenarrede zu begründen. So erläuterte zum Beispiel der Abgeordnete Gansel seine Stimmenthaltung bzw. Gegenstimme bei einer Abstimmung über den Haushalt des Bundestages, der Abgeordnete Conradi bei einer Erhöhung der Diäten oder – von der Fraktionsdisziplin her völlig ungefährlich, weil keinerlei Niederlagen der Regierung dadurch heraufbeschworen werden konnten –, der Verfasser nach seiner Plenarrede vom 1. April 1976 erneut mit einer persönlichen Erklärung zur Europagesetzgebung am 9. April (128). Bis zuletzt, das heißt bis zur Schlußabstimmung zwischen den beiden Legislaturperioden nach der Wahl zum 8. Deutschen Bundestag, hielten einige Abgeordnete der SPD-Fraktion an ihrer Ablehnung einer zu starken Erhöhung der Diäten im Rahmen der Diätenneuregelung fest (129). Obwohl sich der Verfasser gegenüber Kollegen aus allen Fraktionen privat in dieser Sache auf einer ähnlichen Linie engagiert hatte, stimmte er dann dem Diätengesetz Anfang Dezember 1976 aus der Erwägung heraus zu, daß er selber dem nächsten Bundestag nicht mehr angehören würde und es ihm nicht gut anstünde, gegen eine Erhöhung der Bezüge anderer zu votieren.
Bei der Wahl von parlamentarischen und exekutiven Amtsinhabern, das heißt also bei Personalentscheidungen, wird in der Regel die stärkste Fraktionsdisziplin geübt. Darauf und auf eine Ausnahme von dieser Regel in der SPD-Fraktion der 7. Legislaturperiode wurde

schon hingewiesen. Diese bundesrepublikanische Praxis entspricht der des US-Kongresses mit seinen ansonsten anders gelagerten Flügelbildungen innerhalb der Parteien und damit häufigen interfraktionellen Bündnissen verschiedener Gruppen. Gegenstimmen oder Enthaltungen bei Kanzlerwahlen oder Vertrauensabstimmungen der 6. und 7. Legislaturperiode sind bei der SPD sicherlich nicht zu verzeichnen gewesen. Hier – wie bei der Wahl des Bundespräsidenten Scheel 1974 – stellten jeweils besondere „Zählappelle" vorab die notwendige Stimmenzahl der SPD-Abgeordneten sicher. Die Wahl des Bundestagspräsidenten zu Beginn der sozial-liberalen Koalition wurde hingegen, da es sich ja nicht um einen „eigenen" Mann handelte, in der Fraktionssitzung der SPD am 20. Oktober 1969 vom amtierenden Fraktionsvorsitzenden Helmut Schmidt ausdrücklich „freigegeben" (130).

Ohne Vorwegnahme unserer Schlußfolgerungen dieser Studie insgesamt sei noch angemerkt, daß die auch im zweiten Hauptabschnitt dieses Kapitels (Handlungsspielraum des einzelnen Abgeordneten nach außen, das heißt im Bundestagsplenum und in den Bundestagsausschüssen) vorgelegten Beispiele nach Ansicht des Verfassers erneut auf ein Übergewicht des Artikels 21 gegenüber dem Artikel 38 des Grundsgesetzes in der politischen Praxis hinweisen und somit doch auf die Notwendigkeit, abgesehen von der im Falle einer Regierungspartei unter Umständen letztlich entscheidenden „Kanzlerfrage" die Rechte des einzelnen Abgeordneten innerhalb seiner Fraktion eher weiter zu stärken, als zu schwächen.

III. Der Deutsche Bundestag – Rede- oder Arbeitsparlament? – Wie präsent sind unsere MdBs?

Die Formulierung des Themas für diesen Abschnitt geht auf Unterscheidungen der letzten Jahre in der Politikwissenschaft vor allem zwischen den parlamentarischen Regierungssystemen Großbritanniens und der Bundesrepublik Deutschland zurück, die der Verfasser für falsch, zumindest aber für überholt hält. Es stimmt einfach nicht mehr, daß die Mitglieder der „Mutter der Parlamente“ ihre Arbeitskraft als Legislatoren in großen Überzeugungs- und Überredungsdebatten im Dienste an ihren Wählern verzehren, hingegen in Ausschüssen kaum eine ernstzunehmende Arbeit leisten, während umgekehrt die bundesrepublikanischen Parlamentarier in eben solchen Ausschüssen ihre Bonner Arbeitstage verbringen. So richtig es leider ist – und dafür sollen in diesem Kapitel empirische Belege vorgelegt werden – daß die Bonner Repräsentanten die wenigen Plenartage außerhalb von wichtigen Abstimmungen primär als Tummelplatz für die jeweiligen Fraktionsexperten ansehen, deren Reden sie vielleicht über ihre – nach Auffassung des Verfassers leider vorhandenen – Übertragungsapparate bei der Abwicklung von Dienstpost in ihren Abgeordnetenzimmern „folgen“, bis sie dann über die zweite gesonderte Sprechanlage von parlamentarichen Fraktionsgeschäftsführern per Rundspruch aufgeschreckt auch einmal in den Plenarsaal eilen, so falsch sind alle übrigen Annahmen Großbritannien und die Bundesrepublik Deutschland betreffend.

Auch in Westminster sind die Zeiten der großen parlamentarischen Redeschlachten bei guter Präsenz des Hohen Hauses – von einer vollen gar nicht zu sprechen – die seltene Ausnahme geworden und immer häufiger beklagten, schlecht besuchten Sprechveranstaltungen gewichen. Richtig ist natürlich nach wie vor, daß das britische Unterhaus im Vergleich zum Deutschen Bundestag in der Woche durchschnittlich viermal so viele Plenarzeiten aufzuweisen hat, weil man in Westminster an jedem normalen Wochentag von mittags bis häufig nach Mitternacht tagt, während es in der 7. Legislaturperiode des Deutschen Bundestages in den rund 25 Sitzungswochen von Haushaltsdebattenwochen abgesehen nur an den jeweiligen Donnerstagen ganztägig und an Feiertagen allenfalls halbtägige Plenardebatten gab (131). Wir formulierten hier „allenfalls halbtägige", weil bekanntlich viele MdBs an Freitagen schon sehr bald nach Eintragung ab 7.00 Uhr in die berühmten Anwesenheitslisten Bonn verlassen, es sei denn, es stünden wichtige Abstimmungen bevor, für die die Fraktion rote Zettel ausgegeben hat und bei deren Versäumen man, wenn es sich nämlich um namentliche Abstimmungen handelt, DM 75,– einbüßen kann.

Dennoch trifft der in der Kapitelüberschrift angedeutete Vergleich in dieser Form nicht zu, da einerseits auch in Großbritannien zunehmend in und mit Ausschüssen „gearbeitet" wird, andererseits – dies muß leider zu Ungunsten des Bonner Parlaments festgehalten werden – in der Bundesrepublik die Präsenz auch in den als arbeitsintensiv gepriesenen Ausschüssen, wie wir noch sehen werden, häufig zu wünschen übrig läßt. Richtig bleibt natürlich weiterhin, daß in Bonn grundsätzlich alle Gesetzesentwürfe, von wem auch immer eingebracht, an die zuständigen Fachausschüsse ebenso wie an mitberatende Ausschüsse überwiesen werden, während es in Großbritannien nur relativ wenige „ständige" Fachausschüsse gibt und die Gesetze entweder in ad-hoc-Ausschüssen oder aber in der typisch britischen Form des „Committee of the whole House" beraten werden. Die Beschäftigung des britischen Parlaments zum Beispiel mit Europavorlagen in den letzten Jahren zeigt jedoch, daß in Großbritannien auch in Sonderausschüssen harte Arbeit geleistet wird. Gerade inbezug auf diese Europagesetzgebung schneidet das Parlament „Deutscher Bundestag" vergleichsweise besonders schlecht ab, was der Verfasser an anderer Stelle in einer besonderen Studie für den Zeitraum von 1972 bis 1976 belegt hat. Die Briten bearbeiten diese Materie nicht nur in besonderen ständigen Prüfungsausschüssen des Unter- und Oberhauses sehr gründlich, sondern setzen dieselbe auf die Tagesordnung des Plenums, das heißt mit einer entsprechenden Aussprache, was in der 7. Legislaturperiode des Bundestages nur zwei bis dreimal überhaupt geschah (132).
Wir wollen uns nun im Folgenden auf die Verhältnisse im Deutschen Bundestag beschränken, weil der Verfasser nur hierfür über empirisch schlüssige Unterlagen aus der 7. Legislaturperiode zumindest für die Zeit vom 23. Januar 1975 bis zum Sommer 1976 in Gestalt eigener Aufzeichnungen und Zählungen in Sachen Präsenz verfügt. Er versuchte selber möglichst durchgehend im Plenarsaal anwesend zu sein, zumal er in einer zu Protokoll gegeben und publizistisch interessanterweise stark beachteten Erklärung die mangelhafte Plenarpräsenz gerügt hatte,

was ihm damals manchen persönlichen Ärger auch von Fraktionskollegen einbrachte (133).

Plenarpräsenz:

Diese Plenarpräsenz im Deutschen Bundestag muß nun ohne Abstriche als häufig so skandalös bezeichnet werden, daß sie geeignet war – und leider wohl auch noch geeignet ist –, das Ansehen der 518 Repräsentanten in den Augen der Repräsentierten ernstlich herabzusetzen. Der „große alte Parlamentarier" der ersten 30 Jahre Deutscher Bundestag, Herbert Wehner, hat denn auch in der 7. Legislaturperiode bekanntlich einmal in diesem Zusammenhang die Flucht in die Öffentlichkeit angetreten, indem er als Vorsitzender der größten Regierungsfraktion die Beschlußunfähigkeit des Hauses feststellen ließ. Das konnte laut Geschäftsordnung des Deutschen Bundestages theoretisch natürlich jederzeit geschehen, geschieht aber nur selten, weil sonst die Gesetzgebungsarbeit des Plenums zum Erliegen kommen müßte. Er blieb damit seiner traditionellen Rolle als Mahner, Ankläger und Demaskierer in dieser Frage treu. Herbert Wehner hat in derselben Legislaturperiode auch des öfteren die mangelnde Präsenz der Bundesregierung beklagt. In der Plenarwoche nach der viel zitierten „Ohrfeige" für alle Parlamentsmitglieder kam es an dem betreffenden Freitag sogar noch mittags um 13.00 Uhr zu einer auffallend guten Präsenz von 50 Abgeordneten der SPD, 11 der CDU und 5 der FDP, zumal sich im Plenarsaal herumgesprochen hatte, daß besondere Fernsehkameras bzw. Fotogeräte aufgrund der Rüge Wehners in periodischen Abständen Jagd auf leere Abgeordnetensitze machen würden. Das Thema Plenarpräsenz hat in der 7. Legislaturperiode sowohl die schon mehrfach zitierte Reformkommission der SPD-Fraktion als auch einzelne Abgeordnete zu Verbesserungsvorschlägen veranlaßt, auf die weiter unten zurückzukommen sein wird.

Bei unserer Analyse soll auf der Linie einiger dieser Vorschläge unterschieden werden zwischen der Präsenz bei politisch zweifelsfrei wichtigen Aussprachen (etwa über die Außen-, Deutschland-, Verteidigungs-, Wirtschafts- und Sozialpolitik) und besonderen Anlässen wie Gedenkstunden und Beratungen wichtiger Gesetzesvorhaben auf der einen Seite sowie bei Routinegesetzen oder auch der Behandlung von Petitionen oder der „Europagesetze" auf der anderen.

Als ein „typischer" Donnerstag-Plenartag kann zum Beispiel der 6. Mai 1976 gelten. Hier wurde der Einspruch des Bundesrates gegen das vom

Bundestag verabschiedete 15. Strafrechtsänderungsgesetz (endgültiges Inkraftsetzen der Reform des § 218 nach dem Urteil des Bundesverfassungsgerichtes) in einer Runde diskutiert – interessanterweise, wie leider häufig, bei Abwesenheit des damaligen Oppositionsführers, Carstens, hingegen wie ebenfalls üblich, bei lautem Gerede der lediglich zur Abstimmung herbeigeeilten Abgeordneten und einem in der ersten Reihe zeitungslesenden Altbundeskanzler Erhard, der in der 7. Legislaturperiode kaum mehr als ein dutzendmal im Plenum gewesen sein dürfte (134). Bei der zweiten und dritten Beratung eines neuen Adoptionsgesetzes an diesem Tage waren nur 20 Abgeordnete der SPD, 10 der CDU und 10 der FDP anwesend, am selben Abend um 19.30 Uhr bei der zweiten und dritten Beratung des neuen Arzneimittelgesetzes und einer Rede der Gesundheitsministerin Focke jeweils 30, 15 und sieben und bei der sich unmittelbar anschließenden zweiten und dritten Beratung des Fernunterrichtsgesetzes 27, vier und zwei Abgeordnete der drei Fraktionen. Anschließend wurden in den späten Abendstunden routinemäßig ohne Aussprache in etwa 15 Minuten elf Gesetze in zweiter und dritter Lesung bei einer Präsenz von insgesamt 19 Abgeordneten – davon drei der CDU/CSU und, wie mehr oder weniger durchweg in der 7. Legislaturperiode, bei Anwesenheit des SPD-Fraktionsvorsitzenden verabschiedet.

Sehen wir uns nun einmal die Präsenz in dem oben genannten Zeitraum bei Debatten über besonders wichtige *politische Sachthemen* an:

Am Donnerstag, dem 30. Januar 1975, in einer Erklärung und Aussprache zur Lage der Nation, konnte der Bundeskanzler Helmut Schmidt Zweidrittel der SPD-Fraktion, die Hälfte der CDU und etwa Zweidrittel der FDP-Abgeordneten so „fesseln", daß so gut wie keine Plenarunterhaltungen zu verzeichnen waren. Der Oppositionsführer Carstens „brachte" es auf eine Anwesenheit von einem Drittel bis einem Viertel der SPD-Abgeordneten, etwa Zweidrittel seiner eigenen und einem Teil der FDP-Fraktion. An dieser Verteilung der Präsenzstärke war zweierlei sehr charakteristisch: Einmal die Tatsache, daß die jeweiligen Fraktionsmitglieder ihrem eigenen „Matador" zuhören und dann beim „Gegenmatador" häufig wieder sehr schnell des Plenum verlassen (135). Zweitens, daß als gute Redner bekannte Parlamentarier – dies gilt etwa auch für Franz Josef Strauss, von Herbert Wehner ganz zu schweigen – wie in allen „Redeparlamenten" eine Anziehungskraft ausstrahlen. Vom parlamentarischen Stil her bedauerlich war bei dieser Gelegenheit, daß der Oppositionsführer bei der sich an ihn anschließenden Rede des SPD-Abgeordneten Mattick, des Vorsitzenden des entsprechenden Arbeitskreises der Regierungspartei, noch

im Plenarsaal blieb, jedoch hinausging, als der immerhin zuständige Bundesminister Franke zu sprechen anfing und schließlich überhaupt nicht anwesend war, als der Bundesaußenminister das Wort ergriff. Bei allen diesen Rednern war die Präsenz auf rund 70 Abgeordnete – mehr oder weniger im Verhältnis zur Fraktionsstärke auf alle drei Fraktionen gleichmäßig verteilt – gesunken, während es der frühere, stets mit großer Überzeugungskraft sprechende Bundesminister für Innerdeutsche bzw. Gesamtdeutsche Fragen, der CDU-Abgeordnete Gradl, um 19.00 Uhr an jenem Tage nur noch auf 24 bzw. 22 und fünf Abgeordnete des Deutschen Bundestages „bringen" konnte.
Bei der Abgabe einer Regierungserklärung der Bundesregierung durch Bundesaußenminister Genscher außerhalb der normalen Plenarabfolge an einem Mittwoch, dem 12. März 1975, über das Verhältnis von Großbritannien zur Europäischen Gemeinschaft kam das Haus auf rund 50 Abgeordnete der SPD, 60 der CDU/CSU einschließlich ihres Fraktionsvorsitzenden und acht der FDP bei gleichzeitiger Anwesenheit des Bundeskanzlers, der Kabinettsminister Focke, Arendt, Matthöfer, Leber, Franke, Rohde und einer Reihe von Staatssekretären.
Bei der in einem anderen Abschnitt schon unter dem Gesichtspunkt der Debattenvorbereitung erwähnten Grundsatzaussprache an einem Donnerstag, dem 15. Mai 1975, ab 9.00 Uhr über das NATO-Bündnis waren zunächst nur 25 bzw. 13 und vier Abgeordnete (136), beim zweiten Redner immerhin schon 40 bzw. 20 und fünf Abgeordnete anwesend und schließlich bei der Rede des SPD-Vorsitzenden Willy Brandt 90 bzw. 20 und fünf. Der Außenminister selber konnte es an diesem Tage – und dies hält der Verfasser leider auch nicht für atypisch – auf nur noch 18 zu 18 zu sechs Abgeordnete bringen. An einem Freitag, dem 18. April 1975 konnte der Wehrbeauftragte in einer Aussprache über seinen Jahresbericht eine Anwesenheit von nur 25 Abgeordneten der SPD, acht der CDU und drei der FDP – bei vorübergehender Anwesenheit des Oppositionsführers, aber der durchgehenden des SPD-Fraktionschefs – verbuchen und auf der Regierungsbank die Parlamentarische Staatssekretärin beim Bundeskanzler sowie den Parlamentarischen Staatssekretär beim Bundesminister für Verteidigung ansprechen.
Die zweite Lesung des Bundeshaushaltes vom 19. bis 21. März 1975, die wie die gesamte Haushaltsberatung traditionell zu den Höhepunkten eines Parlamentsjahres zählen sollte, konnte hinsichtlich des Etats des Auswärtigen Amtes – und damit natürlich in Anwesenheit des zuständigen Ministers – eine Anwesenheit von 70 Abgeordneten der SPD, 25 der CDU und sechs der FDP erzielen; der Fraktionssprecher der SPD

bei einer viel zu langen Rede von einer Stunde zum Bundeskanzleramt 38 zu 25 und 20, der Bundesinnenminister 30 zu 30 zu drei, der Finanzminister 60 zu 25 zu 10 und der Wirtschaftsminister gegen 19.00 Uhr 27 zu 25 zu acht Abgeordnete in den Plenarsaal „locken". Charakteristisch war hier wiederum, daß bei der Rede des Bundeskanzlers Zweidrittel der eigenen Fraktion und etwa die Hälfte der gegnerischen, bei der Rede des Oppositionsführers die Abgeordneten im umgekehrten Verhältnis anwesend waren.
Eine mehrstündige Debatte am 5. Juni 1975 zu einer Großen Anfrage der CDU/CSU in Sachen Gesundheitspolitik konnte im Schnitt nur 35 Abgeordnete der Regierungsfraktion SPD, 20 der CDU und 20 der FDP beanspruchen, gegen 20.00 Uhr nur noch 13 zu 14 zu zwei, trotz wiederholter Durchsagen speziell an die SPD-Abgeordneten, „ins Plenum zu kommen". Als zu noch späterer Stunde – die im britischen Parlament manchmal zu Höhepunkten der Parlamentswoche führen –, das heißt gegen 21.00 Uhr, der Bundesfinanzminister zu Problemen des Kreditwesens das Wort ergriff, waren nur noch 13 Abgeordnete seiner eigenen Fraktion, acht der CDU und zwei der FDP anwesend. Einen Tag vorher hatte – ausnahmsweise wiederum an einem Mittwoch – gegen 14.30 Uhr die Abgabe einer Regierungserklärung mit einer Debattenrunde insgesamt nur rund 90 Abgeordnete zu einer Anwesenheit im Plenum veranlassen können, am Donnerstag, dem 19. Juni 1975 bei einer Debatte um die doch immerhin wichtigen Verhandlungen mit der DDR betreffend die Grenzziehung an der Elbe, – zugegebenermaßen allerdings nach 20.00 Uhr – 80 Abgeordnete der SPD, 30 der CDU/CSU (!) und 10 der FDP. An diesem Abend kam der Oppositionsführer mit einem seiner Stellvertreter erst gegen 21.00 Uhr zur Rede des Bundesinnenministers Maihofer.
An der Sondersitzung des Plenums aus Anlaß des 17. Juni im Jahre 1975 nahmen ausnahmsweise alle drei Fraktionsvorsitzenden, aber sonst leider nur 55 Abgeordnete der SPD, 25 der CDU/CSU und 20 der FDP teil, wobei angemerkt werden kann, daß fünf SPD-Abgeordnete bei einer entsprechenden Äußerung des Oppositionsführers, hingegen keine Abgeordneten der Opposition während der Rede des Fraktionschefs der SPD Beifall spendeten. Eine solche überparteiliche Beifallsbezeugung hat leider im Deutschen Bundestag absoluten Seltenheitswert. Bei der Abgabe einer Regierungserklärung durch Bundesaußenminister Genscher um 9.00 Uhr morgens in einer Sondersitzungswoche zur KSZE während der sogenannten Sommerpause am 25. Juli 1975 – hier hatten selbstverständlich alle Fraktionen Präsenzpflicht angeordnet – waren die Hälfte der Abgeordneten der SPD, Dreiviertel

der CDU/CSU und Zweidrittel der FDP zugegen, bei der Rede des Altbundeskanzlers Willy Brandt dann Dreiviertel der SPD und bei der Rede gegen 17.45 Uhr des bayerischen CSU-Vorsitzenden Franz Josef Strauss mehr oder weniger alle Abgeordneten des Hohen Hauses.
Bei der immerhin doch wichtigen, obwohl nur „ersten Beratung" eines CDU/CSU-Gesetzentwurfes zur beruflichen Bildung und einer entsprechenden Rede des zuständigen Bundesministers Rhode am 23. Januar 1976 kam das Haus nur auf eine Präsenz von insgesamt 26 Abgeordneten, davon nur 12 aus den Reihen der antragstellenden Opposition in Abwesenheit des Oppositionsführers. „Zugegebenermaßen" handelte es sich hier um einen Freitagvormittag! Am Abend zuvor, also am Donnerstag, dem 22. Januar 1976, brachte es das Hohe Haus gegen 23.00 Uhr am Ende einer fünfstündigen Debatte über ein so wichtiges Thema wie die Standortplanung in Sachen Kernkraftwerke immerhin noch auf 40 Abgeordnete der SPD, 25 der CDU/CSU und fünf der FDP. Der Morgen dieses Tages hatte mit einer Rede des Bundeswirtschaftsministers zu Energiefragen begonnen – bei einer Anwesenheit von 35 Abgeordneten der SPD, 20 der CDU/CSU und drei der FDP.
Die Debatte über den Bericht zur Lage der Nation am 29.1. 1976 wies bei den Spitzenrednern der Fraktionen einschließlich des Bundeskanzlers eine erfreuliche Präsenz auf mit etwa halber Anwesenheit des Hauses bei Helmut Schmidt, einem Viertel bei Herbert Wehner, dreiviertel der CDU/CSU bei Carstens im Gegensatz zu 40 Abgeordneten der SPD und relativ guter Besetzung auch bei Mischnick. Während der Rede des Bundesaußenministers gegen 15.10 Uhr kam das Haus nur noch auf 20 Abgeordnete der SPD, 20 der CDU/CSU einschließlich dieses Mal des Oppositionsführers und 12 der FDP. Während dieser Rede las wieder einmal ein führender Repräsentant – in diesem Falle der SPD-Abgeordnete und außenpolitische Sachverständige Mattick – in der dritten Reihe ostentativ eine großflächige Zeitung, was im übrigen in Großbritannien als regelwidrig nach der geschriebenen und ungeschriebenen „Geschäftsordnung" des Hauses gilt. Gegen Abend konnte schließlich der zuständige Bundesminister Franke um 19.30 Uhr nur noch die Anwesenheit von 15 SPD-Abgeordneten, 15 CDU/CSU-Abgeordneten und fünf der FDP erzielen.
Der Bundesverteidigungsminister konnte bei der Beantwortung einer Großen Anfrage der CDU/CSU am Donnerstag, dem 15. Januar 1976 zur Verteidigungspolitik, eine Anwesenheit von einem Drittel der SPD-Fraktion, einem Viertel der CDU/CSU-Fraktion, aber nur sehr wenigen Abgeordneten der FDP erreichen, während dann am Nach-

mittag bei der Rede des Bundeskanzlers die SPD mit etwa Zweidrittel, die CDU mit rund einem Drittel und die FDP mit Zweidrittel ihrer Abgeordneten vertreten waren. An einem Freitag (19.3.1976), glaubten nur 14 Abgeordnete der SPD, 25 der CDU/CSU und zwei der FDP um 9.30 Uhr der Rede des Landwirtschaftsministers Ertl zu dem Agrarbericht 1976 zuhören zu müssen. Gegen 10.10 Uhr steigerte sich die Anwesenheit auf 15 zu 45 zu 2 bei Anwesenheit des Fraktionsvorsitzenden der FDP, nicht jedoch des Oppositionsführers und ausnahmsweise auch nicht des Fraktionsführers der SPD. Vermutlich waren hier die Landwirtschaftsexperten aller Fraktionen mehr oder weniger unter sich, was bei einer solchen Grundsatzdebatte natürlich auch nicht hätte der Fall sein dürfen. Nicht sehr viel besser war es am Donnerstag, dem 18. März 1976, gegen 9.30 Uhr bei der zweiten und dritten Beratung immerhin des Mitbestimmungsgesetzes. Hier waren 45 Abgeordnete der SPD, 35 der CDU/CSU und fünf der FDP anwesend. Bemerkenswert war die Abwesenheit des Oppositionsführers bei der zweiten Lesung einschließlich der Abstimmungen auch über Oppositionsanträge im Gegensatz zu der Anwesenheit der beiden anderen Fraktionsführer. Nach 20.30 Uhr waren nur noch neun Abgeordnete der SPD, acht der CDU und vier der FDP anwesend, bei den Tagesordnungspunkten sieben und acht sah es nicht besser aus. Hier waren nicht einmal die Berichterstatter anwesend, eine leider oft beobachtete und nach Ansicht des Verfassers besonders zu verurteilende Praxis. Das Hohe Haus kam schließlich nur auf eine Präsenz von acht Abgeordneten der SPD, vier der CDU/CSU und zwei der FDP! Zwischendurch hatte gegen 19.30 Uhr eine Debatte über den Tindeman's Bericht zur Europa-Politik 20 Abgeordnete der SPD, 20 der CDU/CSU und vier der FDP ins Plenum gelockt.

Die Beratungen des Bundeshaushaltes im Mai 1976 ähnelten, was die Präsenz betraf, den üblichen Haushaltsberatungen insofern, als bei einem Spitzenredner wie Franz Josef Strauss zum Etat des Bundeskanzleramtes Zweidrittel der Opposition, etwa die Hälfte der SPD-Fraktion und die Hälfte der FDP-Fraktion anwesend waren, bei der Rede des Bundesaußenministers zum Haushalt des Auswärtigen Amtes die Hälfte der SPD und CDU/CSU-Fraktion und etwa Zweidrittel der FDP, bei der Rede des früheren Oppositionsführers Barzel ein Drittel der SPD, ein Viertel der CDU/CSU und etwa ein Viertel der FDP. Der Bundesminister für Innerdeutsche Beziehungen „brachte" es um 20.45 Uhr auf nur noch 20 Abgeordnete der SPD, 15 der CDU/CSU und fünf der FDP, während an jenem Abend (11. Mai 1976) immerhin 65 Abgeordnete der SPD, 20 der CDU und sieben der FDP über den eigenen Haushalt (des Bundestages) abstimmten. Am nächsten Tage, einem Mittwoch, hörten sich 45 Abgeordnete der SPD, 63 der Opposition und acht der FDP die Rede des Sprechers der Oppositon, Dregger, zum Haushalt des Bundesinnenministeriums an, während am späten Nachmittag um 17.40 Uhr der Bundeskanzler eine Anwesenheit von Dreiviertel der eigenen Fraktion, der Hälfte der CDU/CSU-Fraktion und ein Drittel der FDP-Fraktion erzielen konnte. Am dritten Tag der Debatte schließlich, einem Donnerstag gegen 11.30 Uhr, waren 37 Abgeordnete der SPD, 31 der CDU/CSU und sechs der FDP während der Rede des Bundesfinanzministers anwesend – ein blamables Ergebnis angesichts des Sachgegenstandes dieser Debatte insgesamt, bei der Beratung schließlich des Haushaltes des Ministeriums für Arbeit und Sozialordnung (also bei Überlegungen zur wichtigen Sozialpolitik der Bundesrepublik Deutschland) am Freitag um 9.30 Uhr, 50 Abgeordnete der SPD, 60 der CDU/CSU und vier der FDP. Bei der dritten Beratung des Bundeshaushaltes 1976 am 20. Mai 1976 hörten nur 35 Abgeordnete der SPD ihrem Bundesfinanzminister zu, 28 der CDU/CSU und sechs der FDP, während Willy Brandt die Hälfte der SPD-Abgeordneten im Hohen Hause hatte fesseln können, jedoch „nur" 18 der CDU/CSU und zwei der FDP.

Bei der von der CDU/CSU ausgelösten Debatte über einen eigenen Antrag, mit dem die Bundesregierung aufgefordert werden sollte, einen jährlichen Bericht zur Situation der Menschenrechte in der DDR vorzulegen, waren an einem Donnerstag, (3. Juni 1976) gegen 17.00 Uhr, immerhin 15 Abgeordnete der CDU/CSU einschließlich des Oppositionsführers anwesend, 25 der SPD einschließlich des Fraktionsvorsitzenden und einige Abgeordete der FDP einschließlich des stellvertretenden Fraktionsvorsitzenden Hoppe, bei einer Debatte über eine Große Anfrage der SPD-/FDP-Koalition zur Krebsforschung am Freitag, dem 11. Juni 1976, hingegen um 9.30 Uhr nur „noch" 17 Abgeordnete der SPD, 13 der CDU/CSU und drei der FDP oder schließlich an einem der Plenartage bei einem nicht unwichtigen Gesetz wie dem zur Bekämpfung der Wirtschaftskriminalität in zweiter und dritter Beratung in Anwesenheit (bzw. während der Rede) des Bundesjustizministers mit nachfolgender Abstimmung nur 28 Abgeordnete der SPD, 13 der CDU/CSU und vier der FDP.

Bei der Verabschiedung anderer wichtiger Gesetzesvorhaben sah die Bilanz leider nicht viel anders aus. So waren am Freitag, dem 24. Januar 1975 bei der Beratung des neunten Änderungsgesetzes zum Wehrpflichtgesetz (Einführung einer sogenannten Verfügungsbereitschaft) und der Rede des Bundesverteidigungsministers nur 27 Abgeordnete der SPD, 20 der CDU/CSU und sechs der FDP anwesend. Es fehlten die beiden Fraktionsvorsitzenden der CDU/CSU und der FDP. Auch bei der zweiten und dritten Beratung des 18. Rentenanpassungsgesetzes mit entsprechender Abstimmung am Donnerstag, dem 27. Februar 1975, waren nicht mehr als 35 Abgeordnete der SPD, 25 der CDU/CSU und acht der FDP anwesend. Bemerkenswert war auch die minimale Präsenz der CDU/CSU-Fraktion bei der Debatte über einen *eigenen* Antrag auf Einsetzung eines Sonderausschusses zur Bekämpfung der Jugendarbeitslosigkeit gegen 23.00 Uhr am Donnerstag, dem 15. Mai 1975. Ausgeharrt hatten hier nur 15 Abgeordnete der Opposition gegenüber 50 der SPD und 12 der FDP. Dies war ein normales Abstimmungsbild in solchen Fällen, bei denen die Koalition mehr Abgeordnete im Hause haben muß, die Opposition von vornherein arithmetisch resigniert und das Ergebnis von der Mehrheit oft mit einem lauten „ah" quittiert wird. Bei der ersten Beratung zur Änderung des Bundesausbildungsförderungsgesetzes (BAFÖG) am Donnerstag, dem 10. April 1975, war es ebenso wie bei der ersten Beratung an diesem Tage eines neuen Abkommens über Gesundheitsfragen mit der DDR nicht sehr viel besser gewesen. Die entsprechenden Regierungsvertreter sprachen vor rund 20 SPD-Abgeordneten, acht bzw. neun der CDU/CSU und fünf bzw. sieben der FDP. Auch am Donnerstag, dem 24. April 1975, konnte der Bundeswirtschaftsminister morgens zum wichtigen Thema der Mindestreserven für Öl in der Bundesrepublik nicht mehr als 20 Abgeordnete der SPD, fünf seiner eigenen Fraktion und 15 der Opposition mustern.

Beunruhigend im Hinblick auf die spätere Entwicklung war die Tatsache, daß am Donnerstag, dem 12. Juni 1975, bei der ersten Beratung eines neuen „Anti-Terror-Gesetzes" (Erleichterung der Strafverfolgung krimineller Vereinigungen) nur 25 Abgeordnete der SPD, 30 der Opposition und vier der FDP anwesend waren und der Oppositionsführer sich nur die ersten Reden anhörte, der Fraktionsvorsitzende der FDP hingegen nicht die Rede des Bundesjustizministers, bei der noch 10 Abgeordnete der Opposition weniger den Plenarsaal zierten, insgesamt also hier 49 Abgeordnete. Bei der ersten Beratung der Änderung des Wehrpflichtgesetzes (unter anderem Fortfall des Prüfungsverfahrens für Kriegsdienstverweigerer) am 20. Juni 1975, einem Freitag, waren am späten Vormittag nur 30 Abgeordnete jeweils von SPD und Opposition sowie ein Abgeordneter der FDP anwesend, bei der anschließenden Abstimmung an jenem Morgen dann immerhin doch rund 100 Abgeordnete der stärksten Regierungsfraktion.

Am Donnerstag, dem 19. Juni, verzeichnete die erste Beratung des wichtigen Berufsbildungsgesetzes und eine Rede des zuständigen Bildungsministers die Anwesenheit von 26 Abgeordneten der SPD, 22 der CDU/CSU und fünf der FDP in Anwesenheit des Bundeskanzlers und des früheren Oppositionsführers Barzel, jedoch in Abwesenheit des Oppositionschefs sowie des Vorsitzenden der FDP-Fraktion. Als der Bundeskanzler offensichtlich wider Erwarten das Wort ergriff, waren rund 40 SPD-Abgeordnete im Saal, deren Zahl sich dann später leicht erhöhte, hingegen durchweg nicht mehr als 20 Abgeordnete der Opposition. An jenem Plenartage füllte sich das Haus erst um 10.00 Uhr zur Abstimmung über Vorschläge des Vermittlungsausschusses auf – eine durchaus charakteristische Entwicklung, wie schon weiter oben ausgeführt wurde.
Bei einer ersten Beratung über einen Bundesratsentwurf in Sachen Extremisten im öffentlichen Dienst am Freitag, dem 24. Oktober 1975, waren gegen 9.30 Uhr nur 40 Abgeordnete der SPD und zunächst 100 der Opposition bei acht FDP-Abgeordneten anwesend. Die Oppositionsabgeordneten waren aber nur in den Plenarsaal geeilt, um ihren Sprecher Dregger zu hören, nach dessen Rede noch rund 20 zurückblieben. Diese Zahl blieb auf den Oppositionsbänken auch konstant, als gegen 11.00 Uhr der Bundesinnenminister zur Sache das Wort ergriff. Jetzt hatte sich die Zahl der FDP-Abgeordneten um zwei weitere erhöht, während die Zahl der SPD-Abgeordneten um 10 sank. Insgesamt also ein typisches Freitagsergebnis. Am Freitag, dem 5. Dezember 1975, sah es bei der zweiten und dritten Beratung mit Schlußabstimmung über ein neues Berlinförderungsgesetz nicht sehr viel besser aus. Auffallend war die Abwesenheit des Oppositionsführers, dessen Fraktion immerhin 20 Abgeordnete im Saal hatte bei 50 von der SPD und 10 von der FDP. Erfreulicher war demgegenüber die Anwesenheit der Abgeordneten am Mittwoch, dem 10. Dezember 1975, bei der zweiten und dritten Lesung und Schlußabstimmung in Sachen Neugliederung des Bundesgebietes Oldenburg und Schaumburg-Lippe. Hier war immerhin die SPD zur Hälfte anwesend im Gegensatz zur CDU/CSU, die etwa ein Drittel ihrer Abgeordneten im Saale hatte. Am schlechtesten schnitt die FDP mit vier Abgeordneten ab. „Man" trat erst zur Hammelsprungabstimmung an.
Bei einem so wichtigen Zustimmungsgesetz wie dem zu den Verträgen mit der Volksrepublik Polen Ende 1975 konnte der Außenminister in Anwesenheit des Bundeskanzlers, acht weiteren Ministern und der Staatssekretärin im Bundeskanzleramt auf der Regierungsbank sowie des Fraktionsvorsitzenden der SPD und des Parteivorsitzenden der

SPD bei Abwesenheit aber zum Beispiel von Franz Josef Strauss um 9.00 Uhr morgens am 26. November 45 Abgeordnete der SPD, 50 der CDU/CSU und 10 der FDP ansprechen, der kurz danach redende CDU/CSU-Bundeskanzlerkandidat Kohl dann schon Zweidrittel „seiner“ Fraktion und Willy Brandt schließlich ein Drittel der SPD-Fraktion und rund ein Viertel der Opposition. Sehr viel besser war dann durchweg die Präsenz am Donnerstag, dem 19. Februar 1976, bei der zweiten und dritten Beratung der Materie. Hier war nun auch Fanz Josef Strauss anwesend – ebenso wie der Oppositionsführer und der Fraktionsvorsitzende der FDP – von dem Fraktionsvorsitzenden der SPD ganz zu schweigen. Bei der Rede des Bundesaußenministers war das Haus jetzt zu etwas mehr als der Hälfte besetzt, bei der Rede des Parteivorsitzenden der SPD um 12.30 Uhr zu Zweidrittel, bei der Rede des Bundeskanzlers um 15.45 Uhr zu Dreiviertel. Unmittelbar vor ihm war nur etwa ein Viertel der SPD–Abgeordneten bei der Rede des Oppositionsführeres Carstens anwesend gewesen. Am Donnerstag, (1. Juli 1976) auf einer Sondersitzung während der Parlamentsferien, sprach der zuständige Bildungsminister um 14.30 Uhr vor 25 Abgeordneten der SPD, 30 der CDU/CSU und fünf der FDP zum Ausbildungsplatzförderungsgesetz der Regierungskoalition, Helmut Kohl darauf wenigstens in Anwesenheit von der Hälfte der CDU/CSU-Fraktion. Ein nahezu total volles Haus gab es dann charkteristischerweise am 8. Dezember 1976 zwischen den Wahlperioden bei der zweiten und dritten Beratung mit Schlußabstimmung über das neue sogenannte Diätengesetz und einer entsprechenden Rede der Bundespräsidentin, die sich allerdings bei der großen Unruhe im Hohen Hause nur sehr schwer verständlich machen konnte. Die erste Beratung dieses Gesetzes hatte in Abwesenheit der wichtigen Abgeordneten Carstens und Stücklen bei einer Präsenz von 20 Abgeordneten der SPD, 17 der CDU/CSU und drei der FDP stattgefunden.

Im Zusammenhang mit der Präsenz bei *„besonderen Anlässen“* war im Untersuchungszeitraum die Tatsache bedauerlich, daß trotz vorheriger Ankündigung zumindest in der SPD-Fraktion bei der Würdigung der Opfer des Luftwaffenunglücks auf Kreta durch die Präsidentin A. Renger um 9.00 Uhr am 20. Februar 1975 wie stets bei vollen Zuschauertribünen und dieses Mal besonders vielen Angehörigen der Bundeswehr nur zwischen einem Viertel und einem Fünftel der Bundestagsabgeordneten im Plenarsaal anwesend waren – bei im übrigen überdies noch relativ leerer Regierunsbank. War dies immerhin ein Donnerstag gewesen, so war am Freitag, dem 23. Mai 1975, bei der Würdigung der Wiederkehr der Verabschiedung des Grundgesetzes durch die Bundestagspräsidentin ebenfalls um 9.00 Uhr morgens, die Präsenz auch nicht viel besser; es waren hier 59 Abgeordnete der SPD, 51 der CDU/CSU und vier der FDP anwesend. Von den Fraktionsführern fehlte der Abgeordnete Mischnick. Auf der Regierungsbank hatten zwei Kabinettsminister Platz genommen sowie vier Parlamentarische Staatssekretäre, nicht jedoch Bundeskanzler, stellvertretender Bundeskanzler oder auch nur die Staatssekretärin im Bundeskanzleramt.

Im Hinblick auf die Präsenz bei der Aussprache und Abstimmung über „weniger wichtige" Gesetzesvorhaben sei paradigmatisch an die insgesamt 16 Abgeordneten am Donnerstag, dem 12. Juni 1975 um 18.00 Uhr, bei der ersten Beratung einer Änderung des Wohnungsbaugesetzes, oder am Donnerstag, dem 5. Juni 1975, bei einer Rede des Bundesfinanzministers zum Kreditwesen in Anwesenheit von 23 Abgeordneten des Hohen Hauses erinnert. Eine Aktuelle Stunde zur Wirtschaftspolitik konnte mit dem Redner Bundesminister Friedrichs am 12. Juni 1975 an einem Mittwoch rund 80 Abgeordnete des Hohen Hauses dazu veranlassen, ihrer Präsenzpflicht zu genügen. Am Donnerstagsplenartag, (25. September 1975) waren morgens bei einer Rede des Bundeswohnungsbauministers zu Fragen von Investitionen im Bauwesen 30 Abgeordnete der SPD, 20 der CDU/CSU und 10 der FDP anwesend, am Freitag, dem 3. Oktober 1975, zu weniger wichtigen Gesetzesvorhaben nur 40 Abgeordnete insgesamt. Am Freitag, dem 23. Januar 1976, erschienen zur ersten Beratung eines Gesetzes zur Umsatzsteuer und einer Rede des Bundesfinanzministers 30 Abgeordnete der SPD, 20 der Opposition und fünf der FDP, bei Gesetzesberatungen in zweiter und dritter Lesung gegen 16.30 Uhr (u.a. Änderung des Einkommensteuergesetzes) und 18.30 Uhr am Donnerstag, 12. Februar 1976, jeweils 38 Koalitionsabgeordnete zu zwanzig der Opposition bzw. 22 der Koalition zu acht der Opposition. Am Freitag, dem 12. März 1976, interessierten sich morgens um 9.00 Uhr bei der zweiten und dritten Beratung zum Pressefusionsgesetz nicht mehr als 18 Abgeordnete der SPD, sechs der Opposition und einer von der FDP für die Materie, obwohl dann bei der Abstimmung gegen 10.00 Uhr 50 Abgeordnete der SPD, 18 der CDU/CSU und sechs der FDP in den Plenarsaal eilten, um wenig später, gegen 11.30 Uhr, den Bundesinnenminister Maihofer bei seinem Bericht zur Lage von Rundfunk und Presse in der Bundesrepublik mit 17 Abgeordneten der Koalitionsparteien und neun von der Opposition alleine zu lassen. Am Freitag, dem 7. Mai 1976 sah es nicht sehr viel besser aus mit 14 SPD-Abgeordneten, zwei FDP-Abgeordneten und neun von der Opposition bei der Aus-

sprache über den Bericht der Enquete-Kommission Auswärtige Kulturpolitik und gegen 12.15 Uhr jeweils mit 10 Abgeordneten von SPD und CDU/CSU und einem von der FDP bei der Aussprache über das neue Bundesraumordnungsprogramm. Auch die Liebe zur Natur vermochte am Donnerstag, 3. Juni 1976 um 9.00 Uhr morgens, bei der zweiten und dritten Beratung über ein Bundesnaturschutzgesetz nicht mehr als 11 Abgeordnete der SPD, sechs der CDU/CSU und zwei der FDP anzulocken. Die Kenntnisnahme von Sammelübersichten über eingegangene und bearbeitete Petitionen schließlich erzielte im Untersuchungszeitraum trotz einer in der Regel bei solchen Themen besonders guten Berichterstattung um 20.50 Uhr zum Beispiel am 6. Mai nicht mehr als 10 Abgeordnete von der SPD sowie jeweils drei von der Opposition und der FDP. Nicht uncharakteristisch war die eine Präsenz um 19.00 Uhr am Donnerstag, dem 10. Oktober 1974, also einem ausgesprochenen Plenartage. Hier waren nur noch 20 Abgeordnete im Saale, wobei allerdings in Rechnung zu stellen war, daß zur selben Zeit eine Firma in der Parlamentarischen Gesellschaft zu Freibier im Rahmen einer Sonderveranstaltung „Reines Bier“ eingeladen hatte!
Daß je nach der allgemeinen politischen Großwetterlage auch außerhalb von Abstimmungen gelegentlich hervorragende Plenarpräsenzen zu verzeichnen sind, beweisen in dem hier untersuchten Zeitraum von rund 18 Monaten die Zahlen für den Plenartag Donnerstag, den 13. März 1975, bei einer Abgabe einer Regierungserklärung des Bundeskanzlers zur inneren Sicherheit ebenso wie bei der Abgabe einer Regierungserklärung und Aussprache darüber am Mittwoch bzw. Donnerstag, 17./18. September 1975 zu Fragen der Volks- und Weltwirtschaft. Hier war das Haus nahezu vollzählig versammelt. Eine ausgezeichnete Präsenz war anschließend bei der Opposition gegeben, als deren Redner Carstens und Kohl sprachen, sowie auf Seiten der SPD bei der Rede des SPD-Sprechers Adolf Schmidt.

Ausschußpräsenz

Wie ist es nun demgegenüber um die zeitliche „Auslastung“ der MdBs in den Ausschüssen des angeblichen bundesrepublikanischen Arbeitsparlamentes bestellt? In einer großen Fraktion wie der der SPD sind alle Abgeordneten ordentliche Mitglieder in einem Ausschuß und stellvertretende in einem zweiten – verschiedene Unterausschüsse (etwa für „Humanitäre Hilfe“ oder „Auswärtige Kulturpolitik“ des Auswärtigen Ausschusses) oder Sondergremien (wie der Enquête-Kommission für Verfassungsreform der 6. und 7. Legislaturperiode) nicht eingerechnet. Häufig wird die ordentliche Mitgliedschaft in dem wenig spektakulären, aber sehr arbeitsintensiven Petitionsausschuß unter dem Aspekt einer Belohnung, zumindest aber eines Anreizes gekoppelt mit einer ordentlichen Mitgliedschaft in einem weiteren, wichtigen Ausschuß. Es wurde schon darauf hingewiesen, daß die Fraktionsführung zu Beginn einer Legislaturperiode von wenigen Ausnahmen abgesehen den schriftlich angeforderten Wünschen und Neigungen der einzelnen Abgeordneten durch die Zuteilung entsprechender Ausschuß sitze entgegenzukommen versucht, da nach der Geschäftsordnung solche Zuteilungen zu den Ausschüssen im Deutschen Bundestag durch die Fraktionen erfolgen. Die Wünsche des Verfassers zum Beispiel nach einer ordentlichen Mitgliederschaft in zwei Ausschüssen seiner beruflichen Erfahrungen und Neigungen, das heißt dem Auswärtigen Ausschuß und dem Ausschuß für Bildung und Wissenschaft, wurde zu Anfang der Legislaturperiode insofern nicht ganz entsprochen, als man ihm in dem ob seines angeblichen Prestiges – und vielleicht auch seiner Reisemöglichkeiten (?) – besonders begehrten Auswärtigen Ausschuß zunächst nur eine Stellvertreterposition gab, hingegen es gerne gesehen hätte, wenn er zusätzlich in die Beratende Versammlung des Europarates gegangen wäre. Das konnte von ihm unter Hinweis auf seine hauptberuflichen Verpflichtungen in mündlichen Rücksprachen mit der zuständigen Fraktionsgeschäftsführung erfolgreich abgewehrt werden. Für einen außenpolitischen „Sachverständigen" glauben sich im übrigen viele schnell halten zu können.

Eine ordentliche Mitgliedschaft in den beiden genannten Ausschüssen – die natürlich allein dieser Statistik zugrunde liegen können – war dem Verfasser in der 7. Legislaturperiode insofern möglich, als der Auswärtige Ausschuß mittwochs stets an Nachmittagen und der Ausschuß für Bildung und Wissenschaft stets an Vormittagen zusammentrat. In der ersten Halbzeit der 7. Legislaturperiode gab es allerdings dadurch immer wieder Ausnahmen, daß vor allem im Zusammenhang mit dem Hochschulrahmengesetz und diesbezüglichen Berichterstattergesprächen sein persönlicher Einsatz auf Vormittage nicht beschränkt bleiben konnte. Der Verfasser drängte daher schriftlich über den Geschäftsführer Wienand und den Fraktionsvorsitzenden Herbert Wehner auf eine volle Mitgliedschaft auch im Auswärtigen Ausschuß ernsthaft erst, als das Ende seines zeitlichen Engagements im Zusammenhang mit dem Hochschulrahmengesetz abzusehen war. Die Mitgliedschaft in der Enquête-Kommission für Verfassungsreform war ihm von dessen Vorsitzenden Schäfer unter Hinweis auf eben

seinen Hauptberuf aufgedrängt worden. Von der Mitarbeit in diesem Gremium versuchte er sich aber angesichts seiner hauptberuflichen Verpflichtungen gerade an den entscheidenden Freitagen sehr bald wieder durch die Fraktion entbinden zu lassen (137). In diese Kommission hat aber zum Beispiel gerade der Vorsitzende nachweislich sehr viel persönliche Arbeitszeit investiert, wie überhaupt festzustellen ist, daß Ausschußvorsitzende und ihre Stellvertreter ebenso wie die Fraktionsobleute in allen Ausschüssen eine harte Arbeit leisten müssen. Status und Einfluß müssen auch hier erarbeitet werden. Minimal hingegen war der notwendige Zeitaufwand im Unterausschuß für das Bibliothekswesen, geradezu skandalös minimal nach Auffassung des Verfassers in der Legislaturperiode der Arbeitsaufwand für das Bundestagskuratorium der Bundeszentrale für Politische Bildung. Dieses Kuratorim trat insgesamt nur 11mal und auch dann oft nur sehr kurz zu Sitzungen zusammen. Von diesen Sitzungen waren eigentlich nur zwei von grundlegender Bedeutung gewesen. Anscheinend hatte der zunächst persönlich engagierte Bundesinnenminister Maihofer sehr bald die Lust an der Arbeit dieses parlamentarischen Gremiums ebenso verloren wie der Vorsitzende Liedke, der förmlich gedrängt werden mußte, neue Sitzungen einzuberufen.
Der bildungspolitische Obmann der SPD und stellvertretende Vorsitzende des Ausschusses für Bildung und Wissenschaft, R. Meinecke, hatte sich – im Fraktionsvorstand Ende 1973 – zunächst gegen eine ordentliche Mitgliedschaft des Verfassers auch im Auswärtigen Ausschuß unter Hinweis nicht nur auf die Arbeit am Hochschulrahmengesetz, sonders auch auf die Schwierigkeit einer Präsenz in seinem Ausschuß ganz allgemein ausgesprochen. Tatsächlich stellte die Präsenz in diesem Ausschuß in der 7. Legislaturperiode, nach den Unterlagen des Verfassers zu urteilen, ein größeres Problem dar als im Auswärtigen Ausschuß, nicht weil hier die Präsenz besser gewesen wäre, sondern weil eben im Ausschuß für Bildung und Wissenschaft über sehr lange Zeiträume hinweg wichtige Gesetze zur kontroversen Beratung und Abstimmung anstanden, vor allem das Hochschulrahmengesetz oder das Gesetz zur Reform der beruflichen Bildung.
Der SPD-Obmann und stellvertretende Ausschußvorsitzende in einer Person hatte die vollzählige Anwesenheit der Koalitionsseite bei allen „Abstimmungssitzungen“ sicherzustellen. Da Letzteres immer wieder zu wünschen übrig gelassen hatte, sah sich R. Meinicke in der 7. Legislaturperiode zu verschiedenen, mahnend-„drohenden“ Briefen an die SPD-Ausschußmitglieder veranlaßt und wiederholte solche Mahnungen auch in den Sitzungen der Arbeitsgruppe. Am 18. Januar 1975

wies er hier zum Beispiel darauf hin, daß er gezwungen wäre, künftig durch seine Mitarbeiter zu Beginn einer Sitzung des Ausschusses eine besondere Liste zu führen und dann die nichtanwesenden Abgeordneten über Hauslautsprecher oder per Telefon zur Teilnahme an der Sitzung auffordern zu lassen.
In der Tat konnte auch in der 7. Legislaturperiode jedermann im Hohen Hause immer wieder feststellen, daß über die Lautsprecheranlage die SPD-, CDU- oder FDP-Mitglieder des Ausschusses x, y „gebeten wurden, zur Ausschußsitzung . . . zu kommen". In der 6. Legislautperiode war natürlich das Problem der Präsenz gerade der Koalitionsabgeordneten in den Ausschüssen angesichts der sich verschlechternden Mehrheitsverhältnisse zu einer Frage des politischen Überlebens überhaupt geworden.
Mit Beginn der 7. Legislaturperiode und der dann gegebenen relativ „bequemen" Koalitionsmehrheit glaubten offensichtlich viele Abgeordnete des *Auswärtigen Ausschusses* – der Verfasser kann und will seine Bewertungen in diesem Zusammenhang ja nur auf seine eigenen Beobachtungen stützen – sich eine schlechte Präsenz „leisten" zu können und vollzählig nur bei wichtigen Abstimmungen erscheinen zu müssen. Bei solchen Fällen waren sie oder zumindest ihre Stellvertreter immer wieder zur Stelle, zumal Abstimmungen in der Regel zu vorher ausgehandelten und rechtzeitig bekanntgegebenen Terminen stattfanden, nachdem die oft stundenlangen Generalaussprachen zu bestimmten Sachkomplexen vorher unter sehr viel schwächerer Beteiligung abgelaufen waren. Die Aufzeichnungen des Verfassers über die Sitzungen des Auswärtigen Ausschusses in der 7. Legislaturperiode weisen jedenfalls eine im ganzen sehr unbefriedigende Präsenz auf. Bei „Routinesitzungen", das heißt bei solchen ohne politisch bedeutungsvolle, geschweige denn brisante Tagesordnungspunkte (etwa bei einer „Berichterstattung der Bundesregierung zur Lage in Äthiopien") waren in der 7. Legislaturperiode in diesem vertraulich-geheim tagenden Ausschuß nur ein halbes Dutzend Abgeordnete von 33 ordentlichen Mitgliedern anwesend. Auf jeden Fall aber waren sie in der Minderhiet gegenüber den anwesenden Vertretern des Auswärtigen Amtes und anderer Bundesbehörden (Staatssekretären, Ministerialdirektoren, Ministerialräten). Durchweg schlecht war die Präsenz bei allen außer wirklich wichtigen Sitzungen jeweils nach 17.30 Uhr, nachdem in den ersten zwei Stunden die interessantesten und wichtigsten Tagesordnungspunkte abgehandelt worden waren. Im Gegensatz offenbar zu einem Ausschuß wie dem Rechtsausschuß tagte der Auswärtige Ausschuß in der 7. Legislaturperiode von wenigen Ausnahmen abgesehen ohnehin an einem Tage

selten länger als drei Stunden. Am 24. September 1975 verzeichnet der Verfasser auf einer Sitzung, bei der es unter anderem um die MBFR-Verhandlungen ging, insgesamt vier Mitglieder der SPD einschließlich seiner selbst, zwei der CDU und eines der FDP. Bei diesen Zahlen ist darauf hinzuweisen, daß für die spätere Geschichtswissenschaft die jeweiligen Anwesenheitslisten nicht sehr beweiskräftig sind, da Abgeordnete sich in diese Listen (wie ja auch in die Anwesenheitsliste des gesamten Plenums) häufig nur pro forma eintragen und dann allenfalls kurz in die betreffende Sitzung „hereinschauen". Am 17. März 1976 zum Beispiel beantragte der Verfasser selber als vorgesehener Berichterstatter zum Thema Menschenrechtsantrag der CDU/CSU „wegen schlechter Präsenz bei einem so wichtigen Thema" um 19.00 Uhr (!) die Absetzung von der Tagesordnung, was auch angenommen wurde. Dieser Tagesordnungspunkt wurde dann wegen seiner, wie sich herausstellen sollte, großen Brisanz und weil es daher auch zu kontroversen Abstimmungen kam, durch die Fraktion zu einem „präsenzpflichtigen" erklärt und somit am 31. März 1976 für etwa anderthalb Stunden gewissermaßen hochstilisiert.
Auf der Sitzung des Ausschusses am 7. April 1976 – um ein anderes Beispiel zu nehmen – verzeichnete der Verfasser eine Präsenz von sechs zu sechs zu zwei. Immerhin standen hier auf der Tagesordnung Punkte wie ein Bericht der Bundesregierung über die Tagung des Europäischen Rates in Luxemburg am 1. und 2. April 1976, die kommunistischen Parteien in Europa sowie die Lage in Afrika und Israel etc. Schon ungewöhnlich gut war die Präsenz etwa am 29. Mai 1976 mit einer zeitweiligen Höchststärke von fünf Abgeordneten der SPD, acht der CDU/CSU und einem der FDP. Hier ging es vor allem um die lange im Bundestag vernachlässigte Seerechtskonferenz. Auf einer Sitzung am 23. Juni 1976, bei der die Bundesregierung unter anderem über die Beziehungen zu Polen berichtete, waren zwischen zwei bis sechs Mitglieder der CDU (im Laufe der Beratung), drei bis sechs der SPD und drei (!) der FDP anwesend. Bis 10.40 Uhr – die Sitzung hatte ausnahmsweise vormittags um 9.30 Uhr mit dem Tagesordnungspunkt Polen begonnen – waren von der SPD überhaupt nur drei Bundestagsabgeordnete zugegen. Dann kamen drei „Europa"-Abgeordnete hinzu. Sehr viel besser war in der Regel die Präsenz, wenn vorher feststand, daß der Außenminister persönlich erscheinen würde (138), so etwa auf einer Sitzung am 9. Juni 1976 zum Tagesordnungspunkt eins: Bericht der Bundesregierung über die Ost-Westbeziehungen. Hier kam die SPD immerhin auf neun Abgeordnete einschließlich ausnahmsweise auch solcher Mitglieder wie Philipp Rosenthal oder Horst Ehmke für jeweils

eine Stunde, die CDU auf sechs und die FDP – wie häufig – auf die mögliche Gesamtstärke von drei. Ein wirklich volles „Haus" war bei Anwesenheit des Bundeskanzlers zu verzeichnen, so in der 7. Legislaturperiode einmal bei Willy Brandt und zweimal bei Helmut Schmidt. Letzterer war bereits am 16. Mai 1974 gekommen, um als neuer Bundeskanzler den außenpolitischen Teil seiner Regierungserklärung zu skizzieren. Auch auf einer ganztägigen Sondersitzung des Ausschusses in den Sommerferien mit dem Bundesaußenminister am 14. Juli 1975 zur KSZE brachte es die SPD immerhin zeitweilig auf die volle Sollstärke, im Gegensatz zu einer Routinesitzung vom 18. Juni 1975 mit Genscher, wo ebenfalls dieses Thema behandelt wurde und nur sechs SPD-Abgeordnete, aber 10 der CDU/CSU anwesend waren. Ein Abgeordneter wie etwa Franz Josef Strauss war allerdings auch hier nicht anwesend und überhaupt in der 7. Legislaturperiode nach den Unterlagen des Verfassers nur zweimal, davon einmal, um selber einen Bericht über eine seiner Reisen in die Volksrepublik China abzugeben. Der Abgeordnete Eppler – um ein weiteres prominentes Beispiel zu nehmen – gab nach seinem Ausscheiden aus dem Kabinett und seinem erneuten Eintritt in den Auswärtigen Ausschuß diesem am 23. April 1975 etwa 10 Minuten lang die Ehre, als es um eine recht lange und ausgezeichnete Aussprache mit Vertretern des Deutschen Roten Kreuzes über die Familienzusammenführungen und die Umsiedlung Deutscher aus Polen ging. Er kam dann zum Beispiel noch eine halbe Stunde am 16. April 1975 – ebenso wie etwa das ordentliche Mitglied Barzel eine Stunde – als die Bundesregierung zum Treffen der EG-Außenminister vom 12. und 13. April 1975 berichtete.
Daß allerdings auch im Auswärtigen Ausschuß mitunter von vielen Mitgliedern hart gearbeitet wurde, soll nicht geleugnet werden. Das war und ist natürlich besonders der Fall bei Beratungen wichtiger Verträge (139). So tagte dieses Gremium zum Beispiel auf einer Sondersitzung ausnahmsweise auch an einem Plenartag einmal am 16. Mai 1974 laut vorheriger Vereinbarung und Ankündigung von 16.30 Uhr bis 20.30 Uhr. Festzuhalten ist in diesem Zusammenhang erneut, daß mit Ausnahme des Haushaltsausschusses in seinen Beratungsspitzenzeiten sowie der Untersuchungsausschüsse normale Ausschüsse vom Präsidenten nur sehr selten die Erlaubnis erhalten, während eines Plenartages zusammenzutreten.
Die unentschuldbar schlechte Präsenz der SPD-Mitglieder des Auswärtigen Ausschusses bei Sitzungen der fraktionsinternen *Arbeitsgruppe Außenpolitik* – gewöhnlich an Dienstagen von 9.00 Uhr bis 10.30 Uhr oder 11.00 Uhr, da dann der übergeordnete Arbeitskreis I (mit in der

Regel besseren Präsenz) zusammentritt – ist in einem anderen Sachzusammenhang schon erwähnt worden, soll hier aber nochmals mit einigen Zahlen belegt werden. Vielleicht lag diese schlechte Präsenz auch an der unbefriedigenden Ausgestaltung solcher Sitzungen durch den jeweiligen Vorsitzenden. Der Verfasser vermerkt jedenfalls in seinen Privatprotokollen zu Sitzungen der Arbeitsgruppe am 12. Februar 1974, damals unter Vorsitz von H. J. Wischnewski:

„Ben Wisch redet von 10.10 Uhr bis 10.55 Uhr, andere Mitglieder nur dreimal eine halbe Minute, small talk, Zeitverschwendung". Auf der Tagesordnung hatte hier lapidar gestanden: „Vorbereitung der Sitzung des Auswärtigen Ausschusses" (ein Routinetagesordnungspunkt für die Arbeitsgruppe) sowie bezeichnenderweise: „Teilnahme der sozialdemokratischen Mitglieder des Auswärtigen Ausschusses an den Sitzungen dieses Ausschusses".

Im Hinblick auf eine Verbesserung der Effizienz dieses Gremiums hatte der Verfasser auf dieser Sitzung die schon erwähnte Klausurtagung der Arbeitsgruppe zu grundsätzlichen Fragen und zur Berichterstattung der einzelnen Mitglieder über die von ihnen übernommenen Arbeitsgebiete vorgeschlagen. Wischnewski sah sich dann interessanterweise am 2. April 1974 gezwungen, an die „lieben Freunde" im Auswärtigen Ausschuß folgendes Schreiben zu richten:

„In den letzten Wochen und Monaten habe ich leider feststellen müssen, daß die Präsenz unserer Mitglieder im Auswärtigen Ausschuß sowohl während der Sitzungen des Ausschusses wie auch der Plenarsitzungen immer mangelhafter geworden ist. So waren bei der Debatte um den Vertrag mit der CSSR im Plenum nur vier Mitglieder anwesend. Entschuldigungen lagen aber auch nicht vor. In der Aktuellen Stunde über Polen war die Teilnahme nicht viel besser. Was die Sitzungen des Auswärtigen Ausschusses anbelangt, so hätten wir, falls es zur Abstimmung in der letzten Sitzung gekommen wäre, diese Abstimmungen wegen mangelhafter Präsenz verloren . . . In unser aller Interesse und im Interesse der von uns zu leistenden Arbeit bitte ich noch einmal, in Zukunft wieder aktiver in den Sitzungen des Auswärtigen Ausschusses mitzuarbeiten und Eure Teilnahme an den Plenarsitzungen zu verstärken . . .".

Viel genützt hatte diese Mahnung nicht, was die Mitarbeit in der Arbeitsgruppe betraf. Jedenfalls verzeichnet der Verfasser zum Beispiel für die Arbeitsgruppensitzung vom 16. Oktober 1974 drei Abgeordnete außer ihm selber, als es immerhin um die bessere Organisation der Arbeit in diesem Gremium überhaupt ging. Am 11. März 1975 waren es fünf bzw. acht, am 18. März 1975 sechs Abgeordnete – hier schon eine eindeutige Verbeserung – am 30. September 1975 zunächst vier, später sechs, am 2. Dezember 1975 vier, später fünf (hier ging es unter anderem um Angola), am 4. Mai 1976 vier (hier immer einschließlich Verfasser und bei einer potentiellen Mitgliedschaft von 15 ordentlichen und 15 stellvertretenden SPD-Mitgliedern im Auswärtigen Ausschuß). Auf der letzteren Sitzung war allerdings der Tagesordnungspunkt

„Information über die Situation in der Volksrepublik China" abgesetzt worden, so daß nur der Tagesordnungspunkt verblieb: „Vorbereitung der Sitzung des Auswärtigen Ausschusses". Als die Information über die Entwicklung in China durch das Auswärtige Amt dann nachgeholt wurde, war die Präsenz in der Arbeitsgruppe ausnahmsweise sehr gut – mit insgesamt acht MdBs am 1. Juni 1976 einschließlich des Abgeordneten von Dohnanyi. Insgesamt besser als in der Arbeitsgruppe Außenpolitik war die Präsenz im übergeordneten Arbeitskreis I, der drei Arbeitsgemeinschaften zusammenfaßt. Am 8. April 1975 zum Beispiel verzeichnete der Verfasser 10 MdBs aus den drei Arbeitsgruppen, am 21. Oktober 1975 sogar 15, als mit der zuständigen Parlamentarischen Geschäftsführerin über das Problem der Auslandsreisen beraten wurde. (In voller Sollstärke müßten es 45 MdBs sein – und theoretisch ebenso viele stellvertretende Ausschußmitglieder).

Etwas hatten also vielleicht doch die Mahnschreiben des neuen Arbeitsgruppenvorsitzenden Bruno Friedrich genützt, so das vom 16. Januar 1976, in dem es hieß:

„Am kommenden Mittwoch, dem 21. Januar, wird im Auswärtigen Ausschuß abschließend die Beratung über die Polenvereinbarung stattfinden. Mit diesem Brief möchte ich Euch bitten, an den Beratungen teilzunehmen. Diese Bitte gilt auch für die stellvertretenden Mitglieder. Ich muß sie sehr nachdrücklich an Euch richten, denn in der letzten Sitzung am 14. Januar waren insgesamt nur 11 Mitglieder (von 30) aus unserer Fraktion im Auswärtigen Ausschuß anwesend, obwohl ich vorher schriftlich um volle Präsenz gebeten hatte; das heißt, wir waren an diesem Tage unfähig, eine Abstimmung zu beantragen bzw. einen von der CDU/CSU möglicherweise gestellten Antrag abzulehnen. Ich brauche nicht zu betonen, wie eine Niederlage wegen mangelnder Präsenz in der Partei, in der Öffentlichkeit und außenpolitisch wirken muß. Es ist aber auch nicht gut, wenn zeitweise bei der Beratung eines so wichtigen Vertrages nur drei oder vier Sozialdemokraten 10 bis 15 Abgeordnete der Opposition im Ausschuß gegenüberstehen. In den letzten Monaten ist die Beteiligung der Mitglieder des Ausschusses an den Sitzungen in einem weder vertretbaren noch entschuldbaren Ausmaß zurückgegangen. Dies ist ... jederzeit nachzuweisen. Diese Nachlässigkeit kann in der gegenwärtigen Situation nicht hingenommen werden. Ich muß Euch deshalb dringend bitten, den Verpflichtungen, die die Fraktion von den Mitgliedern des Auswärtigen Ausschusses erwarten kann, zu entsprechen ...".

Als Regel kann im übrigen gelten, daß die Präsenz der Oppositionsmitglieder in einem solchen Ausschuß durchweg besser ist. weil sie stets die Regierung durch kritische Fragen in Bedrängnis zu bringen suchen werden und damit zeitlich gesehen die Hauptlast des Dialogs mit den Regierungsvertretern bestreiten.

Wesentlich besser als die Präsenz der SPD-Mitglieder des Auswärtigen Ausschusses war die Präsenz in der *Arbeitsgruppe „Bildung und Wissenschaft"*, – ausgezeichnet zum Beispiel für den 2. Oktober 1975 oder den 17. Februar 1976, als es um die Beratung der Gesetze zur beruflichen Bildung ging. Auch sonst deuten die Befunde anderer Fraktionsarbeitsgemeinschaften und Arbeitskreise in eine andere Richtung, besonders im Bereich der Rechts- und Wirtschaftspolitik –, ganz zu schweigen von den Mitgliedern des Haushaltsausschusses, der neben dem Rechts- und dem Petitionsausschuß wohl als einer der arbeitsintensivsten des Deutschen Bundestages überhaupt angesehen werden kann. In Arbeitsgruppensitzungen, Berichterstatter-Gesprächen und Beratungen des gesamten Ausschusses wird hier die Materie meist gründlich durchberaten, während der Rechtsausschuß – abgesehen von einer Federführung bei Gesetzen – gerade in der 7. Legislaturperiode bei vielen anderen Gesetzesvorhaben, so auch bei auswärtigen Verträgen der Bundesrepublik Deutschland, mitberiet.

Dennoch bleibt unter dem Gesichtspunkt der Arbeitsbelastung des einzelnen Abgeordneten sicherlich als Grundregel für die Tätigkeit in allen Ausschüssen die, daß neben den Obleuten und Vorsitzenden jeweils nur die Berichterstatter zu bestimmten Sachkomplexen zeitlich voll in Anspruch genommen und sachlich gefordert werden und die restlichen Abgeordneten bei der Beratung von Gesetzen und Maßnahmen der Regierung in erster Linie als „Stimmenträger" fungieren, die vor allem zu Abstimmungen in die Ausschüsse eilen. Dabei ist natürlich zu berücksichtigen, daß sich der Durchschnittsabgeordnete innerhalb einer Legislaturperiode auch gar nicht in mehr als zwei bis drei Gesetzesmaterien wirklich sachkundig machen kann, es sei denn, er ist selber vom Fach und arbeitet als Fachmann von Hause aus in einem Ausschuß, der mehr oder weniger aus Fachleuten oder auch „Interessenten" besteht, wie zum Beispiel der Ausschuß für Ernährung, Landwirtschaft und Forsten. Auch bei eigener Sachkenntnis, das jedenfalls kann der Verfasser aufgrund seiner Erfahrungen als einer der Berichterstatter für die Komplexe Hochschulrahmengesetz und Hochschulbesoldung bestätigen, muß sich der Abgeordnete im Rahmen seiner politischen allround-Tätigkeit in Bonn und im Wahlkreis immer wieder auf Expertisen der beteiligten Ministerialbürokratien verlassen, einer Expertenelite, die in der Regel auch bei den Berichterstattergesprächen der Abgeordneten vertreten ist, um Hilfestellungen jeder Art leisten zu können (140). Bei einer ordentlichen Mitgliedschaft in zwei Ausschüssen – die Regel für die FDP-Abgeordneten – bleibt mit Sicherheit nicht die Möglichkeit, sich in alle anstehenden Ausschußsachgebieten jeweils voll einzuarbeiten. Auch der Verfasser machte daher nach Verabschiedung des Hochschulrahmengesetzes gar nicht mehr den Versuch, dies in bezug auf die Arbeit des Ausschusses für Bildung

und Wissenschaft zu tun, sondern konzentrierte sich nun, was seine aktive Mitarbeit betraf, mehr oder weniger ganz auf den Auswärtigen Ausschuß und beschränkte sich im Ausschuß für Bildung und Wissenschaft auf die Rolle des zuhörenden, nur gelegentlich das Wort ergreifenden und vor allem abstimmenden Ausschußmitgliedes.
Damit sind wir bei den möglichen *Gründen* für die nur allzuoft minimale Präsenz der Abgeordneten im Plenum abgesehen von der ebenfalls zu häufig unbefriedigenden aktiven Mitarbeit in den Ausschüssen. Wenn wir bei dem Versuch einer Analyse solcher Gründe einmal von der immer atypischer werdenden Zahl des MdBs' mit einem voll wahrgenommenen Hauptberuf absehen und uns auf dem Boden der tendenziellen Befürwortung eines hauptberuflichen Bundestagsabgeordneten durch das Bundesverfassungsgericht stellen, dann ergibt sich folgendes Bild: (141)
Erstens:
Der in einer erheblichen Entfernung von Bonn angesiedelte MdB verbringt jeweils nur etwa 25 (1978:23) Wochen im Jahr am Sitz des Bundestages und auch in diesen Wochen in der Regel nur drei volle Tage – von Dienstag bis Donnerstag einschließlich – und vielleicht noch einen halben Tag am Freitag, wenn er Nichtmitglied des Fraktionsvorstandes ist, der montagsnachmittags tagt. Auch an diesen etwa 85 Tagen im Jahr ist es unvermeidlich, daß er für seine Wahlkreisorganisation, für seinen Ausschuß oder aber für seine Bonner Fraktion zumindest abends – mit Ausnahme vielleicht des Plenarabends am Donnerstag – auswärtige Verpflichtungen wahrnimmt. An drei bzw. dreieinhalb Tagen 25 mal im Jahr müßte er theoretisch zumindest vier Stun-den an Arbeitsgruppen- und Arbeitskreissitzungen, an vier Stunden Fraktionssitzung (142) und drei bis vier Stunden Ausschußsitzung teilnehmen, so daß bei einem achtstündigen Arbeitstag, den er rein quantitativ in Bonn ohnehin nicht einhalten kann wegen laufender quasi gesellschaftlicher Verpflichtungen (Essen mit auswärtigen Gästen, Besprechungen mit Vertretern von Interessengruppen und nicht zuletzt Betreuung von Besuchergruppen), pro Woche noch etwa 15 Stunden verbleiben. Sie wären schon voll in Anspruch genommen, wenn er im Plenum ständig, das heißt auch unter Einschluß der Fragestunden, präsent wäre. Sein normaler Bürobetrieb bliebe dabei ebenso unerledigt wie er keine Zeit fände für die Vorbereitung von Berichterstattungen, Reden etc. Was den Bürobetrieb betrifft, so verfügt er ja abgesehen von dem Sekretariatspool nur über einen Mitarbeiter bei einem mitunter sehr erheblichen Posteingang und Telefonverkehr, der nach den Erfahrungen des Verfassers vom Umfang her einer

normalen sogenannten Unterabteilung mit mehreren Referaten in einem mittleren Ministerium gleichkommt, einer Unterabteilung also, die in der Regel eine größere Anzahl von Beamten und Angestellten aller Stufen aufweist. Hinzu kommt gerade in Bonn ein stetiger Strom von Informationen durch Fraktion, Publizistik, Ministerien etc., die in irgendeiner Form zumindest selektiv wahrgenommen werden sollten, so daß man allein unter solchen Gesichtspunkten schon versteht, wenn der Abgeordnete im Plenum häufig liest, wobei das Lösen von Kreuzworträtseln in den ersten Reihen allerdings unentschuldbar ist! (143) Der Abgeordnete muß somit entweder sehr schnell arbeiten können – was nicht jedermanns Sache sein dürfte – oder sich selber zur Oberflächlichkeit erziehen, oder aber eben bestimmte Stunden in Ausschuß- und Plenumbetrieb einfach fehlen.

Zweitens:

Ein Fehlen vor allem im Plenum wird ihm aber nun auch noch durch mehrere Umstände, die zusammenkommen, relativ leicht gemacht. Da ist einmal, wie schon erwähnt, die große Versuchung, sich mittels des Hausradios in seinem Zimmer bei eigener Arbeit über den Verlauf des Geschehens im Plenum auf dem Laufenden zu halten. Dieser Umstand veranlaßte zum Beispiel den Verfasser, eine seiner Reden zum Hochschulrahmengesetz zu relativ später Abendstunde mit dem Satz einzuleiten:

„. . . Ich sage dies gleich zu Anfang zu der großen Gemeinde meiner Fraktionsfreunde, die sicherlich, genüßlich in ihren Zimmern sitzend, über die Lautsprecheranlage hier zuhören werden. Wir Redner . . . sind jetzt wohl mehr oder weniger zusammen mit unseren unmittelbaren Sympathisanten unter uns. Daß unser eigener unermüdlicher Fraktionsvorsitzender noch anwesend ist, bedarf eigentlich kaum einer Erwähnung“ (144).

Hinzu kommt – und auch zur Illustration dieses Punktes vermag gerade ein Gesetzgebungsvorgang wie der um das Hochschulrahmengesetz zu dienen – daß es immer nur wenige Abgeordnete geben kann, die an einer bestimmten Gesetzesmaterie ebenso interessiert wie über dieselbe in allen Einzelheiten orientiert sind. Und um eben solche Einzelheiten geht es ja in der Regel gerade bei ersten und zweiten Lesungen, die dann, wenn nicht kontroverse Abstimmungen anstehen, von vornherein „geschwänzt“ werden, zumal jeder Abgeordnete aufgrund des kurzen Sachvortrages auf der vorausgegangenen Fraktionssitzung in etwa die grundsätzlichen Aspekte des Problems übersehen kann. Und hier berühren wir natürlich einen entscheidenden, oft kritisierten und mit Reformeifer angegangenen Punkt. Er betrifft die Tatsache, daß pro forma bei allen Gesetzesvorlagen immer noch drei Beratungen im Plenum absolviert werden müssen, selbst wenn zunehmend die zweiten und dritten Beratungen mit der Schlußabstimmung zusammengezogen werden (145).

Drittens:

Auf einen dritten Aspekt wurde ebenfalls schon in einem anderen Sachzusammenhang hingewiesen. Es werden Engagement und Kreativität des einzelnen Abgeordneten im Hinblick auf die Mitarbeit im Plenum sowohl durch zu lange Reden immer dergleichen Fraktionssprecher als auch durch die Erfahrung lahmgelegt, daß man selber Reden, die man gut vorbereitet hatte und auch halten wollte, nicht „loswerden" konnte, also wieder einmal pour le roi de le prusse tätig gewesen war.

Viertens:

Es war unter solchen, in den verschiedensten Legislaturperioden parlamentsöffentlich und auch in der Wissenschaft zur Sprache gebrachten Umständen, nicht verwunderlich, daß sich auch die von uns mehrfach erwähnte Reformkommission der SPD-Fraktion in der 7. Legislaturperiode mit dem Problembereich „Präsenz" – allerdings nur im Plenum – beschäftigte. Nachdem diesbezügliche Fragen schon auf der Reformklausur der Fraktion vom 12. Juni 1973 angesprochen worden waren, zirkulierten in der SPD-Reform-Arbeitsgruppe mit Schreiben der Fraktionsgeschäftsführung vom 5. Dezember 1973 Papiere, die zum Themenkreis „Debattenführung, Redezeiten und Präsenz im Plenum" von „Norbert Gansel, Manfred Schulte und Christoph Schweitzer" vorgelegt wurden. Um die „Präsenz während der Plenarsitzungen generell zu verbessern, wurde folgender Vorschlag unterbreitet:

„Die Mitglieder der SPD-Bundestagsfraktion, ausgenommen die Minister und Parlamentarischen Staatssekretäre, bilden Gruppen zu je drei Abgeordneten, die unter sich eine Verabredung dahin treffen, daß während der Dauer der Plenarsitzungen zumindest ein Mitglied ihrer Gruppe ständig im Plenarsaal anwesend ist. Bei der Bildung der Dreiergruppen sollte darauf geachtet werden, daß nicht alle Mitglieder demselben Arbeitskreis bzw. derselben Arbeitsgruppe angehören, um zu vermeiden, daß bei Sitzungen an Plenartagen für die Anwesenheit im Plenum Schwierigkeiten entstehen ...

Auf diese Weise wird erreicht, daß während der Plenarsitzungen zumindest ca. 70 Mitglieder der Fraktion ständig anwesend sind.

Die Dreiergruppen finden sich nach freier Vereinbarung zusammen und melden ihr Team dem für die Präsenz zuständigen Parlamentarischen Geschäftsführer. Es ist in erster Linie Aufgabe der Mitglieder der Dreiergruppen selbst, sicherzustellen, daß ein Mitglied ihrer Gruppe im Plenarsaal anwesend ist ...".

Schweitzer hatte Teams von zwei Abgeordneten bei Debatten und Fragestunden vorgeschlagen und zu dem Punkt „Debattengestaltung, Redezeit und Zwischenfragen" den Vorschlag unterbreitet, „bei Debatten mit mehreren Runden für einzelne Abgeordnete ohne vorherige Absprache, aber nach Abklärung mit dem

Geschäftsführer Kurzreden von fünf Minuten" vorzusehen. Zu diesem Punkt hieß es im Papier der Arbeitsgruppe zusätzlich:
„Die Plenardebatten leiden in aller Regel darunter, daß die einzelnen Beiträge zu lang ausgedehnt und zudem noch abgelesen werden ... Die Grundregel der 15-Minutenrede ist inzwischen zur Ausnahme geworden. Um die Debatten interessanter zu gestalten und zugleich mehr Mitgliedern der Fraktion Gelegenheit zu geben, im Plenum zu sprechen, wird vorgeschlagen, die 15-Minutenrede fraktionsintern zur verbindlichen Grundregel zu machen. Ausnahmen hiervon aus besonderem Anlaß bedürfen entweder der Voranmeldung in der Fraktionssitzung oder der Absprache mit dem zuständigen Arbeitskreisvorsitzenden und einem Parlamentarischen Geschäftsführer während der Debatte. Rednern, die kürzere Zeit als 15 Minuten zu sprechen beabsichtigen, soll in der Reihenfolge der Redner, wenn die Debatte dies zuläßt, der Vorrang eingeräumt werden. Diese Regelung gilt insbesondere für Plenardebatten, die nicht lediglich aus einer „Runde" bestehen ... Es ist in das Belieben der Fraktionen gestellt, durch welche Aufteilung der ihnen zur Verfügung stehenden Zeit unter ihre Redner sie die Debatte zu gestalten wünschen ...". Generell hatte sich Schweitzer mit Norbert Gansel für einen „Vorrang des Zeitprinzips vor dem Rundenprinzip" ausgesprochen.

Diese Vorschläge wurden von der Arbeitsgruppe am 17. Januar 1974 bei voller Besetzung unter Vorsitz von Alex Möller diskutiert und in ihrem Kern angenommen. Der Verfasser schlug hier ergänzend vor, daß der Arbeitsgruppenvorsitzende bei seinen Erläuterungen auf einer Fraktionssitzung mündlich den Wunsch hinzufügen möge, bei Plenarreden zumindest in den ersten drei Sitzungsreihen des Plenarsaales künftig keine Unterhaltungen mehr zu führen. Nicht zuletzt, weil diese zum Teil sicherlich unpolulären Vorschläge der Reformgruppe charakteristischerweise auf dem Wege über den Fraktionsvorstand zur Fraktion versandeten, wandte sich der Verfasser mit Schreiben vom 11. Februar 1975 unmittelbar an die Mitglieder des Ältestenrates wie folgt:

... Jahr für Jahr „stoßen" wir einen Besucherkreis aus, der einschließlich seiner Multiplikatorenwirkung auf rund eine Million geschätzt werden kann – einmal ganz abgesehen von den Fernsehzuschauern. Sie alle erleben, daß es von Jahr zu Jahr schlimmer geworden ist mit der Präsenz und anderen Unsitten wie dem Zeitungslesen auch in den vordersten Reihen. Nach der letzten Plenarsitzung bin ich wieder einmal aus meinem Wahlkreis heraus angesprochen bzw. angerufen worden, weil bei der Fernsehübertragung klar erkennbar neben mir ein Zeitungsleser gesessen hatte, als der Bundesaußenminister sprach. Meines Erachtens müßte der Ältestenrat eine Übereinkunft erzielen, wonach das ostentative Lesen von Zeitungen im Großformat nur noch in den hintersten rund fünf bis zehn Reihen gestattet wird.
Zweitens erregt es bekanntlich immer wieder Anstoß, daß außer dem Vorsitzenden der SPD-Fraktion die Fraktionsvorsitzenden nur relativ wenig im Plenum sind. Ich werde häufig gefragt, wofür eigentlich die Fraktionsvorsitzenden noch zusätzliche „Gehälter" beziehen – eine vom Standpunkt „Lieschen Müllers" draußen durchaus berechtigte Frage. Die Anwesenheit des Bundeskanzlers kön-

nen wir jederzeit erzwingen – und tun das ja auch. Der Ältestenrat sollte meines Erachtens aber auch in unserer eigenen Richtung eine klare Empfehlung abgeben. Ansonsten ließe sich natürlich diese Frage auch einmal bei der Beratung des Einzelplanes 02 anschneiden!
Dasselbe gilt für die ständigen, lauten und zum Teil stehend durchgeführten Unterhaltungen im Plenum. Ich glaube, wir sollten einführen, daß der jeweils amtierende Präsident die Kolleginnen und Kollegen, die er stehend längere Unterhaltungen führen sieht, *namentlich* anspricht und auffordert, die Unterhaltungen in die Seitengänge zu verlegen. Dann kommt so etwas ins Protokoll ...
Ich habe die miserable Präsenz in den verschiedenen Stadien gerade der Debatte zur Lage der Nation durch eigenes Zählen einmal notiert – sozusagen ein idealer Stoff für politikwissenschaftliche Veröffentlichungen. Wenn unsere Bevölkerung insgesamt prozentual so wenig Anteil an dem Schicksal der Nation nimmt wie das von ganz wenigen Ausnahmen abgesehen während der beiden verstümmelten Plenartage in allen Fraktionen der Fall war, dann sollten wir uns als die letztlich für unsere Nation Verantwortlichen nicht wundern, wenn es mit dem Selbstverständnis dieser Nation immer mehr bergab geht.
Ich weiß, daß dies alles in den letzten 25 Jahren schon sehr häufig Gegenstand von Überlegungen innerhalb des Parlamentes und außerhalb desselben gewesen ist. Nach meinen Beobachtungen hat sich aber die Situation, wie schon erwähnt, von Jahr zu Jahr verschlechtert. Es ist jetzt ein Zustand erreicht, den kein ernstzunehmender Parlamentarier länger stillschweigend hinnehmen dürfte. Ich sehe mich jedenfalls außerstande, dies zu tun und werde in Kürze anfangen, mich in diverser Form öffentlich kritisch zu diesen Problemen zu äußern. Wir sind auf dem besten Wege, auch auf diese Weise die parlamentarische Demokratie bei uns ad absurdum zu führen ...".

Er erhielt daraufhin von verschiedenen Ältestenrat-Mitgliedern zum Teil sehr interessante Antworten, die im Kern darauf hinausliefen, daß (so ein damaliges Mitglied des Bundestagspräsidiums) ein „volles Haus bei uninteressanten Themen eine Qual für alle sei" und man ohnehin „erwachsene Menschen nicht wie Schulkinder disziplinieren könne ..."

So ist eine Verhandlung in einem vollen Hause (etwa vor oder nach einer Kampfabstimmung oder einem erwarteten Tagesordnungspunkt) für alle Beteiligten einschließlich Tribünen- und Fernsehzuschauern weit schlimmer als eine sachliche Verhandlung vor einem nur viertels (! d. Verf.) besetzten Haus. Der Redner ist kaum zu hören, der Präsident ermahnt vergeblich, die Abgeordneten kommen, gehen und unterhalten sich, die Tribüne ist abgelenkt, und die Rede geht unter ...
Dagegen gibt es meines Erachtens kein geeignetes Gegenmittel. Daher habe ich, bei allem Verständnis, Bedenken dagegen, daß wir uns selbst ungenügende Anwesenheitszeugnisse ausstellen, ohne garantieren zu können, daß ein voll besetztes Haus seine Funktion, die Unterrichtung der Öffentlichkeit, besser ausfüllt als ein halb oder viertel besetztes".

Ein Mitglied des Ältestenrates, gleichzeitig Mitglied des SPD-Fraktionsvorstandes und wichtiger Sprecher seiner Fraktion in zwei Ausschüssen der 7. Legislaturperiode antwortete:

„Ich glaube das Problem erkannt zu haben, aber es läßt sich kaum mit Disziplinarmaßnahmen zur Erhöhung des Plenarbesuches lösen. Gestatte, daß ich ein wenig von meiner eigenen Situation ausgehe. Ich soll im Fraktionsvorstand, in der Fraktionssitzung und im Arbeitskreis dauernd anwesend sein. Der Rechts- und Geschäftsordnungsausschuß, dem ich angehöre, veranstaltet fast jede Viertelstunde kontroverse Abstimmungen (146), so daß ich so gut wie nicht fehlen kann. Während der Sitzungen des Ältestenrats und des Vermittlungsausschusses muß ich sowieso zwangsweise das Plenum schwänzen. Es ist dann einfach unmöglich, pausenlos im Plenum zu sitzen und nur brav zuzuhören. Ich muß im Plenum Post bearbeiten, denn schließlich erhalte ich als Arbeitskreisvorsitzender nicht nur die üblichen Briefe aus dem Wahlkreis . . ."

„. . . wir brauchen mehr Zeit für die hauptsächlich mit der Gesetzgebung befaßten Ausschüsse. Was in den Ausschüssen nicht fertig wird, kommt nicht ins Plenum und nicht ins Bundesgesetzblatt. Mit dem, was wir gewollt, aber nicht fertig gekriegt haben, können wir im nächsten Bundestagswahlkampf keinen Blumentopf gewinnen. Mehr Zeit für die Ausschüsse gibt es nur, wenn wir weniger Zeit für das Plenum verbrauchen. An ausführlichen Plenarsitzungen und Debatten zu allen möglichen Themen ist aber insbesondere die Opposition interessiert. Ihr können wir nicht den Mund verbieten. Wir können aber eine ganze Menge tun . . .

1. Die dritten und vierten Runden von Debatten (Aussprachen über Haushalt und Regierungserklärung ausgenommen) bringen für die Öffentlichkeit nichts mehr. Sie finden meist nach Redaktionsschluß der überregionalen Zeitungen statt, Zeitungen und Fernsehen berichten nichts mehr darüber. Gerade wenn eine Debatte in der vierten oder fünften Runde vor sich hinplätschert, werden Zeitungen gelesen oder Gespräche im Stehen im Plenum geführt. Der Plenarsaal leert sich, es wird nur noch unnötige Zeit verbraucht. Das hat sich schon herumgesprochen. Denke bitte nur an die vielen Einladungen, die Du für Termine an Donnerstagen um 18.00 Uhr oder um 19.00 Uhr erhältst.
2. Eine Verbesserung wäre möglich, wenn man auch bei wichtigeren Themen nach Vereinbarung der Parlamentarischen Geschäftsführer die dritten und weiteren Runden einfach abschneidet. Vielleicht müßte man dazu die Möglichkeit wieder eröffnen, nicht gehaltene Reden zu Protokoll zu geben . . .

Wenn Du bei schlechter Präsenz nachschaust, wer von unserer Fraktion im Plenum ist, dann sind das meistens Leute, die man nicht gerade als Füllmaterial und Hinterbänkler bezeichnen kann. Die Leute, die genügend Zeit fürs Plenum hätten, sind meist nicht da. Das wird, je näher der Zeitpunkt der Wiederaufstellung heranrückt, immer deutlicher sichtbar".

Es bleibt tatsächlich in diesem Zusammenhang auch nach Auffassung des Verfassers die gewichtige Hypothese im Raume, daß zumindest im letzten Viertel einer Legislaturperiode, im Grunde aber tendenziell durchweg, der Abgeordnete in Bonn einen erheblichen Teil seiner Arbeitszeit mit Aktivitäten ausfüllt, von denen er sich einen günstigen Einfluß auf seine Stellung in Partei und Fraktion, vor allem aber auf die Chancen seiner Wiederaufstellung zu gegebener Zeit im Wahlkreis verspricht. Es bleibt ferner – für die 7. Legislaturperiode in wahrscheinlich leichtem Gegensatz zur 8. – der Faktor der Ämterhäufung von Fraktions-, Partei- und Parlamentsämtern festzuhalten. Diese Ämterhäufung, die ja auch mit den erwähnten Eigeninteressen des Ab-

geordneten zusammenhängt, wirkt sich in der vom Briefschreiber hier freimütig genannten Richtung aus.
Leider scheiterte der Versuch des Verfassers, das Thema persönlich auf einer diesbezüglichen Sitzung des Ältestenrates zur Sprache zu bringen an der grundsätzlich umstrittenen Entscheidung dieses Gremiums, keine Nichtmitglieder zu Sitzungen zuzulassen (146).
Es war dem Verfasser unter diesen Umständen nur noch die Flucht in die Öffentlichkeit geblieben, die er im Zusammenhang mit der Etatberatung zum Einzelplan 02 (des Bundestages) am 19. März 1975 im Plenum antrat. Gemäß § 59 der Geschäftsordnung gab er eine Erklärung zur Abstimmung zu Protokoll, die folgenden Wortlaut hatte:

„Nur unter Hintenanstellung erheblicher Bedenken sehe ich mich imstande, dem Einzelplan 02 in diesem Jahr meine Zustimmung zu geben, weil ich meine, daß es dem Prestige des Deutschen Bundestages und damit unserer parlamentarischen Demokratie überhaupt dienlicher gewesen wäre, bei dieser einzigen sich in einem Haushaltsjahr bietenden Möglichkeit einmal mehr die eigene Arbeitsweise vor der Öffentlichkeit auch selbstkritisch zu analysieren. Lediglich mit Rücksicht auf unser aller in diesem Jahr unvermeidliches Umdisponieren im Hinblick auf die gesamte Haushaltsdebatte und nicht in Honorierung diesbezüglicher Wünsche des Ältestenrates, herangetragen an mich durch parlamentarische Geschäftsführer, verzichte ich auf einen Debattenbeitrag zum Fragenkomplex.
Ich weiß mich vor allem mit der Frau Präsidentin, aber auch mit anderen Mitgliedern des Präsidiums und des Ältestenrates sowie mit vielen Kolleginnen und Kollegen und nicht zuletzt auch mit kritischen Beobachtern aus der Publizistik und der allgemeinen Öffentlichkeit darin einig, daß erneute Anläufe zur Verbesserung unserer parlamentarischen Arbeitsweise und unseres parlamentarischen Stils dringend geboten sind . . .
Aus aktuellstem Anlaß rege ich 1. an zu prüfen, ob nicht – notfalls auf dem Wege einer Änderung sowohl des Grundgesetzes als auch unserer Geschäftsordnung – das jederzeitige und zeitlich unbegrenzte Rederecht des Bundesrates einer Revision unterzogen werden muß. Gerade die letzte große Plenardebatte hat gezeigt, daß durch eine übermäßige Beteiligung der Bundesratsvertreter, von denen zumindest einer als Vorsitzender einer Partei stark parteipolitisch motiviert gewesen zu sein schien, die Mitglieder des Deutschen Bundestages in ihren eigenen verfassungsmäßigen Rechten, in diesem Falle in ihren eigenen Redemöglichkeiten, beeinträchtigt werden können.
2. Auch auf diese Weise kann meines Erachtens die häufig beklagte Präsenz an wichtigen Plenartagen künftig noch weiter beeinträchtigt werden. Wir müssen wieder dahin kommen, daß bei der Behandlung großer Grundsatzthemen (z.B. zur Lage der Nation) oder auch aus anderem ernsten Anlaß (z.B. einer besonders herausgehobenen Traueransprache der Bundestagspräsidentin) ein Maximum an Präsenz gewährleistet ist. Nicht nur *ein* Fraktionsvorsitzender sollte im übrigen in diesem Zusammenhang mit bestem persönlichem Beispiel vorangehen. Eine oft zumindest nach außen hin unglückliche Präsenz kann m.E. in den Augen der Öffentlichkeit auch nicht durch den ebenfalls berechtigten Hinweis wettgemacht werden, daß die Abgeordneten dieses Hauses mehr als überlastet sind und ihren entscheidenden Beitrag zur Parlamentsarbeit in den Ausschüssen leisten. Es

würde einer noch stärkeren Verlebendigung solcher Generaldebatten, einer noch größeren Vielfalt dort bekundeter Meinungen und damit eben einem gesteigerten Interesse an Präsenz dienlich sein, wenn u.a. mit Ausnahme einer ersten Runde die Standardredezeit von 15 Minuten tatsächlich nicht überschritten wird. Vom Rundenprinzip könnte danach bei solchen Anlässen zugunsten einer noch flexibleren Handhabung der Geschäftsordnung durch das Präsidium abgegangen werden. Bei der Verabschiedung von normalen Gesetzen sollte es in einer strikten Zusammenlegung von 2. und 3. Lesung in der Regel nach Erklärungen der Berichterstatter nur noch eine Runde geben. Beschränkt wieder eingeführt könnten auch Reden zu Protokoll – zumindest in Kurzfassungen.

3. Bei der Aufstellung des Einzelplans 02 im nächsten Haushalt sollte auf eine noch bessere Aufschlüsselung einzelner Etatposten und damit auf noch mehr Transparanz geachtet werden. Zu empfehlen ist in diesem Zusammenhang angesichts der angespannten Haushaltslage in diesem Jahr eine möglichst sparsame Inanspruchnahme der verschiedenen Titel für Dienstreisen ins Ausland, die als solche auch künftig geboten sind, damit Abgeordnete ihrem verfassungmäßigen Auftrag in vielen Fällen noch besser nachkommen können. . .

4. Das häufige Parlieren von Mitgliedern des Bundestages in Gruppen – besonders wenn es im vordersten Drittel des Plenarsaales stattfindet – verletzt meines Erachtens ebenso die Würde des Hauses wie das Lesen von großformatigen Zeitungen selbst in den vordersten Reihen. Für Zehntausende von Besuchern und Fernsehzuschauern fällt der Deutsche Bundestag in dieser Beziehung gegenüber dem Bundesrat ganz erheblich ab. Das Präsidium sollte daher gebeten werden, künftig ohne Ansehen der Person insbesondere Teilnehmer an Gruppengesprächen namentlich – und damit für das Protokoll – anzusprechen bzw. diese auffordern, solche und andere, oft gewiß unvermeidliche Unterhaltungen, die über eine „Flüstertonstärke" hinausgehen, in die Lobby zu verlegen (147).

Fünftens

Über Reformen der parlamentarischen Arbeit im allgemeinen und der Geschäftsordnung im Hinblick auf eine bessere Präsenz der Abgeordneten im besonderen wird sicherlich in der Zukunft innerhalb und außerhalb des Bundestages weiter nachgedacht werden, wie dies schon in früheren Jahren der Fall war. Ob man mit Hilfe von intra- oder interfraktionellen Vereinbarungen die Präsenz im Plenum und in den Ausschüssen verbessern kann, erscheint nach allen bisherigen Erfahrungen mehr als zweifelhaft. Abgesehen von „technischen" Überlegungen aller Art, vor allem aber natürlich von den immer wieder diskutierten Reformen der Parlamentsarbeit insgesamt, dürfte es entscheidend darauf ankommen, daß die aufgestellten Bundestagskandidaten (auf jeden Fall dann aber die gewählten Abgeordneten) in dieser Beziehung die Notwendigkeit einer Selbstverpflichtung empfinden und daß hier darüber hinaus vielleicht auch von der örtlichen Parteibasis her ein wenig nachgeholfen wird. Bei Abgeordneten, Parteianhängern und Wählern in den Wahlkreisen gleichermaßen muß das Gefühl dafür gestärkt werden, daß es die erste Pflicht des Gewählten in Bonn gebietet, eine quantitativ und qualitativ befriedigende Arbeit im Bonner Bundeshaus zu leisten. Wiederum aus eigener Erfahrung muß allerdings in diesem Zusammenhang gerade die örtliche Parteibasis mitangesprochen werden, weil sich immer wieder zeigt, daß diese Basis auch in einer Sitzungswoche „ihren" Abgeordneten zu irgendwelchen Veranstaltungen im Wahlkreis – und sei es auch nur zu einem größeren Schützenfest – zu sehen wünscht.

Der Bonner Repräsentant muß auch den Mut zu der Aussage finden, daß es im Interesse der Bürger des Wahlkreises selber, erst recht aber des Funktionierens unserer parlamentarischen Demokratie, wichtiger ist, wenn der MdB seiner Arbeit in Bonn voll nachgeht, als wenn er von Volksfest zu Volksfest oder Versammlung zu Versammlung vor Ort reist (148).

Anzumerken ist in diesem Gesamtzusammenhang schließlich noch, daß die von den Fraktionen bestimmten Ausschuß-Berichterstatter für eine Gesetzesmaterie oder einen anderen Vorgang häufig noch nicht einmal selber im Plenum anwesend sind, wenn „ihr" Komplex mit der stereotypen Formulierung des Präsidenten aufgerufen wird: „Wünscht einer der . . . Berichterstatter das Wort? Ich danke den . . . Berichterstattern". Diese spezielle Form mangelhafter Präsenz einzelner MdBs ist leider immer dann zu verzeichnen, wenn man mit einer Intervention (Berichterstatter könnten sich jederzeit zu Wort melden) zur Sache wegen ihrer anscheinend untergeordneten Bedeutung keine „Blumentöpfe" gewinnen kann. Auffallend war diese „Praxis" in der 7. Legislaturperiode z.B. bei der vom Verf. in einer Spezialstudie untersuchten Befassung des Bundestages mit Europagesetzen". *Hier* helfen auch keine Reformen – sondern nur Apelle an das Pflichtgefühl.

IV. Vom parlamentarischen Selbstverständnis der Bundestagsabgeordneten

Parlamentstheoretisch ist es eine der vornehmsten Aufgaben „des" Gesetzgebers, die jeweilige Exekutive im Hinblick auf ihre Arbeit zu kontrollieren, nach Bedarf zur Verantwortung zu ziehen und im Gesetzgebungsverfahren besonders dann eigene Vorstellungen zu entwickeln und gegebenenfalls durchzusetzen, wenn die Gesetzesinitiative von der Exekutive ausgegangen ist. Es soll daher im folgenden anhand eines konkreten Falles aus der 7. Legislaturperiode des Deutschen Bundestages der Versuch einer Beantwortung der Frage unternommen werden, ob sich die Parlamentarier heute in der Bundesrepublik auf Bundesebene in der täglichen Parlamentspraxis als „Kontrolleure" und „Gesetzgebungssouveräne" verstehen und dieser Rolle tatsächlich gerecht werden.

Es ist in der Literatur ebenso wie in dieser Studie wiederholt herausgearbeitet worden, daß in der Bundesrepublik genauso wie in Großbritannien oder anderen modernen parlamentarischen Demokratien vom Selbstverständnis der Abgeordneten selber her nicht mehr das Gesamtparlament der Regierung „gegenüber" steht, sondern nur noch die jeweilige Opposition. Sie aber wird, was eine wirksame Einflußnahme auf die Regierung betrifft, immer zur Frustration, weil allenfalls zur Deklamation verurteilt bleiben, solange sie keine Mehrheiten umkehren und damit letztlich selber die Regierung übernehmen kann. Wir haben am Beispiel der SPD-Bundestagsfraktion schon andeuten können, daß die Regierung, wenn es hart auf hart geht – wie zum Beispiel bei dem Rentendebakel Ende 1976 – nur „zurückgepfiffen" werden kann und gelegentlich auch zurückgepfiffen wird von der eigenen, das heißt der Regierungsfraktion. Besonders gilt dies bei knappen Regierungsmehrheiten und einer relativ potenten abweichenden Minderheit innerhalb einer Regierungsfraktion. Angriffe auf die eigene Regierung selbst hinter den verschlossenen Türen der Fraktionssäle, erst recht aber natürlich öf- fentlich vorgetragene Angriffe und dann ein Zurückweichen der Regierung später vor der Öffentlichkeit, stellen die Ausnahme gegenüber dem Normalfalle dar, wonach sich der einzelne „Regierungsabgeordnete", die jeweilige Regierungsfraktion vor eben dieser Öffentlichkeit im Bundestagsplenum und außerhalb desselben in der Rolle des Sekundanten empfindet, der seinem Mandanten, seiner Mannschaft, durch „dick und dünn" zum Siege verhelfen will.

Es verblaßt also auch im Plenum des Deutschen Bundestages immer mehr der Glorienschein eines traditionellen parlamentarischen Gesamtkontrolleurs der Regierung. Nur gelegentlich tritt noch ein Abglanz desselben in Erscheinung. Das war etwa der Fall in der 7. Legislaturperiode, als Bundeskanzler Helmut Schmidt auf Antrag zunächst der Opposition, sofort aber mit Zustimmung der meisten anwesenden SPD- und FDP-MdBs, an ihrer Spitze Herbert Wehner selber – gemäß § 46 der Geschäftsordnung bei zwei Gegenstimmen und einigen Enthaltungen in das Hohe Haus zitiert wurde, da es nach Ansicht der Antragsteller um die Behandlung eines außenpolitischen Themas von übergeordneter Bedeutung ging, das der Bundeskanzler sich darüber hinaus auch noch anschickte, in Moskau persönlich zur Sprache zu bringen. Das Haus unterbrach seine Sitzung für eine halbe Stunde, der Bundeskanzler mußte seine Termin- und Reisepläne ändern und erschien, wie man optisch festellen konnte, ausgesprochen verstimmt. So war es ebenfalls gelegentlich in der 7. Legislaturperiode, wenn Herbert Wehner durch Zwischenrufe oder Nebenbemerkungen bei Wortmeldungen die schlechte Präsenz auf der Regierungsbank kritisierte. Es muß in diesem Zusammenhang erneut festgehalten werden, was der Verfasser an anderer Stelle aus gegebenem Anlaß schon getan hat, daß Herbert Wehner „zu den wenigen deutschen Parlamentariern gehören" dürfte, „die der Sache des Parlamentarismus auch um ihrer selbst willen dienen" (149).

Stellt – wiederum nach den Beobachtungen des Verfassers zu urteilen – schon ein solches parlamentarisches Selbstbewußtsein eine relative Seltenheit im Deutschen Bundestag dar, so mangelt es an demselben erst recht im Zusammenhang mit dem „normalen" Gesetzgebungsverfahren. Zunächst sei daran erinnert, daß eine größere Anzahl von Fallstudien in den letzten Jahren immer wieder denselben Befund ergeben haben, wonach rund 80% aller im Deutschen Bundestag verabschiedeten Gesetze auf eine Einbringung durch die Bundesregierung zurückgehen, das heißt nicht durch den Bundesrat oder, was nach der Theorie noch wichtiger wäre, aus der Mitte des Bundestages heraus. Ähnlich ist der Befund in Großbritannien, wenngleich dort die interessante Möglichkeit sogenannter „private-members-bills" besteht, die aber quantitativ und qualitativ kaum ins Gewicht fallen

(150). Es gilt dort als „selbstverständlich", daß alle wichtigen Gesetzesentwürfe solche der Regierung Ihrer bzw. Seiner Majestät sind, die daher auch sicherzustellen hat, daß das Haus genügend Zeit zur Beratung dieser Gesetze findet. Eine derartige Kontrolle des Fahrplanes des britischen Unterhauses durch die Regierung ist in der Bundesrepublik undenkbar. Hier wird diese Aufgabe von dem jeweils freie interfraktionelle Vereinbarungen abschließenden Ältestenrat wahrgenommen, wobei natürlich die Vertreter der Regierungsparteien die Interessen der „eigenen" Regierung mit wahrnehmen, die allerdings in der Regel auch durch einen als Gast teilnehmenden Staatssekretär des Bundeskanzleramtes vertreten ist.
Wie steht es nun um das Selbstverständnis der bundesrepublikanischen Gesetzgeber und insbesondere um ihr parlamentarisches Selbstbewußtsein während der eigentlichen parlamentarischen Gesetzgebungsphasen, das heißt nach der Einbringung eines entsprechenden Gesetzentwurfes in einer ersten Lesung bzw. Überweisung eines solchen Entwurfes an den federführenden Ausschuß und an mitberatende Ausschüsse, und wie ist es um die Entscheidungsfreiheit der „obersten Legislatoren" und um ihre Einwirkungsmöglichkeiten auf den Gesetzgebungsprozeß bestellt? Wir wollen diesen Fragen anhand der Verabschiedung des Hochschulrahmengesetzes nachgehen.
Dabei muß aufgrund der Quellenlage das Schwergewicht auf der Koalitionsseite und hier bei den „zuständigen" Mitgliedern der SPD-Fraktion und hier wiederum, wie in der Gesamtleitung kurz problematisiert, bei der Mitwirkung des Verfassers selbst liegen.

Zu unserem „Fall" – dem Hochschulrahmengesetz (HRG) – generell

Stecken wir zunächst den äußeren Rahmen des Entscheidungsablaufes bei der Entstehung dieses Gesetzes ab: Bekanntlich gab es bereits einen entsprechenden Entwurf der sozial-liberalen Regierung und ihrer Koalition in der 6. Legislaturperiode des Deutschen Bundestages (151).
Eine zweite und dritte Lesung des damals vom Ausschuß verabschiedeten Entwurfes fand wegen der vorzeitigen Auflösung des Bundestages nicht mehr statt. Unter dem Nachfolger des Bildungsministers Leussink, von Dohnanyi, wurde daher ein neuer Gesetzesentwurf vom Kabinett Brandt am 29. August 1973 beschlossen und am 30. November 1973 im Bundestag eingebracht (152). Bereits auf der ersten Arbeitssitzung der neukonstituierten Arbeitsgruppe „Bildung und Wissen-

schaft" der SPD-Fraktion am 30.1.1973 hatte von Dohnanyi sein bildungspolitisches Arbeitsprogramm unter Einschluß des Hochschulrahmengesetzes zeitlich und in Umrissen inhaltlich erläutert und dafür Zustimmung geerntet. Am 16. Mai 1973 ernannte diese Arbeitsgruppe ihre Berichterstatter zum Gesamtkomplex, das heißt zum Hochschulrahmengesetz im engeren Sinne die Abgeordneten Glotz und Wichert und zum damit zusammenhängenden Komplex der Reform des Beamten- und Besoldungsrechts den Verfasser. Interessanterweise wollte man den hauptberuflich unmittelbar Betroffenen von Anfang an vornehmlich in einem Bereich einsetzen, für den er wegen möglicher Interessenkollisionen gegenüber der Arbeitsgruppe und damit der Fraktion zunächst nicht verantwortlich sein wollte. Für diese Arbeitsaufteilung, die dann ohnehin nicht mehr durchgehalten wurde, dürften mehrere Gründe eine Rolle gespielt haben, nicht zuletzt der, daß der Verfasser in dieser wie in anderen Fragen als ein mehr nach „rechts" tendierender, hingegen Wichert als ein nach „links" und Glotz als ein in der „Mitte" angesiedelter SPD-Abgeordneter galt. Die Ansichten des Verfassers entsprachen, wie noch zu zeigen sein wird, zumindest in der ersten Phase nicht den Auffassungen des Obmanns und stellvertretenden Ausschußvorsitzenden (153). Alle drei Berichterstatter galten aber dann doch gleichermaßen als offizielle Berichterstatter der SPD-Fraktion zum Hochschulrahmengesetz, da die beiden Gesetzesentwürfe, um die es ging, zunächst zeitgleich behandelt und durch das Hochschulrahmengesetz wesentliche Aspekte auch der Hochschullehrerbesodlung präjudiziert werden mußten. An die Stelle des Hauptberichterstatters Wichert trat nach dessen Ausscheiden aus dem Bundestag und Übernahme eines Staatssekretärpostens in der Niedersächsischen Regierung im Herbst 1974 der beamtenrechtliche Sachverständige im Innenausschuß (und stellvertretendes Mitglied im Bildungsausschuß) A. Wernitz, der dann mit dem Verfasser übrig blieb, als auch im Mai 1974 der Abgeordnete Glotz ausgeschieden war, d.h. Parlamentarischer Staatssekretär im zuständigen Bundesministerium für Bildung und Wissenschaft wurde.

Offiziell konnte sich der Ausschuß für Bildung und Wissenschaft natürlich erst nach der ersten Lesung im Plenum am 13. Dezember 1973 mit der ihm überwiesenen Vorlage befassen. Er tat dies erstmalig im Hinblick auf die Terminplanung am 16. Januar 1974. Am 23. Januar 1974 wurde über Anlage und Durchführung eines Anhörverfahrens von Interessengruppen beraten, wobei gegen die Opposition eine Einladung auch an den VDS (Verband Deutscher Studentenschaften, der dieser Opposition zu linkslastig war) durchgesetzt wurde. Die Berichterstatter aller drei Fraktionen standen schon Anfang Dezember fest. Sie traten daher schon informell erstmalig am 7. Dezember 1973 und sodann erneut am 14. Februar 1974 zusammen. Ab Mitte Februar 1974 erfolgte eine sogenannte 1. Lesung des HRG in Verbindung mit dem Gesetzesentwurf des Bundesrates zur Neuregelung des Beamten- und Besoldungsrechtes im Ausschuß, am 28. Februar ein erstes Anhörverfahren und am 1. März 1974 ein zweites. Danach standen die beiden Gesetzesentwürfe sozusagen ständig auf der Tagesordnung dieses parlamentarischen Gremiums, das eine zweite Lesung am 7. Juni veranstaltete und dann unter sehr dramatischen Vorzeichen im Juli mit der dritten Lesung begann, diese aber gegen den Willen und Widerstand der Koalition erst nach der parlamentarischen Sommerpause mit der Herausgabe des amtlichen Ausschußberichtes abschließen konnte. Das Bundestagsplenum verabschiedete das Hochschulrahmengesetz in zweiter und dritter Beratung am 12. Dezember 1974. Der Bundesrat rief den Vermittlungsausschuß am 21. Februar 1975 „gegen" dieses vom Bundestag beschlossene, zustimmungspflichtige Gesetz an. Der Bundestag stimmte dem mit erheblichen Abänderungen versehenen Gesetz bzw. dem Ergebnis des Vermittlungsausschusses am 12. Dezember 1975 und der Bundesrat am 18. Dezember 1975, zu, so daß das Gesetz endgültig am 26. Januar 1976 verkündet und am 30. Januar 1976 in Kraft treten konnte. Der gesamte Gesetzgebungsvorgang wäre insofern schon eine detaillierte Analyse wert – die im Rahmen dieser Untersuchung nicht geleistet werden kann –, weil auf den Entscheidungsprozeß zur Sache nicht nur völlig legitimer Weise von verschiedenen Interessengruppen Einfluß zu nehmen versucht wurde, sondern auch von den Vertretern der sogenannten A- und B-Länder (das heißt der SPD bzw. CDU/CSU regierten). Mit den Ländern mußte also die Koalitionsseite ebenso wie die Opposition ihr jeweiliges Vorgehen im Hinblick auf die spätere Haltung des Bundesrates, aber auch unter übegeordneten parteipolitischen Gesichtspunkten sehr genau abstimmen (154).

Vom legislativen Selbstverständnis der Mitglieder des Deutschen Bundestages am Beispiel des Hochschulrahmengesetzes

Erstens:
Die Abgeordneten aller Fraktionen sind bei der Beratung eines Regierungsentwurfes und gegebenenfalls bei Abänderungsvorschlägen, die von der einen oder anderen politischen Seite vorgebracht werden,

auch dann in sehr hohem Maße auf die *Hilfe exekutiver Fachbeamter* angewiesen, wenn sie selber aufgrund eigener beruflicher und anderer Erfahrungen von der Materie etwas verstehen. Davon war hier, wie sicherlich in vielen Fällen der Gesetzgebungsarbeit in den Ausschüssen, auszugehen. Die Berichterstatter der Opposition, die Abgeordneten Gölter und Schäuble, verfügten über kulturpolitische und bildungspolitische ebenso wie über juristische Erfahrungen, zumal sie in letzterer Hinsicht gelegentlich auch noch von ihrem Fraktionskollegen Professor Klein assistiert wurden; die SPD mit Ausnahme des Abgeordneten Wichert sämtlich über eigenberufliche Erfahrungen im Hochschulbereich, der spätere Hauptberichterstatter der SPD, Wernitz, darüber hinaus als aktives Mitglied der ÖTV über eine gewisse beamtenrechtliche Expertise. Immer wieder rekurrierten die Abgeordneten der Opposition, oft „sichtbar" während der Ausschußberatungen selber, auf „ihre" Länderexperten, die ihnen ebenso durchgehend bei der Abfassung von mündlichen und schriftlichen Voten geholfen haben dürften, wie die Vertreter des primär zuständigen Bundesministeriums für Bildung und Wissenschaft vor allem den Koalitons-Berichterstattern. Theoretisch stehen die Beamten der Ministerien allen Abgeordneten des Deutschen Bundestages beratend und gegebenenfalls auch mit Formulierungshilfen zur Verfügung. So ist es auch im Zusammehang mit der Beratung des Hochschulrahmengesetzes wiederholt gewesen, zumal der Ausschuß insgesamt häufig Beschlüsse faßte, mit denen die Exekutive aufgefordert wurde, Alternativvorschläge auszuarbeiten und zu begründen. Entsprechende Memoranden des Ministeriums gingen somit regelmäßig den Berichterstattern aller Fraktionen zu. So hieß es z.B. in einem Schreiben des Ministeriums an die Berichterstatter vom 15. August 1974:

„Bei einem Gespräch, das der Herr Bundesminister für Bildung und Wissenschaft mit dem Präsidium der Kultusministerkonferenz am 15. Juni 1974 geführt hat, wurde eine Besprechung zwischen den mit Zulassungsfragen befaßten Beamten der Länder und des Bundes über die Ergebnisse der öffentlichen Anhörung von Sachverständigen, die in der Sitzung des Bundestagsausschusses für Bildung und Wissenschaft am 1. Juli 1974 durchgeführt wurde, für zweckmäßig gehalten. Diese Besprechung wird am 4. September 1974 stattfinden. Anliegend übersende ich eine hierfür im Ministerium erstellte Besprechungsunterlage zu Ihrer persönlichen Unterrichtung . . .".

Es verwundert angesichts einer solchen Einschaltung der Exekutive in den Gesetzgebungsprozeß des Bundestages auch nicht, daß sich zum Beispiel bei einem Allparteien-Berichterstattergespräch am 15. Oktober 1974 fünf Bundestagsabgeordnete insgesamt 5 Beamten des Bundesministeriums für Bildung und Wissenschaft gegenübersahen, sie sich (allerdings unter Vorsitz des SPD-Abgeordneten Wernitz), alle völlig gleichberechtigt mit den Bundestagsabgeordneten zu Worte meldeten (155).

Zweitens:

Das *Zusammenspiel zwischen Koalitionsberichterstattern und Bundesministerium* war aber zweifellos besonders eng und soll daher zunächst ohne eine inhaltliche Darstellung der jeweiligen Materie grundsätzlich im Hinblick auf einen gewissen *Bonus der Regierungsfraktionen* bei einer solchen Gesetzgebungsarbeit verdeutlicht werden. Die SPD-Berichterstatter trafen sich als Gruppe mit „ihrem" Ministerium bzw. seiner Spitze alleine vom angegebenen Zeitpunkt der Konstituierung der SPD-Berichterstattergruppe im Mai 1973 bis zur dritten Lesung des Gesetzes im Bundestag am 12. Dezember 1974 fünfmal, zusammen mit den Berichterstattern der FDP sechzehnmal. Von ganz wenigen Ausnahmen abgesehen waren bei jeder dieser Sitzungen die jeweiligen zuständigen Beamten des Ministeriums anwesend, häufig der Minister selber, zumeist der beamtete Staatssekretär oder der Parlamentarische Staatssekretär. Hatte zunächst pro forma der Vorsitz in diesen Koalitionsberichterstattergesprächen nach Einbringung des Gesetzes unter den Abgeordneten rotiert (bei entsprechenden Gesprächen mit dem Minister von Dohnanyi vor Einbringung des Entwurfes führte dieser allerdings häufig den Vorsitz), so ist interessant festzustellen, daß nach dem Wechsel des Berichterstatters Glotz in das Amt des Parlamentarischen Staatssekretärs im Ministerium dieser immer wieder, gewissermaßen wie selbstverständlich, den Vorsitz nehmen zu müssen glaubte.

Bundesminister von Dohnanyi schaltete sich sehr intensiv in die Koalitionsgespräche der Berichterstatter schon vor der Verabschiedung des Regierungsentwurfes im Kabinett ein, so etwa am 6. Juni 1973. Tatsächlich war er in einer unter Aspekten der innerparteilichen Demokratie (wenn auch nicht so sehr der klassischen Gewaltenteilungslehre), geradezu vorbildlicherweise bemüht, die Koalitionsabgeordneten am abschließenden Willensbildungsprozeß des Kabinetts zu beteiligen. Ihm lag zweifellos unter anderem deshalb daran, weil die Einheit der Koalition gewissermaßen von unten her ständig untermauert werden mußte, das heißt solche Verklammerungen und Abstimmungen bis zur endgültigen Verabschiedung des Gesetzes laufend nötig hatte. Am 18. und 20. Juni 1973 stellte der Minister in dieser Runde vertrauliches Material seines Hauses für die Endfassung des beabsichtigten Regierungsentwurfes zur Verfügung und zur Diskussion. Auch in der parlamentarischen Sommerpause 1973, also ebenfalls vor Verabschiedung des Entwurfes im Kabinett, wurden die Koalitionsberichterstatter eingeschaltet, so zum Beispiel auf einer Sondersitzung am 8. August 1973. Am 20. November 1973 erhielten die Koalitionsabgeordneten vertraulich den Entwurf der Gegenäußerung der Bundesregierung zum Entwurf des Bundesrates, über den das Kabinett selber erst am 28. November befand. Laufend fanden auch danach und bis zur Einbringung des Regierungsentwurfes im Bundestag gegen Jahresende 1973 in diesem Kreis Besprechungen statt, bei denen es kontrovers vor allem um Probleme der Hochschulstruktur und der Mitbestimmung ging (156). Im Zusammenhang mit der zweiten und dritten Ausschußlesung im Sommer 1974 lieferten dann die Experten des Ministeriums laufend schriftliche und mündliche Formulierungshilfen für Abänderungsanträge der Koalition zu allen innerhalb der Koalition und gegenüber der Opposition kontroversen Fragen, so zum Beispiel „Formulierungshilfen zur Personalstruktur" am 2. Oktober 1974. Am 1. Juli 1974 wurden den Mitgliedern der CDU/CSU-Fraktion durch das offizielle Ausschußsekretariat die „Änderungsvorschläge der Fraktionen der SPD und FDP" vorgelegt, an deren Schlußredaktion der damalige Hauptberichterstatter Wichert am 28. Juni eigenen Bekundungen zufolge mehrere Stunden mit den Vertretern des Ministeriums gearbeitet hatte. Der neue Bildungsminister Rohde (ab Mai 1974) schaltete sich von Anfang an sehr „exekutiv" ein und führte bei entsprechenden Koalitons-Berichterstattergesprächen etwa am 19. Juni 1974 ebenso selbstverständlich den Vorsitz wie sein Parlamentarischer Staatssekretär am 3. Juli 1974. Sehr typisch war auch die Tatsache, daß der Text für eine Pressekonferenz der beiden bildungspolitischen Fraktionssprecher Meinecke (SPD) und Frau Schuchardt (FDP) nach dem Eklat mit der CDU vor der parlamentarischen Sommerpause am 3. Juli 1975 von diesem parlamentarischen Staatssekretär zusammengestellt worden war!.

Am 19. September 1974, als die Ausschußberatungen in ihre entscheidende Endphase eintraten, erhielten die SPD-Berichterstatter als Diskussionsgrundlage für ihre eigene abschließende Standortbestimmung in Richtung Opposition ein siebenseitiges Papier des Ministeriums, bei dem lediglich zwei Spalten offen blieben, in die die Abgeordnetenexperten ihr Votum eintragen bzw. ihre Priorität vermerken konnten! Hier wurde zwischen drei Problemgruppen unterschieden:

Erstens: „Für die Koalition in jedem Falle unverzichtbar, wobei im Einzelfalle noch zu entscheiden ist, ob wegen dieser Punkte ein Scheitern des Hochschulrahmengesetzes in Kauf genommen wird; *zweitens:* Für die Koalition kompromißfähig bei Entgegenkommen der CDU in gleichen oder anderen Punkten, wonach noch zu entscheiden ist, in welchem Stadium der Kompromiß gesucht wird, das heißt auf der Berichterstatterebene, im Ausschuß, vor der zweiten oder dritten Lesung, im Vermittlungsausschuß oder bei der erneuten Beratung im Bundestag; und *drittens:* Für die Koalition verzichtbar,“ wobei offen blieb, ob „dieser Verzicht auf der Berichterstatterebene oder im Ausschuß“ erklärt werden würde. Hier wurden auch die Punkte, in denen zwar nicht die CDU-Fraktion, wohl aber der Bundesrat mehrheitlich gegensätzliche Auffassungen vertrat, gesondert aufgeführt.

Den Vorsitz bei den Beratungen über dieses Papier mit den beiden Berichterstattern Wernitz und Schweitzer führte der nunmehrige Staatssekretär Glotz in Gegenwart von drei weiteren Beamten des Ministeriums. Zum Schluß des Gespräches versprach Glotz, „noch mit der FDP“ verhandeln zu wollen. Alles in allem kann dieses Gespräch von der Vorbereitung wie vom Ergebnis her als besonders bemerkenswert und symptomatisch für den entscheidenden Gesichtspunkt gelten, der hier im Hinblick auf das Selbstverständnis der Parlamentarier herausgearbeitet werden soll: Es erfolgten nicht nur gesetzestechnische Formulierungshilfen des Ministeriums bei politisch geforderten Abänderungsanträgen – ein zum Beispiel im Bereich des Beamten- oder Besoldungsrechtes unausweichlicher Umstand –, sondern eben auch politisch-strategische Vorprogrammierungen von dieser Ebene aus. Der Zusatz „von dieser Ebene“ ist besonders zu betonen, weil, wie wir noch sehen werden, sich die politische Koalitionsspitze mehrfach zusätzlich, nun allerdings selber politisch richtungsweisend, in den Entscheidungsprozeß einschaltete. Es entsprach daher auch nur dem tatsächlichen Ablauf des Gesetzgebungsvorganges im einzelnen, wenn der Verfasser in seiner eigenen Rede zur Verabschiedung des Hochschulrahmensgesetzes den beteiligten Spitzenbeamten des Ministeriums, an der Spitze dem eigentlichen „Vater“ des Gesetzes, Ministerialdirektor Böning, im Plenum des Deutschen Bundestages und damit in aller Öffentlichkeit für ihren großen Anteil an dem Gesamtergebnis dankte (157).
Auf Seiten der Opposition kann, wie gesagt, ein ähnlicher legislativ-exekutiver Kontakt, d.h. zur Bundesratseite hin, als sicher angenommen werden. Er ist jedenfalls zu keinem Zeitpunkt bestritten worden (158). Umgekehrt hat die Opposition im Ausschuß zu Recht immer wieder durchblicken lassen, daß sie aus den Voten der Koalition in erster Linie die Stimme der Exekutivvertreter heraushöre, und öfters erleben dürfen, wie Abgeordnete der Koalition bei einer von der Opposition gestellten Frage stillschweigend „paßten“, das heißt im wahrsten Sinne des Wortes solche Fragen zur Beantwortung an die anwesenden Exekutivvertreter weitergaben. Als außerordentlich bemer-

kenswert im Sinne unserer zentralen Fragestellung kann in diesem Zusammenhang eine Sitzung der Berichterstatter von Koalition und Opposition vom 21. November 1974, also kurz vor Vorlage des Abschlußberichtes an den Bundestag zur zweiten und dritten Lesung, gelten. An dieser Sitzung nahmen durchgehend die Abgeordneten Gölter und Wernitz und zeitweilig auch der Verfasser teil, ein Beamter des Bundesbildungsministeriums, der Ausschußassistent und – dies ist das Bemerkenswerte – zwei Ländervertreter aus Baden-Württemberg und Bayern, die völlig gleichberechtigt mitberieten und mitredigierten. Zu diesem, einem der letzten Gesamtberichterstattergespräche – sie fanden in dem gesamten Zeitraum siebzehnmal statt – war unter dem Stichwort „Schlußredaktion" des vom Bundestag zu verabschiedenden Gesetzes eingeladen worden. Hier offenbarte sich also nicht nur eine Gewaltenverschränkung zwischen Legislative und Exekutive im Bereich der horizontalen Gewaltenteilung, sondern auch eine Gewaltenverschränkung zwischen den beiden Legislativen Bundestag und Bundesrat sowie zwischen der Regierungsmehrheit in Bonn und den Länderexekutiven mit und ohne die formalisierte Bundesratsstruktur im Bereich der sogenannten vertikalen Gewaltenteilung.

Drittens:

Was das *Selbstverständnis auch der Oppositionsabgeordneten* in einem solchen Gesetzgebungsverfahren betraf, so war es gerade im Zusammenhang mit dem Hochschulrahmengesetz für den Verfasser sehr aufschlußreich, wiederholt ein gewissermaßen „falsches parlamentarisches Bewußtsein" bei eben seinen Oppositionskollegen feststellen zu müssen. Er brachte dies mehrfach im Ausschuß zum Ausdruck (159). In mehreren Ausschußsitzungen nach dem Einbringen des Regierungsentwurfes im Plenum bzw. der ersten Beratung desselben und der Überweisung an den federführenden Ausschuß im Frühjahr 1974 (160) forderten nämlich die Oppositionssprecher wiederholt die Exekutive, vor allem den neuen Bildungsminister Rohde im Kabinett Schmidt ganz persönlich auf, den Regierungsentwurf wieder zurückzuziehen oder sich für eine Linie X, Y im Gesetzgebungsverfahren einzusetzen. Anfang Juli 1974 warf zum Beispiel der Abgeordnete Pfeiffer im Ausschuß dem Minister vor, was in Großbritannien angebrachter gewesen wäre, daß „er das Gesetz durchpeitschen wolle". Mehrfach verursachte es gut gelauntes Kopfschütteln gerade bei der Opposition, wenn der Verfasser im Ausschuß darauf hinwies, daß nach seinem eigenen parlamentarischen Selbstverständnis Appelle an die Bundesregierung im Hinblick auf den Gang des Gesetzgebungsverfahrens völlig unangebracht seien, da schließlich der Bundestag sozusagen im alleinigen „Besitz" des Gesetzentwurfes sei und diesen zur möglicherweise verändernden Abstimmung zu bringen habe. Ein ähnliches parlamentarisches Fehlverhalten registrierte er beim neuen Minister Rohde, der seinerseits so tat, als ob er noch mit seinem Hause Herr des Verfahrens sei. Rohde's Ankündigung, mit den Länderministern demnächst verhandeln zu wollen, wurde auch von den Oppositions-Berichterstattern am 10. Juli 1974, wie der Verfasser in seinem Protokoll notierte, „gläubig akzeptiert". Nach diesen Gesprächen informierte der Minister mit Schreiben vom 13. September 1974, das er in Abschrift den Koalitionsberichterstattern zugehen ließ, die Opposition.

Viertens:

Die Ebene der *Abstimmung mit den jeweiligen Ländern* war nun allerdings, das wurde schon erwähnt, bei dieser ebenso politisch heiklen wie aus der Sicht des Bundesrates zustimmungspflichtigen Materie von Anfang an besonders wichtig. „Formalisiert" kam es zweimal zu einer gründlichen Beratung der SPD-Fraktionsexperten mit den SPD-Länderministern aus den sogenannten A-Ländern, zum zweitenmal auf einer Sitzung am 10. Juni 1974, die charakteristischerweise auf Einladung des beamteten Staatssekretärs Jochimsen stattfand, in der es hieß:

„Wie besprochen, müssen wir versuchen, den neuesten Stand der Beratungen zum Hochschulrahmengesetz mit unseren Kultusministern abzustimmen. Ich lade daher zu einer Besprechung am . . . ein".

Beigefügt war ein Fernschreiben an die Länderminister mit dem Satz: „Vor der abschließenden Beratung des Hochschulrahmengesetzes im Ausschuß für Bildung und Wissenschaft liegt uns daran (! d.V.), mit Euch oder Eueren politischen Vertretern sowie mit den Berichterstattern der Fraktion den neuesten Beratungsstand zu erörtern . . .".

In diesem konkreten Fall ließe sich vielleicht noch über die Zweckmäßigkeit einer koordinierenden Führungsrolle der Ministeriumsspitze unter Gesichtspunkten der Sachgerechtigkeit streiten, obwohl zu berücksichtigen ist, daß der „Noch"-Hauptberichterstatter der SPD-Fraktion, Wichert, immerhin gleichzeitig der verantwortliche Obmann im bildungspolitischen Ausschuß im Parteivorstand der gesamten SPD war und diese Koordinierung daher auch selber hätte vornehmen können. Auf der infragestehenden Sitzung führte der parlamentarische Staatssekretär Glotz den Vorsitz. Protokolliert wurde von einem Beamten des Bundeswissenschaftsministeriums. In diesem Zusammenhang wäre bei einer inhaltlichen Detailanalyse des Entscheidungsprozesses in Sachen Hochschulrahmengesetz auch auf den Stellenwert der Beratungen einer bildungspolitischen Bundeskonferenz der SPD im April 1974 unter Vorsitz von Wichert in Göttingen hinzuweisen (161).

Der Verfasser hatte sich mit Beginn der parlamentarischen Sommerpause 1974 seinerseits mündlich und schriftlich in Richtung gerade einiger CDU-Länderminister eingeschaltet, bei denen es sich um „hauptamtliche Kollegen“ handelte. Mündlich hatte er dies schon am 24. Juni 1974 durch eine Einladung in sein Dienstzimmer an zufällig im Bundeshaus tagende Kultusminister getan. An dieser Besprechung nahmen die CDU-Kultusminister Maier (Bayern), Hahn (Baden-Württemberg), Vogel (Rheinland-Pfalz) von der CDU/CSU und von Friedeburg (Hessen), Tape (Bremen), ein Vertreter des Kultussenators aus Berlin sowie Staatssekretär Jochimsen (Bundesbildungsministerium) von der SPD teil. Es war hier interessant festzustellen, daß die Minister selber über Einzelheiten des Gesetzes insbesondere in technischer Hinsicht – etwa im Zusammenhang mit Problemen der Zulassung – kaum hinreichend informiert waren und ihrerseits ganz offensichtlich von ihren Bürokraten bzw. Experten abhingen. Im Sommer und Herbst 1974 führte der Verfasser einen Briefwechsel mit den genannten CDU-Ministern, wobei es ihm darum ging, auf diesem Wege an die CDU/CSU zu appellieren, sich doch endlich im Bundestag (!) kooperativ zu verhalten und dann nach der Verabschiedung des Gesetzes im Bundestag Ende 1974 darum, für ein kooperatives Verhalten der Bundesratsmehrheit zu plädieren. In zwei Antwortschreiben vom Juli 1974 an den Verfasser stellte der Kultusminister von Rheinland-Pfalz fest:

„. . . es wäre in der Tat erfreulich, wenn die entstandene Pause zu den entsprechenden Konsultationen zwischen Bund und Ländern genützt würde (! d.V.). Meinerseits kann ich mich über eine zu geringe Rückkoppelung zwischen meinen engeren Bundestagskollegen und uns nicht beklagen (n.b., d.V.). Im Gegenteil, wir hatten ständigen und lebhaften Kontakt . . .“. „. . . ich habe es ein wenig bedauert, daß es von den privaten Kontakten im Teegespräch mit Ihnen und von einem Besuch des Bundeswissenschaftsministers bei mir in meiner Eigenschaft als Vorsitzender der Bund-Länder-Kommission abgesehen zu keinerlei Gesprächen über das Hochschulgesetz zwischen der Bundesregierung und der Kultusministerkonferenz gekommen ist“.

Bei aller kooperativen Einstellung, die der Verfasser in jenen Monaten immer wieder gerade bei Kultusminister Vogel beobachten konnte, muß wiederum im Hinblick auf unsere zentrale Fragestellung die letzte Formulierung in diesem Stadium des Gesetzgebungsvorhabens überraschen. Der Stuttgarter Kultusminister teilte seinerseits unter dem 12. August 1974 mit:

„Herr Minister Rohde und Herr Staatssekretär Dr. Glotz haben in der Zwischenzeit schon einige Kultusminister besucht und mit ihnen Gespräche über den Fortgang des Gesetzgebungsverfahrens geführt. Dabei wurde vorgesehen, daß

Anfang September intensive Gespräche über die strittigen Punkte geführt werden sollten".

Sehr bezeichnend war schließlich die Antwort des Bundesministers Rohde Mitte Juli auf die informierenden Schreiben des Verfassers über seine Kontaktaufnahmen zu CDU/CSU-Kultusministern:

„. . . im Grunde genommen würde ich es begrüßen, wenn Du an den Gesprächen (mit den Länder-Kultusministern, d.V.) teilnimmst. Nur bitte ich Dich um Verständnis dafür, daß wir diese Gespräche auf der ministeriellen Ebene halten wollen. Anderenfalls wäre zu befürchten, daß sowohl aus unserer eigenen Fraktion als aber auch vor allem von der FDP die Frage aufgeworfen würde, warum andere *nicht* an dieser Gesprächsrunde beteiligt würden. Das würde aber mehr protokollarische Probleme aufwerfen, als für die ohnehin schwierige Sache erträglich wäre. Ich bin sicher, daß ich für diese Bedenken Dein Verständnis finde. Im übrigen kannst Du sicher sein, daß wir Dich über das Ergebnis dieser Gespräche ausführlich informieren werden . . ." (was im übrigen nie geschah, d.V.). Soweit es den Brief von Minister Vogel angeht, möchte ich zunächst darauf hinweisen, daß er einer der Ersten war, mit dem die neue politische Leitung des Bildungsministeriums ein ausführliches Gespräch über das Hochschulrahmengesetz geführt hat. Es gab in dieser Beziehung mehr als nur eine Teestunde bei Dir. Im übrigen werden wir heute Gelegenheit haben, mit dem Präsidenten der Kultusministerkonferenz zusammenzutreffen. Bezieht man die in Aussicht genommene Gesprächsrunde, die in der vorletzten Woche mit den sozialdemokratischen Kultusministern eröffnet worden ist, noch mit ein, dann kann ohne Übertreibung festgestellt werden, daß hinsichtlich der Kommunikation mit der Länderebene nichts außer acht gelassen worden ist. Übrigens werden wir bei allen diesen Bemühungen zu beachten haben, daß zunächst der Bundestag das Wort hat. Wir durften und wollten in den letzten Wochen nicht den Eindruck erwecken, daß wir hinter dem Rücken der Parlamentarier auf Regierungsebene eigene und nicht mit den Bundestagsabgeordneten abgestimmte Schritte unternehmen (! d.V.) . . . Wie gesagt, wir werden Dich auf dem Laufenden halten, zumal wir Deine Bemühungen als wesentliche Unterstützung unserer Arbeit empfinden . . .". (162)

Der gesamten Arbeitsgruppe Bildung und Wissenschaft der SPD-Fraktion berichtete der parlamentarische Staatssekretär Glotz nach der parlamentarischen Sommerpause am 24. September 1974 kurz und im Grunde nichtssagend, wie der Verfasser vermerkte, über die damals erkennbare Haltung der einzelnen Kultusminster besonders im Hinblick auf das nach wie vor ungelöste Problem der Zulassungsverfahren.

Fünftens:

Sogenannte politische *Spitzengespräche* sind bei einem solchen Gesetzgebungsvorgang unter einer Koalitionsregierung sowohl innerhallb einer Regierungspartei als auch zwischen ihnen unvermeidlich. Ein gutes Beispiel für die Gewichtsverteilung im Verhältnis SPD-Fraktion/SPD-Gesamtpartei in einem solchen speziellen Gesetzgebungsverfahren unter übergeordneten politischen Gesichtspunkten war in der Phase zwischen der ersten Lesung des HRG im Bundestag und den abschließenden Ausschußberatungen vor und nach der Sommerpause 1974 ein Spitzengespräch beim damaligen Bundeskanzler und Parteivorsitzenden Willy Brandt, am 17.4.1974 auf das im nächsten Unterabschnitt noch inhaltlich eingegangen werden soll, da hier die entscheidenden Weichen auf der SPD-Seite für Abweichungen vom Regierungsentwurf gestellt wurden. Eine Entsprechung fand diese Sitzung im weiteren Abstimmungsverfahren innerhalb der Koalition bis zur zweiten und dritten Lesung Ende 1974 in den wichtigen Koalitionsspitzengesprächen unter Einschaltung zunächst der beiden Fraktionsvorsitzenden von SPD und FDP und später abschließend unter Einschaltung des neuen Bundeskanzlers Helmut Schmidt. An einem Koalitionsspitzengespräch auf der Ebene der Fraktionsvorsitzenden am 21. Juni 1974 nahmen von seiten der SPD der damalige Hauptberichterstatter Wichert und der Obmann Meinecke und auf seiten der FDP die Abgeordnete Schuchardt teil. Hier wurde eine Einigung mit der FDP in den noch offenen Fragen unmittelbar vor dem Eklat der Sommerpause im Verhältnis zur CDU/CSU erzielt, die eine abschließende Beratung des Entwurfes damals im Ausschuß unmöglich machte. An dem Spitzengespräch beim Bundeskanzler Helmut Schmidt am 22. Oktober 1974 nahm überhaupt kein Berichterstatter der SPD-Fraktion teil, also auch nicht der damalige Hauptberichterstatter Wernitz. Hingegen legte der Obamnn Meinecke, der im übrigen – das sollte in diesem Zusammenhang erwähnt werden – einer der SPD-Berichterstatter zur Materie in der 6. Legislaturperiode gewesen war, großen Wert auf seine Teilnahme. Er erklärte, daß nur ein Mitglied der SPD-Fraktion teilnehmen könne und dies nach der Lage der Dinge er selber sein müsse. Vor einem Koalitionsspitzengespräch mit den Fraktionsvorsitzenden am 6. Juni 1974 hatte sich der Verfasser mit einem Eilvermerk für Herbert Wehner zu „strategischen“ und „taktischen“ Fragen im Hinblick vor allem auf das Ordnungsrecht und die Regelstudienzeit geäußert (163). Zweifellos führten diese Spitzengespräche jedes Mal zu wichtigen Entscheidungen über die Linie der gesamten Koalition bei bestimmten koalitionsstrittigen Fragen in diesem Gesetzgebungsverfahren.

Sechstens:

Ebenso charakteristisch im Hinblick auf innerfraktionelle Entscheidungsabläufe bei einem solchen Gesetzgebungsverfahren gestaltete sich die Phase der Beratungen im *Vermittlungsausschuß* mehr oder weniger das ganze Jahr 1975 hindurch. In dieser Phase führte aufseiten der SPD-Fraktion als Mitglied des Vermittlungsausschusses der Parlamentarische Geschäftsführer Jahn, ein zweifellos hervorragender Jurist von

Hause aus, „die Oberregie", ohne sich in dem gesamten Zeitraum formal gesehen überhaupt mit der Arbeitsgruppe Bildung und Wissenschaft seiner eigenen Fraktion ins Benehmen zu setzen. Das war allerdings nicht so ungewöhnlich, wie es auf den ersten Blick scheinen mag, weil im Vermittlungsausschuß besonders vertraulich beraten wird. Die SPD-Spitze hatte aber auch in diesem Falle ein besonderes, informelles Gremium eingesetzt, in dem neben SPD Länderexperten der bildungspolitische Obmann der SPD-Fraktion und gelegentlich auch der damalige Hauptberichterstatter Wernitz mitarbeiteten. Nach Bekundungen des Obmannes war jedoch die Einschaltung auch dieser Kollegen durch den Verhandlungsführer Jahn außerordentlich mangelhaft. Insbesondere angesichts der Tatsache, daß die gesamte Arbeitsgruppe Bildung und Wissenschaft der SPD-Fraktion in der Zeit von Anfang 1973 bis Ende 1974 immer wieder sehr intensiv über den Gesetzgebungsprozeß in Sachen Hochschulrahmengesetz beraten hatte, wäre eine Rückkoppelung zu dieser Arbeitsgruppe durch Jahn unter Gesichtspunkten der „innerfraktionellen Demokratie" sicherlich zweckdienlich gewesen.

Am 16. September 1975 schnitt der Verfasser diese Problematik in der Arbeitsgruppe an. Der Parlamentarische Staatssekretär Glotz referierte hier nur kurz über den Stand der Diskussion in Sachen Prüfungen, Mitbestimmung und Zulassung und ging dabei von etwa drei weiteren Unterausschußsitzungen im Rahmen des Vermittlungsverfahrens aus. Der anwesende Minister Rohde erhob erneut die – niemals realisierte – Forderung, daß im Endstadium alle Fraktionsfachkollegen eingeschaltet werden müßten. Wie aus Bekundungen Beteiligter (oder zumindestens Eingeweihter) gegenüber dem Verfasser zu schließen war, legte Jahn im „Vermittlungsstadium" eine recht autoritäre Verhaltensweise an den Tag, so daß sich – dies kann als eine empirisch gesicherte Erkenntnis des Verfassers gelten – Experten wie Gesamtfraktion bei der abschließenden Beratung der Änderungsvorschläge des Vermittlungsausschusses durch die Fraktion ebenso uninformiert wie überfahren fühlen mußten. Am Endergebnis „HRG" hatten somit auch die eigentlich von der Sache her verantwortlichen Abgeordneten des Bundestages auf Seiten der Regierungsfraktion SPD nicht mehr entscheidend mitgewirkt. Insgesamt zeigt dieses Beispiel, daß der Vermittlungsausschuß trotz seines relativ hohen Stellenwertes unter den Theoretikern des legislativen Gesetzgebungsprozesses in der Bundesrepublik Deutschland oft auch Gesetzgebungsergebnisse – wie hier vor allem im Hinblick auf das Ordnungsrecht (164) – zeitigen kann, die dann

politisch gewissermaßen als unbewältigte Vergangenheit weiter mitgeschleppt werden müssen.
Siebtens:
Keinesfalls atypisch waren *Abfassung und Verabschiedung des abschließenden Ausschußberichtes* Bildung und Wissenschaft in Sachen Hochschulrahmengesetz an das Plenum Anfang Dezember 1974. Wie (leider) durchaus nicht unüblich (165), wurde die erste Fassung des Berichtes vom Ausschußsekretariat erstellt, stieß dann aber unter formalen und inhaltlichen Gesichtspunkten bei Koalition und Opposition auf wenig Gegenliebe. Laut Aussage des amtierenden Ausschußsekretärs dem Verfasser gegenüber auf der Berichterstattersitzung aller Fraktionen zu diesem Thema am 3. Dezember 1974 wurde eine zweite Fassung „nach Rücksprache mit dem Ministerium" erarbeitet. In diesen Vorgang hatte sich – ebenfalls nach eigenen Bekundungen – in einem „stundenlangen Gespräch" wenigsten der Hauptberichterstatter der SPD-Fraktion, Wernitz, eingeschalten können. Der Verfasser als zweiter unterzeichnender SPD-Berichterstatter hatte von einem entsprechenden Termin überhaupt nichts gewußt. Auf der Redaktionssitzung aller Berichterstatter ging es unter anderem um die Frage der Sondervoten der Opposition, die ihre Vertreter nicht glaubten so schnell, das heißt allein und ohne Länderassistenz, fertigstellen zu können. Aus diesem Grunde konnte sich der Verfasser auf dieser Sitzung mit seinem Drängen auf Verabschiedung des Berichtes durch intensivste Arbeit der Berichterstatter selber („wir müssen da jetzt als Parlamentarier heran") nicht durchsetzen. Die CDU stellte kurz darauf ihre abweichenden Voten, wie sich zeigte, nun auch mit Assistenz eines Beamten des Bundesministeriums zusammen, so daß es am 4. Dezember zwischen den Berichterstattern aller Fraktionen und dem Ministerium zu einer abschließenden Redaktionskonferenz kommen konnte. Die meisten Abänderungswünsche auf dieser Sitzung kamen von der CDU/CSU, die sicherstellen wollte, daß schon im allgemeinen Teil, (das heißt nicht in einem hier ausnahmsweise vorgesehenen Anhang mit den Gegenvoten in vollem Wortlaut) ihre Ansichten zu den jeweils strittigen Fragen deutlich wurden. Der Verfasser vermerkte jedoch in seinen Notizen an einer Reihe von wichtigen Stellen Abänderungsvorschläge im Berichtsentwurf, die von den Vertretern des Ministeriums kamen.
Achtens:
Es wurde schon darauf hingewiesen, daß es einem einzelnen, von der Funktion her „zuständigen" (166) Bundestagsabgeordneten, speziell wenn es sich um einen Sachkenner einer bestimmten Materie handelt,

trotz aller hier angedeuteten Hierarchisierung von Entscheidungsvorgängen durchaus möglich ist, in einem solchen Gesetzgebungsverfahren *individuelle Aktivitäten* zu entfalten. Derartige Aktivitäten können unter Umständen das allgemeine Klima des Gesetzgebungsprozesses beeinflußen. Ob sie das tatsächlich tun, geschweige denn mehr bewirken können, hängt von vielen Imponderabilien ab – von der jeweiligen Gesamtkonstellation in der eigenen Partei und dem Stellenwert des agierenden Einzelgängers innerhalb dieser Konstellation, von dem unmittelbar zur eigenen Spitze von Regierung und Fraktion hergestellten Zugang bzw. Kontakt (167), sowie sicherlich auch von der Einschätzung dieses Einzelgängers durch die maßgeblichen Entscheider in der Koalitionspartei und nicht zuletzt in der Oppositionspartei. Im Hinblick auf diesen Zugang und entsprechende Einschätzungen glaubte der Verfasser als einer der SPD-Berichterstatter und vom Hauptberuf her „Engagierter" in den verschiedenen Phasen des Gesetzgebungsprozesses immer wieder aus seiner eigenen Verantwortung heraus tätig werden zu müssen, wie noch unter inhaltlichen Gesichtspunkten paradigmatisch zu erläutern sein wird. Vor den endgültigen Entscheidungen in Bundeskabinett über den Gesetzentwurf des Bundesrates und die Verabschiedung des Regierungsentwurfes HRG im Herbt 1973 schaltete sich der Verfasser brieflich gegenüber den ihm persönlich bekannten Bundesministern der SPD und in einem Falle auch der FDP, nicht zuletzt unter Berufung auf den „Arbeitskreis Sozial-Liberale Hochschulpolitik" ein. Im Frühjahr 1974 suchte er mehrfach mündlich und einmal schriftlich den damaligen Bundeskanzler und Parteivorsitzenden Willy Brandt zu einer Einschaltung zu bewegen, die dann ja auch erfolgte. Im Frühsommer 1974 wandte er sich mündlich und schriftlich, wie schon erwähnt, mit Appellen zur Kooperation im Interesse der Hochschulen nicht nur an die CDU/CSU Kultusminister, sondern auch an den ihm persönlich bekannten Fraktionsvorsitzenden der CDU/CSU, Carstens, dessen Stellvertreter, von Weizsäcker, (im Frühjahr 1974 und Herbst 1975) und nicht zuletzt an den führenden CDUAusschuß-Kollegen. Von Weizsäcker reagierte erwartungsgemäß kooperativ und verwies indirekt auf das hohe Maß an politischem Taktieren in diesem ganzen Zusammenhang. Sein CDU – Ausschuß-Kollege reagierte – wahrscheinlich aus Sorge zitiert zu werden – charakteristischerweise schriftlich überhaupt nicht (168). Hinzu kam vielleicht, daß der Verfasser hier als ein (der Opposition, wie sie bekundete, keineswegs „unsympathischer") Einzelgänger aus dem Regierungslager ohne erkennbaren direkten Einfluß auf das politische und gesetzgeberische Geschehen innerhalb der SPD galt. Im speziellen Fall

der Einflußnahme auch des Verfassers auf die Regelung der Personalstruktur im HRG muß natürlich – darauf ist bereits hier hinzuweisen – der Umstand in Rechnung gestellt werden, daß das Urteil des BVG für die Durchsetzung von Änderungen mehr als „hilfreich" war.
Alles in allem wird tatsächlich sowohl koalitionsintern wie im Verhältnis zur Opposition gerade bei einem solchen Gesetzesvorhaben bis zuletzt sozusagen eiskalt „gepokert". Dabei wird auf allen Seiten häufig das Telos, der Geist des Gesetzes, aus dem Auge verloren. Auf der Regierungsseite geht es oft nur noch um ein „Abhaken" eines bestimmten Vorhabens, bei der Opposition darum, ein entsprechendes Gesetz vereitelt oder aber Abänderungen durchgesetzt zu haben.
Neuntens:
Ausschußberatungen solcher Gesetze – zumindest ergab sich dieses Fazit ganz entschieden für den Verfasser anhand der Beratungen des HRG im Ausschuß für Bildung und Wissenschaft – verlaufen mehr oder weniger „vorprogrammiert". Die jeweils zuständigen Sprecher der Fraktionen tragen die manchmal in den Arbeitsgruppen, Arbeitskreisen der Fraktion, oft aber in höheren Fraktions- und Parteigremien erarbeiteten Stellungnahmen vor und geben diese der jeweils anderen Seite gewissermaßen plakativ zu Protokoll. Echte Dialoge und ein echtes Ringen um den besseren Gesetzesansatz finden somit im Ausschuß selber kaum statt. Insofern sind auch die ohnehin sehr kurzen amtlichen Ausschußprotokolle wenig aussagekräftig. Die an der Materie nicht primär beteiligten Abgeordneten hören in der Regel den Schlagabtauschen nur zu – und stimmen dann gemäß Vorbild des Stimmführers ab. Anhörverfahren vermögen die Meinung eines „Ausschusses" kaum zu ändern. (Eine kurze Einschätzung des Einflusses interessierter Verbände auf Änderungen am Gesetzentwurf HRG soll im nächsten Unterabschnitt gegeben werden.) Sie stellen oft ein mehr oder weniger notwendiges Ritual dar, durch das auswärtigen Experten ein gewisser Tribut gezollt wird. Änderungen an zustimmungspflichtigen Gesetzen werden im Dialog Oppositions- Regierungsparteien allenfalls in Berichterstattergesprächen, das heißt nicht im Ausschuß selber, erzielt. Aber auch hier schlägt der Gesichtspunkt der Vorprogrammierung in der Regel durch. Mit anderen Worten: Der Entscheidungsspielraum des einzelnen Berichterstatters einer Fraktion ist außerordentlich gering – zumindest in hochpolitischen Fragen.

Änderungen an Gesetzentwürfen durch den Bundestag am Beispiel des HRG

Damit sind wir bei der Frage nach den Möglichkeiten, aus dem Bundestag heraus Änderungen an eingebrachten Regierungsentwürfen im Laufe des Gesetzgebungsprozesses vorzuschlagen und durchzusetzen. In der Literatur ist dieses Problem gelegentlich, wenn auch selten exakt anhand konkreter und detailliert nachgezeichneter Fälle (169), erörtert worden. Zu welchen Ergebnissen auch immer die einzelnen Autoren in ihren Bewertungen kamen, genereller Konsens ist dahingehend festzustellen, daß alle Parlamentarier, der Opposition ebenso wie der Regierungsparteien, sich zunehmend einerseits vor sogenannte Sachzwänge aus der jeweiligen Gesamtmaterie heraus gestellt sehen und andererseits einer immer stärkeren Verbürokratisierung auch der Parlamentsstrukturen ausgesetzt sind.
Da hier keine detaillierte Fallstudie über den gesamte Komplex der Entstehung und Entwicklung des Hochschulrahmengesetzes vorgelegt werden kann, soll unsere grundsätzliche Frage nur im Hinblick auf die Einflußnahmen aus der Koalition, und insbesondere aus der SPD-Fraktion heraus, beleuchtet sowie inhaltlich *beispielhaft an den Sachkomplexen Personalstruktur, Mitbestimmung und Ordnungsrecht* verdeutlicht werden. Ein Vergleich zwischen Regierungsfassung und der vom Bundestag verabschiedeten Fassung zeigt, daß trotz des oben geschilderten, sozusagen formalen Übergewichtes der Exekutive im Gesetzgebungsverlauf wesentliche Änderungen am Regierungsentwurf vor Verabschiedung des Gesetzes durch den Deutschen Bundestag Ende 1974 angebracht wurden (170).
Aus den Unterlagen des Verfassers ergibt sich, daß diese Änderungen zur Sache und in Bezug auf einzelne Formulierungen aus „der Koalition heraus“ von SPD und FDP getrennt oder gemeinsam durchgesetzt wurden, das heißt nicht nur auf den Wunsch zurückgingen, der Opposition deshalb entgegenzukommen, weil sehr schnell klar wurde, daß das Gesetz insgesamt zustimmungspflichtig sein mußte und somit nicht ohne Kompromisse mit der CDU/CSU in Bundestag und Bundesrat zustande kommen würde (171). Für den Verfasser war es im übrigen erstaunlich feststellen zu können, daß Vertreter des Ministeriums in Berichterstattergesprächen der Koalition bis zum Frühsommer 1973 die Auffassung vertraten, ein sinnvollles Gesetz könne alternativ auch zustimmungsfrei eingebracht werden. Der verfassungsrechtlich entscheidende Aspekt der Zustimmungspflichtigkeit wurde von den führenden Bildungspolitikern auf der bundespolitischen Bildungs-

konferenz der SPD sogar noch im Frühjahr 1974 in Göttingen nicht deutlich erkannt und/oder auch deutlich gemacht. Parteiamtliche Protokolle dieser Konferenz weisen aus, daß in diesem Punkte der Verfasser im Interesse der Klarstellung in ein entsprechendes „Wespennest" stach (172). Daß man natürlich ein zustimmungsfreies Gesetz als Torso hätte einbringen können und daß darüber innerhalb der Koalition bzw. bei Berichterstattergesprächen auf Koalitionsseite in der Anfangszeit des öfteren diskutiert wurde, um dann aber stets als Möglichkeit verworfen zu werden, ist eine ganz andere Frage.

Auch innerhalb der Koalition beschränkten sich die Meinungsverschiedenheiten keineswegs auf die hier zur Einzelanalyse vorgesehenen drei Fragenkomplexe. Vielmehr blieben bis zuletzt auch andere Probleme kontrovers, was nachweislich vor allem auf die völlig unterschiedlichen Standpunkte innerhalb der FDP zurückzuführen war. Unter anderem ging es dabei um die Konzeption der Gesamthochschule und die Regelstudienzeit. Immer wieder wurde ein scheinbar längst erzielter Konsens innerhalb der Koalitionsfraktionen durch gegenläufige Einflußnahmen verschiedener FDP-Flügel in Frage gestellt. Die Mehrheit der Bonner FDP-Bundestagsfraktion, sicherlich ihre bildungspolitischen Sprecher, wünschten zum Beispiel eine klare Festschreibung der Gesamthochschule, während sich später die FDP in Nordrhein-Westfalen gerade hier gegenüber entsprechenden bildungspolitischen Vorstellungen der SPD erfolgreich sperrte. Auch der damalige FDP-Kultussenator von Hamburg, Biallas, zum Beispiel sorgte bis zuletzt dafür, daß die SPD immer von neuem mit der FDP verhandeln mußte.

Beginnen wir mit der ursprünglichen Lieblingskonzeption des für den Regierungsentwurf der 7. Legislaturperiode verantwortlichen Bundesminister von Dohnanyi im Bereich der *Personalstruktur*, dem sogenannten großen Assistenzprofessor, der es ermöglichen sollte, das einschneidende Urteil des Bundesverfassungsgerichtes vom Mai 1973 zum sogenannten niedersächsischen „Vorschaltgesetz" in Sachen „maßgeblicher Einfluß der Professoren" in den Gremien der Hochschule zu umgehen und damit offenbar die sich besonders „fortschrittlich" dünkenden Kräfte innerhalb der SPD-Bundespartei, aber auch der SPD-Fraktion, zu beschwichtigen bzw. zu gewinnen (173). Nach § 41 des Regierungsentwurfes bildeten zwar Professoren im herkömmlichen Sinne und die (neuen)Assistenzprofessoren „je eine Gruppe", wurden jedoch im Sinne der Mitbestimmung als eine gemeinsame Gruppe von „Hochschullehrern" gezählt, die zusammen auf der Linie des Bundesverfassungsgerichtsurteils „über die Mehrheit der Stimmen"

verfügen sollten. In Fragen der Berufung von Hochschullehrern sollte die Mehrheit der gemeinsamen Gruppe gesichert sein. In der vom Bundestag verabschiedeten Fassung gab es dann aber 1974 unter § 42 (neue Zählung) nur „noch" die Gruppe der (herkömmlichen) Professoren und diejenigen aller anderen wissenschaftlichen und künstlerischen Mitarbeiter sowie der (neuen) Hochschuldozenten – abgesehen von der Gruppe der Studenten und der „sonstigen Mitarbeiter". Jetzt verfügte jedoch die Gruppe der Professoren (eben ohne Dohnanyis Assistenzprofessoren) „über die Zahl von Stimmen, die für die absolute Mehrheit erforderlich und ausreichend ist" (174).
Angemerkt sei, daß die Einstellungsvoraussetzungen für den „großen" Assistenzprofessor nach § 47 des Dohnanyi-Entwurfes 1973 entweder eine „hervorragende Promotion" oder eine „Promotion und hervorragende weitere wissenschaftliche Leistungen" beinhalteten, – Festlegungen, die einerseits auf einen herkömmlichen (habilitierten) „Privatdozenten" ausgerichtet waren, andererseits außerachtließen, daß von der beamtenrechtlichen Stellung her (§ 49: Für sechs Jahre Ernennung zum Beamten auf Zeit) dieser große Assistenzprofessor letztlich doch den herkömmlichen Assistenten gleichkam. Die späteren, in der Gesetzesfassung 1974 verankerten Hochschuldozenten näherten sich in eben diesem entscheidenden Punkt wieder den althergebrachten Assistenten an, sollten aber vom Stellenkegel und ihrer dienstrechtlichen Stellung her besser abgesichert werden (175).
Wie kam es nun zu diesen wichtigen Änderungen in Fragen der Personalstruktur und Mitbestimmung zwischen 1973 und Ende 1974? Wie der Verfasser im Plenum des Bundestages am 12. Dezember 1974 (176) feststellte, handelte es sich hierbei nicht um das Ergebnis eines Kompromisses mit der CDU/CSU, den es in der Tat in einer größeren Anzahl von wichtigen Fällen auch gegeben hatte, sondern um

„einen echten Lernprozeß, den wir gemeinsam mit unseren politischen Freunden auch in den SPD-regierten Ländern vorgenommen haben, dessen erfolgreicher Abschluß im übrigen, lassen Sie mich dies an dieser Stelle sozusagen für die Geschichtsschreibung festhalten, auf das Konto unseres Altbundeskanzlers geht". Zwecks einer politischen Rückendeckung des „eigenen" Ministeriums hatte er bewußt den zweideutigen taktischen Satz vorausgeschickt: „Wir haben uns auch diese Zurücknahme nicht leicht gemacht, da sie schließlich, das möchte ich hier auch einmal festhalten, keineswegs notwendig geworden war etwa aufgrund des Urteils des Bundesverfassungsgerichtes ... In Richtung Karlsruhe hätte man schon noch weitere, zusätzlich absichernde Formen finden können".

Tatsächlich wäre dies natürlich außerordentlich schwierig geworden und tatsächlich hatte dieser Gesichtspunkt, das heißt das Urteil von Karlsruhe ganz erheblich zu dem erwähnten Lernprozeß beigetragen.

Die gesamte Problematik wurde erstmals auf einer Sitzung der SPD-Arbeitsgruppe Bildung und Wissenschaft am 5. Juni 1973 angeschnitten, als es um die Bewertung des gerade ergangenen Bundesverfassungsgerichtsurteils in Richtung Niedersachsen ging. Die Vertreter des Bundesministeriums für Bildung und Wissenschaft verteidigten vehement im Hinblick auf dieses Urteil die Konstruktion eines großen Assistenzprofessors als zur Gruppe der Hochschullehrer gehörend, während der Verfasser schon damals Bedenken anmeldete und unter anderem auf die möglichen besoldungsrechtlichen Ungleichheiten zwischen Assistenzprofessor und sonstigen wissenschaftlichen Mitarbeitern hinwies. In einem ersten Gespräch der damals drei SPD-Berichterstatter, dem bildungspolitischen Obmann Meinecke, den FDP-Berichterstattern Möllemann und Frau Schuchardt sowie teilweise auch Bundesminister Maihofer (177) zusammen mit dem Minister von Dohnanyi auf dessen Einladung am 8. Juni 1973 über „den gegenwärtigen Stand der Vorbereitungen des HRG-Entwurfes" vertrat der Verfasser gegen mehr oder weniger alle übrigen Beteiligten den Standpunkt, daß der „große" Assistenzprofessor so nicht zu halten sein werde – ganz abgesehen von dem Problem der Zustimmungspflichtigkeit des Gesetzes überhaupt.

Er bezog sich dabei – wie später durchweg – auf das Homogenitätsgebot des Bundesverfassungsgerichtes, dem der „Eiertanz" des Regierungsentwurfes: Gleichstellung in punkto Mitbestimmung, aber keine Gleichwertigkeit im Hinblick auf Einstellungsvoraussetzungen sowie den dienstrechtlichen und besoldungsrechtlichen Status von Professoren und Assistenzprofessoren nicht gerecht werden könne.

Auf einer Sitzung der Arbeitsgruppe vom 13. Juni 1973 in Anwesenheit des Ministers von Dohnanyi – bei der im übrigen als Vorbereitung auf eine zu erwartende Plenarfragestunde mit Akuteller Stunde in Sachen Bildungsgesamtplan an die SPD-MdBs vom Ministerium vorbereitete Fragen verteilt wurden (!) – interpretierte von Dohnanyi die Mitbestimmungskonzeption seines Hauses im Hinblick auf das Bundesverfassungsgerichtsurteil. Der damalige Hauptberichterstatter HRG der SPD, Wichert, forderte das Ministerium zu „ganz neuen Gruppenmodellen" auf, die den sonstigen wissenschaftlichen Mitarbeitern besser gerecht werden sollten. Der Verfasser wiederholte ausführlich seine hochschulpolitischen und allgemeinpolitischen Zweifel an der Durchführbarkeit der Konstruktion „großer Assistenzprofessor" und sprach sich darüber hinaus dafür aus, die Mitbestimmungsparitäten im Gesetz genau festzulegen, um eine „mißbräuchliche" Fixierung dieser Paritäten „nach oben hin" durch „konservative Länderregierungen" unmöglich zu machen.

Das Problem spielte bis einschließlich 20. Juni eine große Rolle in insgesamt 4 Koalitions-Berichtserstattergesprächen und einem Berichterstattergespräch der SPD jeweils mit dem Ministerium. In der Sitzung am 20. Juni zogen erstmalig der damalige FDP-Sonderminister Maihofer und der Verfasser bei der Diskussion über den letzten Stand des Regierungsentwurfes an einem Strang. Das galt vor allem auch im Hinblick auf die Festlegung von Paritäten im Gesetz, die eine minimale absolute Mehrheit der Professoren sicherstellen sollte. Der Verfasser vermerkt in seinem eigenen Protokoll hier: „von Dohnanyi schwankt noch, Wichert entschieden dagegen“. Diese gemeinsame Position Maihofer/Schweitzer verteidigte der Verfasser auf der Klausurtagung der SPD-Arbeitsgruppe am 21. Juni 1973 „gegen den Vorsitzenden Meinecke“, wie er vermerkte. In dem vom Arbeitsgruppenreferenten, von Schenk, gefertigten Protokoll zu dieser Sitzung heißt es unter anderem auf Seite 5:

„Das BMBW und die Arbeitsgruppe stimmen darin überein, daß die Assistenzprofessoren ebenso Hochschullehrer seien wie die Professoren. Carl-Christoph Schweitzer weist darauf hin, daß man mit dieser Gleichsetzung möglicherweise gegen das Urteil des Bundesverfassungsgerichtes vom 29. Mai 1973 verstoße“.

In der am selben Tage stattfindenden Besprechung der SPD-Berichterstatter mit den SPD-Kultusministern der Länder in Anwesenheit und unter Diskussionsleitung von Dohnanyi stellte sich dieser zunächst unter Hinweis auf Maihofer in der Frage der Fixierung von Paritäten auf den Standpunkt des Verfassers gegen den erbitterten Widerstand des hessischen Kultusministers, um dann abschließend ohne Abstimmung zu erklären: „also lassen wir es“. In der Frage des großen Assistenzprofessors ging der Verfasser nach Hinweisen auf seine Gespräche mit dem Verfassungsexperten Leibholz mit seiner Ansicht völlig unter. Hingegen setzte sich eine Mehrheit gegen den Vorschlag von Glotz, Wichert und von Friedeburg durch, die wissenschaftlichen und nichtwissenschaftlichen Mitarbeiter zu einer Gruppen zusammenzuziehen. Mitte Juli 1973 äußerte sich der Verfasser in einem ausführlichen Memorandum an alle Arbeitsgruppenmitglieder der SPD zur geplanten Personalstruktur im Hinblick auf die ihm übertragene Aufgabe, die beamten- und besoldungsrechtlichen Probleme im Hochschulbereich zu überdenken. Obwohl er befürchten mußte, auch in diesem Kreis als Interessent zu gelten, unterzog er sich wunschgemäß dieser Aufgabe.

„Wichtigster kontroverser Punkt ist ...“, so erklärte er, „die Schaffung eines Assistenzprofessors neben dem in Zukunft von der Bezeichnung her einheitlichen Professor. Die Bezeichnung übernehmen wir meines Erachtens zu Recht von den USA, wo es ja zu keiner Zeit solche klassenbewußte Unterscheidungen zwischen Lehrenden als ordentliche außerordentliche Professoren, Privatdozenten, Assistenten etc. und diese schon gar nicht als Zuarbeiter des Professors gegeben hat ... der Dohnanyi-Entwurf kommt zu der in diesem Zusammenhang sehr raffinierten Lösung, im Hinblick auf das Bundesverfassungsgerichtsurteil vom 29. Mai von zwei Gruppen ansonsten gleichermaßen Hochschullehreren auszugehen, um dann allerdings unter Gesichtspunkten der Mitbestimmung dann doch wieder eine Gruppe zu fixieren, was meines Erachtens leider ganz klar im Gegensatz zum Karlsruher Urteil steht. Der Regierungsentwurf ist in seinen Bestimmungen über den Assistenzprofessor auf jeden Fall unbefriedigend, weil er die große Gefahr in keiner Weise abzuwehren geeignet ist, daß dieser neue Assistenzprofessor nach sechs Jahren ... wirtschaftlich und sozial gesehen in der Luft hängt ... Was man sich in diesem Bereich auch an Bestimmungen ausdenkt, wiederhole ich an dieser Stelle nochmals eines: Wir dürfen uns als Bundesgesetzgeber nicht vor dem Versuch drücken, Paritäten bundeseinheitlich zu fixieren".

In den nächsten Wochen, und gerade in den Ferienwochen, kam es zu intensiven mündlichen und schriftlichen Kontakten zwischen den Koalitions-Berichterstattern und dem Ministerium bzw. dem Minister, aber auch inoffiziell zwischen einzelnen Koalitionssachverständigen wie Maihofer und Schweitzer. Gegenüber dem Minister von Dohnanyi wurde jetzt noch stärker der ad-hoc gegründete Arbeitskreis „Sozialliberale Hochschulpolitik" ins Spiel gebracht, der in seinen „Leitsätzen zum Hochschulrahmengesetz" eine gesonderte Gruppe für den Dohnanyinschen Assistenzprofessor auf der Linie des späteren Koalitionskindes „Hochschuldozent" und im übrigen Paritäten von acht Hochschullehrern auf Lebenszeit, zwei (neuen) Assistenzprofessoren, zwei wissenschaftlichen Mitarbeitern, zwei nichtwissenschaftlichen Mitarbeitern und zwei Studenten vorsah. In einem Schreiben vom August 1973 an Dohnanyi erklärte der Verfasser:

„Du gehst bestimmt in Richtung Karlsruhe so, wie der Entwurf jetzt ist, unter (zwei Gruppen, aber eine nur im Sinne der Mitbestimmung). Wir sprechen jetzt von der „Hälfte" (gemeint war der Arbeitskreis Sozial-liberale Hochschulpolitik, d.V.). Diese Parität muß verbal fixiert werden, das heißt wohl doch ohne Modellzahlenspiel, rein aus verfassungsrechtlichen Gründen. Hier müssen wir doch wohl sicher gehen. Aber diese Parität muß im Sinne unserer Vorschläge eben bundeseinheitlich fixiert, das heißt darf nicht unterlaufen werden". Um die gleiche Zeit erklärte er gegenüber dem Bundeskanzler und Parteivorsitzenden schriftlich: „„... Paritäten für Hochschulgremien sollten demnach in dem Gesetz verbal fixiert werden, aus verfassungsrechtlichen Gründen, Das würde nach unseren Vorstellungen bedeuten: Die Hälfte ... (vgl. übersandte Leitsätze). Leibholz ist wie ich (und eine große Zahl von Juristen) der Auffassung, daß wir nach Karlsruhe Assistenten und sonstige Professoren in Fragen der Mitbestimmung nicht wie im bisherigen Regierungsentwurf vorgesehen (!) in eine Gruppe bringen können. Wir müssen eben auch hier den Mut zum „Ärger" von Seiten bestimmter Gruppen an den Tag legen".

Auf einer längeren Sondersitzung der Arbeitsgruppe Bildung und Wissenschaft der SPD-Fraktion am 19. September abends wurde über die „Feriengespräche" referiert, wobei sich der Verfasser nach wie vor in der Rolle eines freundlich akzeptierten Outsiders im Hinblick auf den großen Assistenzprofessor und damit zusammenhängende Probleme der Mitbestimmung befand. Am 6. November kam es auf Wunsch von Dohnanyi in der Arbeitsgruppe zu einer kurzen, ohne Ergebnis verlaufenden Strategiediskussion darüber, ob man auf ein zustimmungsfreies Hochschulrahmengesetz oder aber ein zustimmungspflichtiges, und damit von Anfang an auf Kompromisse mit der Opposition, zusteuern sollte. Diese Frage wurde auch auf einer Besprechung der Koalitions-Berichterstatter in Gegenwart von Minister Maihofer und dem Bildungsminister mit seinen Beratern am 8. November erörtert. Hier erklärte Dohnanyi erstmals unter Widerspruch des Berichterstatters Wichert, daß „alle Länder, auch die SPD-geführten, inzwischen den Assistenzprofessor von der Qualifikation her herunterstufen wollen", (und damit natürlich eine Gleichstellung mit den normalen Professoren in einer Gruppe unmöglich machen würden d.V.). In der Tat war die ursprünglich vorgesehene, gesetzlich zu verankernde Freistellung von der Lehre für die Assistenzprofessoren auf Wunsch des Justizministers wieder fallen gelassen worden, weil damit logischerweise das Karlsruher Homogenitätsprinzip für die gemeinsame Mitbestimmungsgruppe von Assistenzprofessoren und herkömmlichen Professoren verletzt worden wäre. Der Minister lag jetzt mit seiner Feststellung ganz auf der Linie des Verfassers, daß der Assistenzprofessor des Regierungsentwurfes „so nicht mehr zu halten sei", hatte also möglicherweise von Anfang an im Hinblick auf „fortschrittliche" Kräfte nur eine Scheinkonstruktion aufgebaut, um diese dann wieder durch juristische Expertisen demolieren zu lassen.
Es ging in den Tagen danach vor allem um die vom Kabinett am 28. November zu verabschiedende Gegenäußerung der Bundesregierung zu den Einwendungen des Bundesrates gegen den Regierungsentwurf Hochschulrahmengesetz. Deshalb versuchte der Verfasser in Einzelschreiben an die meisten Bundesminister auf eine entsprechende Änderung besonders in Sachen Personalstruktur einzuwirken. Wörtlich erklärte er in diesem Schreiben (179):

„Das Gesetz steht und fällt allgemeinpolitisch und bildungspolitisch mit der neuen Personalstruktur. Insbesondere in dieser Beziehung kann es zu Einsprüchen und neuen Verfassungsgerichtsurteilen kommen. Alle Beteiligten sind mit dem „Institut" des neuen Assistenzprofessors in eine hoffnungslose Sackgasse geraten, ... Der jetzige Lösungsvorschlag im Regierungsentwurf ist in hohem Maße unsozial und stellt eine nicht aufzulösende Quadratur des Kreises dar

– nicht zuletzt in Verbindung mit dem Problem der Mitbestimmung. Wir werden dieses Modell mit einer an eine absolute Sicherheit grenzenden Wahrscheinlichkeit eines Tages zurückziehen müssen. Meines Erachtens kommen wir nur auf der „amerikanischen Linie" weiter: Bessere Chancen vom Stellenkegel her für gute Assistenzprofessoren, die sich dann weiter qualifizieren können, die dann aber von der Mitbestimmung her mit den anderen Professoren logischerweise nicht ein gemeinsames Mehrheitsgremium bilden dürften. Im übrigen weise ich darauf hin, daß schon unser eigenes Bundesland Nordrhein-Westfalen uns in dieser Frage im 2. Durchgang im Bundesrat nicht stützen wird.
Das hat sich seit der letzten Kabinettssitzung in dieser Sache vom 19. Oktober klar abgezeichnet!
Diese Frage ist für den Arbeitskreis „Sozialliberale Hochschulpolitik", dem namhafte Kollegen aus SPD und FDP einschließlich einiger Universitätsrektoren und Universitätspräsidenten angehören, und damit auch für mich nicht zuletzt eine ganz entscheidende politische. ..."

Die Arbeitsgruppe Bildung und Wissenschaft der SPD trat im Hinblick auf diese notwendigen Gegenäußerungen der Bundesregierung am 26. November ab 14.00 Uhr mit den beiden Staatssekretären des Bildungsministeriums zu einer Sondersitzung über das Hochschulrahmengesetz zusammen, auf der die „drei Berichterstatter" vortragen sollten. Auch dieses Beispiel zeigt, daß die Rückkoppelung zur gesamten Arbeitsgruppe durch den Vorsitzenden Meinecke in diesem Stadium immer wieder vorbildlich veranlaßt wurde. Eine große Rolle spielte erneut das Problem der Zustimmungsbedürftigkeit des Gesetzentwurfes. Der Verfasser äußerte sich zur Personalstruktur auf der Linie seines Vermerkes an Willy Brandt sowie seiner Schreiben an die Kabinettsminister und stellte fest, daß man in der Frage des Assistenzprofessors „den Mut zu neuen Modellen" aufbringen müsse, zumal sich auch das SPD-regierte Land Nordrhein-Westfalen gegen die Konstruktion ausgesprochen habe, was vom Ministerium ausdrücklich bestätigt wurde. Die Bremer „Experimentierklausel" schließlich sei in diesem ganzen Zusammenhang verfassungsrechtlich schon gar nicht zu halten und könne daher im Gesetzentwurf nicht vorgesehen werden.

In einem letzten Versuch der Einwirkung vor der Kabinettsentscheidung vom 28. November in Sachen Gegenäußerung der Bundesregierung schlug der Verfasser am 27. November gegenüber dem Bundeskanzleramt schriftlich vor, daß man an verschiedenen neuralgischen Punkten sich zumindest durch eine Formulierung „die Bundesregierung behält sich im übrigen vor, im parlamentarischen Gesetzgebungsverfahren weitere Alternativen zur Diskussion zu stellen", eine Rückzugsmöglichkeit bzw. eine Möglichkeit der Änderung des eigenen Entwurfes aus eigenem Antriebe offen halten sollte.

Im Dezember standen dann in der SPD Arbeitsgruppe Probleme des geplanten Anhörverfahrens im Bundestagsausschuß Bildung und Wissenschaft im Vordergrund, Mitte Januar 1974 Fragen der gegenüber der CDU einzuschlagenden Taktik sowie der Terminplanung für das Gesetzgebungsverfahren Hochschulrahmengesetz, nachdem dieses ja nun in einer ersten Lesung im Bundestag eingebracht worden war. Am 7. und 8. Februar 1974 veranstaltete die Arbeitsgruppe ein eigenes Hearing mit der Westdeutschen Rektorenkonferenz, der ÖTV, der Bundesassistenten-Konferenz und der Gewerkschaft „Erziehung und Wissenschaft" zu vier Tagesordnungspunkten: Probleme der Forschung, der Studienreform, des Zugangsverfahrens und der Lehrkörperstruktur. Der damalige Hauptberichterstatter der SPD, Wichert, hielt hier zwar zunächst noch an der Konstruktion des großen Assistenzprofessors fest, deutete aber erstmalig eine eigene Kompromißbereitschaft im Verlaufe der Sitzung an, während der Verfasser diese Konstruktion widerum „kritisch in Frage gestellt" sehen wollte. Er wurde darin von dem Präsidenten der Westdeutschen Rektorenkonferenz unterstützt, der auch schon vorher mit ihm die Probleme erörtert hatte. Die Vertreter von ÖTV, GEW und BAK setzten sich demgegenüber vorbehaltlos für die Konstruktion des großen Assistenzprofessors innerhalb der „Gruppenuniversität" ein und bestanden im übrigen nach wie vor auf einer Drittelparität à la Bremen. Sie alle setzten sich – trotz ihrer „Nähe" zur SPD – später in diesen Fragen als Interessengruppen nicht durch.

In der Phase der nun einsetzenden offiziellen Ausschußberatungen hielt der Verfasser innerhalb der Fraktion Auschau nach Verbündeten für seine Vorstellungen – und zwar bei den SPD-Berichterstattern der am Hochschulrahmengesetzverfahren mitbeteiligten Ausschüsse für Inneres und Recht. Offiziell wurde ihm die Aufgabe der Abstimmung mit diesen Berichterstattern in Sachen Besoldungsreform und Personalstruktur übertragen, eine Aufgabe, der er sich jedoch in der Praxis nur einmal unterziehen konnte (180). Nachdem die CDU/CSU im Ausschuß am 13. März 1974 sehr geschickt auf unterschiedliche Auffassungen innerhalb der Koalition hingewiesen und bedauert hatte, daß diese immer noch nicht ihre Abänderungsanträge geschlossen vorgelegt habe, von ihr selber aber insgesamt 43 angekommen seien, schrieb der Verfasser an den Obmann der SPD:

„Wir . . . haben eben Wichert noch schwer eingeheizt, endlich seine (!) Gegenvorschläge schriftlich auf den Tisch zu legen für uns. Er wartet natürlich bis zum 22. März (Parteivorstand). Das ist die Crux bei uns. Alles hat Angst, sich festzulegen („Basis" etc.). Meine Vorstellungen liegen schließlich seit Monaten fest. Ich lasse 98% des Regierungsentwurfes passieren, habe ja auch ca. 50 Stunden in Vorbesprechungen im Sommer mit Ministerium verbracht . . . wir in der Arbeitsgruppe unter Deinem Vorsitz müssen wissen, was wir exakt politisch wollen".

Daß inzwischen Minister von Dohnanyi und der Verfasser in der Frage

der Personalstruktur eine gemeinsame Linie vertraten, wurde nunmehr offenbar in einer Strategie- und Taktikdiskussion innerhalb der Arbeitsgruppe am 19. März 1974. Eine Wende im Hinblick auf die SPD-internen „Mehrheitsverhältnisse" zu Fragen der Personalstruktur und Mitbestimmung trat aus der Sicht des Verfassers am 21. März 1974 dadurch ein, daß der zweite Hauptberichterstatter der SPD, Glotz, am 21. März 1974 auf einer Sitzung der Koalitions-Berichterstatter ebenfalls für Alternativmodelle zum großen Assistenzprofessor und eine Festlegung der Mitbestimmungsparitäten auf 51% (die Hälfte +) plädierte und sich wie der Verfasser gegen den Vorschlag von Wichert aussprach, eine integrierte Wahl von Professoren und Assistenzprofessoren beizubehalten. Inzwischen hatte zur Zulassungsfrage im Bildungsausschuß der Gesamtpartei eine wichtige Besprechung stattgefunden, deren Ergebnise Wichert und Glotz als Mitglieder bzw. Gäste dieses Ausschusses, der Verfasser hingegen durch die Spitze des Bildungsministeriums kannte. Sie wurden offiziell vorgelegt. Vielleicht liegt hier die Erklärung für den Sinneswandel des SPD-Hauptberichterstatters, vielleicht hatte auf diesen auch der Vorsitzende der Arbeitsgruppe eingewirkt. Auf jeden Fall zogen die drei SPD-Berichterstatter seit dieser Zeit in den meisten Fragen mehr oder weniger an einem Strang.
Mit Schreiben vom 15. März 1974 lud dann der SPD-Parteivorstand zu einer Hochschulkonferenz auf Bundesebene zur Beratung des Hochschulrahmengesetzes nach Göttingen ein, während der Verfasser in Gesprächen mit dem Staatssekretär im Bundeskenzleramt unter Berufung auf seine Kommunikation mit dem Bundeskanzler und SPD-Vorsitzenden auf eine unmittelbare Einschaltung von Willy Brandt drängte. Mit Schreiben vom 29. März 1974 wurde vom Chef des Bundeskanzleramtes zu einem *Gespräch beim Kanzler für den 17. April* „über Fragen des Hochschulrahmengesetzes" eingeladen. An dieser Sitzung nahmen neben den Fachleuten der Fraktion und der Spitze des Ministeriums verschiedene SPD-Professoren bzw. Universitätsrektoren und Präsidenten sowie Kultusminister der Partei teil. Der Bundeskanzler eröffnete die Sitzung und erklärte es zu ihrem Ziel, zu ermitteln, „welches Hochschulrahmengesetz wir bis zum Sommer durchbringen können". Vier Tagesordnungspunkte standen zur Diskussion: Probleme der Personalstruktur und Mitbestimmung, der Studienreform, der Zulassung und des Ordnungsrechtes. Eine Mehrheit bildete sich hier – was abschließend zum ersten Tagesordnungspunkt von Willy Brandt auch festgestellt wurde – für den Verfasser ein wenig überraschend (weil nun ohne ernsthaften Widerstand von Seiten Wicherts und des niedersächsischen Kultusministers) gegen den

großen Assistenzprofessor und für eine Fixierung der Paritäten auf der oben angedeuteten Linie; interessanterweise „schwankte“ vor allem noch Rolf Meinecke, der sich insbesondere gegen die von einer Reihe von Teilnehmern vertretene taktische Linie wandte, im Hinblick auf die Notwendigkeit eines Endkompromisses schon jetzt einige Punkte mit der CDU/CSU auszuhandeln. Es kam in den nächsten zwei bis drei Monaten nach dieser Kanzlersitzung offenbar zu einem engen Zusammenwirken zwischen dem Obmann Meinecke und Wichert ohne Kenntnis des Verfassers, nachdem der Berichterstatter Glotz als Parlamentarischer Staatssekretär designiert worden war. Dies ging jedenfalls aus einem Bericht über neueste Abänderungsbesprechungen im Ministerium auf einer Sitzung der Arbeitsgruppe am 16. Mai 1974 hervor.

Die entscheidenden Weichenstellungen waren jedoch in der Besprechung beim Parteivorsitzenden gefallen. Umso bemerkenswerter, aber sicherlich innerparteitaktisch durchaus „stilgerecht“, mußte für Eingeweihte der Verlauf der *Hochschulkonferenz der Gesamtpartei in Göttingen vom 19. bis 21. April* erscheinen. Wie in einem Tagungsprotokoll festgehalten, sorgte der Verfasser im Verlaufe dieser Konferenz, das heißt nach dem Einführungsreferat des Ministers von Dohnanyi und entsprechend ausweichenden Einlassungen in den Arbeitskreisen unter anderem von Wichert für die seiner Ansicht nach entscheidende Aufklärung. Er glaubte seine Parteifreunde in der zuständigen Arbeitsgruppe dahingehend unterrichten zu müssen, daß einerseits die im Regierungsentwurf vorgesehene Personal- und Mitbestimmungsstruktur aus grundsätzlichen, verfassungsrechtlichen, hochschulrechtlichen und sozialpolitischen Gründen nicht aufrechterhalten werden könne, andererseits wegen der Zustimmungspflichtigkeit des Gesetzes schon jetzt um einen Kompromiß mit der CDU/CSU gerungen werden müsse und in Bonn auch bereits gerungen werde.

Am 15. Mai 1974 konstatierte – etwas voreilig, wie sich zeigen sollte – der designierte neue Parlamentarische Staatssekretär Glotz in der SPD-Arbeitsgruppe für Bildung und Wissenschaft, daß sich die Berichterstatter des Hochschulrahmengesetzes aller Fraktionen einig geworden seien in Sachen Personalstruktur, hingegen nicht hinsichtlich des nunmehrigen „Problems Nummer 1“, das heißt der Frage der Zulassung. Tatsächlich schien dann aber Anfang Juni in Sachen Personalstruktur die FDP wieder umzufallen, wie auf einer Berichterstatterbesprechung der Koalition am 4. Juni deutlich wurde.

Auf dieser Sitzung in Gegenwart des neuen Ministers Rohde und von Staatssekretär Jochimsen ergriff interessanterweise der zuständige Fraktionsassistent der FDP ständig das Wort, wie der Verfasser in seinem Privatprotokoll vermerkte. Frau Schuchardt stellte sehr pointiert („ist eine Große Koalition in Sicht?") die Frage, warum die SPD in Sachen Personalstruktur plötzlich „umgeschwenkt" sei. Darauf erklärte Wichert, „Er selber sei daran wesentlich mitschuldig" und würde dies jetzt auch bei „absoluter Mehrheit für die SPD" so machen, das heißt sich hier nicht von Rücksichtnahmen auf die CDU leiten lassen. Zur Begründung führte er das Urteil des Bundesverfassungsgerichtes ebenso wie die Einstellung verschiedener Bundesländer und die Gesamtproblematik des Hochschullehrernachwuchses an.

Auf einer weiteren Koalitions-Berichterstattersitzung am 5. Juni berichtete die FDP über die neuesten „Beschlüsse ihrer Fraktion" – unter anderem gegen ein Ordnungsrecht und für die ursprünglich vorgesehene Personalstruktur. In der lezteren Frage berief sich die FDP auf die sich mit ihr angeblich deckende Haltung des SDP-Kultusministers in Hessen. Von ihrer Seite wurde jetzt zur Lösung der „strittigen Punkte" ein Koalitionsgespräch auf höchster Ebene vorgeschlagen. Tatsächlich fand dieses Gespräch am 6. Juni, wie schon vermerkt, statt. Hier konnte zunächst die Einigkeit der Koalition wieder hergestellt werden, das heißt die SPD sich in Sachen Personalstruktur durchsetzen.

Kurz vor diesem Gespräch hatte der Verfasser dem Fraktionsvorsitzenden der SPD einen Eilvermerk übergeben, in dem er auf die absolute Zustimmungspflichtigkeit des Gesetzes hinwies, die daher Kompromisse mit der Opposition notwenig mache. An ihnen werde ohnehin schon mit Hochdruck vor den Berichterstattern gearbeitet. Politisch brauche die SPD gewissermaßen eine Kompromißmasse – also etwa Personalstruktur gegen Zugangsregelungen, die die Opposition überhaupt nicht wolle, die aber politisch sehr auszuschlachten seien. Die Koalition mache sich lächerlich, wenn sie jetzt in entscheidenden Fragen, die bereits als neue Koalitionsstandpunkte der Opposition amtlich zugestellt worden seien, wieder um- und auseinanderfalle. Dies gelte insbesondere für die Personalstruktur. In diesem Punkt sei die ... Lage besonders grotesk, „weil die neue Linie der SPD jeweils mit den Berichterstattern der FDP abgestimmt wurde. Hier sind wir sicherlich gegenüber der FDP nicht kompromißbereit, zumal innerhalb der FDP auch einiges durcheinander läuft ... ich habe ... von Anfang an, ... den Regierungsentwurf in diesen Punkten als den zum Scheitern verurteilten Versuch angesehen, zur Quadratur des Kreises zu kommen. Es soll manche Leute bei uns geben, die dies in manchen Bereichen überhaupt für möglich halten! Wir liegen hier mit unseren Kultusministern jetzt auf einer Linie. Nordrhein-Westfalen zum Beispiel war von Anfang an gegen den sogenannten großen Assistenzprofessor. Ausnahme vielleicht hinten herum immer noch der Traumtänzer von Friedeburg, der offenbar, so die FDP gestern zu uns, einige Hessen aufwiegelte. ..."

Nach diesem Koalitionsspitzengespräch erfolgte die bereits erwähnte zweite Abstimmung mit den SPD-Kultusministern vom 10. Juni 1974. Hier wie auch bei dem ebenfalls erwähnten Gespräch mit einigen CDU-

Kultusministern ging es vor allem um die immer mehr in den Mittelpunkt rückende Problematik der Zulassungsverfahren.
Daß jedoch auch durch dieses Spitzengespräch die Meinungsverschiedenheiten mit der FDP in Sachen Personalstruktur, Ordnungsrecht und anderem immer noch nicht ausgeräumt worden waren, zeigte sich dann auf einer Sitzung der Koalitons-Berichterstatter mit den Ministern Biallas und Rohde bei der FDP am 19. Juni.
Die FDP schlug jetzt plötzlich vor, zunächst alle Professoren zu solchen auf Zeit zu ernennen, um den großen Assistenzprofessor gewissermaßen durch die Hintertür wieder hereinzubringen. Beschlossen wurde lediglich, solche und andere Änderungen verfahrenstechnisch wenn überhaupt, erst in der dritten Lesung im Plenum einzubringen, die man immer noch vor der Sommerpause erwartete und erhoffte. Dies war auch der Stand nach einem weiteren Koalitionsgespräch bei den Fraktionsvorsitzenden unter anderem mit den zwei Hauptberichterstattern der Koalition und dem Obmann der SPD. Die jetzt in den Vordergrund rückende Frage nach der taktischen Linie (dritte Lesung vor, allenfalls während der Sommerpause) wurde am 2. Juli nochmals in einem Gespräch der zwei Fraktionsvorsitzenden im selben Teilnehmerkreis erörtert (181).
Die abschließende Behandlung des Komplexes Personalstruktur zusammen mit der Opposition unter besonderer Berücksichtigung des medizinischen Bereiches wurde erst nach der Sommerpause am 24. September 1974 in Bericherstattergesprächen aller Fraktionen und sodann im Ausschuß selber am 25. September eingeleitet. Das Ministerium legte auf Wunsch der Berichterstatter vom 24. September am 2. Oktober entsprechende Formulierungshilfen zu dem späteren § 46 und folgende vor, die vorher von den SPD-Berichterstattern unter sich, mit den Berichterstattern aller Fraktionen dann am 8. Oktober gemeinsam erörtert wurden. Sehr typisch war wiederum das Vorgespräch mit der FDP vom 8. Oktober verlaufen. Hier wurden erneut Vorbehalte selbst zur Personalstruktur, aber auch zur umstrittenen Frage der Einzelheiten einer Regelstudienzeit angemeldet. In der Schlußphase der Berichterstattergespräche innerhalb der Koalition sowie mit der Opposition rückte neben der Frage der Zulassung das Problem des Sanktionsmechanismus in Sachen Regelstudienzeit immer mehr in den Vordergrund. Immer noch hatten offensichtlich die bisherigen Koalitionsspitzengespräche bei den Fraktionsvorsitzenden keinen endgültigen Durchbruch erzielen können (182). Daher wurde ein neues großes Koalitionsgespräch beim Bundeskanzler Schmidt am 21. Oktober 1974 notwendig, durch das dann, wie sich herausstellen sollte,

die allerletzte „Koalitionswende" in Bezug auf die koalitionsintern noch strittigen Fragen unter anderem im Bereich des Sanktionsmechanismus bei der Regelstudienzeit herbeigeführt werden konnte (183).
In den Gesprächen aller Berichterstatter ging es bei der Personalstruktur jetzt nur noch um die Frage des Status des neuen (Koalitions-)Hochschuldozenten. Der Gesamtfraktion wurde der letzte Stand auf einer Sitzung zwei Tage vor der 2. und 3. Lesung im Plenum am 10. Dezember 1974 durch Wernitz und zum Teil Meinecke erläutert, wobei der Verfasser vermerkte: „Fraktion hört nicht zu". Eine Abstimmung erfolgte nicht. Es kam also auch hier zu einem, wie oben schon skizziert, „typischen" Sitzungsverlauf insofern, als sich „die" Fraktion in einer für die Gesamtheit zu wenig überschaubaren Materie auf „ihre" Experten verließ.
Nach Verabschiedung des Gesetzes im Bundestag wurden nochmals Änderungen in Sachen Personalstruktur und Mitbestimmung im Verlaufe der Beratungen des Vermittlungsausschusses zwischen Ende 1974 und Ende 1975 herbeigeführt. Das Ergebnis dieser Beratung wurde der Gesamtfraktion der SPD am 12. Dezember 1975 durch den Parlamentarsichen Geschäftsführer Jahn nach einem einleitenden Referat von Bundeskanzler Helmut Schmidt vorgetragen. Hier kam es zu einer längeren Diskussion bei einer relativ schwachen Beteiligung der Gesamtfraktion. Ihr lagen keinerlei schriftliche Formulierungen vor, was auch von einigen MdBs bemängelt wurde. Auch der Verfasser als ein früherer Berichterstatter litt darunter, obwohl er schließlich in der Materie als einigermaßen bewandert angesehen werden konnte. Jahn begründete die Abänderungen in Sachen Personalstruktur und Mitbestimmung mit dem Hinweis, daß hier ein Kompromiß geschlossen werden mußte, um insgesamt ein einheitliches Hochschulrahmengesetz sicherzustellen. Tatsächlich führten diese Änderungen wieder zur Abschaffung des „Koalitions-Hochschuldozenten", der durch den „Hochschulassistenten" mit erneuter Anbindung an einen Fachbereich und indirekt an einen Professor ersetzt wurde, sowie zu einer flexibleren Regelung der Minimalparitäten in der Mitbestimmung.

Im Gegensatz zu der vom Bundestag Ende 1974 verabschiedeten Fassung hieß es jetzt in der endgültigen, Anfang 1976 in Kraft getretenen, daß „in allen Gremien mit Entscheidungsbefugnissen in Angelegenheiten, die Forschung, künstlerische Entwicklungsvorhaben, Lehre oder die Berufung von Professoren berühren, die Professoren über die absolute Mehrheit der Stimmen" verfügen. Mit anderen Worten war nun die Möglichkeit gegeben, in den einzelnen Landeshochschulgesetzen nicht mehr eine minimale Professorenmehrheit (Hälfte +), sondern eine größere vorzuschreiben, wie sie z.B. in Bayern von Anfang an vorgegeben war. Darüber hinaus muß nun bei einem Berufungsvorschlag ebenso wie bei Fragen der Forschung die „Mehrheit der dem Gremium angehörenden Professoren" zusätzlich zustimmen (184).

Die entscheidenen Kompromisse mit der CDU/CSU, das heißt die Ergebnisse des Vermittlungsausschusses, waren, von kurzen Andeutungen abgesehen, in der Arbeitsgruppe Bildung und Wissenschaft der SPD-Fraktion nicht vorgetragen, geschweige denn erörtert worden. In der abschließenden Fraktionssitzung vom 12. Dezember 1975 verteidigte der frühere Bildungsminister von Dohnanyi – im Hinblick auf seinen eigenen ursprünglichen Entwurf etwas erstaunlich – jetzt die ausgehandelten Bestimmungen als ein von ihm von Anfang an befürwortetes (d.V.) „notwendiges Abseilen von Utopien".

Gesetzesänderungen am Beispiel des Ordnungsrechtes

Dieses bis zuletzt, das heißt bis zur Verabschiedung der Änderungen an der Bundestagsfassung gemäß dem Vermittlungsausschuß im Bundestagsplenum Ende 1975, heikle Thema wurde von den Bildungsexperten der SPD-Fraktion erstmals Anfang 1974 ausführlicher bei dem erwähnten Anhörverfahren der Arbeitsgruppe Bildung und Wissenschaft zusammen mit den Gewerkschaften, der Bundesassistentenkonferenz und der Westdeutschen Rektorenkonferenz erörtert. Der Regierungsentwurf selber hatte ein solches Ordnungsrecht bekanntlich nicht vorgesehen. Die Gewerkschaftsvertreter lehnten durchweg und entschieden jedes Ordnungsrecht ab. Mit Wichert sprach sich der damalige Präsident der Westdeutschen Rektorenkonferenz dafür aus, allenfalls ein neues „Schlichtungsrecht" an den Universitäten vorzusehen, während der Verfasser mit der These, daß nach seinen eigenen Erfahrungen grundsätzlich das Strafrecht ausreiche, ohnehin Zustimmung fand. Bei dem SPD-Spitzengespräch mit Willy Brandt am 17. April 1974 stellte sich heraus, daß die FDP-Führung grundsätzlich für ein irgendwie geartetes Ordnungsrecht eintrat. In dieser Richtung ging daher auch ein genereller Tendenzbeschluß der Anwesenden im Kanzlerbungalow. Offensichtlich wichen dann aber die FDP-Berichterstatter wieder von der Linie ihrer Spitze ab, wie sich in den Berichterstattergesprächen zeigte, so daß auch dieser Punkt in die Spitzengespräche des Sommers 1974 einbezogen werden mußte (185).
Erstmals im Ausschuß für Bildung und Wissenschaft kam dieses Thema am 18. Juni 1974 zur Sprache. Beide Seiten versuchten, – wegen der Brisanz des Themas verständlicherweise – sich gegenseitig den „schwarzen Peter" zuzuschieben. Der Sprecher der SPD, Meinecke, erklärte,

daß es bisher ein Ordnungsrecht nicht gebe und man ohnehin von „Ordnungsrecht und Ordnungsrecht" ausgehen müsse, während die Vertreterin der FDP an die CDU/CSU die Frage richtete, ob die Opposition in dieser Sache einen eigenen Antrag einbringen wolle. Die Opposition plädierte für die Anforderung eines Gutachtens der Ausschüsse für Recht und Inneres des Bundestages. Der Parlamentarische Staatssekretär im Bildungsministerium erklärte, das Ministerium sei bereit, dem Ausschuß in dieser Sache Formulierungshilfe zu leisten. Die Opposition wies demgegenüber darauf hin, daß ohnehin die Regierung Brandt/Scheel seinerzeit angekündigt hätte, zu gegebener Zeit entsprechende Vorschläge machen zu wollen. Das ganze Thema wurde erneut am 19. Juni unter den Koalitonsberichterstattern erörtert, wobei eine Formulierung des Ministeriums vorgelegt wurde, – die der Verfasser zum ersten Mal sah, obwohl das Papier sicherlich älteren Ursprungs, wenn auch nicht älteren Datums war! Bis auf einen unwesentlichen Zusatz war dieser ministeriale Vorschlag genau deckungsgleich mit der später vom Bundestag Ende 1974 verabschiedeten Fassung! Am 5. November 1974 bemängelte der Verfasser in der Arbeitsgruppe Bildung und Wissenschaft, daß diese Frage in diesem Gremium nie gründlich ausdiskutiert worden sei. Am 12. November erwähnte sie der Vorsitzende der Arbeitsgruppe erneut unter Hinweis auf die gerade stattgefundene Fraktionsvorstandssitzung.
Er kündigte an, daß der Vorstand darüber auf der Sitzung der Gesamtfraktion am Nachmittag berichten werde. Dies geschah dann auch unter Punkt 17 der Tagesordnung an jenem 12.11. Es kam hier zu einer ganz kurzen Diskussion bei „halbem Hause". Sie wurde vor allem von zwei Leverkusenern geführt, die die vorgesehene Bestimmung „für nicht anwendbar" hielten. Gegen fünf Stimmen wurde der (Regierungs-)Entwurf angenommen, so daß damit grünes Licht für die erstmalige öffentliche Einbringung gegenüber der CDU/CSU in einem Gespräch aller Berichterstatter am 13. November gegeben worden war. Wieder einmal unter Vorsitz des Parlamentarischen Staatssekretärs Glotz vom Bundesministerium für Bildung und Wissenschaft erklärte hier die Opposition, daß sie eine Alternativfassung auf der Linie des Bundesratsentwurfes einbringen werde, wie dies dann auch in der zweiten Lesung geschah.

Im Namen der SPD-Fraktion lehnte im Plenum am 12. Dezember 1974 der Verfasser die Alternativvorschläge der Opposition – die eben später Einlaß fanden in die endgültige Fassung aufgrund der Kompromisse im Vermittlungsausschuß – mit den Worten ab: „Wir bestehen auf unserer Fassung . . ., weil wir den Standpunkt vertreten . . ., daß wirklich nur Fälle der Gewaltanwendung . . . mit der Möglichkeit von Sanktionen belegt werden sollten, daß aber nicht mit

Begriffen,wie sie die Opposition, vertreten durch den Kollegen Klein hier vorhin wiederum vorgeschlagen hat, der willkürlichen Handhabung Tür und Tor geöffent werden darf. Wir müssen auch nur den Anschein vermeiden, daß mit solchen Bestimmungen zum Beispiel rational begründete Kritik an und in Lehrveranstaltungen abgewürgt werden soll" (186).

Die jetzt gültige Fassung des Vermittlungsausschusses war überhaupt nicht in der Arbeitsgruppe Bildung und Wissenschaft der SPD-Fraktion diskutiert worden. Sie wurde lediglich von Jahn mit anderen strittigen Punkten, die auf dem Wege eines Kompromisses mit der CDU/CSU bereinigt worden waren, auf der Fraktionssitzung vom 12. Dezember 1975 unmittelbar vor der Abstimmung im Plenum über das Ergebnis des Vermittlungsausschusses vorgetragen. Sicherlich waren diese Formulierungsänderungen sowie der Umstand, daß keine schriftlichen Unterlagen vorlagen, mit dafür verantwortlich, daß in der Schlußabstimmung der Fraktion zehn Mitglieder gegen das Ergebnis des Vermittlungsausschusses stimmten und sieben sich einschließlich des Verfassers der Stimme enthielten (187). Auf der 210. Sitzung des Deutschen Bundestages wurde laut Protokoll das Ausschußergebnis gegen die Stimmen der CDU und „einiger der SPD/FDP" bei einigen Enthaltungen angenommen.

Zusammenfassung:

Wenn wir an dieser Stelle unsere Darstellung des parlamentarischen Gesetzgebungsvorganges an einigen ausgewählten Beispielen aus dem Bereich des HRG im Hinblick auf unsere übergeordnete Problemstellung zusammenfassen, so müssen wir sehr erhebliche Zweifel an Helmut Schmidts abschließender Feststellung in seiner Rede zugunsten des abgeänderten Gesetzes auf der SPD-Fraktionssitzung vom 12. Dezember 1975 anmelden, daß „bei diesem Gesetz ganz einwandfrei die Arbeit der Parlamentarier weit überwogen hat." Als Versuch der Einbindung der SPD-Fraktion insgesamt in die Mitverantwortung für die Ergebnisse des Vermittlungsausschusses war eine solche Feststellung sicherlich verständlich. Auch als ein Kompliment des Regierungschefs für die rein quantitativ geleistete Mitarbeit einer größeren Anzahl von Parlamentariern sowohl von Mitte 1973 bis Ende 1974 als auch während des ganzen Jahres 1975 war eine solche Bewertung nicht fehl am Platz. Dennoch wird man sagen müssen, daß sie im Kern an der Sache vorbeiging. Zwar ließen sich grundlegende Änderungen auch auf politische Erkenntnisse und Initiativen von Parlamentariern auf beiden Seiten des Hauses zurückführen. Formuliert und in Gesetzestexte umgegossen wurden solche Änderungen jedoch in beinahe jedem einzelnen Falle von Beamten der Exekutive, sei es des Bundes, sei es verschiedener Länder. Sie hatten mit immer neuen Formulierungshilfen die Hauptlast der eigentlichen Arbeit zu tragen.

Rein gesetzestechnisch ist eine solche Funktionswahrnehmung angesichts der Kompliziertheit nahezu aller modernen Gesetzesmaterien zur Regel geworden, im Ganzen wohl auch unproblematisch und auf jeden Fall so lange unvermeidlich, wie Bundestagsabgeordnete nicht über persönliche Expertenstäbe im Stile vieler Mitglieder des US-Kongresses verfügen. Unter politischen Gesichtspunkten bietet ein derartiges exekutives Übergewicht auch in diesem Stadium des Gesetzgebungsverfahrens, das heißt im Parlament, keinen Anlaß für eine ernstere parlamentstheoretische Kritik in der Mehrzahl der Fälle, bei denen es sich sozusagen um normale, das heißt politisch mehr oder weniger nicht-kontroverse Gesetesmaterien handelt. Sie gehen dann ja auch – und wohl gerade deshalb – oft im Eiltempo einiger wenige Minuten dauernden, allenfalls eine parlamentarische Runde „kostenden" zweiten und dritten „Lesung" durch das Plenum. Auch hier kann es natürlich passieren – und passiert auch häufig –, daß die exekutiven Experten, zumal noch in einer geschraubten, angeblich gesetzestechnisch notwendigen Juristensprache aus einer Natur der Sache heraus angeblich ebenso unvermeidliche Sachzwänge aufbauen, aus denen dann die „eigentlichen" Gesetzgeber selber nicht mehr herausfinden, ja die sie oft gar nicht in allen ihren möglichen Konsequenzen richtig und rechtzeitig zu durchschauen vermögen (188).

Sehr viel gravierender wäre es, und war es eben, wie wir an einem besonders interessanten Beispiel in unserem Zusammenhang glauben aufgezeigt zu haben, wenn die „Exekutierer" ihre legislativen Kontrolleure durch entsprechende Vorlagen nicht nur gesetztestechnisch, sondern auch politisch einstimmen, um nicht zu sagen vorprogrammieren. Ob demgegenüber der ebenfalls aus unserer Teilanalyse eines speziellen Gesetzgebungsvorganges erkennbare Aspekt, daß im Hinblick auf die Entscheidung zugunsten übergeordneter politischer, in der Regel alternativer Zielvorstellungen, die jeweilige politische Spitze letztlich dann doch Herr des Verfahrens bleibt, parlamentstheoretisch gesehen wirklich als ein Trost verbucht werden kann, ist zu bezweifeln, weil dadurch nur einmal mehr die These bestätigt wird, daß in einer parlamentarischen Demokratie wie der Großbritanniens oder der in der Bundesrepublik Deutschland heute eine absolute Gewaltenverschränkung zwischen exekutiver Spitze (Minister, Staats-

sekretäre und Kabinett insgesamt) auf der einen Seite und der *Führung* der jeweiligen politischen Mehrheit im Parlament auf der anderen Seite unvermeidlich geworden ist. Wer im Verhältnis Exekutive/Parlament wessen verlängerter Arm ist, erscheint dann im wesentlichen nur noch als eine Frage des Stils der Regierungsspitze und deren eigenen Verständnisses von der Rolle eines Parlaments heute. Im Zweifelsfalle wird man – wie auf der Sitzung bei Bundeskanzler Brandt im April 1974 – gemeinsam überlegen, was in einer jeweiligen Konstellation in der eigenen Partei, in der Koalition und gegenüber der Opposition politisch durchsetzbar ist und auf dieser Grundlage entweder Abstriche am ursprünglichen Konzept vornehmen oder gemeinsam noch „zulegen". In diesem Falle kam natürlich auch die Überlegung noch hinzu, was gegebenenfalls juristisch gegenüber dem Kontrollorgan Bundesverfassungsgericht aufrechtzuerhalten sein würde.
Auf jeden Fall sind unter Gesichtspunkten des *innerfraktionellen Entscheidungsprozesses* gelegentlich fehlende Rückkopplungsprozesse zu bemängeln gewesen. Dies galt beim vorliegenden Beispiel vor allem für die Gesamtfraktion der SPD, die in die Beratung der Materie quantitativ und qualitativ sowohl Ende 1974 als auch Ende 1975 viel zu wenig „eingeschaltet" wurde. Angesichts der für jeden Politiker an sich klar erkennbaren und auch für die weitere Entwicklung vorauszusehenden großen bildungspolitischen und gesamtpolitischen Brisanz des Themas – etwa im Bereich der Regelstudienzeit, der Zulassungsverfahren oder des Ordnungsrechtes – erscheint es rückblickend geradezu unverzeihlich, daß die Fraktionsführung der SPD zumindest Ende 1975 nicht eine gründliche Beratung in der Fraktion anhand von detaillierten Vorlagen sicherstellte, sondern ganz im Gegenteil diese wichtige Materie im Eiltempo mit anderen Ergebnissen des Vermittlungsausschusses durchpaukte, nicht zuletzt unter einer vielleicht von der Regie her bewußt herbeigeführten Terminnot, das heißt unmittelbar vor der entscheidenden Plenarsitzung. „Man" stand auch hier unter Erfolgszwang, das heißt wollte eben einmal mehr ein Gesetz auf einem wichtigen Gebiet überhaupt endgültig „abhaken" können, ganz abgesehen davon, daß die Spitze zumindest der Exekutive aus übergeordneten politisch-taktischen Gründen auf wichtige, in diesem Gesetz vorgesehene bundeseinheitliche Regelungen wie zum Beispiel die (auch vom Verf. bejahte) Regelstudienzeit nicht verzichten wollte.
Eine solche Regie gereichte der Gesamtfraktion SPD nicht unbedingt zur Ehre. Der Verfasser schließt sich bei einer derartigen Kritik im Hinblick auf die Sitzung der Fraktion vom 12. Dezember 1975 nicht

aus und weist allein unter diesem Aspekt der aktiven und ernsthaften Übernahme von Mitverantwortzung aller Fraktionsmitglieder auf einige Fälle im ersten Jahr der 8. Legislaturperiode hin, die vielleicht einen besseren innerfraktionellen Stil offenbaren.

Angemerkt sei in diesem Zusammenhang, daß sich in der 7. Legislaturperiode in den beiden Ausschüssen, in denen der Verfasser als ordentliches Mitglied und zum Teil als Berichterstatter jeweils für einzelne Komplexe des jährlichen Bundeshaushaltes mitarbeitete – in dem Auswärtigen Ausschuß und in dem für Bildung und Wissenschaft – immer wieder gezeigt hat, wie minimal die Möglichkeiten der Einflußnahme von Fachausschüssen auf Haushaltsansätze selbst dann waren, wenn es sich nicht um mittel- oder langfristig festgelegte Ausgabenposten handelte. Die einzelnen Positionen werden zwar auch von seiten der zuständigen Koalitionsabgeordneten mitunter kritisch beleuchtet. Eine Änderung jedoch wird nur sehr selten ernsthaft erwogen, geschweige denn durchgesetzt. Selbst für den federführenden Haushaltsauschuß war und ist dies oft schwierig (189).

Unsere partielle Fallstudie zum Hochschulrahmengesetz berührt auch die *Grundfrage nach dem Wesen des Kompromisses im parlamentarischen Gesetzgebungsverfahren* sowohl innerfraktionell und koalitionsintern als auch interfraktionell bezogen auf die jeweilige Opposition. Insofern wiederum wohnte dem Gesetzgebungsvorgang in dieser Gesetzesmaterie wegen ihrer die gesamte föderative Struktur der Bundesrepublik Deutschland und damit „elf" unterschiedlich regierte Länder im Kern berührende Problematik im Hinblick auf unsere zentrale Fragestellung etwas durchaus Atypisches inne, das heißt, es war eigentlich von Anfang an evident, daß es zu Änderungen an der ursprünglichen Regierungsvorlage auf dem Wege von ungezählten Kompromissen kommen mußte, ja wahrscheinlich der eigentliche Erfinder des Kabinettsentwurfes, der Bildungsminister von Dohnanyi, eine solche Entwicklung von Anfang an einkalkuliert, möglicherweise sogar persönlich auf sie gesetzt hatte. Stets wird man ja auch bei einem wichtigen Gesetzentwurf eines Ministeriums das ganz persönliche Kalkül des Ministers in Rechnung stellen müssen. Jeder Minister hat schließlich auch seine eigene politische Karriere, seine Stellung in seiner Partei zu berücksichtigen, muß auf manche Gruppierungen zunächst Rücksicht nehmen oder kann es sich leisten, andere von Anfang an zu brüskieren. *Innerfraktionell* spielten Fragen eines Kompromisses vielleicht nur insofern im Anfang des Verfahrens eine Rolle, als die drei SPD-Berichterstatter etwa in der Frage der Personalstruktur und Mitbestimmung als typische Vertreter jeweils

unterschiedlicher Fraktionspositionen (Begriffe wie links, rechts und Mitte decken diese nur unvollkommen, aber immerhin allgemeinverständlich ab) gelten konnten, während der Obmann die Dinge auszutarieren suchen mußte. Die Gesamtfraktion jedenfalls erregte sich an diesem, um es nochmals zu betonen, sehr wichtigen und vielleicht auch folgenschweren Gesetz mit ihren „Flügeln" nur in einem relativ geringen Ausmaße. Dies lag sicherlich zum einen daran, daß die große Mehrheit der SPD-Fraktion in der 7. Legislaturperiode mit Universitätsproblemen sozusagen „wenig im Sinn" hatte, was sich auch immer wieder an dem mangelndem, ja mitunter sogar abweisendem Interesse an Fragen des BAFÖG manifestierte. Zum anderen aber konnte sich die SPD-Führungsspitze in Fraktion, Partei und Regierung in der 7. Legislaturperiode angesichts der Fraktionsstärke und des zahlenmäßigen Übergewichtes der Koalitionsfraktionen gegenüber der Opposition ohnehin einige „Rebellen" arithmetisch und damit auch politisch leisten, brauchte also bei Gesetzgebungsvorgängen im Grundsätzlichen und bei Einzelfragen weniger Rücksicht auf solche Rebellenmeinungen zu nehmen, als ganz zweifellos dann in der 8. Legislaturperiode.
Schwerwiegender war daher für die „Steuerer" des ganzen Hochschulrahmengesetzes aus der Sicht der SPD-Fraktion die, wie wir andeuten konnten, immer wieder und bis zuletzt notwendig werdende *Kompromißbereitschaft gegenüber dem Koalitionspartner* FDP mit seinen zum Teil sehr „individuell" operierenden diversen Flügeln. Hierdurch ergab sich eine sehr erheblich gesteigerte Arbeitsbelastung für die SPD-Berichterstatter und in einigen Fällen auch für die SPD-Spitze in Fraktion und Regierung.
Schließlich spielte, wie wir gesehen haben, gerade bei diesem zustimmungspflichtigen Gesetz die Notwendigkeit eine nicht unwesentliche Rolle, *Kompromisse mit der Opposition* im Bund, das heißt im Bundestag und gegenüber den CDU geführten Regierungen eingehen zu müssen. Es ist daher unter diesen Gesichtspunkten zu fragen, ob sich bei einem solchen Gesetzgebungsvorgang eigentlich unsere sogenannte vertikale Gewaltenteilung – verkörpert durch das Verhältnis Bundesrat zur Bundesexekutive – bewährt, oder ob nicht durch eine Mitwirkung von Länderexekutiven am Gesetzgebungsprozeß des Bundes die eigentliche politische Verantwortung des direkt gewählten Teiles der Bundeslegislative, das heißt des Bundestages, in bedenklicher Weise geschwächt wird. Wir müssen dabei ja nicht nur in Rechnung stellen, das sich die Mitglieder des *Bundesrates* im Plenum der höchsten deutschen Volksvertretung, des Bundestages, gerade auch bei diesem Gesetzgebungsprozeß mehrfach persönlich eingeschaltet haben, –

was ihr gutes Recht war im Hinblick auf den in der 7. Legislaturperiode auch vom Verfasser kritisch angesprochenen Artikel 43 des Grundgesetzes und entsprechenden Bestimmungen der Bundestagsgeschäftsordnung. Gerade das Beispiel des Hochschulrahmengesetzes zeigte, daß die Vertreter der Länderregierungen gegebenenfalls sozusagen ganz ungeniert vor der Kulisse auf den Gang der Beratungen im Deutschen Bundestag – insbesondere in seinen Ausschüssen – einwirken. Hier müßte wohl doch durch eine Änderung der Geschäftsordnung des Deutschen Bundestages ein Riegel dahingehend vorgeschoben werden, daß Vertreter des Bundesrates bzw. der Länderregierungen nur in Ausnahmefällen zu Ausschußberatungen des Bundestages Zutritt haben dürfen, zumal in umgekehrter Richtung ein solcher Zutritt, geschweige denn eine Teilnahme nicht möglich, auf keinen Fall aber praktiziertes Gewohnheitsrecht ist (190).
Geradezu fatal parlamentstheoretisch war daher auch hier nach Ansicht des Verfassers das ungenierte Operieren mit einer oppositionellen Bundesratsmehrheit durch die Vertreter einer nach Volkswahlen unterlegenen Minderheit im höchsten Parlament der Bundesrepublik Deutschland, das heißt in diesem Falle durch die CDU/CSU-Opposition im Bundestag selber. Belege liegen vor und sind zum Teil schon angesprochen worden. So erklärte zum Beispiel der Sprecher der CDU/CSU im Gesetzgebungsverfahren Hochschulrahmengesetz am 15. Oktober 1974 in einem Berichterstattergespräch aller Fraktionen auf die Frage der Koalitionsabgeordneten, ob die Opposition jetzt nicht doch bereit sei, auf die Konstruktion des Hochschuldozenten einzuschwenken, „nein, wir vielleicht, aber sicherlich nicht die Mehrheit des Bundesrates". Noch deutlicher vor der Öffentlichkeit nahmen die Sprecher der Opposition immer wieder im Gesetzgebungsverfahren Bezug auf die eigene Mehrheit im Bundesrat, so etwa der bildungspolitische Obmann der CDU/CSU, Pfeiffer, in einer Erklärung, die sein Gegenüber in der SPD-Fraktion, Meinecke, in einer Gegenerklärung zurückwies.

Letzterer bezeichnete die Ankündigung Pfeiffers, daß die Unionsparteien ihre Konzeption im Bundesrat „voll und ganz durchsetzen" würden, sonst gäbe es kein Hochschulrahmengesetz, als eine „Drohung mit dem Obstruktionsknüppel". Würde man Pfeiffer folgen, so meinte Meinecke in einem Gespräch mit PPP, „könne der Bundestag eigentlich seine Arbeit einstellen". Ein weiteres Gespräch mit den Ländern und dem Vermittlungsausschuß müßte dann als sinnlos erscheinen (191).

Pfeiffer berief sich einige Tage später im Plenum des Bundestages auf die demokratische Legitimation auch der CDU/CSU geführten Länder im Bundesrat und erklärte:

... „dagegen (das Gesetz) müssen sich diese Länder im Bundesrat zur Wehr setzen; denn das entspricht dem Wählerwillen, wie er in den Landtagswahlen in Bayern, Baden-Württemberg, Rheinland-Pfalz, Schleswig-Holstein und dem Saarland zum Ausdruck gekommen ist. Die Wähler haben ja dort die CDU unter anderem auch deswegen gewählt, weil sie zu der Hochschulpolitik der CDU/CSU inzwischen mehr Vertrauen haben als zu Ihrer Hochschulpolitik" (192).

Natürlich war auch den Koalitionsstrategen sehr bald klargeworden, das heißt nachdem sie sich endgültig zu einem zustimmungspflichtigen Gesetz entschlossen und jeden Gedanken an ein ineffektives Torso aufgegeben hatten, daß nicht alle Kompromisse mit der CDU/CSU im Rahmen des Gesetzgebungsverfahrens im Bundestag ausgehandelt werden konnten, sondern einige noch übrig bleiben würden für ein voraussehbares Vermittlungsverfahren. Insofern wurde auf allen Seiten auch gegen Schluß des eigentlichen Gesetzgebungsverfahrens im Bundestag „gepokert", wurde auf beiden Seiten eine Kompromißmasse zurückgehalten. Auch überdauerten einige im Bundestagsausschuß erzielte und vom Plenum gebilligte Kompromisse den letzten Durchlauf im Bundesrat. Andere jedoch wurden durch den Bundesrat wieder aufgeschnürt und der „eigentlichen" politischen Mehrheit (des Bundestages) Ende 1975 aufgezwungen.

Vielleicht muß somit nachträglich gerade das Hochschulrahmengesetz in seiner Endfassung als ein „fauler" Kompromiß bezeichnet werden, den einzugehen die Regierungsfraktionen gezwungen waren, weil die einzige Alternative in der 7. Legislaturperiode des Deutschen Bundestages wie schon in der 6. bedeutet hätte: Überhaupt keine einheitlichen Regelungen bzw. Rahmenregelungen für „11" Bundesländer der Bundesrepublik Deutschland im Hochschulbereich. Ob die CDU/CSU-Mehrheit im Bundesrat ihre Trümpfe bis zu einem solchen Scheitern des gesamten Reformwerkes durch ein aufrechterhaltenes Veto tatsächlich ausgereizt hätte, muß offenbleiben. Auf anderen wichtigen Gebieten hat sie dies in der 7. Legislaturperiode durchaus getan.

In diesem Zusammenhang erhebt sich daher die Frage nach der unterschiedlichen Legitimation von Bundestags- und Bundesratsmitgliedern in unserem Verfassungssystem und nach der daraus resultierenden Forderung, unter Umständen durch Grundgesetzänderungen sicherzustellen, daß das weniger „direkt" vom Volk legitimierte Organ Bundesrat gewichtete Entscheidungen treffen muß bei unüberwindbaren Vetos gegenüber dem Bundestag, das heißt bei Entscheidungen, die die politisch gewählte Mehrheit (im Falle von zustimmungspflichtigen Gesetzen) nicht überstimmen kann (193).

Schließlich könnte das Gesetzgebungsverfahren in Sachen HRG auch im Hinblick auf die Frage nach dem Grad erfolgreicher *Einflußnahmen von tangierten Interessenverbänden* beleuchtet werden. Aufgrund seiner eigenen Erfahrungen in diesem Zusammenhang – die in der 7. Legislaturperiode u.a. durch das politisch noch „brisantere" Gesetzgebungsverfahren in Sachen Mitbestimmung eine Bestätigung erfuhren – muß der Verfasser zu dem Schluß kommen, daß auch vom Wählerpotential sowie von personellen, finanziellen und weltanschaulichen Verflechtungen mit bestimmten politischen Parteien her als „einflußstark" eingestufte Interessengruppen eine bestimmte Richtung eines Gesetzgebungsverfahrens oder einer exekutiven Maßnahme zu ihren eigenen Gunsten keineswegs immer erzwingen können, es sei denn, diese Gruppen wären in der Lage, wichtige Bereiche des gesamtgesellschaftlichen Lebens bundesweit lahmzulegen. In letzterer Beziehung wäre etwa an den Fluglotsenstreik oder an die Tarifauseinandersetzungen im öffentlichen Dienst während der 7. Legislaturperiode zu denken. Wie im Falle des „großen" Mitbestimmungsgesetzes in dieser Periode, war auch beim Gesetzgebungsprozeß HRG letztlich ein eindeutiger Primat der Politik vorgegeben, d.h. lag die Endentscheidung ausschließlich bei der politischen Spitze vor allem unter parteipolitischen Gesichtspunkten. Der SPD „näher" stehende Interessengruppen des DGB wie ÖTV oder GEW hatten in inoffiziellen Hearings der SPD-Fraktion oder offiziellen des Bundestagsausschusses für oder gegen bestimmte Linien des Gesetzes jeweils im Gegensatz zu Endentscheidungen von Regierung und Regierungsfraktion plädiert, d.h. sich nicht durchsetzen können. „Die SPD-Fraktion" konnte es sich leisten, entsprechende Voten dieser Interessengruppen zu ignorieren – nicht jedoch Voten des kleinen Koalitionspartners FDP – und im späteren Stadium des Vermittlungsverfahrens auch nicht bestimmte Voten der Opposition. Umgekehrt wird man auch nicht davon ausgehen dürfen, daß sich die Opposition im Bundestagsausschuß bei ihren Voten von den Vorschlägen z.B. bestimmter Hochschulverbände im Sinne eines Nachgebens gegenüber „Druck" beeinflussen ließ. Allenfalls dienten solche Voten – etwa in Ausschuß-Hearings– der Opposition als willkommene Unterstützung ihrer von Anfang an vertretenen eigenen Haltung im Grundsätzlichen und bezogen auf bestimmte Aspekte des Gesetzes wie eben vor allem Fragen der Mitbestimmung.

V. Vom repräsentativen Selbstverständnis eines MdB

Was immer man kritisch zur parlamentarischen Arbeit des „durchschnittlichen“ MdB anmerken kann und gerade in den beiden Kapiteln II und IV selbstkritisch anmerken mußte, in einem, vielleicht dem entscheidenden Bereich, decken sich Selbstverständnis, Rollenerwartungen und tatsächlich gespielte Rollen eines Volksvertreters in der überwiegenden Zahl der Fälle: In der Bedeutung nämlich, die seiner Arbeit im Wahlkreis zukommt. Ganz sicherlich gilt diese Feststellung für den direkt gewählten Abgeordneten. Nach den Beobachtungen und Erfahrungen des Verfassers trifft sie aber auch weitgehend auf den sogenannten Listenabgeordneten zu. Wie schon im Kapitel 1 dargestellt, übernimmt zumindest in der SPD (194) jeder Listenabgeordnete einen Bundestagswahlkreis für seine Partei als Betreuer. Es wird also hier kein Unterschied zwischen Direktabgeordnetem und Listenabgeordnetem gemacht, zumal in der Regel jeder einigermaßen aussichtsreiche Listenkandidat gleichzeitig in einem Wahlkreis direkt kandidiert. Im nördlichen Rheinland-Pfalz zwischen 1972 und 1976 war es darüber hinaus so, daß sich zwei Listenabgeordnete (Buchstaller und Schweitzer) sowie ein Direktabgeordneter (Ahlers) zusätzlich zu ihrem „eigenen“ Wahlkreis in die Betreuung eines weiteren Bundestagswahlkreises ohne Direkt- oder Listenabgeordneten teilten.

Allgemeines zur Wahlkreisbetreuung

Schon rein quantitativ ist das Engagement im Wahlkreis und für den Wahlkreis häufig sehr erheblich. Das geht aus vielen bereits vorliegenden Monographien, Erlebnisberichten etc. hervor und deckt sich im übrigen mit ähnlichen Berichten von Mitgliedern des britischen Unterhauses. *Statistisch* sieht das ausweislich der aufbewahrten Terminkalender und Posteingangsbücher für die 7. Legislaturperiode und die Zeit der erwähnten „Schattenabgeordnetentätigkeit“ in etwa so aus bei einem Abgeordneten wie dem Verfasser, der – ein Idealfall und eine Ausnahme zugleich – einen Wahlkreis in unmittelbarer Nähe seines Bonner Hauptwohnsitzes und damit auch des Bundestages selber betreuen konnte: Im Durchschnitt zweieinhalb bis dreimal in der Woche auf das ganze Jahr verteilt „Auftritte" jeder Art im Wahlkreis – von SPD-Versammlungen, Bürgerfrühschoppen, besonders an Sonntagen nach der Kirche, bis zur Teilnahme an Einweihungen, Einführungen, Feiern und Volksfesten jeder Art; mindest eine „private" Besuchergruppe pro Woche aus dem Wahlkreis in Bonn (195) neben den offiziellen, die über den Besucherdienst und damit zum Teil auf Kosten des Bundestages abgewickelt wurden; durchschnittlich etwa 50 Briefe pro Woche aus dem Wahlkreis sowie ungezählte tägliche Telefonate mit Wahlkreisbürgern und häufige Vorsprachen dieser Bürger im Bonner Bundeshaus, die für den Verfasser „Sprechstunden" (Surgeries eines britischen M.P.'s) immer überflüssiger machten.

Solche *Sprechstunden,* die sich auch in vielen Wahlkreisen der Bundesrepublik durchaus durchgesetzt haben und vom Verfasser grundsätzlich bejaht werden, hielt er selber regelmäßig nur in der Anfangszeit seines offiziellen Mandates in den größeren Städten des Wahlkreises (Andernach, Mayen, Ahrweiler, Adenau und Sinzig) und erst gegen Ende wieder in Andernach ab (196). Er konnte sehr bald feststellen, daß der Zulauf an „Kundschaft" relativ gering blieb, was auch die Erfahrung seines SPD-Landtagskollegen für den Kreis Ahrweiler war. Für den Bürger wichtiger waren seiner Beobachtung nach in diesem Raume offensichtlich die regelmäßigen Sprechstunden der jeweiligen SPD-Stadtratsmitglieder, wo die Bürger ihre persönlichen Nöte und Wünsche vor Ort loswerden konnten, sowie die Gespräche mit dem Bundestagsabgeordneten zum Beispiel nach öffentlichen Frühschoppen an Sonntagen, bei denen man in einer gewissen Versammlungsanonymität blieb, das heißt nicht vor aller Öffentlichkeit und ganz gezielt zu einem „MdB der SPD" gehen mußte. Ganz anders liegen die Verhältnisse in dieser Beziehung sicherlich in Wahlkreisen weit weg von Bonn und der Bonner Residenz eines MdB, also etwa in dem vielleicht am vorbildlichsten in der Nachkriegsgeschichte durch einen Abgeordneten betreuten Gebiet wie dem Wahlkreis des „guten Menschen von Kirn", Wilhelm Dröscher, dessen Sprechstunden an Samstagen (bis zuletzt, das heißt auch nach Ausscheiden aus dem Bundestag und mehr oder weniger auch aus dem Landtag Rheinland-Pfalz beibehalten) stets eine Rekordhöhe von Besuchern aufweisen konnten.

Wenn hier, auch dies sei statistisch angemerkt, von 50 Briefen pro Woche gesprochen wird, so umfaßt dies nicht die unzähligen, häufig gezielten postalischen Versuche der Einflußnahme auf den MdB von be-

stimmten Interessengruppen. Die Rekordzahl dürfte in der 7. Legislaturperiode in diesem Bereich im Hinblick auf die Reform des § 218 vorgelegen haben. Zu diesem Thema wurden alle MdBs nicht nur von offizieller kirchlicher Seite, sondern auch von vielen „spontanen" Gruppen bis zuletzt mit Briefen überschüttet (197).
Es soll nun nicht behauptet werden, daß sich ein MdB oder irgendein Mandatsträger auf einer anderen parlamentarischen Ebene bei dieser Betreuungsarbeit zugunsten seiner Mitbürger allein von altruistischen, das heißt also einfach von Gefühlen einer angeborenen Hilfsbereitschaft, leiten läßt. Wo dieses Motiv überwiegt, wird es sich immer um eine Ausnahme handeln, wie etwa im Falle des verstorbenen Wilhelm Dröscher. Hinzu kommt in der Regel ein ganz legitimes „Doppelempfinden", einmal nämlich etwas für die eigene Partei und ihr Image, ihre Vorwärtsentwicklung, tun zu können und tun zu müssen; und zum anderen damit natürlich auch die eigene politische Gegenwart und Zukunft abzusichern und, wenn möglich, auszubauen.
Umgekehrt wird die Hilfe eines „eigenen" MdB von Bürgern häufig auch unter dem Gesichtspunkt gesucht, daß sich jetzt das Bürgerengagement zugunsten einer bestimmten Partei auszahlen müsse, zumal dann, wenn es sich nicht nur um einen Sympathisanten der gleichen Partei, sondern um ein eingeschriebenes Mitglied derselben handelt. Tatsächlich hat die Durchsicht aller Aktenordner des Verfassers unter der Rubrik „persönliche Petitionen" zwischen 1972 und 1976 zur eigenen Überraschung ergeben, daß gut 70% der Petita von erklärten Sympathisanten oder sogar Mitgliedern der SPD kamen, obwohl er als MdB wiederholt in Rundschreiben an alle Bürger des Wahlkreises dazu aufgefordert hatte, sich „unabhängig von persönlichen und politischen Anschauungen" mit „Sorgen und Nöten" an ihren Mann in Bonn zu wenden. Am ehesten haben von dieser Aufforderung noch die 1968 bis 1970 und dann wieder 1972/73 und 1975/76 in Form von Glückwunschschreiben direkt angesprochenen älteren Geburtstagskinder im Wahlkreis Gebrauch gemacht (198). Sicherlich haben wir in der Bundesrepublik Deutschland bei der Ausgestaltung eines direkten Kontaktes zwischen Wählern und Gewählten auch unabhängig von politischen Standorten immer noch nicht mit den britischen MPs nachgezogen, die traditionell von allen Bürgern als Abgeordnete „des" Wahlkreises XY betrachtet werden und von daher ja auch skeptisch gegenüber allen Möglichkeiten des Verhältniswahlrechtes sind (199). Schließlich machte sich in Petita immer wieder eine übertriebene Autoritätsgläubigkeit der Bürger bemerkbar, was vielleicht auch als typisch deutsch anzusehen ist: In den Augen vieler Bundesbürger muß ein Abgeordne-

ter „alles können" – von der Herbeiführung einer Scheidung bis hin zur Abwendung eines Gerichtsurteils, also auch „über" der 3. Gewalt stehen!

Ganz anders offenbarte sich der Erwartungshorizont der Interessengruppen und insbesondere der kommunalen Behörden im Wahlkreis, die hier wie in anderen Teilen von Rheinland-Pfalz politisch überwiegend der „anderen" großen Partei zuzurechnen waren. Von ihnen wurde der Verfasser durchweg zwischen 1972 und 1976, ja interessanterweise zum Teil schon in der Zeit als Schattenabgeordneter absolut gleichrangig mit dem Wahlkreisabgeordneten, mitunter sogar bevorzugt eingeschaltet, letztlich vielleicht, weil man damals wußte oder zu wissen glaubte, daß der Bonner „Regierungsabgeordnete" unter Umständen noch mehr für den Wahlkreis bei den Bonner Behörden erreichen konnte, als der Mann von der Opposition. In diesem Zusammenhang verdient festgehalten zu werden, daß sowohl vom Erwartungshorizont der Bevölkerung her als auch von der Intensität der Wahlkreisbetreuung und deren aus der Sicht des Verfassers meßbaren Resultaten keine Unterschiede zwischen der Arbeit als „Schattenabgeordneter" und der als tatsächliches Mitglied des Deutschen Bundestages zu verzeichnen waren. Man konnte im Gegenteil sogar davon ausgehen, daß in den Augen der Wählerschaft der „Professor" eher noch „wichtiger" erschien, als der Bundestagsabgeordnete. Jedenfalls wurde der Verfasser auch als Bundestagsabgeordneter mündlich und schriftlich immer wieder nur als „Professor" angeredet und um Hilfe angegangen. Abgesehen von der in dieser Studie angedeuteten, relativ langen Zeit der ehrenamtlichen Betreuung des Wahlkreises durch einen Professor, spielten hier sicherlich Fragen des überhöhten Sozialprestiges deutscher Professoren auch noch in unserer Zeit eine Rolle.

Exemplarisches aus der Betreuung eines Schatten- und dann Listenabgeordneten

Gemäß seinem Wahlversprechen in der letzten Phase des Bundestagswahlkampfes 1969, daß er sich „so oder so" nach dem Wahltage um die Belange der Bürger des Wahlkreises 149 kümmern würde, hielt der Verfasser mit Beginn des Jahres 1970 wieder regelmäßig Veranstaltungen der SPD, besonders in Form von Frühschoppen nach den Sonntagsgottesdiensten, in den rund 230 „getrennten" Gemeinden und Kleinstädten ab. Er wollte damit vor allem deutlich machen, was er bei der Arbeit der politischen Parteien und ihrer Mandatsträger stets für sehr wichtig gehalten hat, daß die Bürger nicht nur vor Wahlen, sondern laufend anzusprechen und zu informieren sind. So kam er etwa am 21. Dezember 1970 zum zweiten Mal nach der Bundestagswahl nach Ettringen bei Mayen und, wie er damals für die Presse feststellte, „zum vierzigsten Mal“ in jenem Jahr in den Bundestagswahlkreis. Angekündigt wurde er stets als „Bonner Ordinarius für Politikwissenschaft und Mitglied des Bezirksvorstandes der SPD Rheinland-Hessen-Nassau“. Nach dem Ausscheiden aus dem Bezirksvorstand begnügte er sich mit der Ankündigung unter seiner Berufsbezeichnung, weil sich ohnehin immer wieder herausstellte, daß in diesem traditionellen „Zentrumswahlkreis“ Bürger zum Beispiel als Inhaber kleinerer Geschäfte, eine regelrechte Angst empfanden vor „Repressalien“ aus der Bevölkerung heraus, wenn sie zu einer SPD-Veranstaltung gingen, hingegen weniger Hemmungen an den Tag legten, zu einem „Professor“ zu kommen. Ende Januar 1971 kam er zum Beispiel erneut nach Ramersbach, einem kleinen Ort bei Bad Neuenahr (200).

Diese Gemeinde war schon im Juni 1969 „Subjekt“ einer von ihm in die Wege geleiteten besonderen *Partizipationsaktion* gewesen. Bei seinem ersten Besuch hatte er damals feststellen müssen, daß die Schulbehörden von Landkreis und Regierungsbezirk ohne jegliche Befragung der Eltern oder irgendeinen Versuch der Information der betroffenen Bürger die Überstellung zum nächsten Schuljahr der beiden letzten Jahrgangsklassen nach Niederzissen und nicht nach der näher gelegenen Stadt Bad Neuenahr-Ahrweiler verfügt hatten, mit der später tatsächlich der ganze Ort eingemeindet wurde. Er organisierte daher eine Protestaktion in Form einer Unterschriftensammlung der rund 120 Familien und sandte diese an Regierungspräsident und Landrat. In seinem Schreiben, das er allen Ramersbacher Bürgern übermittelte, stellte er fest:

> „Sie werden verstehen, daß ich die Unruhe meiner Ramersbacher Mitbürger über die Nichtbeantwortung von Briefen an Ihre Behörde teile, zumal es hier um Fragen geht, die jeden einzelnen Einwohner unmittelbar und ganz persönlich berühren. Ich hätte es ohnehin für richtig gehalten, wenn schon längst verantwortliche Vertreter der zuständigen Behörden auf einer öffentlichen Versammlung den Bürgern sowohl über die grundsätzlichen Probleme der Verbandsgemeinde wie über die noch brennenderen Fragen der Schule Rede und Antwort gestanden hätten. Unter den gegebenen Umständen steht zu erwarten, daß die Eltern von schulpflichtigen Kindern in der Gemeinde Ramersbach bei den ersten Anzeichen einer Realisierung von Schulplänen, über die selbst ihre Gemeindevertretung praktisch erst nach vollzogener Entscheidung informiert wurde, geschlossen in einen Schulwarnstreik eintreten werden . . .“ (201).

Der Regierungspräsident wies in seiner Antwort darauf hin, daß zumindest der Gemeinderat angehört worden sei vor der Entscheidung der Verwaltung und stellte abschließend fest:

„Ich darf auch Ihnen, sehr geehrter Herr Professor, versichern, daß die derzeitigen schulorganisatorischen Festlegungen von den dringlichen schul- und gesellschaftspolitischen Zielvorstellungen geleitet sind, einen leistungsfähigen Hauptschulunterricht zu einem möglicht frühen Zeitpunkt möglicht vielen Kindern angedeihen zu lassen . . . Ich wäre Ihnen deshalb sehr dankbar, wenn Sie durch Ihr gewichtiges Wort in der Gemeinde die Überzeugung fördern könnten, daß die Einschulung der Oberstufe in Niederzissen die für die Kinder von Ramersbach zur Zeit bestmögliche Lösung darstellt".

Daraufhin erfolgte ein zweites Schreiben des Verfassers an den Regierungspräsidenten am 27. Juni, das wiederum an alle Ramerbacher Haushaltungen verteilt wurde. Hier hieß es:

„Was in der Gemeinde Verärgerung hervorgerufen hat . . . war vor allem der Umstand, daß zum Beispiel der Herr Ortspfarrer rund 12 Monate vor Ihrer Verfügung vom 20. Dezember 1968 über die Pläne der Bezirksregierung unterrichtet war . . . die Neigung zu einem Warnstreik zu Beginn eines Experimentes in Niederzissen im November 1969 oder im Januar 1970 ist, wie ich erneut feststellen konnte, nach wie vor sehr groß. Auch hiergegen würde sich unter schulrechtlichen Gesichtspunkten von Seiten der Behörden nicht so ohne weiteres etwas unternehmen lassen . . .".

Im Endeffekt konnte die betreffende Einschulung verhindert und stattdessen eine Zusammenlegung mit Bad Neuenahr-Ahrweiler erreicht werden. Eine solche Form der privat organisierten und durchgezogenen Bürgerinitiative war für Gemeinde und Landkreis damals relativ neu und führte dort (erwartungsgemäß?) zu einer erstmalig mehrheitlichen Stimmabgabe sowohl zugunsten des Direktkandidaten der SPD als auch zugunsten seiner Partei bei den Bundestagswahlen 1969 (206).
Nach der Bundestagswahl 1969 wurde eine andere Großaktion fortgeführt, die im Wahlkampf schon eine erhebliche Rolle gespielt hatte und die im Bereiche von Maßnahmen zur Förderung der allgemeinen politischen Bewußtseinsbildung wegen ihres möglicherweise ebenfalls exemplarischen Charakters erwähnt werden soll. Ausgangslage war hier die Tatsache, daß die Firmenleitung eines größeren Unternehmens, der Brohler-Wellpappe AG, unter indirekter Androhung von Sanktionsmaßnahmen jeder Art bislang die Einrichtung eines Betriebsrates gemäß Betriebsverfassungsgesetz in ihrem Ahrbrücker Zweigwerk von rund 200 Beschäftigten zu verhindern gewußt hatte. Im Sommer 1969 hatte der Verfasser daher als Bundestagskandidat an alle Betriebsangehörigen ein Flugblatt vor den Werkstoren verteilt, in dem er um

die Rücksendung einer beigefügten Postkarte mit der Unterschrift unter den Satz bat:

„Ich halte es für richtig, daß ein Betriebsrat in unserer Firma geschaffen wird". Hinzugefügt hatte er ausdrücklich: „Ich garantiere Ihnen, daß Ihre Namen nicht an die Firmenleitung weitergegeben werden. Ihrem Firmenchef nur die Gesamtzahl der Unterschriften mit einem sehr deutlichen Schreiben meinerseits zu übermitteln, ist meine Absicht. Sie sind mündige Staatsbürger, verlangen Sie endlich, auch als solche behandelt zu werden. Denn: Das Betriebsverfassungsgesetz wurde auch für Sie geschaffen".

Trotz dieses Hinweises gingen, wie ihm von vielen Seiten sehr bald mitgeteilt wurde, deshalb nur ein Dutzend Antworten ein, weil die Betriebsangehörigen Angst vor Repressalien hatten. Sie kamen aus vielen umliegenden, zum Wahlkreis gehörenden Dörfern und mußten bei einem Verlust des bisherigen Arbeitsplatzes befürchten, zu sehr viel längeren An- und Abfahrten bei einer anderen, ohnehin nur schwer zu vermittelnden Arbeitsstelle gezwungen zu werden. Nach der Bundestagswahl 1969 stellte sich daher der Verfasser diesen Arbeitern in einer Reihe von öffentlichen und privaten Gesprächen, um mit ihnen zu beraten, wie man ohne Schaden für die Betriebsangehörigen am besten in der Sache vorgehen sollte. Es wurden schließlich Kandidaten für eine erste Wahl eines Betriebsrates ernannt, von denen man annehmen mußte, daß sie wegen ihrer besonders großen Spezialkenntnisse keine Kündigung erhalten würden. Der erste Anstoß sollte von der betreffenden Gewerkschaft ausgehen. Als er dann im Frühjahr 1970 die Sache durch einen Firmenbesuch beim Zweigwerk erneut voranbringen wollte, erhielt er von dem Ahrbrücker Betriebsleiter auf, wie dieser ihm mitteilte, ausdrückliche Weisung ein „Besuchsverbot". Dieses veranlaßte ihn am 20. Mai 1970 zu einem Brief an den Firmenchef mit folgendem Inhalt:

„... Auch von meinem Beruf her liegt seit vielen Jahren ein Engagement in dieser ganzen Richtung nahe. Ich schreibe Ihnen das nicht, um autobiographische Andeutungen zu machen, sondern um Ihnen zu erklären, warum ich mich gerade nach einem Kurzurlaub in der Nähe Ihres Ahrbrücker Werkes erneut in der Ihnen bekannten Weise einsetzen werde. Möglicherweise liegt in der ganzen Frage so etwas wie eine „Informationslücke" vor. Ihre Arbeitnehmer vermuten u.U., daß Schritte in Richtung auf eine Anwendung des Betriebsverfassungsgesetzes von der Betriebsleitung kommen müßten, während sie selber ja eine Betriebsversammlung einberufen können, um einen Betriebsrat zu wählen. So ist dann wohl auch das vage Gefühl zu erklären, daß es zu persönlichen Benachteiligungen kommen könnte, wenn sich der eine oder andere Arbeiter „vorwagt" ...

Eine Antwort kam auf diesen Brief, wie erwartet, nicht. Tatsächlich blieben die Bemühungen zur Sache auch nach Einschaltung der Gewerkschaft bis 1972 erfolglos.

Durchgehend wurde der Verfasser in den Jahren 1970/71, ohne erneut als Bundestagskandidat der SPD in diesem Bereich aufgestellt worden zu sein, sondern eben als „Schattenabgeordneter“, nicht nur von den Bürgern der Landkreise Ahrweiler und Mayen, sondern auch von örtlichen Behörden mit der Bitte angegangen, sich bei Landes- oder Bundesbehörden zu verwenden. Daraus resultierte zum Beispiel das Schreiben vom 21. Dezember 1970 an den damaligen Staatssekretär im rheinland-pfälzischen Ministerium für Landwirtschaft, Weinbau und Forsten in Sachen einer Umweltverschmutzung, die im Zusammenhang mit dem Produktionsverfahren einer großen Mayener Fabrik in einem Tal des Gebietes verursacht worden war. Die von ihm erbetene Überprüfung durch Experten des Ministeriums erfolgte relativ schnell. Nach weiteren Ortsbesichtigungen auch in seinem eigenen Beisein, Untersuchungen und Bemühungen des Unternehmers selber, die betreffenden Mißstände abzustellen, konnte schließlich den Wünschen der Bürger Rechnung getragen werden. Interessanterweise wurde der Verfasser auch immer wieder um Interventionen bei örtlichen und regionalen Verkehrsunternehmen gebeten, am häufigsten, weil die Omnibusverhältnisse für Schulkinder zu wünschen übrig ließen.
Diese für einen ländlichen Wahlkreis sicherlich durchaus typischen Beschwerden veranlaßten den Verfasser später als Abgeordneter der 7. Legislaturperiode zu einer Reihe von Ortsbesichtigungen zu den infrage kommenden Schulbuszeiten in verschiedenen Teilen beider Landkreise. Private Verkehrsbetriebe reagierten insgesamt gesehen auf entsprechende Vorhaltungen und Bitten ebenso offen wie Dienststellen der Bundespost. In keinem Falle wurde auch nur andeutungsweise die Zuständigkeit eines MdB für solche Fragen angezweifelt oder deshalb erkennbar seine Beschwerde nicht ernst genommen. Generell zeigte sich eben auch hier, daß die Bevölkerung von so etwas wie einer Allzuständigkeit eines Bundestagsabgeordneten ausgeht. Interessant war im übrigen, daß er auch in seiner Zeit als Schattenabgeordneter, nachdem sich diese Tätigkeit im gesamten Bereich herumgesprochen hatte, immer wieder wie selbstverständlich als „offizieller Gast“ auftreten konnte bzw. aufzutreten gebeten wurde. Am 13. März 1970 ergriff er zum Beispiel auf einer Massenveranstaltung der Mayener Bügerschaft nach Reden kompetenter und unmittelbar betroffener Mayener in Gegenwart des Ministerpräsidenten Kohl und in sehr scharfer Form gegen diesen das Wort, was die Bürger, wie ihre Reaktion zeigte, als normal und wünschenswert ansahen (203).

Ein korrigierter Fall von „Berufsverbot“

Durchgehend vom Sommer 1971 bis zum Frühjahr 1974, das heißt sowohl vor als auch nach der Übernahme seines Bundestagsmandates, war der Verfasser mit einem „Fall“ beschäftigt, der hier wegen seiner grundsätzlichen, weit über den Bundestagswahlkreis herausreichenden Bedeutung etwas ausführlicher dargestellt werden soll: Kurz vor ihrer „Vereidigung“ am 25. August 1971 wurde einer zum Ausbildungsdienst als künftige Lehrerin antretenden jungen Bürgerin aus Mendig von den örtlichen Behörden mitgeteilt, daß Regierungspräsidium in Koblenz und Kultusministerium in Mainz die Übernahme in den Ausbildungsdienst wegen einer „verfassungsfeindlichen“ Einstellung verweigert hätten. Die sofortigen Interventionen unter anderem eines örtlichen Gewerkschaftsführers und von zwei Landtagsabgeordneten der SPD, auch gegenüber dem Kultusminister Vogel persönlich, brachten zu Tage, daß keineswegs nur die frühere und vorübergehende Mitgliedschaft im Studentenbund „Spartakus“ für die Entscheidung der Regierung ausschlaggebend gewesen war, sondern darüber hinaus „schwerwiegende Erkenntnisse“ des Verfassungsschutzes vorlägen. Im Herbst 1971 wurde dann der Verfasser eingeschaltet. Er meldete sich, nachdem er sich von der Verfassungstreue der Bewerberin in einem langen persönlichen Gespräch in Mendig ein Bild gemacht und diese auch aufgefordert hatte, an Seminaren seines eigenen Lehrstuhls in Bonn teilzunehmen, mit einer öffentlichen Erklärung gegenüber der Rhein-Zeitung zu Wort, die mit dem Satz schloß:

> „Ich hoffe daher, daß diese m.E. unhaltbare Entscheidung der Exekutive in Mainz revidiert oder aber der Öffentlichkeit gegenüber eine bessere Beweisführung angetreten wird“ (204).

Da sich das Kultusministerium in Mainz trotz des öffentlichen Aufsehens, das gerade auch mit Hilfe der Presse entstanden war, konstant weigerte, seine Haltung in der Frage zu revidieren, und die berufliche Karriere der jungen Dame auf dem Spiele stand, konnte es der Verfasser erreichen, daß sie ab Dezember 1971 ihre sogenannte 2. Ausbildungsphase im benachbarten Bundesland Nordrhein-Westfalen absolvierte. Als danach die zuständigen Behörden in Rheinland-Pfalz weiterhin auf einer Nichteinstellung aus den oben erwähnten Gründen bestanden, schaltete sich der Verfasser, nunmehr als MdB, mit mehreren Briefen an Kultusminsiter, Innenminister in Mainz und Regierungspräsident in Koblenz ein. Dieser Briefwechsel zog sich bis Mitte Mai 1974 hin. Nachdem er auf dienstlichem Wege Kenntnis von seiner Ansicht nach ganz unhaltbaren Vorwürfen des Verfassungsschutzes erhalten hatte, wurde er schriftlich deutlicher und erklärte zum Beispiel gegenüber dem Regierungspräsidenten am 18. Mai 1973:

„... ich bitte doch nochmals ausdrücklich, auf meine eigenen Recherchen bzw. das Ergebnis derselben gegenüber dem Kultusminister hinweisen zu wollen. Ich kann mich nach sehr genauer Kenntnis des gesamten „Falles" für die Person der ... und insbesondere dafür verbürgen, daß ihre Einstellung gegenüber der freiheitlich-demokratischen Grundordnung der Bundesrepubik Deutschland als positiv zu betrachten ist. Ich glaube, daß die Behörden in Rheinland-Pfalz sich eines schweren Verstoßes schuldig machen würden, wenn ablehnenden Entscheidungen in diesem Falle weiterhin nicht nachprüfbare Ermitlungen zugrundegelegt werden ...".

Am 12. Dezember 1973 brachte er den Fall ohne Namensnennung in der Fragestunde des Deutschen Bundestages gegenüber Bundesinnenminister Genscher zur Sprache und ließ dem natürlich nicht direkt zuständigen Minister dann durch zwei Schreiben genaue Unterlagen zum Fall zukommen. Nachdem auch solche Bemühungen nicht den gewünschten Erfolg hatten, sondern er vielmehr wiederholt Briefe aus Mainz erhielt, wonach sich die Bewerberin erst noch weiter „bewähren" müsse, trat er schließlich am 25. Juli 1974 den Weg an die Öffentlichkeit an, indem er Presse, Rundfunk und Fernsehen zu einer Pressekonferenz mit der „Angeklagten" in sein Abgeordnetenzimmer nach Bonn einlud, da er diesen Fall „nach seinen wiederholten Fühlungnahmen mit der Landesregierung in Mainz für skandalös" halte. Die Argumentation der damaligen Staatssekretärin Laurien im Kultusministerium ihm gegenüber in einem direkten Rundfunkgespräch Bonn/Mainz war offensichtlich auch nach Aufassung der anwesenden Journalisten so schwach, daß sich nun die Presse der Angelegenheit erst recht annahm, und zwar im Sinne der Bewerberin (205). Es dauerte auch danach noch weitere vier Wochen, in denen sich zusätzlich der Landesvorsitzende der SPD und der Schulreferent der Evangelischen Kirche beim Kultusminister Vogel einschalteten, bis schließlich die Landesregierung Ende Oktober nachgab und der Bewerberin mitteilte, sie könne nunmehr mit einer Anstellung zum Frühjahrestermin 1975 rechnen. Der SPD-Landesvorsitzende hatte offensichtlich eine zusätzliche Brücke gebaut mit seiner Mitteilung, auf die der Verfasser bei seinen Aktionen bewußt verzichtet hatte, daß die Bewerberin schon seit längerer Zeit Mitglied der SPD sei. Sie wurde im Februar 1975 schließlich in einer Mayener Schule angestellt.

Ein solcher, aus den vorhandenen Unterlagen des Verfassers ausgesuchter Fall zeigt ganz deutlich (abgesehen von seiner grundstäzlichen Bedeutung im Hinblick auf das ja öffentlich wiederholt diskutierte Problem des fahrlässigen Umganges mit dem seit dem 18.2.1972 vorliegenden sogenannten Radikalenerlaß durch einzelne Landesbehörden) bezogen auf die zentrale Fragestellung unserer Untersuchung, daß *erstens* zumindest die zuständigen Landesbehörden von Rheinland-Pfalz auf Beschwerden von Personen des öffentlichen Interesses, erst recht natürlich von öffentlichen Mandatsträgern, welcher Partei auch immer, erfreulicherweise schnell antworten: daß aber *zweitens* eine Länderexekutive wie hier das letztlich zuständige Kultusministerium in Mainz auch einem kombinierten Druck von Landtags- und Bundestagsabgeordneten der „Opposition im Lande" nicht nachgibt und sich daher durchschlagende Erfolge solcher Interventionen in solchen Fällen erst einstellen, wenn der entsprechende Druck durch die wirkungsvolle Einschaltung der Massenmedien verstärkt wird und wenn sich dann auch noch ein Sprecher der Exekutive vor der Öffentlichkeit nachweislich blamiert hat.

Im Verlaufe der 7. Legislaturperiode wurden an Bundestagsabgeordnete aller Parteien, so auch an den Verfasser, Bitten um eine Intervention zugunsten von Antragstellern herangetragen, die entweder aus der *Volksrepublik Polen* oder aber aus der *DDR* in die Bundesrepublik Deutschland *überzusiedeln* wünschten. Bei der DDR – ein heikles Thema, das sich nie für eine öffentliche Diskussion geeignet hat – betraf dies vor allem solche Personen, die mit verschiedenen, in der DDR gültigen Gesetzen in irgendeiner Form politisch in Konflikt geraten waren. In solchen Fällen appellierten Abgeordnete der SPD-Fraktion zunächst an den 1. Sekretär der SED mit der Bitte um einen „Gnadenerweis", der vereinzelt erging. Wo dies nicht möglich war, erfolgte eine Weiterleitung des Vorganges an die zuständigen Bundesbehörden, die dann zu prüfen hatten, ob z.B. die Voraussetzungen für eine Einschaltung sozusagen hinter der diplomatischen Kulisse als günstig zu beurteilen waren oder nicht. Hinsichtlich der Volksrepublik Polen wählte zumindest der Verfasser angesichts seiner diversen, auch über seine wissenschaftliche Tätigkeit hergestellten Kontakte den direkten persönlichen Weg der Antragstellung entweder beim polnischen Botschafter in Köln oder aber bei der Spitze des Außenministeriums in Warschau. Es konnten auf diese Weise einige Familien außerhalb der normalen Ausreiseprozeduren in die Bundesrepublik Deutschland umsiedeln, während andere – hier vor allem Ehepaare, deren einer Teil illegal in die Bundesrepubik geflüchtet bzw. hier auf einer Besuchsreise geblieben war – als Familien zusammengeführt werden konnten.

Besonders in den wirtschaftlich kritischen Jahren nach 1973 galt die Aufmerksamkeit von MdBs ebenso wie von MdLs aller politischen

Richtungen zweifellos in hohem Maß der *Arbeitsplatzbeschaffung und Arbeitsplatzerhaltung.* Aus einer größeren Anzahl von Betrieben heraus wurde auch der Verfasser eingeschaltet, in der Regel auf dem Wege über Mitglieder des Betriebsrates aus „seinem" Bundestagswahlkreis oder aber auch im Anschluß an gezielte Betriebsbesichtigungen wie etwa im Raume Mayen am 17./18, Oktober 1975. Offensichtlich zugleich mit Abgeordneten anderer Parteien, aber interessanterweise ohne Abstimmung mit denselben, intervenierte er zum Beispiel 1975/76 mehrfach beim Bundeswirtschaftsminister Friedrichs im Hinblick auf ein großes Aluminiumwerk in Koblenz, – also außerhalb „seines" Wahlkreises –, nachdem er diesem auf Wunsch eines im Wahlkreise wohnenden Betriebsratmitgliedes einen längeren Besuch abgestattet hatte (207). Oft konnte in jener Zeit „kollektiv" nicht geholfen werden – so etwa auch nicht im Falle der Erhaltung einer am Rhein gelegenen Schiffswerft. Gelegentlich wurde eine individuelle gezielte Arbeitsplatzbeschaffung möglich. Jedenfalls gingen in den letzten Monaten des Bundestagsmandats, das heißt 1975/76, die Mehrzahl der Einzelpetitionen gerade auch von SPD-Sympathisanten in diese Richtung. Es konnte im Bereich der allgemeinen Wirtschaftspolitik im wesentlichen nur versucht werden, darauf zu drängen, daß durch gemeinsame Förderungsprogramme des Bundes und der Länder zusätzliche Investitions- und andere Fördermittel in den Wahlkreis geleitet wurden. Auch hier dürften Abgeordnete verschiedener Parteien ohne Abstimmung untereinander an einem Strang gezogen haben, zumal in nahezu allen diesen Fällen, Bund, Land und Landkreis gleichermaßen involiert waren. Jedenfalls konnte damals durch gemeinsame Bemühungen aller z.B. erreicht werden, daß der Raum Mayen und der Raum Adenau erstmals in das Förderprogramm (als „Ausbauort") von Bund und Ländern einbezogen wurden.
Gemeinsam mit anderen zuständigen Abgeordneten von Bund und Land der CDU wie auch den Mainzer SPD-Landtagskollegen für Mayen und Ahrweiler wurden immer wieder wichtige Fragen der *Verkehrsplanung* bzw. des Straßenbaues angesprochen. In Bezug auf alle solche Fragen fanden zwischen 1972 und 1976 wiederholt gemeinsame Besprechungen mit dem Landesverkehrsministerium, ja häufig mit dem Minister statt, während der Verfasser als „Regierungsabgeordneter" in Bonn bemüht war, die Vertreter des Bonner Verkehrsministeriums mit „ins Spiel" zu bringen. Aus verständlichen Gründen war dies auch gerade dann wichtig, wenn es galt, vor der Öffentlichkeit die Verantwortung für eine Maßnahme des Fortschrittes etwa im Bereich des Autobahnbaues zu übernehmen. Selber initiativ tätig wurde der

Verfasser vor allem im Hinblick auf den Ausbau der B 9, der ihn zu einer Einladung ins Bonner Bundeshaus an Vertreter aller beteiligten Gemeinden zu einem Gespräch mit den Fachleuten des Bundesverkehrsministeriums veranlaßte (208). Ansprechpartner im Ministerium sind in solchen Fällen abgesehen von der Spitze die zuständigen Referenten, auch wenn deren persönliche politische Einstellung bekanntermaßen in eine andere Richtung geht. Immer wieder mußte sich auch der Listenabgeordnete auf seinen gezielten Bereisungen im Wahlkreis gerade mit solchen Verkehrsproblemen auseinandersetzen (209). Wiederholt schnitten „beide" Abgeordnete des Wahlkreises, das heißt auch der CDU-Direktabgeordnete, in einer sicherlich der Sache zugutekommenden „Wettbewerbssituation" in mündlichen und schriftlichen Anfragen an die Bundesregierung im Bundestag auch diese Verkehrsprobleme an. Ob und wenn ja, in welchem Umfange, solche legislativen Versuche der Einflußnahme auf exekutive Entscheidungsprozesse bei Bund und Land für tatsächlich eingetretene Verbesserungen verantwortlich waren, ist natürlich schwer, nachträglich abzuschätzen. In der Regel wird man sagen können, daß Einflußnahmen bei den Exekutiven, die von uns hier nur in einigen exemplarischen Fällen erwähnt werden konnten, lediglich einen „Verstärkereffekt" haben, das heißt gewisse Planungen der Exekutive, vor allem aber dann deren Durchführung zu beschleunigen, nicht hingegen sie in eine völlig andere Richtung zu lenken vermögen. Stets galt und gilt es dabei für einen Abgeordneten, keine überhöhten Erwartungshaltungen der Bürger zu erzeugen, – nach Ansicht des Verfassers eine „Todsünde" für einen seine Vertretungspflichten ernstnehmenden Volksvertreter.
Dieser Aspekt ist nun natürlich von besonderer Bedeutung im Hinblick auf *Petitionen einzelner Bürger,* die schon von der grundsätzlichen Seite her erwähnt wurden. Dabei nahmen solche in Rentenfragen, nach den Unterlagen des Verfassers und im übrigen auch anderer Kollegen der SPD oder der CDU/CSU, wie z.B. des Abg. Petersen, zu urteilen, schon zwischen 1969 und 1972, erst recht dann aber zwischen 1972 und 1976 den höchsten Prozentsatz ein.
Bei „Rentenüberprüfungen" und anderen in diesen Bereich zielenden Problemen wird man sagen können, daß die Intervention eines Bundestagsabgeordneten Dreierlei bewirken kann: Entweder eine Beschleunigung der Bearbeitung vor allem dann, wenn neue Gesetze neue Voraussetzungen für Leistungen des Staates geschaffen haben; die volle Ausnutzung eines behördlichen Ermessensspielraumes zugunsten eines Petenten oder schließlich eine exakte und relativ schnelle Überprüfung der vom Staat erbrachten Leistungen, wobei mitunter Fehler-

quellen aufgedeckt und dann noch rückgängig gemacht werden können (210).
Auffallend langwierig gestaltete sich immer wieder der Briefwechsel mit dem Bundesverteidungsministerium, was mit dem dort einzuhaltenden, oft komplizierten bundesweiten Dienstweg zusammenhängen dürfte. Typisch verlief hier zum Beispiel eine Anfrage vom 24. September 1973 zur Personalsituation des Heeresfliegertransportregimentes im Bundestagswahlkreis, mit dessen Unteroffizieren und Offizieren sich der Verfasser bei einer Besichtigung ausführlich unterhalten hatte. Nach zwei Zwischenbescheiden vom 26. November 1973 und 7. Januar 1974 erfolgte schließlich eine detaillierte Antwort erst am 12. Februar 1974 zur Sache selber, die dann dem zuständigen Truppenteil fotokopiert weitergeleiet wurde. Generell intervenierte der Verfasser bei Stellen des Verteidungsministeriums nur sehr selten im Hinblick auf erbetene Befreiungen bzw. Rückstellungen vom Wehrdienst. Vielmehr teilte er in wiederholten öffentlichen Erklärungen den Bürgerinnen und Bürgern des Wahlkreises mit, daß er der Überzeugung sei, alle männlichen und tauglichen Deutschen müßten in der einen oder anderen Form ihren Pflichten nachkommen, es sei denn, es wären wirklich ernste Härtefälle im Spiele. In solchen Fällen schaltete sich dann der Verfasser allerdings ein.
Mitunter wachsen gerade im Zusammenhang mit Einzelpetitionen recht gewaltige Aktenvorgänge an, da angestrebte Lösungen erst über einen längeren Zeitraum hinweg verwirklicht werden können (211). Immer wieder war und ist festzustellen, daß einzelne Bürger mit bestimmten Ansprüchen an den Staat sozusagen zwischen alle gesetzgeberischen und gesetzestechnischen Stühle fallen. Häufig werden dann gerade solche Fälle von Abgeordneten zum Anlaß genommen, um über den zuständigen Arbeitskreis der eigenen Fraktion oder aber den zuständigen Ausschuß des Gesamtparlamentes auf legislative Abhilfen durch Novellierungen von Gesetzen etc. zu drängen. Hierin liegt häufig der Wert nicht nur von Einzelpetitionen, sondern auch von „kollektiven" (212).

Wahlkreisarbeit im engeren politischen Sinne

Als obersten Repräsentanten ihrer jeweiligen politischen Partei obliegt den Direkt- und Listenkandidaten des Deutschen Bundestages in ihren Wahlkreisen die Aufgabe, gemäß Grundgesetzartikel 21 an der politischen Meinungs- und Willensbildung des Volkes mitzuwirken. Sie sollen im Sinne unserer repräsentativen Demokratie die Transmissionsriemen zwischen der höchsten Staatsgewalt und dem Wahlvolk darstellen und auf diese Weise für Rückkopplungsprozesse aller Art zwischen Wählern und Gewählten sorgen. Ein Höchstmaß an Informationsflüssen sollte *einmal* der maximalen Aufklärung vor allem über Probleme der Bundesgesetzgebung dienen. Ebenso legitimerweise betreiben damit *zweitens* die Abgeordneten auch Eigenwerbung für ihre Partei, sei es für die Opposition, sei es für die Regierung, und sollten insoweit den Wahlbürgern einen ständigen Wahlkampf, einen Wettstreit um die bessere sachliche, methodische und personale Alternative vorführen. Zum *dritten* schließlich dient die Informationsarbeit des einzelnen Abgeordneten sicherlich auch und ebenso legitimerweise seiner persönlichen Eigenwerbung gegenüber den Wählern im allgemeinen und seinen Parteianhängern im besonderen und damit der Absicherung seiner eigenen politischen Existenz im Hinblick auf die jeweils nächste Kandidatenaufstellung.

Diese drei Funktionen sind zweifellos sehr häufig miteinander verbunden. Mit anderen Worten: In und durch Abgeordnetenbriefe an alle Haushaltungen im Wahlkreis informiert speziell ein „Regierungsabgeordneter" über die Bonner Gesetzgebungsarbeit, betreibt aber damit gleichzeitig eine offene Werbung für seine Partei und eine „Schleichwerbung" für seine Person. In der 7. Legislaturperiode des Deutschen Bundestages war die Praxis der SPD-Fraktion die, den Abgeordneten insgesamt viermal einen inhaltlich und drucktechnisch fertigen Brief auf Fraktionskosten zur Verfügung zu stellen. Der betreffende Abgeordnete konnte die von ihm für seinen Wahlkreis bestellten Exemplare jeweils noch mit eigenem Material versehen und verteilte sie auf eigene Kosten entweder per Post oder aber bediente sich der Verteilerorganisation seiner Partei im Wahlkreis. Beim ersten Brief im Juni 1973 ging es vor allem um das neue Stabilitätsprogramm der Bundesregierung, das „dem unerträglich werdenden Preisanstieg Einhalt gebieten" sollte, Ende Juli 1974 um die Reform der Einkommenssteuer, des Familienlastenausgleiches sowie die Sparförderung und damit insgesamt um „einen Schritt zu mehr steuerlicher Gerechtigkeit", im März 1975 um das „Bauinvestitionsprogramm" zur Konsolidierung der Staatsfinanzen und Probleme der Bekämpfung einer weltweiten Rezession. Im März 1975 kam ein gemischter „Wählerbrief" zustande mit einer allgemeinen Erfolgsbilanz der Bundesgesetzgebung der ersten Hälfte der Legislaturperiode im Innenteil sowie Vorder- und Rückseiten mit persönlicher Imagewerbung des einzelnen Abgeordneten. Der SPD-MdB im Wahlkreis 149 erklärte hier zum Beispiel:

„Die Bürgerinnen und Bürger und ihre örtlichen Behörden treten grundsätzlich mit drei Problembereichen an mich heran:

1. Mit Eingaben in persönlichen – zumeist sozialen – Angelegenheiten, bei denen mir selbst oder mit Hilfe meiner politischen Freunde oft eine Klärung oder Abhilfe gelingt. . .
2. Bei Mißständen, die in den Kompetenzbereich von Gemeindeverwaltungen, der Bezirks- oder Landesregierung fallen, sind meine „Eingriffsmöglichkeiten“ als SPD-MdB in Bonn naturgemäß eng. Allenfalls ist ein gewisses Nachfassen möglich. Dies tue ich aber nach Kräften.
3. Bitten um zusätzliche Bundeshilfen. Sie stehen im Vordergrund bei Briefen örtlicher Behörden. Wir müssen nun einmal davon ausgehen, daß es in Rheinland-Pfalz noch viele wirtschaftlich schwache Gebiete gibt. . . .

Ein abschließendes Wort zum Volksentscheid vom Januar 1975: Die von mir in eigenen Anzeigen „erbetene“ Wahlbeteiligung (sie lag bei über 52% im Kreis Ahrweiler) und ebenso das Abstimmungsergebnis von rd. 50:50% für NRW bzw. Rheinland-Pfalz in vielen Städten und Orten des Bundestagswahlkreises (in Mayen oder Ettringen kamen klare Merheiten für NRW zustande) betrachte ich als eine erneute Bestätigung für meine alte These, daß sich die Frage von „Grenzkorrekturen“ zwischen NRW und Rheinland-Pfalz nicht länger vertagen läßt, wenn schon nicht die große „Endlösung“, eine Länderneuregelung („aus 11 mach 5 oder 6“), in absehbarer Zeit verwirklicht werden kann. Der Bundestag wird das ganze Problem jenseits aller parteitaktischen Rücksichtnahmen in Angriff nehmen müssen. . . .“

Das zuletzt genannte Beispiel bezog sich auf eine besondere politische Aufklärungsaktion des Verfassers in den sogenannten Amtsblättern der Gemeinden und Wahlkreise, mit der er die Bürgerinnen und Bürger in Wahrnehmung seiner Pflichten als unabhängiger Abgeordneter im Sinne des Artikels 38 des Grundgesetzes glaubte zu einer Stimmabgabe zugunsten einer Angliederung des nördlichsten Teiles von Rheinland-Pfalz an Nordrhein-Westfalen auffordern zu müssen. Zur Begründung dieses Votums hatte er unter anderem auf die Erfordernisse einer auf diese Weise besser gewährleisteten Finanz-, Schul- und Arbeitsmarktpolitik hingewiesen. Es war ihm dennoch nicht gelungen, die SPD auf Landes- und Bezirksebene offiziell zu einem ähnlichen Kurs zu bewegen (213). Es wurde hier befürchtet, daß sich eine Niederlage in diesem Zusammenhang psychologisch negativ auf die unmittelbar darauf stattfindenden Landtagswahlen in Rheinland-Pfalz auswirken würde, weil die CDU in diesem Wahlkampf dann auf jeden Fall die SPD als eine „Anti-Rheinland-Pfalz-Partei“ brandmarken könnte. Lediglich der SPD-Vorstand des Landkreises Ahrweiler hatte sich im letzten Augenblick, das heißt unmittelbar vor dem Volksentscheid, mit einer öffentlichen Verlautbarung der Linie des Verfassers in ihrer Tendenz angeschlossen. Die Masse der Wählerschaft hatte diese „Botschaft“ nachweislich jedoch nicht mehr erreicht, so daß sich die Bevölkerung

nicht zu unrecht von der SPD rein aufklärerisch im Stich gelassen fühlte (214).
Dieses Beispiel stellte einen der Fälle der 7. Legislaturperiode dar, bei denen der Verfasser von sich aus versuchte, einen *Rückkopplungsprozeß* mit den Wählern in einer wichtigen politischen Frage herbeizuführen. Wiederholt hatte er im Anschluß an öffentliche Versammlungen mit der Gesamtbevölkerung, erst recht aber auf SPD-Sitzungen um Meinungsäußerungen gebeten und zum Teil auch Abstimmungen vorgenommen. Insofern wußte er, daß er im Gegensatz zu manchen Funktionären im Lande in allen Teilen des Wahlkreises die Ansichten der Mehrheit der Bevölkerung in dieser Frage richtig einschätzte. Auf ähnliche Weise, das heißt ebenfalls mit, Probeabstimmungen, nach Versammlungen, versuchte er die Auffassungen der Bevölkerung zur Reform des § 218 zu erkunden. Auch hier konnte er feststellen, daß bis auf die SPD-Frauenarbeitsgruppen und manche Juso-Arbeitsgruppen im Wahlkreis die Mehrheit auf seiner ursprünglichen Linie der sogenannten erweiterten Indikation lag, auf jeden Fall immer dann, wenn er zur Sache ausführlich Stellung genommen und seine Einschätzung erläutert hatte. Sein eigenes Abstimmungsverhalten bei der dritten Lesung begründete er deshalb auch nicht nur im Plenum des Deutschen Bundestages in einer persönlichen Erklärung, sondern veröffentlichte diese Erklärung dann auch in den Zeitungen des Wahlkreises in vollem Wortlaut.
Zu keinem Zeitpunkt fühlte der Verfasser sich, man kann das im Hinblick auf die Idealforderung nach maximaler Rückkopplung zwischen Abgeordneten und Wähler bedauern – aus seinem Wahlkreis heraus, sei es von der Bevölkerung insgesamt, sei es von den SPD-Parteibürgern und Funktionären, bedrängt, im Bundestag diese oder jene Haltung in einer wichtigen politischen Frage einzunehmen. Schon gar nicht wurde dabei offen oder auch nur versteckt mit Sanktionen im Hinblick auf eine künftige Aufstellung „gedroht". Auch in den zum Teil unfairen Auseinandersetzungen, die sein SPD-Gegenkandidat und „Mann" vor allem der Jusos 1975/76 vom Zaune brach, wurde zu keinem Zeitpunkt auf ein bestimmtes Verhalten des MdB im Bundestag abgehoben.
Neben offiziellen Wählerbriefen wird sich ein MdB auch „privat", das heißt in völlig eigener Regie, immer wieder an seinen Wahlkreis wenden, sei es an alle Haushaltungen, sei es gezielt an einen bestimmten Personenkreis. Wie wohl die meisten MdBs sprach der Verfasser wiederholt brieflich zum Beispiel speziell die Landwirte, Unternehmer, Sportfunktionäre oder Lehrkräfte im Wahlkreis an und erläuterte diesen Grup-

pen jeweils berufsspezifische Probleme aus einer übergeordneten Sicht. Auch in diesem Zusammenhang waren die von Experten der Fraktion über die Fraktionsgeschäftsführung übermittelten Sachbeiträge zu einem „Thema der Woche" sehr nützlich. Sie wurden darüber hinaus häufig fotokopiert den Vorsitzenden der rund 60 Ortsvereine zugeleitet.

Ein Abgeordneter wird es schließlich als eine seiner wichtigsten Aufgaben ansehen, möglichst regelmäßig und umfassend die Mitglieder und Sympathisanten seiner Partei in „seinem" Wahlkreis zu informieren und ihnen über sein Tun und Lassen in Bonn *Rechenschaft* abzulegen. Auch der Verfasser begann daher bereits ein Vierteljahr nach seinem Einzug in das Bundesparlament mit einem ersten Bericht „Eures Mannes in Bonn" an die „Genossinnen und Genossen" im Bundestagswahlkreis 149. Hier führte er aus:

„. . . ich bin der Meinung, daß Ihr einen Anspruch darauf habt zu wissen, welche Ansichten ich im Deutschen Bundestag in Eurem Namen vertrete und wie ich im einzelnen in Eurem und unserer Wähler Auftrag tätig bin. Wenn dies dazu führen würde, daß Ihr umgekehrt mich frühzeitig über Probleme informiert, so daß ich hier dann in Eurem Sinne agieren kann, so hätten wir, meine ich, schon einen kleinen Beitrag zu der so berechtigten Forderung nach Transparenz politischer Entscheidungen" geleistet . . . (215).

Seinem zweiten Bericht aus Bonn vom Juni 1973 fügte er eine Kurzaufstellung seiner Aktivitäten für das erste Halbjahr der Legislaturperiode bei (216).

Weitere Briefe an die Ortsvorsitzenden und andere Funktionäre folgten Anfang Juni 1974 – unter anderem mit Angeboten zur Mitwirkung im kommenden Kommunalwahlkampf –; im April 1974 mit einem Fragenkatalog, um den Rückkoppelungsprozeß zu verstärken sowie im März und November 1975. Die beiden letztgenannten Berichte gingen wiederum an alle Mitglieder des Bundestagswahlkreises in Form von Rechenschaftsberichten, in denen im übrigen auch die persönliche Finanzsituation des den Wahlkreis betreuenden Bundestagsabgeordneten nach der Einnahmen- und Ausgabenseite hin angesprochen wurde. Beim Rechenschaftsbericht Ende 1975 hatte der Verfasser naturgemäß auch die Frage seiner Wiederaufstellung im Auge. Das Jahr 1976 kann in dieser Beziehung als atypisch im Vergleich zu den anderen Jahren gelten und soll daher nicht herangezogen werden, weil angesichts des bevorstehenden Bundestagswahlkampfes noch häufiger eine Verbindung zu den Funktionären im Wahlkreis aufgenommen werden mußte.

Rundbriefe aller Art sowie der Versand von berufs- und schichtenspezifischem Werbematerial stellen eine Seite der Öffentlichkeitsarbeit eines MdBs in seinem Wahlkreis dar. Eine andere publizistische Form ist die der regelmäßigen Abgabe von Stellungnahmen in der *Lokalpresse*. Der Bundestagswahlkreis 149 ist in dieser Hinsicht insofern als durchaus typisch für einen ländlichen Bundestagswahlkreis anzusehen, weil in dem größeren der beiden alten Landkreise, das heißt im Raum Mayen, eine Lokalzeitung, die Rhein-Zeitung, eine ungebrochene Monopolstellung genießt, die nur von den erwähnten Amtsblättern beeinträchtigt werden kann, und weil im anderen Teil, dem Kreis Ahrweiler, auch nur zwei Zeitungen in Frage kommen, das heißt zusätzlich zur Rhein-Zeitung die Bonner Rundschau, von wenigen Ausgaben des Bonner Generalanzeigers abgesehen. Vor allem aber dürfte für einen solchen Raum die Tatsache typisch sein, daß diese Lokalredaktionen –, die Chefredaktion ohnehin – häufig politisch einseitig festgelegt zu sein scheinen. Massiv zeigte sich dies – und wirkte sich entsprechend aus – besonders bei der Bonner Rundschau in Wahlkampfzeiten. Dann wurde von dieser Zeitung manchmal nur ein „Schein" der Ausgewogenheit gewahrt. Eine Einschränkung kann nur deshalb gemacht werden, weil es nach den Beobachtungen des Verfassers auch während der 7. Legislaturperiode des Bundestages hier und da zu verzeichnen war, daß ein einzelner, nicht der CDU, sondern der SPD nahestehender Redakteur eingestellt wurde. Trotz eindeutiger, nachweisbarer „Rechtslastigkeit" der Lokalpresse in diesem Gebiet – sie machte sich vor allem in dem bemerkbar, was von der SPD im Gegensatz zur CDU *nicht* gebracht wurde – kann festgehalten werden, daß amtliche Mitteilungen auch des SPD-Abgeordneten in der Regel voll veröffentlicht wurden. Regelmäßig veröffentlichte daher der SPD-Abgeordnete genauso wie sein Gegenüber von der CDU Antworten der Bundesregierung auf schriftliche oder mündliche Anfragen spezielle Probleme des Wahlkreises betreffend, Stellungnahmen von Bundesministerien zu ihnen vom Abgeordneten übermittelten Petita aus dem Wahlkreis etc. Ärger gab es häufig mit unterlassenen oder gekürzten Berichten über öffentliche Veranstaltungen, wobei die Redaktionen immer wieder auf das Argument eines fehlenden „örtlichen Bezuges" zu rekurrieren suchten. Insgesamt aber waren die Klagen der SPD vor Ort über eine benachteiligende Behandlung ihrer eigenen Belange durch die Presse berechtigter als solche über eine benachteiligende Behandlung des eigenen Bundestagsabgeordneten – allerdings, wie gesagt, nur außerhalb von Wahlkampfzeiten.

Die Berichterstattung in der überregionalen Presse über die beiden Bundestagsabgeordneten des Wahlkreises war in diesem Raume im Vergleich zur Berichterstattung in der Lokalpresse von untergeordneter

Bedeutung. Dem Verfasser „gelang“ es in der 7. Legislaturperiode nur selten, in der überregionalen Presse erwähnt zu werden. Zu keinem Zeitpunkt kam er z.B. in die Bildzeitung, die die einzig wirksame Konkurrenz zu den monopolistischen Lokalblättern darstellte. Auch im regionalen Hörfunk und Fernsehen trat er in der gesamten Legislaturperiode nur achtmal auf, ein Umstand, der auf seinen Bekanntheitsgrad keine Auswirkungen gehabt haben dürfte (217).
Dieser Bekanntheitsgrad beruhte vielmehr – und dies dürfte auf alle „Durchschnitts“-MdBs und MdLs zutreffen – auf persönlichen Einsätzen vor Ort, das heißt in den 320 Gemeinden und Kleinstädten im Laufe eines Jahres bzw. zumindest im Laufe einer Legislaturperiode. Wir haben in diesem Zusammenhang schon mehrfach auf die wichtige Funktion der sonntäglichen Frühschoppen sowie auf die Versammlungsstatistik im Untersuchungszeitraum ganz generell hingewiesen. Eine erhebliche Rolle spielen nach Auffassung des Verfassers persönliche Hausbesuche – und zwar eben nicht nur in Wahlkämpfen, wo dieses Mittel des angelsächsischen canvassing auch von ihm in drei Bundestagswahlkämpfen in einem sehr erheblichen Umfange eingesetzt wurde. Außerhalb von Wahlzeiten war er bemüht, in Verbindung mit jeder sonntäglichen oder abendlichen Parteiveranstaltung im Wahlkreis jeweils mindestens einen Hausbesuch bei einem „Sozialfall“ oder einem anderen Petenten durchzuführen. Auch einer schnellen Erledigung von Bittbriefen der Bürgerinnen und Bürger, zumindest aber einer prompten Übersendung eines Zwischenbescheides, ist in diesem Zusammenhang große Bedeutung beizumessen.

Probleme der Meßbarkeit von „Erfolgen“ einer Wahlkreisbetreuung:

Wenn wir nun in diesem Unterabschnitt nach den Auswirkungen solcher versuchten Einflußnahmen auf die politische Meinungsbildung des Wählervolkes fragen, die in zahlreichen anderen Monographien und Spezialuntersuchungen zum Teil sehr viel detaillierter referiert worden sind, so stellt sich zunächst das methodische Problem einer exakten Messung. Genausowenig wie wir in der allgemeinen Wirkungsforschung mit bislang eingesetzten Untersuchungsinstrumenten in der Lage sind, kausale Zusammenhänge auch nur annähernd zu bestimmen, genausowenig können wir im vorliegenden Falle exakt ermitteln, ob das nachgewiesene Vorhandensein bestimmter Faktoren auf die Wahlkreisarbeit eines bestimmten Abgeordneten zurückgeht oder nicht (218).

Immerhin können wir aber an dieser Stelle unserer Gesamtanalyse die Ergebnisse einer im Januar 1977 durchgeführten – allerdings von manchen Fragestellungen her unvermeidlicherweise relativ undifferenzierten – „repräsentativen Befragung" im Bundestagswahlkreis 149 einführen und diese mit Ergebnissen einer zum Teil parallel angelegten repräsentativen Erhebung in demselben Gebiet vom Frühjahr 1969 vergleichen. Der 1977er Fragebogen enthielt 26 Fragen mit einigen Unterfragen, der von 1969 16 Fragen. 1977 wurden nach Maßgabe der über die Bevölkerung in dem betreffenden Gebiet vorliegenden statistischen Angaben wie Geschlecht, Beruf, Alter und Wohnsitz rund 590 Personen, 1969 rund 500 in die Umfrage einbezogen, die jeweils in einem Zeitraum von vier Wochen von einem mit den üblichen Befragungsinstruktionen versehenen „sozialwissenschaftlichen" Team durchgeführt wurde – mit im übrigen nur sehr begrenzt zur Verfügung stehenden finanziellen Mitteln. Es braucht nicht besonders betont zu werden, daß die verschiedenen Ortschaften unter den 232 möglichen ausschließlich unter Gesichtspunkten der Repräsentativität von der Größenordnung her und nicht etwa im Hinblick auf vorhandene Ortsvereine der einen oder anderen Partei und schon gar nicht im Hinblick auf Besuchsstatistiken des Verfassers hin ausgewählt worden waren. Vielmehr muß erwähnt werden, daß eine Reihe von kleinsten Ortschaften in die repräsentative Umfrage einbezogen wurden, die vom Verfasser in den vier Jahren der 7. Legislaturperiode allenfalls einmal auf einer Durchreise „zur Kenntnis" genommen worden waren. Ziel beider Befragungen, insbesondere der mit Hilfe eines Computers auch korrelationsmäßig stärker ausgewerteten des Jahres 1977, war es, das allgemeine politische Interesse und den allgemeinen politischen Informationsstand der Bevölkerung zu ermitteln, ihr Verhältnis zu den politischen Parteien und deren Mandatsträgern auf Landes- und Bundesebene bzw. ihre Einschätzung von der Rolle und Arbeitseffizienz dieser Mandatsträger, sowie eigenes politisches Engagement, die Durchführung von Bundestagswahlkämpfen durch die Parteien mit ihren Mandatsträgern und das Verständnis für das Zweistimmenwahlrecht in der Bundesrepublik Deutschland auf Bundesebene näher zu bestimmen. Die Fragen, die sich auf einzelne Mandatsträger der Bundes- oder Landesebene bezogen, wurden den jeweils genannten Abgeordneten zugeordnet, so daß speziell die Antworten auf diese Fragen bzw. Teilfragen von uns in Relation gesetzt werden können zu den in diesem Kapitel unserer Gesamtstudie dargestellten Aktivitäten eines Bundestagsabgeordneten.

Wie sah es zunächst mit dem politischen *Informationsbedürfnis* der Befragten

in diesem Raum aus? Während 1977 68% der Befragten behaupteten, regelmäßig eine Zeitung zu lesen und sogar 92% regelmäßig entweder die „Tagesschau“ oder „heute“ zu sehen (219), gaben nur 32% an, „in den letzten vier Jahren einmal eine Veranstaltung einer Partei“ in der Gemeinde oder im Kreis besucht zu haben.Von politischen Veranstaltungen, die außerhalb eines Wahlkampfes stattgefunden haben, hatten nur 44% etwas gehört, 22% behaupteten, daß solche überhaupt nicht stattgefunden hätten, zu denen noch der Rest gezählt werden muß, die mit „weiß nicht“ antworteten. 1977 gaben 21% an, eine CDU-Veranstaltung besucht zu haben, 16% eine der SPD und 4% eine der FDP.
Das „Verhältnis“ dieser Zahlen zu der Gesamtzahl der nachweislich allein schon vom SPD-Bundestagsabgeordneten durchgeführten Veranstaltungen zwischen 1972 und 1976 erscheint zunächst frappierend, dürfte aber dadurch zu erklären sein, daß einmal die Besucherzahlen bei solchen Veranstaltungen im allgemeinen noch nicht einmal ein halbes Hundert überschreiten und zum anderen aus den vorerwähnten Gründen (vgl. Anm. 39 oben) in den wenigsten Fällen über diese Veranstaltungen Berichte in die Lokalpresse gelangten. Sichtbar „angekündigt“ dürften jedoch diese Veranstaltungen in der Regel alle gewesen sein.
Immerhin hatten nun aber 63% namentlich von irgendeinem Bundestagsabgeordneten in ihrem Wahlkreis in der 7. Legislaturperiode des Deutschen Bundestages gehört, von diesen wiederum konnten 68% *Namensangaben* machen, wobei 5% den MdB-Status fälschlicherweise einem CDU-Landtagsabgeordneten zuordneten und weitere 15% Nicht-MdBs. 34,2% aller Befragten nannten den richtigen Namen des CDU-Direktabgeordneten, 31,4% den des SPD-Listenabgeordneten. Der CDU-Abgeordnete Josten, der den Wahlkreis im Bundestag seit 1953 vertritt, hatte bei der Umfrage 1969 einen Bekanntheitsgrad von 22% erreicht, diesen also in acht Jahren erheblich gesteigert. 15% gaben an, daß sie häufig, 40% daß sie gelegentlich über diese Bundestagsabgeordneten in der Zeitung gelesen hätten. 7,5% von ihnen verneinten dies, der Rest gab keine Antworten.
Sämtliche Landtagsabgeordneten schnitten demgegenüber sehr viel schlechter ab, wobei wir allerdings in Rechnung stellen müssen, daß diese Abgeordneten jeweils für nur einen der beiden Landkreise „zuständig“ waren, so daß man im Falle eines Abgeordneten aus dem größeren ehemaligen Kreisgebiet Mayen etwa ein Drittel und im Falle eines im Landkreis Ahrweiler tätigen Abgeordneten etwa zwei Drittel Prozent hinzuzählen müßte, um einen annähernd richtigen Vergleich zum Bekanntheitsgrad der Bundestagsabgeordneten zu erhalten. Auf die Frage: „Können Sie uns Namen von Landtagsabgeordneten in Ihrem Gebiet nennen“, antworteten 59% mit ja und nannten dabei insgesamt 10 verschiedene Namen bei maximal sechs denkbaren. 1,7% nannten hier den „letzten“ Landrat des Kreises Ahrweiler, Stollenwerk, 4,4% fälschlicherweise den Direktabgeordneten des Bundestages der CDU. 11% gaben den langjährigen CDU-MdL Schaaf (Ahrweiler) an, 10,7% den seit zwei Legislaturperioden tätigen SPD-MdL Klein (Mayen), 5% den während der 7. Legislaturperiode des Deutschen Bundestages sein Amt angetretenen CDU-Abgeordneten Deres (Ahrweiler), 4,6% bzw. 4,1% die beiden seit längerem amtierenden CDU-Landtagsabgeordneten „für“ Mayen und ebenfalls 4,1% den bald zwei Wahlperioden in Mainz arbeitenden SPD-MdL Moesta (Ahrweiler).
Die Frage „Haben Sie *an einen Bundestagsabgeordneten* Ihres Gebietes in den letzten vier Jahren *geschrieben* oder aber von ihm einen Brief bekommen?“, beantworteten lediglich 6% mit ja. (Diese Frage, die auf Rückkoppelungspro-

zesse abzielte, hätte besser aufgeschlüsselt werden sollen.) Hier zeigte sich insgesamt kaum eine Veränderung gegenüber den Ergebnissen der Umfrage von 1969, als nur 5% der Befragten angaben, ihrem Abgeordneten (damals dem CDU-Abgeordneten alleine) jemals geschrieben oder ihn sonst angesprochen zu haben. Von den 6% „Briefkenntnissen" aus der Umfrage des Jahres 1977 nannten als Adressaten bzw. Absender 2,4% den SPD-Listenabgeordneten und 2,2% den CDU-Direktabgeordneten. Im Hinblick auf die Frage: „Hat ein Bundestagsabgeordneter in den letzten vier Jahren schon einmal in Ihrem Ort jemanden Ihrer Kenntnis nach persönlich zu Hause besucht?", behaupteten 48% der Befragten, daß die MdBs keinen Bürger in ihrem Gebiet besucht hätten. Nur 7% wußten von einem *persönlichen Besuch,* während 45% mit einem „weiß nicht" antworten mußten. Von den 7%, die von einem persönlichen Besuch gehört oder ihn erlebt hatten, konnte etwas mehr als die Hälfte den Namen des Gastes angeben, wobei der SPD-Abgeordnete geringfügig über dem CDU-Abgeordneten lag.

Diese Kenntnisse in bezug auf Briefe bzw. Hausbesuche von Bundestagsabgeordneten widerlegen eine der Arbeitshypothesen des Verfassers, die sich dieser in dem Wahlkreis zu Anfang seiner Tätigkeit zu eigen gemacht hatte. Er war davon ausgegangen, daß sich bei der vorgegebenen dörflichen Struktur und den vielen Verwandtschaftsbeziehungen „zwischen" diesen Dörfern der Eingang eines Briefes mit Dienstadler aus dem Bonner Bundeshaus, auf jeden Fall aber der Besuch eines Abgeordneten selber nicht nur sehr schnell in dem betreffenden Ort, sondern auch in benachbarten Orten herumsprechen würde, zumal er während seiner Bereisungen immer wieder erleben konnte, wie ihn einzelne Bürgerinnen und Bürger auf eine Briefantwort oder ein Glückwunschschreiben von ihm ansprachen und zum Teil auch verknitterte Originalbriefe aus der Schublade bzw. Tasche zogen!

Nur 15,8% der Befragten gaben an, zwischen 1972 und 1976 die *Versammlung eines Bundestagsabgeordneten* besucht zu haben. Von diesen Prozenten entfielen 5,3% auf eine Versammlung des CDU- und 5,1% auf eine des SPD-Abgeordneten, der Rest auf andere MdBs und MdLs, die in diesem Zusammenhang richtig genannt wurden (zum Beispiel Dröscher oder Wehner von der SPD und Kohl von der CDU).

Aufschlußreich im Hinblick auf unsere zentrale Fragestellung nach Rollenverständnis und Rollenerwartung gegenüber einem Bundestagsabgeordneten sind die Antworten auf die Frage von 1977 und 1969: „Von welcher der im folgenden angegebenen Einrichtungen und Personen werden Ihrer Meinung nach *Ihre Interessen am besten wahrgenommen?"* 1977 lagen Stadtverwaltung bzw. Ortsbürgermeister mit 30% der Nennungen an der Spitze, gefolgt von Amts- und Kreisverwaltung mit 20%, Berufsverbände mit 18,5%, die politischen Parteien insgesamt mit 9,7% und die Abgeordneten (von Bund und Land) mit nur 6%. 21% verneinten die Möglichkeit überhaupt, von irgendeiner der vorgegebenen Institutionen oder Personen von der eigenen Interessenlage her vertreten zu werden. Bei der Umfrage von 1969 waren zusätzlich die „Kirchen" vorgegeben worden. Damals sollten drei der Institutionen oder Personen ausgewählt und rangmäßig eingeordnet werden. Die Abgeordneten waren nicht gesondert aufgeführt worden: Es setzten 22% der Befragten den Bürgermeister an die erste Stelle, 18% die Amts- oder Kreisverwaltung – hier doppelt soviel auf dem Lande wie in den Städten –, 17% die Berufsverbände, (davon 29% der Männer und 8% der Frauen) ebenfalls 17% die politischen Parteien (davon 11% der

Selbständigen, 25% der Beamten und Angestellten und 14% der Arbeiter sowie 26% der Stadtbevölkerung gegenüber nur 12 auf dem Lande) und schließlich 9% die Kirchen.

Die Antworten auf diese Frage sind sicherlich in Beziehung zu setzen zu den Antworten auf die Frage des Jahres 1977: „Glauben Sie, daß Ihre Interessen besser vertreten würden in Ihrem Gebiete von einem CDU-Politiker, SPD-Politiker, FDP-Politiker, einem Politiker einer anderen Partei, von allen gleichermaßen, oder von gar keinem?" Hier wurde dem CDU-Politiker mit 32% die beste Vertretung zugetraut. Die SPD lag bei 18% und die FDP bei 1,5%. 10% meinten, daß ihre Interessen von gar keinem Politiker sinnvoll vertreten werden könnten, während immerhin 12% der Ansicht waren, daß ihre Interessen gleichermaßen von allen gewahrt würden. In diesem Befund, das heißt dem prozentualen Abstand zwischen den Vertretern der drei Parteien, dürften sich ziemlich genau die Sympathiekurven bzw. prozentualen Stimmanteile bei drei infragekommenden Bundestagswahlen für diese Parteien im Bundestagswahlkreis widergespiegelt haben (220). Nicht nur die tatsächlichen Wahlergebnisse sind zu diesen Befunden in Beziehung zu setzen, sondern auch die Antworten auf die Fragen von 1977 über die Einschätzung des Ausmaßes und der „Güte" der an den Bürger durch die verschiedenen politischen Parteien gelangenden Informationen über die Arbeit des Bundestages. 48% hielten sich 1977 *von den Parteien für zureichend informiert* gegenüber einer genau gleichen Prozentzahl, die sich nicht ausreichend informiert fühlten. Dabei ergab sich eine bessere „Note" für die CDU mit 53%, für die SPD mit 30% und die FDP mit 7%, was ebenfalls die Sympathie für die jeweilige Partei widerspiegeln dürfte. Anzumerken ist in diesem Zusammenhang, daß im Jahre 1969 nach der Selbsteinschätzung der Bürger in bezug auf ihre Möglichkeit einer Beeinflussung von Entscheidungen der politischen Parteien gefragt worden war. Diese Frage beantworteten nur 9% positiv, hingegen 86% eindeutig negativ.

Damit wiederum wären die Antworten auf die Frage nach *der Bereitschaft zum Eintritt in eine Partei* zu vergleichen. 1969 hatten darauf 22% mit ja, 73% mit nein und 5% ohne Angaben geantwortet, wobei sich eine Bereitschaft zum Eintritt in eine Partei am stärksten bei den Männern mit 33% gegenüber 13% bei den Frauen und 30% der Bewohner in Städten im Gegensatz zu 18% der Bewohner auf dem Lande ergab. 1977 zeigten sich 70% der Befragten völlig desinteressiert an einem Parteieintritt, während der Rest behauptete, dies schon einmal überlegt zu haben. Da die Fragen nicht genau identisch gestellt wurden, läßt sich kein exakter Vergleich zwischen diesen Ergebnissen der Jahre 1969 und 1977 anstellen.

Angesichts seiner eigenen Erfahrungen und Beobachtungen erhoffte sich der Verfasser von der weiteren Frage 1977 wichtige Aufschlüsse: „Erwarten Sie von einem Bundestagsabgeordneten, daß er in erster Linie für das Volk voll in Bonn arbeitet oder im Wahlkreis auf Festen erscheint oder Pokale im Wahlkreis vergibt oder regelmäßig politische Veranstaltungen durchführt?" Es sollten hier Präferenzen angekreuzt werden. Interessanterweise – und dies soll hier als Positivum vermerkt werden – waren immerhin 69% der Befragten der Meinung, daß die *Arbeit in Bonn für einen Abgeordneten das Wichtigste sei.* 20% nannten die Durchführung politischer Veranstaltungen, 8% das Erscheinen auf Festen – und nur 0,8% das Vergeben von „Pokalen und anderen Geschenken", die in diesem Gebiet regelmäßig von den beiden großen Parteien und ihren wichtigsten Repräsentanten verteilt zu werden pflegen.

Vielleicht berührt die letztgenannte Antwort schon den Bereich der allgemeinen politischen Ethik, in den einige Fragenkomplexe zielten (221). Auf eine Zusatzfrage „Glauben Sie, daß dieser MdB nur die *Interessen seiner Partei vertreten* hat oder auch eine eigene Meinung hat", antworteten 11%, die Politiker hätten keine eigene Meinung; 37% waren der Ansicht, die Abgeordneten hätten neben der Wahrnehmung der Parteieninteressen auch ihre eigene Meinung, während 16% der Befragten mit „weiß nicht" antworteten.
Auf die Frage 1977, „glauben Sie, daß Mitbürger in ihrer Umgebung, zum Beispiel am Arbeitsplatz, in einer politischen Partei aktiv tätig sind in erster Linie, um sich selber voran zu bringen oder um sich der anderen Mitbürger und ihrer Sorgen anzunehmen?", antworteten 51% im Sinne der *Wahrung des Eigeninteresses* und 44% im Sinne der Wahrnehmung der Interessen anderer.
Großen Wert legte der Verfasser 1969 und 1977 auf die Frage einer möglicherweise wirksameren Beteiligung der Aktivbürger *an der Aufstellung der Kandidaten für Bundestagswahlen.* Wie schon erwähnt, hatte er sich für diese Problematik auch im Rahmen der Arbeit der Enquete-Kommission für Verfassungsreform in der 7. Legislaturperiode interessiert und selber vor den Wahlen 1976 einen ersten Versuch in dieser Richtung in einem Teil seines eigenen Bundestagswahlkreises unternommen. Auf die Frage 1977: „Sie wissen, daß die einzelnen Parteien für die Wahl ihre eigenen Kandidaten aufstellen. Hielten Sie es für besser oder schlechter, wenn sich grundsätzlich alle Wähler in irgendeiner Form an der Aufstellung von Kandidaten für die Bundestagswahlen beteiligen könnten?", antworteten 52% mit ja und 43% mit nein, 1969 hatten sich 77% für eine direkte Beteiligung aller Wahlbürger an der Aufstellung ausgesprochen bei 28% nein und 16% „weiß-nicht"-Antworten. Erhebliche Unterschiede ergaben sich damals zwischen den Geschlechtern und Altersgruppen. 63% der Männer, aber nur 51% der Frauen waren für eine Direktbeteiligung, 59% der 18- bis 22jährigen und 62% der Altersgruppen der 46- bis 65jährigen, jedoch nur 48% der Altersgruppe von 66 Jahren an. Zwischen Stadt und Land traten ebenfalls Unterschiede von 13% auf. Ein relativ hoher Prozentsatz der Meinungslosen fand sich bei den Arbeitern mit 20% im Gegensatz zu nur 12% in der Gruppe der Selbständigen, Beamten und Angestellten. Man wird allerdings bei der Bewertung dieser Antworten davon ausgehen müssen, daß nur die wenigsten Befragten sich vorzustellen vermochten, wie eine solche Beteiligung der Wahlbürger an der Aufstellung von Kandidaten im Konkreten aussehen könnte.
Damit sind wir bei einer Einschätzung verschiedener Aspekte des *Bundestagswahlkampfes 1976* durch die Befragten. Auf die Frage: „Glauben Sie, daß eine Partei oder alle Parteien im letzten Bundestagswahlkampf in Ihrem Gebiet einen zu teueren Wahlkampf geführt haben?", antworteten nur 22%, daß ihrer Auffassung nach keine Partei beim letzten Bundestagswahlkampf „zu teuer" gewesen sei. 56,4 bzw. 56,1% bezichtigten die SPD bzw. die CDU eines zu teueren Wahlkampfes und 49% die FDP. Die Antworten auf diese Frage sind in Beziehung zu setzen zu den bereits erwähnten Fragen nach der Einschätzung der Quantität und Qualität der politischen Informationen durch die politischen Parteien. Im Vergleich dazu antworteten 1977 auf die Frage: „Hat sich im letzten Bundestagswahlkampf einer der Bundestagskandidaten in Ihrem Ort persönlich vorgestellt"?, 46,4% mit ja, 48,6% mit nein, wobei der SPD-Kandidat unter den zustimmend Antwortenden vor dem CDU-Abgeordneten mit 67 zu 56% lag. Tatsächlich muß aber davon ausgegangen werden, daß sich zumindest der SPD-Kandidat durch Versammlungen und Lautsprecherwageneinsätze im

Bundestagswahlkampf 1976 in etwa 80% aller Ortschaften vorgestellt hatte. Hinzu kam, daß die Kandidaten der drei im Bundestag vertretenen Parteien zumindest ihre sogenannten Kandidatenfaltblätter an jeden Haushalt im Bundestagswahlkreis gelangen ließen.
Insgesamt ergibt der Befund der Umfragen, vor allem der von 1977, daß sich zumindest „durchschnittliche“ MdBs, (das heißt nicht solche, die sich schon überregional einen Namen gemacht haben, damit aus der Masse der Politiker herausragen und in Presse, Hörfunk und Fernsehen mehr oder weniger regelmäßig herausgestellt werden) durch ihre Wahlkreisarbeit innerhalb einer Wahlperiode nur zu einem sehr begrenzten Bekanntheitsgrad verhelfen können. Wie die Ergebnisse in Bezug auf den CDU-Abgeordneten des Wahlkreises nach insgesamt sechs Wahlperioden zeigen, scheint der Bekanntheitsgrad des Abgeordneten selber sowie der seiner Aktivitäten im Laufe von mehreren Legislaturperioden nicht sehr signifikant zu steigen, hatten doch beide Abgeordneten Ende 1976/Anfang 1977 nahezu dieselben Prozentsätze erzielt. Auch im Vergleich zu anderen vorliegenden Untersuchungen im Bundesgebiet überraschen unsere Ergebnisse nicht (222).

Es wäre interessant, solchen Ergebnissen auf der Basis eines repräsentativen Querschnitts der Bevölkerung eine schichtenspezifische Untersuchung bezogen auf die SPD-, CDU- und FDP-Funktionäre und die Parteimitglieder in einem gegebenen Wahlkreis gegenüberzustellen. Korrelationen etwa mit der Frage nach der Parteipräferenz helfen hier alleine nicht weiter. Unsere Vermutung ginge dahin, daß der Bekanntheitsgrad der Aktivitäten des jeweiligen Abgeordneten in seiner eigenen politischen Großgruppe wesentlich höher liegt. Vorsicht ist aber auch bei einer Prognose und Bewertung in dieser Richtung am Platze.

Vom Dank in der Politik – ein Exkurs

Unser ohnehin oft unterentwickeltes Erinnerungsvermögen scheint immer dann besonders schwach zu sein, wenn es um die Anerkennung von Leistungen im politischen Raume geht – bei „Feind“ wie bei „Freund“. Ganz abgesehen davon, daß im politischen Bereich potentielle oder tatsächliche Rivalen um Mandate oder andere Ämter an einem schnellen Vergessen nachweisbarer Verdienste von langjährigen Amtsinhabern interessiert sind, wachsen – so sollte es jedenfalls sein – stets aufs neue Wählergenerationen nach und drängen in Positionen oft ohne Kenntnisse von Vergangenem. Ein typisches Beispiel für diese beiden Phänomene stellten nach Ansicht des Verfassers die im Kapitel 1 schon angedeuteten innerparteilichen Auseinandersetzungen im Bundestagswahlkreis 149 ab 1974 um das finanzielle Engagement des SPD-Bundestagsabgeordneten dar. Diese an die Öffentlichkeit und insbesondere in den „Spiegel“ getragenen und damit für die SPD durchaus atypischen Auseinandersetzungen nahmen ihren Ursprung bei den Jungsozialisten des Kreises Ahrweiler. Auslösendes und begünstigendes Element war sicherlich nicht nur die Tatsache, daß für den Vorstand der Jungsozialisten dieses Kreisverbandes (223) der spätere offizielle innerparteiliche Gegenkandidat des Verfassers der Traumkandidat war, dessen Chancen daher durch Angriffe auf den amtierenden Abgeordneten erhöht werden mußten, sondern nachweislich auch der Umstand, daß die nunmehrigen „jüngsten“ SPD-Mitglieder tatsächlich nichts von dem seinerzeit als recht ungewöhnlich angesehenen finanziellen Einsatz eines hoffnungslos plazierten Bundestagsabgeordneten bei der Wahl 1969 und dann eines „Schattenabgeordneten“ der Jahre 1969 bis 1972 wußten. Echte politische Meinungsverschiedenheiten zwischen Bundestagsabgeordnetem und Jusogegnern spielten damals keine Rolle. Sie kamen erstmals wenige Tage vor der Bundestagswahl 1976 in einem Ortsverein am Rhein auf, als einige jugendliche Vorstandsmitglieder glaubten, auf einer öffentlichen SPD-Jugendveranstaltung kommunistische Propaganda tolerieren zu dürfen. Insgesamt ließen sich aber zu keiner Zeit im Bundestagswahlkreis in diesem Zusammenhang innerhalb der SPD Vergleiche etwa zu Hessen oder München ziehen. Allerdings zeigte sich immer wieder auf der sogenannten „Rheinschiene“ des Kreises Ahrweiler, das heißt in Ortschaften wie Oberwinter, Remagen, Sinzig oder Bad Neuenahr-Ahrweiler, daß SPD-Mitglieder mit einem Eintrittsdatum nach 1969, vor allem Bundesbedienstete, ebenso wie junge Studenten, die häufig mit ihren Freundinnen im „Hau-ruck-Verfahren“ in die SPD gekommen waren, kein echtes inneres Verhältnis zu den über 120 Jahre alten SPD-Tugenden der innerparteilichen Solidarität hatten. Manche Vertreter der jungen SPD-Generation außerhalb der Arbeiterschaft versuchten schon frühzeitig, sich nach oben „durchzuboxen“ und auf den verschiedensten Ebenen kleine Cliquen zu bilden, in denen das Gesetz des Anstandes allenfalls im Innenverhältnis, das heißt in der eigenen Gruppe noch eine gewisse Gültigkeit besaß.

Es zeigte sich 1974/75 in den Auseinandersetzungen um die Höhe von Sonderkontributionen des Bundestagsabgeordneten an den SPD-Kreisverband Ahrweiler aber auch, daß viele ältere SPD-Mitglieder den Einsatz des „Schattenabgeordneten“ verdrängt hatten. Erst auf die publizistischen Angriffe gewisser „Parteifreunde“ hin erwähnte der Verfasser 1974 die Tatsache seines damaligen finanziellen Engagements und bezifferte in einem internen Schreiben (20.3.1974) an die SPD des Kreises Ahrweiler die in dem Zeitraum von 1968 bis 1972 persönlich „beigesteuerten“ und „aufgebrachten“ Mittel mit „rund DM 40.000“, ohne auf den Zusatz zu verzichten: „. . . umgerechnet auf Monatsgehälter sollen die jungen Leute erst selber einmal ähnliche Opfer bringen“. Zwar ergaben sich im Endeffekt bei den entscheidenden Abstimmungen in Kreisvorstand und Kreisausschuß Ahrweiler dann überwältigende Mehrheiten zugunsten des amtierenden Bundestagsabgeordneten ausdrücklich auch als Vertrauensbeweis in der Sache. Der zusätzliche Kompromißbeschluß einer Sonderkontribution des MdB von DM 5.000,– per annum wurde aber dann ganz „ungerührt gefaßt“, obwohl bekannt war, daß der Abgeordnete immer wieder „bedürftigen“ Ortsvereinen im Wahlkreis Spenden für besondere Zwecke hatte zukommen lassen. Ihm war es wenig sinnvoll erschienen, Globalbeträge an die Kreisvorstände zu leisten, da die einzelnen Ortsvereine in beiden Kreisverbänden über eine sehr unterschiedliche Finanzkraft verfügten. Der Verfasser lernte aus den Auseinandersetzungen und war später genauso wie eine Reihe seiner Kollegen im 7. Deutschen Bundestag bemüht, seinen Parteifreunden, aber auch der gesamten Wählerschaft im Wahlkreis, seine persönliche finanzielle Lage auseinanderzusetzen, das heißt der Öffentlichkeit Aufstellungen über seine Einnahmen und Ausgaben vorzulegen (224).

An dieser Stelle wäre eben die Frage aufzuwerfen, ob ein Politiker nach Jahren harter Arbeit im Dienste einer Sache, einer Partei – (von den damit in jedem Falle auch verbundenen persönlichen Vorteilen und Annehmlichkeiten aller Art jetzt einmal abgesehen) – auf Dank der Mitbürger eines bestimmten Gebietes im allgemeinen und seiner Parteifreunde im besonderen zählen kann. Nach Erfahrungen des Verfassers wird ein solcher Dank die Ausnahme bleiben. Zwar brachten manche unbekannte Bürgerinnen und Bürger, denen der Bundestagsabgeordnete zu helfen versucht hatte, Gefühle der Dankbarkeit in einer oft geradezu peinlichen Weise schriftlich und mündlich zum Ausdruck. In Bezug auf die eigene politische „Großfamilie“ als Sekundärgruppe sah aber das Bild aus der Sicht des Verfassers am Ende seiner Abgeordnetentätigkeit außerhalb eines echten Freundeskreises an der Parteibasis anders aus. Zu einer rechtzeitig angekündigten Abschiedsfeier nach der Wahl 1976 mit Abschiedsvortrag zum Thema „Politik und Moral“ kam von einem Kreisvorstand überhaupt kein Vertreter, von dem räumlich näher gelegenen ließ sich immerhin der Kreisvorsitzende unter Hinweis auf eine andere politische Verpflichtung durch einen seiner Stellvertreter kurz vertreten und ein obligates Geschenk überreichen. Von weit her angereist kam bezeichnenderweise „der gute Mensch von Kirn“, das heißt der Bezirks- und

Landesvorsitzende Wilhelm Dröscher. Im Namen der beiden Kreisvorsitzenden bzw. Vorstände erhielt der Verfasser bei seinem Ausscheiden aus der aktiven politischen Betreuungsarbeit des Wahlkreises 149 nach acht Jahren überhaupt keinen „Abschiedsbrief". Dies war im Falle des Kreisvorsitzenden Ahrweiler um so bemerkenswerter, weil der Verfasser 1970 nach Zurücknahme seiner eigenen, vom damaligen Kreisvorstand Ahrweiler dringend gewünschten Landtagskandidatur eben diesen Kreisvorsitzenden und späteren ersten Landtagsabgeordneten der SPD in diesem Raume vorgeschlagen und ihm in mühseligen Verhandlungen mit anderen Parteigliederungen in Rheinland-Hessen-Nassau zu der nötigen Delegiertenstimmenzahl auf der entscheidenden Nominierungskonferenz verholfen hatte.
Für viele menschlich sehr „treuen" Ortsvereinsvorsitzenden hätte natürlich das Schreiben eines Briefes – auch eines Antwortbriefes auf des Verfassers eigenen Abschiedsbrief vom 2. Oktober 1976 – eine erhebliche persönliche Anstrengung bedeutet. Insofern ist zu erwähnen, daß einige dieser Ortsvereine dann im Laufe des Jahres 1977 „statt dessen" Einladungen zu Verabschiedungsveranstaltungen aussprachen. Es ist darüber hinaus festzuhalten, daß Anfang 1977 eine Reihe von Vorsitzenden tatsächlich zur Feder griffen, um in zum Teil rührenden Redewendungen eigene Dankbarkeit und die des Ortsvereines zu bekunden (225).
Insgesamt gesehen stellten solche Bekundungen aber eben die Ausnahme dar. Insofern scheint es richtig, allen potentiellen politischen Aktivisten den Ratschlag zu geben, im politischen Geschäft nicht auf Dankbarkeit zu bauen. Es will scheinen, als ob generell in der Politik selbst innerhalb der eigenen Gruppe die mitmenschlichen Beziehungen stark verkümmert sind. Darauf wurde schon an anderer Stelle eingegangen. Sehr bezeichnend war für den Verfasser in diesem Zusammenhang auch die Tatsache, daß auf seinen Abschiedsbrief an die Mitglieder des Auswärtigen Ausschusses des Deutschen Bundestages kein einziger SPD-Kollege, wohl aber eine Reihe von Kollegen der CDU/CSU antworteten. Auch von seiten nicht parteigebundener Amtsträger im Bundestagswahlkreis 149 waren Ende 1976 persönliche Bekundungen des Dankes und der „Anerkennung" zu verzeichnen.

Das Bundestagsmandat als alleiniger Beruf, Hauptberuf oder Nebenberuf?

Durch Angriffe in einigen Presseorganen, die von „politischen Freunden" im Jahre 1974 auch auf die Art und Weise der Wahrnehmung seines Hauptberufes bewerkstelligt worden waren (226), sah sich der Verfasser schon relativ früh in der 7. Legislaturperiode gezwungen, parteiöffentlich und gegenüber der Wahlkreisöffentlichkeit insgesamt wiederholt zu der grundsätzlichen Problematik der Verbindung von eigenem Hauptberuf und einem Bundestagsabgeordnetenberuf Stellung zu nehmen.

Bekanntlich kam das *Bundesverfassungsgericht* in diesem Zusammenhang am 5. November 1975 zu der Generalthese, auf der sein Urteil zur Sache basierte, daß zumindest für einen Bundestagsabgeordneten das Mandat zur „Hauptbeschäftigung (full-time-job) geworden" und der „Umfang der Inanspruchnahme durch das Mandat so stark gewachsen" sei, daß der „Abgeordnete in keinem Fall mit der im Arbeitsleben sonst üblichen und allgemein als Fortschritt empfundenen wöchentlichen Regelarbeitszeit von 40 Stunden seine Verpflichtungen bewältigen kann" (227). Wie immer man die dann folgenden Sätze bewerten mag und vielleicht auch nach unseren Statistiken im vorigen Abschnitt bewerten kann, wichtig sind sie auf jeden Fall für den Schlußteil dieses Kapitels:

„Er (der Bundestagsabgeordnete) wird im Parlament durch Plenar- und Ausschußsitzungen, in der Fraktion und Partei durch Sitzungen und Arbeiten sowie im Wahlkreis durch Veranstaltungen der verschiedensten Art, nicht zuletzt durch Wahlvorbereitungen und Wahlversammlungen in Anspruch genommen. So sehr er theoretisch die Freiheit hat, seine Aktivitäten in diesen drei Bereichen nach eigenem Ermessen bis über die Grenze der Vernachlässigung seiner Aufgabe hinaus einzuschränken, in der Praxis kann er sich dies aus den verschiedensten Gründen nicht leisten. Deshalb sind nach den Bekundungen der Experten in der mündlichen Verhandlung für Bundestagsabgeordnete, die neben ihrer Abgeordnetentätigkeit noch versuchen, ihrem Beruf wenigstens teilweise nachzugehen, Wochenarbeitszeiten zwischen 80 und 120 Stunden ... typisch und unvermeidbar."

Der Verfasser kann in der Tat aufgrund seiner aufbewahrten Terminkalender für die Jahre 1973-1976 einschließlich bestätigen, daß er die Sonntage eingerechnet in Parlaments- *und* Vorlesungswochen für seine „beiden Hauptberufe" zwischen 100 und 110 Stunden aufbringen mußte, das heißt einerseits für eine volle Professur und andererseits für die Arbeit im Bundeshaus und Wahlkreis. Er würde darüber hinaus konstatieren müssen, daß eine solche Kombination von zwei Berufen, ganz abgesehen von den gesundheitlichen Voraussetzungen, nur in den Fällen möglich ist, in denen, wie bei ihm gegeben, einerseits Wohnsitz, Sitz des Parlaments, Wahlkreis und Berufsort räumlich ganz nahe beieinanderliegen bzw. sich zum großen Teil überschneiden und es sich andererseits beim „zivilen" Hauptberuf um einen solchen handelt, der es dem Ausübenden ermöglicht, seine

Arbeitszeit im Rahmen eines hohen eigenen Ermessungsspielraumes einzuteilen. Dies galt in seinem Falle für Vorlesungen, – die häufig in die Mittagszeit gelegt wurden –, für Seminare, für Sprechstunden – die zum Teil im Bundeshaus abgehalten wurden – sowie für das Lesen und Abfassen von Manuskripten, eine Aufgabe, der er sich an Wochenenden und zu den „Ferienzeiten" unterzog. Daß selbst unter solchen günstigen Voraussetzungen Forschungsvorhaben in den vier Jahren Bundestagsmandat vernachlässigt werden mußten, liegt auf der Hand. Ebenso liegt auf der Hand, daß die Berufskollegen in beiden Sphären die Bewältigung der Berufspflichten im jeweils „eigenen" Bereich mit einem gewissen Mißtrauen betrachteten. Auf die Dauer, dies erscheint sicher, ist eine solche doppelberufliche Belastung für den Beteiligten nicht zu bewerkstelligen. Insofern kann der Verfasser auch der weiteren Feststellung des Bundesverfassungsgerichtes zustimmen:

„Der Typ des unabhängigen, als Einzelpersönlichkeit gewählten Honorarabgeordneten, dessen wirtschaftliche Existenz durch das Mandat nicht beeinträchtigt wird und mit ihm nicht verbunden ist, ist immer seltener geworden. Er dürfte aus mancherlei anderen Gründen schon in Kürze völlig aussterben."

Dies scheint eine ebenso unvermeidliche wie vom Standpunkt des Verfassers aus betrachtet bedauerliche Entwicklung zu sein, bedauerlich deshalb, weil damit ein weiterer Eckpfeiler einer relativen Unabhängigkeit des Volksrepräsentanten dahin ist.
Es erhebt sich an dieser Stelle auch das Problem nach *den finanziellen Konsequenzen,* die aus den grundsätzlichen Feststellungen des Bundesverfassungsgerichtes zur Frage von zwei Hauptberufen zu ziehen sind. Der Verfasser hat in diesem Zusammenhang von Anfang an der Forderung zugestimmt, für MdBs die Sonderstellung von „normalen" Beamten aufzuheben, die bekanntlich bis zum „Diätenreformgesetz" vom Dezember 1976 für ein „Nichtstun", wie sich der Verfasser immer ausdrückte, noch bis zu 75% an Ruhegehalt zusätzlich zu ihren vollen Diäten beziehen konnten. Daraus ergab sich für ihn eine Auseinandersetzung mit dem weiteren Problem der Höhe der künftigen Nettoalimentation bzw. der Nettobezüge für einen MdB im alleinigen Hauptberuf eines Abgeordneten. Hier sei angemerkt, daß sich der Verfasser durchaus der Mißgunst bewußt war, die eine allgemeine Öffentlichkeit gerade einem Vertreter seines speziellen Hauptberufes und daher einem Doppelberufler mit zwei vollen Gehältern entgegenbringen mußte. Es gab natürlich auch in der 7. Legislaturperiode des Bundestages Doppelberufler mit sehr viel höherem Gesamteinkommen, ganz abgesehen von solchen Abgeordneten, die allein schon für einen viel weniger wahrgenommenen Hauptberuf höhere Bezüge erhielten.

Aus diesem Grunde hatte der Verfasser schon 1973/74 gegenüber seinen Wahlkreisbürgerinnen und -bürgern öffentlich erklärt (228), daß er die damals fällige Diätenerhöhung für sich – eben wegen seines zweiten Gehaltes – nicht in Anspruch nehmen, sondern vielmehr an Bedürftige in seinem Wahlkreis weitergeben würde. Eine solche Ankündigung im Rahmen eines allgemeinen Wählerbriefes war von ihm und anderen in doppelter Hinsicht als riskant angesehen worden. Einmal konnte sie, falls sie über den Wahlkreis hinaus bekannt werden würde, andere Bundestagskollegen in Verlegenheit bringen, die ein solches Angebot aufgrund ihrer eigenen Finanzlage nicht unterbreiten konnten. Zum anderen war natürlich die Gefahr erheblich, daß der Abgeordnete künftig von Bittstellern aller Art in Form von reinen Bettelbriefen eingedeckt werden würde. Um so interessanter ist die Feststellung, die hier getroffen werden kann, daß tatsächlich nur sehr wenige Bürgerinnen und Bürger von diesem Angebot Gebrauch machten und in allen Fällen nach genauen Überprüfungen echte Notsituationen vorlagen. In diese Überprüfungen waren insbesondere die Vorsitzenden der Ortsvereine der SPD eingeschaltet worden.
In der Sache selbst, das heißt in der Frage nach den künftigen Nettobezügen der MdBs bei Einführung eines Systems der Besteuerung der sogenannten Grunddiäten, vertrat der Verfasser gegen Ende der Legislaturperiode, da er sich angesichts seiner persönlichen Situation nicht dem Verdacht aussetzen wollte, die Einkommenshöhe anderer beschneiden zu wollen, vorwiegend „intern" die Auffassung (229), diese Höhe müsse so bemessen sein, daß die sogenannten „Habenichtse" unter den MdBs mindenstens „plus minus null" gestellt sein, das heißt auf keinen Fall finanzielle Einbußen erleiden würden. Unter Habenichtsen wurden damals die wenigen Bundestagsabgeordneten verstanden, die über keinerlei Nebeneinnahmen verfügten, also vor allem etwa die reinen „Arbeiter" vom früheren Hauptberuf her (230).
In einem Interview mit der Rhein-Zeitung vom 6./7. Dezember 1975 erklärte er auf die Frage, „auf welchen Betrag müßten die Diäten erhöht werden, damit die Abgeordneten nicht schlechter gestellt werden"?:

„Ohne jeglichen Nebenverdienst werden die wenigsten MdBs sein. ... es gibt aber zum Beispiel einige echte Arbeiter, wie etwa mein Freund Baack, der beim Einzug in den Bundestag als Meister aus seinem Betrieb ausschied, allerdings beim Ausscheiden aus dem Parlament von seinem Betrieb wieder aufgenommen werden müßte. Er zum Beispiel müßte bei der Besteuerung eines Grundbetrages der bisherigen Diäten so gestellt werden wie das dem Status eines Abgeordneten, im Range eines Staatssekretärs, entspricht. Dies würde in der Tat bedeuten, daß die Diäten angehoben werden müßten. Ich würde meinen, daß ein echtes Einkommen von mindestens DM 4.000,– pro Abgeordneten herauskommen müßte, das dann zu versteuern wäre, während die zusätzlichen Aufwandsentschädigungen steuerfrei bleiben."

Es war für den Verfasser eine von ihm als unangenehm empfundene Überraschung, feststellen zu müssen, daß aus allen Fraktionen heraus ein solcher Gedanke der Einpendelung eines Abgeordneten-Höchstgehaltes gewissermaßen nach unten abgelehnt wurde, daß mit anderen Worten kaum jemand „frei" gewesen zu sein schien von der Forderung nach maximalen Nettobezügen. Ob es sich um Mitglieder des Bundestagspräsidiums (nicht um die damalige Bundestagspräsidentin) oder Fraktionsgeschäftsführungen handelte, ob um Abgeordnete der SPD, CDU/CSU oder FDP, stets klang ihm gegenüber das gleiche Argument durch, man könne „einem" doch keine Abgeordnetentätigkeit „zumuten", wenn nicht eine wesentliche finanzielle Besserstellung eintrete. Solche Erwägungen sollen in der Beratungsphase des neuen Gesetzes zwischen erster und dritter Lesung im Jahr 1976 auch zu Verzögerungen von Seite der Spitze der Regierung geführt haben, die nicht einzusehen vermochte, warum sie nach den neuen Regelungen einen Teil ihrer Ministerialgehälter künftig mit den Diäten als Abgeordnete verrechnen lassen sollte (231). Es war daher ein wenig deprimierend erleben zu müssen, daß in der ersten Jahreshälfte 1976 in allen Fraktionen die Neigung bestand, die Verabschiedung eines Diätengesetzes wenn irgend möglich noch über das Ende der 7. Legislaturperiode hinauszuschieben, damit ein solches Gesetz nicht schon für die 8. Legislaturperiode gelten würde. In dieser Beziehung war der Verfasser in seiner öffentlichen und fraktionsinternen Argumentation erst recht behindert, da Mitte 1976 bereits abzusehen war, daß er zwar als Direkt- und Listenkandidat wieder aufgestellt werden, aber kaum eine Chance haben würde, in den 8. Deutschen Bundestag einzuziehen. Die taktische Linie der Führung aller Fraktionen in diesem Punkte war insofern allerdings auch verständlich, als man allgemein bemüht war, die ganze Problematik nicht zum Gegenstand von rivalisierenden Äußerungen im beginnenden Bundestagswahlkampf werden zu lassen. Tatsächlich konnte dann auch durch eine überraschende „Solidarität aller Demokraten" verhindert werden, daß dieses Thema im Wahlkampf überhaupt aufkam – ein recht bemerkenswertes Phänomen schon deshalb, weil zumindest bis zur Sommerpause die verschiedenen Fraktionen versuchten, sich gegenseitig den „schwarzen Peter" zuzuschieben, falls es nicht mehr zu einer Verabschiedung des Gesetzes in der 7. Legislaturperiode kommen sollte.

Innerhalb der SPD-Fraktion gab es mindestens zwei besonders aktive Vorkämpfer für ein schnelles und finanziell nicht zu hoch greifendes Diätenreformgesetz: Norbert Gansel und Peter Conradi. Norbert Gansel hatte wie der Verfasser dieses Thema zum Gegenstand einer Debatte bei den Haushaltsberatungen am 11. Mai 1976 über den Bundestagstitel 02 machen wollen, sich aber dann genauso durch private „Zusicherungen" von höchster Stelle davon abbringen lassen (232). Nachdem der Verfasser dann im Frühsommer 1976 aufgrund von Rücksprachen auch mit guten Bekannten in Spitzenpositionen der Opposition die Befürchtung hegen mußte, daß es in der 7. Legislaturperiode doch nicht mehr zu einer Verabschiedung eines entsprechenden Gesetzes kommen würde, schrieb er am 14. Juni 1976 an die Bundestagspräsidentin A. Renger:

„. . . Für mich stehen auch hier Fragen auf dem Spiel, die in den Bereich des Artikels 38 Grundgesetz hineinreichen. Das ist wirklich keine Phrase. Wir machen uns als Parlament einfach unglaubwürdig, wenn wir nicht die Kraft und den Mut aufbringen, die Dinge noch durch diesen Bundestag regeln zu lassen . . .; Ich teile völlig die bei der letzten Sitzung (Fraktionssitzung) geltend gemachten Gesichtspunkte . . . ich hatte mich nur selber nicht gemeldet, weil mir die Zeit noch nicht abschließend reif schien für eine Diskussion angesichts des noch ausstehenden Votums von Rosenberg (der Expertenkommission des Bundestages, d. Verf.) . . . auch X (ein führender Vertreter der Opposition, d. Verf.) meinte mir gegenüber, daß man doch neulich auf allen Seiten (er schloß seine nicht aus) mit verdeckten Karten diskutiert habe. Ich mache nur Dir Mitteilung von diesem Gespräch, da ich im Augenblick keine Veranlassung sehe, irgend jemand anders darüber zu informieren, zumal ich der Auffassung bin – und deshalb schreibe ich Dir auch –, daß letztlich die Entscheidung über den einzuschlagenden Weg allein von Dir aus Deinem Amtsverständnis heraus getroffen werden muß. Ich meine hier natürlich nicht den Inhalt der vorzunehmenden Regelung, sondern eben nur den Weg derselben . . .".

Die in diesem Brief gemachten Andeutungen bezogen sich unter anderem auf die Behandlung der Angelegenheit innerhalb der SPD-Fraktion. Diese Fraktion hatte sich zusammen mit der Koalitions-Fraktion FDP am 5. Juni 1974 bereits grundsätzlich für eine Besteuerung der Abgeordnetendiäten eingesetzt und einen Entschließungsantrag eingebracht. Auch aufgrund dieser Entschließung wurde am 17. Dezember 1974 ein unabhängiger Beirat für Entschädigungsfragen unter dem Vorsitz des früheren DGB-Vorsitzenden Rosenberg gebildet. Erstmals in der SPD-Fraktion wurde in der 7. Legislaturperiode die Problematik am 23. September 1975 angesprochen, als der Beschluß gefaßt wurde, auf eine an sich fällige Diätenerhöhung für 1976 zu verzichten und als dann Annemarie Renger die Vorlage des Berichtes der Rosenberg-Kommission für den Spätherbst 1975 in Aussicht stellte. Bald darauf

setzte die Fraktion eine besondere Arbeitsgruppe unter Vorsitz von Gerhard Jahn ein, die auf einer Sitzung am 27. Januar 1976 erstmalig thesenartig die Probleme vortrug. Hier ging es unter anderem um die Frage, ob ein Gesetz grundsätzlich jede Art von Berufsausübungen neben der Abgeordnetentätigkeit verbieten solle, was an sich im Hinblick auf die schon fraktionsintern „beschlossene" neue Beamtenregelung logisch gewesen wäre. So weit wollte jedoch eine große Mehrheit der Fraktion nicht gehen. Am 16. März 1976 wurde dann der abschließende Bericht der Arbeitsgruppe ausführlich diskutiert. An dieser Aussprache beteiligte sich der Verfasser aus den oben erwähnten Gründen nicht. Die Empfehlungen der Arbeitsgruppe wurden insgesamt gebilligt.
Am 1. Juni 1976 kam die Thematik erneut kurz in der Fraktion zur Sprache. Jedoch lag nach wie vor kein abschließendes Papier mit Detailvorschlägen vor. Eine sehr ausführliche Diskussion fand erst am 8. Juni 1976 statt. Hier ging es vor allem um die Frage, ob die SPD nunmehr ihre eigenen Vorschläge endgültig vor der Öffentlichkeit konkretisieren solle, obwohl zur Frage der Höhe der vorgesehenen Diäten noch kein abschließendes Urteil der Rosenberg-Kommission vorliege.
Eine ganze Reihe besonders von jüngeren Abgeordneten traten für einen Alleingang der SPD ein. Beschlossen wurde jedoch, erst den Rosenbergbericht abzuwarten, dann allerdings sofort in der Fraktion abschließend zu beraten.
Dieser Bericht wurde am 18. Juni von der Präsidentin des Deutschen Bundestages, A. Renger, allen Abgeordneten zugeleitet. Zur umstrittensten Frage der Höhe der Diäten schlug der Beirat (233) ein zu versteuerndes Mandatsgehalt in Höhe von DM 7.000,– monatlich vor, eine steuerfreie Kostenpauschale von DM 4.000,– für Mitglieder des Bundestages, die in Bonn eine zusätzliche Wohnung und in ihrem Wahlkreis ein eigenes Büro unterhalten und eine steuerfreie Mindestpauschale, falls diese Voraussetzungen nicht vorlägen, von DM 3.400,–.
Nunmehr war zwar mit Hilfe eines neutralen Beirates der Durchbruch in der entscheidenden Frage erzielt worden. Dennoch waren sich wohl alle Fraktionsführungen darin einig, daß man vor der Sommerpause nur noch eine erste Lesung des Gesetzes durchführen, dieses Thema dann im Wahlkampf herunterspielen und allenfalls erst zwischen den beiden Wahlperioden die letzte Entscheidung in Form einer zweiten und dritten Lesung fällen sollte. Auf die Tagesordnung der SPD-Fraktion kam der fertiggestellte interfraktionelle Entwurf für ein neues Gesetz über die Rechtsstellung des Abgeordneten am 22. Juni und am

29. Juni. Da insbesondere die Frage der Höhe der künftigen Diäten offensichtlich mehr oder weniger alle zufrieden stellte, (jedenfalls ist dies die Erklärung des Verfassers), kam es bei diesen Fraktionssitzungen nicht mehr zu ausgedehnten Diskussionen.
Es ist bei der Bewertung der Behandlung dieser Thematik durch die SPD-Fraktion im letzten Stadium allerdings auch die Tatsache in Rechnung zu stellen, daß die besondere Arbeitsgruppe der SPD sehr gründlich über mehrere Monate hinweg alle Aspekte des Gesetzes fraktionsöffentlich beraten und hier auch einen Konsens erzielt hatte. Interfraktionell wurde dann ja auch in einer Debatte von einer Runde die erste Lesung im Plenum des Deutschen Bundestages am 1. Juli 1976 durchgeführt und das Gesetz zur weiteren Beratung an den Sonderausschuß F sowie an vier mitberatende Ausschüsse überwiesen. Im letzten Augenblick wurden noch aus allen drei Fraktionen heraus Versuche unternommen, (an denen der Verfasser sich jedoch nicht beteiligte) die künftige Einbeziehung der Professoren in die generelle Regelung für Angehörige des öffentlichen Dienstes wieder in Frage zu stellen. Bekanntlich kam es hier noch zu einem Kompromiß während der zweiten Lesung der Endfassung des Gesetzentwurfes im Dezember 1976 insoweit, als für die 8. Legislaturperiode des Deutschen Bundestages die alten Regelungen für Hochschullehrer „verlängert" wurden.
Vor der zweiten und dritten Lesung am 8. Dezember 1976 kam das Thema nochmals am 9., 30.11. und 7.12. auf die Tagesordnung der SPD-Fraktion. Auch hier fand keine längere Diskussion mehr statt, außer daß einige Abgeordnete ein abweichendes Votum im Plenum ankündigten. Zu ihnen gehörte vor allem der Abgeordnete N. Gansel, der am 8. Dezember 1976 durch eine Erklärung zu Protokoll nach § 59 der Geschäftsordnung begründete, warum er „dem Votum" seiner Fraktion „nicht folgen" könne. Bei dieser dritten Lesung und Schlußabstimmung am 8. Dezember 1976 gaben eine Reihe weiterer Abgeordneter teilweise mündliche, teilweise schriftliche „Erklärungen zur Abstimmung" zu Protokoll (234). Wie schon in anderem Zusammenhang erwähnt, ging die dritte Lesung und insbesondere auch die Rede der Bundestagspräsidentin rein akustisch weitgehend unter, weil zwar das Haus ausnahmsweise voll besetzt war, jedoch wie so häufig sich mehr oder weniger lauten Unterhaltungen hingab.
Ganz sicher werden – das wäre als *Fazit dieses Unterabschnittes* anzumerken – die MdBs auch in Zukunft zu bedenken haben, daß der durchschnittliche Steuerzahler zumal dann, wenn er über die Zusammenhänge nicht genügend aufgeklärt ist, gleichzeitig aber ständige Aufforderungen der Legislative wie Exekutive zum Maßhalten bei

Lohnforderungen vernimmt, jede Erhöhung der Abgeordneten-Diäten mit einer kritisch-argwöhnischen Haltung begleiten wird. Dies gilt auch für das Thema von Auslandsreisen der Abgeordneten, über das, wie schon dargestellt, in der 7. Legislaturperiode nicht nur immer wieder fraktionsintern sehr kontrovers beraten, sondern auch mit einer erheblichen Resonanz in der allgemeinen Öffentlichkeit diskutiert wurde. Der Verfasser steht nach wie vor auf dem Standpunkt, daß sich einerseits besonders in Zeiten einer angespannten Haushaltslage des Bundes die Abgeordneten gerade auf diesem Gebiet einer äußersten Sparsamkeit befleißigen sollten, andererseits aber auf ein Minimum an Reisetätigkeit ins Ausland nicht verzichtet werden kann, weil die Volksvertreter oft nur auf diese Weise in die Lage versetzt werden können, aufgrund genauer Kenntnisse Probleme der deutschen Außen-Wirtschafts-Verteidigungs- oder Entwicklungspolitik richtig einzuschätzen und eine Mitverantwortung zu übernehmen (235).

VI. Hat die parlamentarische Demokratie noch einen Sinn?

Bekanntlich hat W. Bagehot, der große englische Klassiker im Bereich der Lehre von der parlamentarischen Demokratie, fünf Funktionen des Parlamentes unterschieden: Die Wahlfunktion (elective function), die auch nach Bagehot in Verbindung zu bringen wäre mit der von uns heute als entscheidend angesehenen Kontrollfunktion; die gesetzgeberische (legislative function) Funktion, von ihm an die letzte Stelle gesetzt; die Artikulationsfunktion (expressive function); die Lehrfunktion (teaching-function) und eine Informations- und Beratungsfunktion (informing function). Im Gegensatz zu anderen Autoren hält der Verfasser dieses analytische Schema durchaus noch für anwendbar auf unsere heutige gewandelte Form der parlamentarischen Demokratie (236). Wenn wir nun abschließend danach fragen, inwieweit der Deutsche Bundestag in einem System der parlamentarischen Demokratie heute –, wir haben ja auch bewußt das britische Unterhaus an einigen Stellen in unsere Untersuchung mit einbezogen – solchen Funktionen noch gerecht wird –, so ergibt sich zugleich als ein wesentliches Fazit dieser Fallstudie folgendes Bild:

Erstens: Als *Kontrollorgan* der Exekutive erscheint das Parlament, erscheint der Deutsche Bundestag, insgesamt weitgehend ausgeschaltet, das heißt, er stellt im Gegensatz zur präsidentiellen Demokratie etwa der USA kein effektives Gegengewicht mehr gegenüber der Bundesregierung dar. In dieser Bewertung dürften sich alle Theoretiker und Praktiker unseres parlamentarischen Regierungssystems einig sein. Die systemimmanenten Gründe liegen auf der Hand und sind in erster Linie in der zwangsläufig vorgegebenen Identität zwischen Regierungsspitze und Parlamentsmehrheit zu sehen. Ob wir dann soweit gehen, mit H. Laski festzustellen, daß das Parlament in parlamentarischen Regierungssystemen heute zu einer „Registriermaschine" geworden ist, die „anderswo getroffene Entscheidungen" mehr oder weniger passiv wiedergibt (237), ist nur eine Frage der Formulierung. Hingegen stellt für uns ein solcher genereller Befund keine Verifizierung der These Agnolis dar, daß wir es hier mit einer „Involutionstendenz", das heißt einer Rückbildung zu vor- oder gar antidemokratischen Systemen zu tun haben. Auch die ausschlaggebende Exekutivspitze muß in einem frei gewählten Parlament „antworten“, sich vor der Öffentlichkeit verantworten, und ist vor allem abwählbar, spätestens nach vier Jahren, theoretisch natürlich schon innerhalb einer Legislaturperiode. Wie oft genug in der Literatur – nicht jedoch vom Thema her in dieser Studie – dargestellt worden ist, bleibt im parlamentarisch-demokratischen System auch der Spielraum der jeweiligen Opposition hinsichtlich der Wahrnehmung einer Kontrollfunktion stark begrenzt, so sehr sie sich der anderen hier genannten Funktionen annehmen sollte und auch annimmt. Hier entsteht dann das Problem der möglichen Alternativen – und zwar der programmatischen, methodischen und personalen, unbeschadet der Tatsache, daß Existenz und Wirkungsweise einer Opposition als solcher schon in sich Rechtfertigung genug für die Aufrechterhaltung der parlamentarischen Demokratie als Typus bieten (238).

Gegenstand dieser Untersuchung mußte in diesem Zusammenhang unter anderem die Frage sein, ob die jeweilige Regierungsfraktion – hier die stärkste, sozialdemokratische – Kontroll- und Empfehlungsfunktionen, die in der Tat systematisch zusammengehören, gegenüber „ihrer“ Bundesregierung wahrzunehmen versucht und wirklich effektiv wahrnimmt. Dazu haben wir uns bei der Zusammenfassung der betreffenden Kapitel schon geäußert: Der Befund fällt unterschiedlich aus, je nach politischer Brisanz des in Frage stehenden Themas, des Zeitabschnittes der Legislaturperiode und vor allem der Mehrheitsverhältnisse im Gesamtparlament. Der letztere Faktor ist von besonderer Relevanz bei einem Vergleich zwischen dem Verhalten der SPD-Fraktion in der 7. und in der 8. Legislaturperiode. „Abweichler“ gab es in beiden Legislaturperioden. Nur wurden diese für Regierung, Partei und Fraktionsspitze zu einem ernsten Problem erst in der 8. Legislaturperiode aufgrund der relativ knappen Mehrheitsverhältnisse.

In bezug auf die Frage nach der Gewissens- und Entscheidungsfreiheit des Abgeordneten war zweifellos der Appell des Altbundeskanzlers und SPD-Parteivorsitzenden Willy Brandt auf dem Hamburger Parteitag der SPD im November 1977 an die „Abweichler“ im Bundestag interessant, noch aufschlußreicher die sofort mitgelieferte Begründung. Sie ist aufschlußreich, weil sie immerhin von einem Parteivorsitzenden stammt, der stets bemüht war, in seiner Partei mit ihren Flügeln ein Höchstmaß an Liberalität zum Tragen zu bringen. Wörtlich erklärte er (239):

„Auch ein Wort zu den Pflichten eines Abgeordneten aus meiner Sicht: Er ist laut Grundgesetz, laut Verfassung, seinem Gewissen verantwortlich, und das nehmen wir ganz ernst. Aber er lebt ja nicht im keimfreien Raum. Er verantwortet, was er entscheidet, doch auch in seiner Fraktion, in seiner Partei, vor allem auch vor seinen Wählern. Unsere Wähler haben mit ihren Abgeordneten eine Regierung der sozialliberalen Koalition gewollt. Das war der übergeordnete Wählerauftrag. Ich meine, keiner unserer Abgeordneten würde es mit seinem Gewissen vereinbaren können – und wird es mit ihm vereinbaren wollen –, einem sozialdemokratischen Bundeskanzler den Boden unter den Füßen wegzuziehen."

Dieser Appell könnte auf den ersten Blick als eine Bestätigung der viel zitierten These von G. Leibholz aufgefaßt werden, daß wir uns heute zwangsläufig in einer „modernen parteienstaatlichen Demokratie" befinden, die „ihren eigenen Gesetzen" folgt und mit den im Artikel 38 des Grundgesetzes angesprochenen Erfordernissen der klassischen „liberalrepräsentativen parlamentarischen Demokratie" nicht in Einklang zu bringen sei (240). Tatsächlich aber zeigt die bundesdeutsche Verfassungswirklichkeit und deren in dieser Studie unter sehr speziellen Gesichtspunkten betriebene Analyse, daß die Leibholz'sche These so stringent nicht aufrechtzuerhalten ist. Das Postulat des Parteienstaates wird eben doch häufig in Einklang gebracht mit dem Postulat des freien Mandats, der Gewissensfreiheit des einzelnen Abgeordneten. Es hat bislang in letzter Konsequenz kein imperatives Mandat auf der Ebene des Bundes bzw. des Bundestages bezogen auf Parteibasis oder Parteitage gegeben. Insofern hat sich die gleichzeitige Existenz beider Grundgesetzartikel – 38 und 21 – durchaus bewährt. Es kann aber, wie wir noch ausführen werden, der Standpunkt vertreten werden, daß eine grundgesetzliche Stärkung der Stellung des „freien Abgeordneten" gegenüber möglichen Pressionen sinnvoll wäre.
Natürlich muß eine Regierungsfraktion ihre Regierung vor dem Sturz bewahren. Wo aber steht geschrieben, daß die eigene Exekutive bzw. die eigene parteipolitische Spitze, fundamentale Probleme der Politik besser einzuordnen, besser zu „bewältigen" versteht als einzelne „politische Repräsentanten" derselben politischen Couleur? Man mag zum Beispiel über das sogenannte Kontaktsperrengesetz des Jahres 1977 geteilter Meinung sein – (der Verfasser selber vertritt die damalige Linie von Regierungsspitze und Fraktionsführung der SPD); sicherlich aber ist doch die eine Ansicht so fundiert zu begründen gewesen wie die andere und sicherlich entscheidet über die bessere Sachgerechtigkeit einer Wertung letzten Endes ein sozialdemokratischer Justizminister absolut gleichrangig mit einem sozialdemokratischen Hinter- oder Mittelbänkler. Es wäre daher theoretisch denkbar, daß in einer Fraktion wie der sozialdemokratischen im Deutschen Bundestag als einem obersten Kontroll- und Empfehlungsorgan gegenüber einer SPD

geführten Bundesregierung eine etwaige Qualität der Abweichler in Quantität, gelegentlich in Mehrheit, umschlagen und so die Regierung legitimerweise zu einem „Rückzug" zwingen könnte.

Unter dem Aspekt des Verhältnisses von Artikel 38 zu Artikel 21 des Grundgesetzes hat also das bundesdeutsche Parlament in der Tat „noch einen Sinn" – wenn auch als Kontrollinstanz mit begrenzter Wirkung. Dabei ist im übrigen nochmals besonders positiv der Kontrollaspekt hervorzuheben, der der Arbeit des Petitionsausschusses insgesamt ebenso wie der Weitergabe von Petitionen aus den Wahlkreisen durch die einzelnen MdBs innewohnt. Hier wird die Exekutive von Volksrepräsentanten nach wie vor entscheidend zur Verantwortung gezogen und gegebenenfalls zu Abhilfen gezwungen, wenngleich diese Petitionen überwiegend die Landes-Regional- und Kommunalverwaltungen betreffen (vgl. z.B. Drs. 7/195 u. 7/581).

Sehr viel zweifelhafter erscheint der Gesamtbefund, wenn wir uns *zweitens* fragen, ob der Deutsche Bundestag tatsächlich noch den klassischen Anspruch aufrechterhalten kann, mehr als dem Namen und Wortlaut der Verfassung nach der Bundesrepublik Deutschland's *oberstes Gesetzgebungsorgan* zu sein. Hier wäre dem Dictum von Harald Laski schon eher zu folgen – und dieses auch von uns auf das britische Parlament, für das es bestimmt war, zu beziehen. Es kann auch anhand dieser sehr begrenzten Fallstudie – begrenzt, weil sie auf Erfahrungen von nur zwei Bundestagsausschüssen und dabei noch gar nicht einmal für die Bundesgesetzgebung besonders wichtigen sowie auf Plenarauszählungen in einem Teilzeitraum der 7. Legislaturperiode – basiert, kein Zweifel daran bestehen, daß im Normalfalle der Gesetzgebung der Deutsche Bundestag in der Tat nur die Gesetzestexte der Exekutive registriert und per Abstimmung sozusagen mit einem notariellen Stempel versieht. Im Normalfall will sagen, bei der großen Mehrheit der Routinegesetze ohne eine besondere politische Brisanz. Darüber hinaus haben wir aber gerade anhand eines politisch doch sehr brisanten Gesetzes wie des Hochschulrahmengesetzes gesehen, daß der Bundestag bei der Durchsetzung seiner Änderungswünsche immer wieder der Gefahr einer gesetzestechnischen und politischen Manipulation durch die jeweilige Exekutive unterliegt, die an der Spitze in Personalunion mit der Spitze der Legislative auftritt – auf Regierungsseite also Bundesminister und Staatssekretäre auch als herausgehobene Mitglieder des Bundestages. So kommt es dann eben auch zu solchen Erscheinungen wie denen, daß sich die Bonner Exekutivspitze mit ihrer Ministerialbürokratie Empfehlungen und Aufforderungen an die eigene Adresse per Bundestagsresolution

in den Ausschüssen bestellt, ja solche Empfehlungen selber als Antrag auf den Tisch des jeweiligen Ausschusses legen läßt (241).
Wo kontroverse Gesetzgebungsthemen zur parlamentarischen Beratung und Behandlung anstehen, kann der Natur der Sache nach ein entscheidender parlamentarischer Beitrag zur Bonner Gesetzgebung außerhalb des zustimmungspflichtigen Bereichs letztlich nur von der jeweiligen Regierungsfraktion und ihren Sachverständigen geleistet werden. Für diese Möglichkeit wurden in unserer Untersuchung einige Belege erbracht, oft genug aber auch andere, die wiederum den Versuch der Exekutivespitze auch hier auswiesen, „das Parlament" zu überfahren. Möglich sind Einflußnahmen auf die Bundesgesetzgebung durch die Vertreter der Regierungsfraktion oder Regierungsfraktionen vor allem im Vorfeld dieser Gesetzgebung – so müßte erneut ein Fazit dieses Teiles unserer Analyse lauten. Wie wir am Beispiel des HRG feststellen konnten, wird sich der Einfluß „des" Parlaments – nach außen sichtbar in Abänderungen von ursprünglichen Regierungsentwürfen – aus der verfassungsrechtlichen Natur der Sache heraus vor allem bei zustimmungspflichtigen Gesetzen durchsetzen. Versagt also in der Regel in modernen parlamentarischen Demokratien heute im Gesetzgebungsprozeß die klassische horizontale Gewaltenteilung, so ist die Gewaltenteilung als vertikales System der checks und balances in einer föderativ strukturierten Ordnung wie der unserigen durchaus noch wirksam, wirft dann aber ernste Probleme der demokratischen Legitimation auf, wie in dieser Studie angedeutet wurde.
Ganz sicherlich liegen auf diesem gesamten Gebiet entscheidende Ansätze für weitere Parlamentsreformen und zwar einmal im Verhältnis von Bundestag zur Exekutive, also nach außen, und zum anderen im Hinblick auf die Binnenstrukturen des Bundestages vor. Im Außenverhältnis sollte vielleicht bei der Erstellung von Gesetzesentwürfen durch die Exekutive noch besser in praxi sichergestellt werden, daß die zuständigen Fachleute des Parlamentes – aus allen Parteien (?) – schon im Stadium der Ausarbeitung von Gesetzesentwürfen beteiligt werden – ein Vorschlag, der gewiß in White Hall einen Sturm der Entrüstung hervorrufen würde (242). Die Schwierigkeit läge zugegebenermaßen in der politischen Kompetenzverteilung zwischen Exekutive und Opposition in der Legislative. Zu rechtfertigen wäre hier aber ein „Stilbruch", weil eben rund 80% aller Gesetzesentwürfe stilwidrig (wenn auch verständlicherweise) heute von der Exekutive ausgehen. Vielleicht würde eine rechtzeitige Einschaltung von Parlamentariern auch der von allen Lagern und hierarchischen Spitzen heute geforderten besseren sprachlichen Verständlichkeit der Gesetze zugute

kommen. Nach „innen" müßte endlich ernst gemacht werden mit einer Straffung der drei Lesungen bzw. sollte der Verzicht auf eine gesonderte zweite und dritte Lesung zum Regelfall werden (243) und/oder müßte schließlich an eine Verlagerung der zweiten Lesung in den Ausschuß als einen „Ausschuß des ganzen Hauses" analog zur britischen Praxis gedacht werden. Dadurch würde sichtbar werden können, daß sich „das Parlament" in erster Linie für die Festlegung der großen politischen Linie eines Gesetzes, für den „Geist" derselben, verantwortlich fühlt.

Wie steht es nun *drittens* mit der *Wahrnehmung einer Artikulations- und Lehrfunktion* durch den Deutschen Bundestag? Hier ist naturgemäß in erster Linie das Problem der Plenardebatten angesprochen. Vom Prinzip her ist es in diesem Zusammenhang zu bejahen, daß die „allgemeine Öffentlichkeit" bei Debatten zu politisch bedeutsamen oder besonders kontroversen Themen durch Hörfunk- und Fernsehübertragungen im wahrsten Sinne des Wortes „eingeschaltet" wird. Insofern hat der Verfasser immer für die deutsche gegen die britische Praxis votiert (wo Fernsehübertragungen ja bis heute verboten sind), wenngleich die Einschaltquoten offenbar nicht bei weitem so hoch sind, wie das die parlamentarischen Matadore immer wieder anzunehmen scheinen (244). Eine klassisch-idealisierende Theorie will es, daß es, um mit Hennis in Anspielung auf C. Schmitt zu sprechen, im Plenum des Parlamentes zu einer „wahrheitsstiftenden Wirkung öffentlicher Diskussion bindungsfreier Repräsentanten" kommt. Ob es – selbst in Großbritannien – jemals ein solches Bild in der Wirklichkeit gegeben hat, mag mit W. Hennis in der Tat ebenfalls bezweifelt werden. Auch der große Parlamentspraktiker und Politikwissenschaftler Carlo Schmid stellte schon 1959 in diesem Zusammenhang fest:

„Die Zeiten sind – leider! – vorbei, da man mit einer gewaltigen Rede, die die einzelnen Angeordneten erschütterte und umstimmte, die Mehrheiten im Parlament verschieben konnte . . . daß heutzutage die Debatte in den Vollsitzungen des Parlamentes nur noch selten etwas zu entscheiden pflegt oder Überraschungen herbeiführen kann. Warum hält man dann so viele und so lange Reden, wenn man doch nicht damit rechnen kann, die Abgeordneten von der anderen Seite zu überzeugen? Man hält diese Reden, damit das Volk sie hört – man hält diese Reden nicht so sehr vor seinen Parlamentskollegen, als vor den Wählern von morgen; man hält sie, um den Bürgern die Gründe darzutun, warum man sich so und nicht anders verhält und man muß das tun, denn wie sonst sollte der Wähler bei dem nächsten Wahlgang wissen, wessen er sich bei dieser und wessen er sich bei jener Partei zu versehen hat? Darum spricht man zu Recht im Parlament auch zum Fenster hinaus . . ." (245).

W. Hennis umreißt diesen Tatbestand noch schärfer, wenn er die These aufstellt.

„daß in den großen Parlamentsdebatten weder wahrheitssuchende Diskussion noch monologosierendes Aneinanderreihen von Statement stattfindet, sondern etwas viel Interessanteres, vielmehr der politischen Auseinandersetzung Entsprechendes, nämlich der Versuch, mit Hilfe des Wortes den politischen Kampf so fortzusetzen, daß er die Schwäche des Gegeners enthüllt, die eigene Stärke deutlich macht und das Ganze dem Urteil des Wählers offenbar wird. Dabei spielt sich dieser Kampf wesentlich dergestalt ab, daß man sich bemüht, Diskussion geradezu zu vermeiden, in der Art, daß man sich dem vom Gegner aufgestellten Thema zu entziehen sucht, ihm andererseits das eigene aufzuzwingen trachtet".

Nach seiner Auffassung schließlich ist „das Parlament als Institution heute nur noch zu rechtfertigen, aus dem, was es im Plenum tut, ohne daß diese Tätigkeit als Arbeit klassifiziert werden könnte" (246).
Anzumerken ist hier zweierlei. Einmal, daß ein „permanenter Wahlkampf" im Plenum des Bundestages die Masse der Zuhörer und Zuschauer als „Schattenboxen" abstößt. Insofern ist in diesem Punkte Agnoli unter Bezugnahme auf Allemann beizupflichten, der eben dieses „fiktive Schattenboxen" beklagt (247). Es führt auch nach unserer Auffassung auf die Dauer zu einer Parlamentsverdrossenheit, wenn dieselben Zuhörer oder Zuschauer nach einem Schlagabtausch der 8. Legislaturperiode etwa zwischen Helmut Schmidt und dem zweiten Oppositionsführer Franz Josef Strauss, einem Wortgefecht, bei dem die „höchsten Güter" der Nation höchst kontrovers beschworen wurden und gerade auch vor persönlichen Attaken (natürlich im Interesse der jeweiligen Sache) nicht zurückgeschreckt wurde, lesen können, daß sich die beiden dann auf einem Staatsempfang kumpelhaft als „Gauner" und „Lump" begrüßten. Wiederum mit Hennis wird zum anderen darauf zu verweisen sein, daß der Bundestag sich seiner Lehrfunktion versagt, wenn er immer wieder bei der Verabschiedung von Gesetzen auf jegliche Aussprache oder gar Berichterstattung im Plenum verzichtet. Für die 4. Legislaturperiode des Deutschen Bundestages ermittelte er, daß von 429 verabschiedeten Gesetzen nicht weniger als „260 ohne jede Beratung geblieben sind", das heißt, daß weder „in der ersten, zweiten noch dritten Lesung die Initiatoren, die Bundesregierung, die Fraktionen der Mehrheit oder die Opposition" es für nötig erachtet hatten, ein Wort der „Begründung, Kritik oder was immer zu den Gesetzen vorzubringen". Von den 429 Gesetzen „entfiel auf 41 Gesetze insgesamt eine Gesamtberatungszeit von weniger als 10 Minuten" –; nur 25 Gesetze wurden länger als drei Stunden im Plenum debattiert (248). Auf derselben Linie lagen einige der von uns hier vorgelegten Befunde einschließlich derjenigen die Plenarpräsenz betreffend. Es hätte eben auch in der 7. Legislatur-

periode des Bundestages durch das Plenum den Wählerinnen und Wählern gegenüber sehr viel deutlicher gemacht werden müssen, wo sich zum Beispiel die Bundesrepublik Deutschland mit ihren EG-Partnern auf dem Wege nach Europa befindet. Nicht nur bei scheinbar parteipolitisch kontroversen Themen – scheinbar, weil bei genauem Zusehen auch nach einem heftigen „Schlagabtausch" häufig keine echte Alternative sichtbar wurde – sollte das Parlament seine Artikulations- und Lehrfunktion wahrnehmen, sondern auch bei „Schicksalsfragen der Nation", hinsichtlich derer ein hohes Maß an Konsens besteht. Bei der Erörterung solcher Fragen jeweils aus der Sicht der einen oder anderen politischen Seite müßten dann aber die Repräsentanten für das Volk im wahrsten Sinne des Wortes sichtbar anwesend sein. Wenn weiterhin mangelndes Interesse oder auch zu lange Monologe diese Präsenz beeinträchtigen, sollte hier endlich zu durchgreifenden Maßnahmen zur Behebung dieses Zustandes geschritten werden. Im übrigen sollte unabhängig von allen anderen Reformerwägungen der in der 7. Legislaturperiode von der Bundestagspräsidentin, A. Renger, fraktionsintern vorgebrachte Vorschlag offiziell aufgegriffen und verwirklicht werden, wonach an Plenarfreitagen Anwesenheitslisten für die Bundestagsabgeordneten erst ab 12.00 Uhr ausgelegt werden. Auf diese Weise ließe sich vermeiden, daß manche Mitglieder des Hohen Hauses Bonn unmittelbar nach einer Eintragung in die Anwesenheitsliste ab 7.00 Uhr morgens die Reise in die Wahlkreise bzw. Wohnorte antreten.

Die Artikulations- und Lehrfunktion berührt *viertens die Rolle der Parlamentarier als „Transmissionsriemen"* zwischen den staatlichen Gewalten Exekutive und Legislative einerseits und den Volkssouveränen andererseits, das heißt den Wählerinnen und Wählern andererseits, also den Kern des Repräsentationsgedankens, wie er auch in der klassischen Ansprache Burke's an seine Wähler in Bristol zum Ausdruck kam:

> „Mein Einsatz für Sie spielte sich nicht ab ... in Zusammenkünften auf dem Lande oder in den Klubs dieser Stadt, sondern im Hause of Commons ... beim Schatzamt, in der Admiralität ... ich war der ... Anwalt einzelner" (249).

Wir haben gesehen, daß sich der Durchschnittsabgeordnete im Deutschen Bundestag durchaus dieser seiner Aufgabe gegenüber seinem Wahlkreis bewußt ist, indem er insbesondere Informationen aus Bonn weitergibt, solche von der Basis entgegennimmt und der Exekutive sowie der Legislative übermittelt. Insofern stellt er unter Beweis, daß in unseren Großflächenstaaten auf einzelne „Repräsentanten" nicht verzichtet werden kann. Formen der Direktdemokratie nach dem

Muster von Schweizer Kantonen scheiden demgegenüber als Möglichkeit in der Bundesrepublik Deutschland ebenso aus wie ein System von Befehlsempfängern einer Partei in den angeblichen Rätedemokratien östlich der Elbe.

Auch wir haben aber erneut deutlich gemacht, daß in der Bundesrepublik Deutschland der einzelne Bundestagsabgeordnete, ob Direkt- oder Listenabgeordneter, von der Bevölkerung in erster Linie als Repräsentant seiner Partei empfunden und daher von Anhängern oder Sympathisanten seiner Partei in Anspruch genommen wird. Wir konnten ferner feststellen, daß sein Bekanntheitsgrad auch bei intensiver Wahlkreisarbeit kaum über ein Drittel der Gesamtbürgerschaft hinausgeht und hier insofern wiederum eine Bestätigung für die Verfassungswirklichkeit des Parteienstaates vorliegt. Im Hinblick auf das nach Auffassung des Verfassers durchaus – wenn auch nicht immer – auflösbare Spannungsverhältnis zwischen den Grundgesetzartikeln 38 und 21 wäre an dieser Stelle zu wiederholen, daß in der Bundesrepublik Deutschland Rückkoppelungsprozesse zwischen Wählern und Gewählten immer noch zu wenig stattfinden, sich Informationsströme im Einbahnverkehr von Bonn in die Wahlkreise bewegen. Für die Bürger zählen nach wie vor die politischen Parteien – ihre Führungsspitzen und Parteitage mit ihren globalen Aussagen, nicht so sehr die einzelnen Abgeordneten vor Ort. Und dies alles, obwohl mit Sperling „nicht davon ausgegangen werden kann, als lebe der Abgeordnete vornehmlich im Parlament. Er lebt sehr extensiv in Dutzenden von Organisationen in seinem Wahlkreis, vornehmlich in seiner Partei aber auch in Sport- und Gesangvereinen, Feuerwehren, Gewerkschaften, Betrieben und – allerdings relativ selten – in seiner Familie" (250). Es wäre anhand unserer Fallstudie erneut auf Vorschläge zu verweisen, worauf weiter unten nochmals kurz eingegangen werden soll, die Möglichkeit einer Abwahl eines Bundestagsabgeordneten unter bestimmten Voraussetzungen in unserem Grundgesetz und Wahlrecht vorzusehen. In Betracht käme dabei allerdings nur die Wahlkreisebene, was dann einen Listenabgeordneten, der keinen Wahlkreis betreut, bevorzugen würde, weil Mechanismen zu seiner Abwahl noch schwerer zu bewerkstelligen wären (251).

Zu vermerken ist in Bezug auf einen wünschenswerten Rückkoppelungsprozeß, daß zumindest nach den begrenzten Erfahrungen des Verfassers, zu denen bislang keinerlei öffentliche Bekundungen von Praktikern unter den Bundestagsabgeordneten im Widerspruch stehen, aus bewußtem oder unbewußtem Respekt vor dem Grundgesetzartikel 38 auf unsere Bundestagsabgeordneten von Seiten der Volkssouveräne

kein Meinungs- und Verhaltensdruck ausgeübt wird. Dem Verfasser ist aus Rheinland-Pfalz tatsächlich kein einziger parteiinterner Fall in dieser Richtung bekannt geworden, schon gar nicht bezogen auf seine Person. Nirgendwo auf Unterbezirks-, Bezirks- oder Landesebene sind auch nur Andeutungen von Sanktionen gegen ein bestimmtes Abgeordnetenverhalten in Erscheinung getreten. Eine Ausnahme lag vielleicht bei der Aufstellung der Bezirksliste im SPD-Bezirk Rheinland-Hessen-Nassau für die Bundestagswahlen 1976 vor. Hier wurde, wie schon erwähnt, ein Antrag auf eine Herabplazierung des Bundestagsabgeordneten Conrad Ahlers mit dem Argument eingebracht, daß dieser sich durch seine öffentlichen Alleingänge in der Publizistik quasi parteischädigend verhalten habe. Mit dem gleichen Argument war auch wahlkreisintern vor seiner Wiederaufstellung zum Direktkandidaten operiert worden. In beiden Fällen war es vor allem der geschickten Gegenargumentation des damaligen Landesvorsitzenden Wilhelm Dröscher und Vorgänger Conrad Ahlers im Amte des Bundestagsabgeordneten für Kreuznach zu verdanken, daß eine von einer Minderheit angedrohte Sanktion nicht Wirklichkeit werden konnte.
Der Verfasser fügt hinzu, daß er selber bei seinem Bemühen in Bonn, das zu vertreten, was er politisch für richtig hielt, auf Pressionen aus der rheinland-pfälzischen Partei heraus keine Rücksicht genommen hätte, wenn sie erfolgt wären. Er muß diese Feststellung allerdings dahingehend einschränken, daß er seinem eigenen parlamentarischen Selbstverständnis nicht hätte zuwiderhandeln „brauchen", weil für ihn von Anfang an ein erneuter Einzug in den Deutschen Bundestag keine Existenzfrage – hier jetzt im politischen Sinne – gewesen ist, ja er nachweislich damit gar nicht rechnete.
Diese Betrachtung führt zurück zu der Frage nach *dem Typus des modernen Repräsentanten,* will sagen des Bundestagsabgeordneten in der Bundesrepublik Deutschland. Wir haben diesen Typus schon angesprochen im Kapitel I über Probleme der Kandidatenaufstellung. Mit Hans Apel können wir in der Tat von einer Art parlamentarischer „Dreiklassen-Gesellschaft" sprechen. „Diese drei Klassen", so formulierte er, „werden in etwa umschrieben durch die Gruppe der Verbandsvertreter im Bundestags, durch die engere Fraktionsführung und schließlich durch das Fußvolk unter den Abgeordneten". Das Wirken der von Apel als Verbandsvertreter gekennzeichneten Abgeordneten kann seines Erachtens immer wieder deshalb nachteilig sein, weil sich ein „Teil von ihnen der normalen Parlamentsarbeit aufgrund anderweitiger Verpflichtungen entzieht. Ihre Arbeit müssen andere mittun. Sie erwecken zudem in der Öffentlichkeit ein unzutreffendes Bild von

den finanziellen Möglichkeiten der Bundestagsabgeordneten". Von der Gruppe derjenigen, die zur engeren Fraktionsführung gehören, hebt er „eine faktische Überlegenheit besserer Information und damit größerer Durchschlagskraft in der Diskussion vor fälligen Entscheidungen" hervor (252). Andere Autoren sprechen zusätzlich von einer Kategorie des „Prestigeabgeordneten", die zum Teil gleichzusetzen wäre mit der von Verbandsvertretern, zum Teil aber auch herausragende Persönlichkeiten des öffentlichen Interesses umfassen würde.
Hier erhebt sich dann zugleich das alte Problem, ob die Mitglieder des Deutschen Bundestages idealiter zumindest annähernd proportional die verschiedenen Schichten in der Bevölkerung widerspiegeln oder aber einen Club von Experten für bestimmte Sachgebiete darstellen sollten. Für beide Formen des Repräsentationsverständnisses spricht einiges, keine wird je in Reinkultur vorzufinden sein. So sind zum Beispiel bis heute die Frauen enorm unterrepräsentiert und die Angehörigen des öffentlichen Dienstens enorm überrepräsentiert. Vielleicht ergibt sich in letzterer Beziehung durch das neue Diätengesetz von der 9. Legislaturperiode an eine Besserung. Politikwissenschaftlich und auch im Hinblick auf ein Vademecum zum Thema „Wie wird man Bundestagsabgeordneter" – ist in diesem Zusammenhang erneut die Frage aufzuwerfen, wer aufgrund welcher Kriterien und welcher Voraussetzungen bei der Kandidatenaufstellung gegenüber Mitbewerbern gewinnt. Der Verfasser kann hier die seines Erachtens erschöpfende Liste von H. Kaack bestätigen, mit der er die „Entscheidungsmotive von Delegierten auf Parteitagen jeder Ebene" anspricht: Personelle Veränderungen und Machtverschiebungen im näheren Bereich, wenn X Bundestagsabgeordneter wird und nicht Y; das Freiwerden von Positionen durch X oder Y oder der Nachrückerkette von X, Y; ihr persönlicher Draht zu X oder Y und ihre voraussichtlichen eigenen Chancen und Ambitionen im Kontakt mit einem X oder Y; die Befürworter von X oder Y bzw. deren Motivationen für ihre Unterstüzung von X oder Y; die Frage, ob X oder Y auf der eigenen politischen Linie liegt, sich mehr für die Lokalbelange im Wahlkreis einsetzt, mehr zur eigenen sozialen Gruppe gehört und die eigenen politischen und sozialen Interessen besser zu vertreten in der Lage ist; die Frage, wer sich in der Partei besser durchzusetzen vermag und weniger abhängig von oberen Parteiinstanzen ist und schließlich die Frage, wer bei den Wählern besser ankommt, das Image des Wahlkreises besser widerspiegelt, die größten Wahlerfolge aufzuweisen hat, als Persönlichkeit mehr hergibt, beruflich mehr vorzuweisen hat und bessere Chancen hat, einen bislang nicht direkt vertretenen Wahlkreis aufgrund eines besseren Listenplatzes

vertreten zu können (253). Ergänzend kann gar nicht deutlich genug betont werden, daß über die Plazierung auf der Landesliste für beide Kategorien von Kandidaten (Direktkandidaten und Listenkandidaten) letztlich der machtpolitische Rückhalt des Kandidaten auf Bezirks- und Landesebene, also die Stärke der jeweiligen Bataillone, entscheidet und damit die Absprache, die die jeweiligen „Bataillonschefs" vorher zur gegenseitigen Absicherung getroffen haben – und daß nicht zuletzt dadurch auch einer Negativauslese im Hinblick auf die Persönlichkeit Tor und Tür geöffnet sind.

Die im Kapitel I beschriebenen, zum Teil analysierten Aspekte innerparteilicher Willensbildungsprozesse im Zusammenhang mit Bundestagswahlkämpfen lassen, obwohl sie unter statistischen Gesichtspunkten auf das gesamte Bundesgebiet bezogen sicherlich nicht überbewertet werden dürfen, an dieser Stelle eine Generalisierung im Hinblick auf die implizierte Grundproblematik unserer Fragestellung zu. Diese Generalisierung würde wie folgt zu formulieren sein: Das auch von uns in dieser Studie empirisch zum Teil verifizierte sogenannte eherne „Gesetz der Oligarchie" von R. Michels – wir würden sagen eines Systems der „Elitebildung" oft ohne Konkurrenzprozesse – wird in der Praxis nur dann aufgehoben werden können, wenn die demokratischen Parteien ernsthafte und in Deutschland sicher auch statutengemäß zu institutionalisierende Vorkehrungen gegen Ämterhäufungen auf allen Ebenen des politischen Lebens und für eine bessere Beteiligung der Parteibasis an Entscheidungsprozessen aller Art, insbesondere an der Wahl von Vorständen und Delegierten bzw. Kandidaten treffen. Ansonsten müßte je länger, je mehr die nach dem Grundgesetz der Bundesrepublik Deutschland vorgegebene Parteiendemokratie einen „Kältetod" derart erleiden, daß politische Entscheidungsträger in der Partei auf allen Ebenen bis hin zur Bundestagsfraktion und zur Bundesregierung in einem immer alarmierenderen Umfang den Kontakt nicht nur zu dem „souveränen Wählervolk" verlieren, sondern auch zur eigenen Parteibasis. Diese Parteibasis würde dann zunehmend von einer Minderheit – nun auch möglicherweise gegen die jeweilige Führung – manipuliert werden können und letzten Endes sowohl eine Verzerrung der Repräsentativität von Meinungen in einer politischen Partei bewirken als auch den Entzug der Herrschaftsbasis für diejenigen, die als Mandatsträger ihrer Partei für politische Entscheidungen in der Bundesrepublik Deutschland bis zur jeweils nächsten Wahl letzte Verantwortung tragen. Ein „Kältetod" ausbleibender Partizipation, und daher in Ermangelung von echten Partizipanten, müßte dann umschlagen entweder in die „Diktatur" einer Minderheit oder in die Anarchie rivalisierender

Bürgergruppierungen ohne festen parteipolitischen Zusammenhang bei gleichzeitigem Verlust eines ansonsten in jeder politischen Konstellation in bezug auf jedwede politische Sachfrage stets von neuem auszutarierenden Minimalkonsens zum Wohle der gesamten Bürgerschaft in unserer pluralistischen Gesellschafts- und Staatsordnung. Diese hätte sich schließlich selber historisch ad absurdum geführt – und müßte endgültig grundsätzlichen Gegenkonzeptionen und deren zumindest versuchter Verwirklichung weichen. Im übrigen sind *gerade in diesem* Gesamtzusammenhang die aufkommenden sogenannten „Grünen Listen" ein warnend- „gesundes" Zeichen wachsenden Bürgerunmutes, der „den" Parteien endlich zu denken geben sollte.
Sicher ist, um auf diesen Aspekt hier nochmals einzugehen, daß aus der bisherigen Praxis der *„Abgeordnetenkarriere"* das Bild resultiert, das sich eine Mehrheit der allgemeinen Öffentlichkeit von „den Bundestagsabgeordneten" als von Leuten macht, die primär ihre eigenen Ziele befördern wollen und dafür auch noch vom Staate bezahlt werden. H.L. Wuermeling zitiert in diesem Zusammenhang aus „Herders kleines Bildungsbuch": „Wir kennen keinen Berufsstand, dem irgendein Mensch in Bausch und Bogen den Vorwurf machen würde, daß er nur auf fremde Kosten eigene Geschäfte besorge, einen einzigen ausgenommen: Den Berufstand der Politiker. Wer dieser Meinung ist, mit dem wollen wir nicht weiter streiten. Wir können ihm nur empfehlen, der Demokratie den Rücken zu kehren und sich in östlicher Richtung einen besseren Staat zu suchen" (254). Diesem Fremdbild steht das oft selbst suggerierte Eigenbild von dem Abgeordneten entgegen, der sich im Dienste an seinem Wahlkreis in Bonn und vor Ort bis zum Herzinfakt verzehrt. Die Wahrheit dürfte auch hier in der Mitte liegen, wie Dichgans zutreffend bemerkt: „Jeder Abgeordnete vertritt notwendigerweise Interessen, nämlich die seines Wahlkreises und seine eigenen". Der Verfasser möchte allerdings nicht verhehlen, daß er aufgrund seiner eigenen Erfahrungen der These von der Übermächtigkeit des Eigeninteresses den Vorzug gibt (255).
Es kann ja nicht verwundern, daß viele Abgeordnete alles daransetzen müssen, die Abgeordnetenkarriere beizubehalten, da sie sonst plötzlich als Arbeitslose auf den bundesweiten Arbeitsmarkt geworfen werden könnten. Spuren schrecken hier in Großbritannien genauso wie in der Bundesrepublik Deutschland. Es nimmt daher auch nicht Wunder, daß die gerade in der SPD-Fraktion viel beschworene Solidarität unter den Fraktionskollegen insgesamt zwar in der Außenvertretung der Parteiinteressen wirksam wird, häufig jedoch nicht im Innenverhältnis. Unter letzterem Gesichtspunkt können eben zum Beispiel immer nur

wenige in der SPD-Fraktion in den Fraktionsvorstand – z.Z. 18 neben Vorsitzendem, stellvertretenden Vorsitzenden und Fraktionsgeschäftsführung – gelangen und sich damit für höhere Weihen und bessere Chancen auch der Wiederaufstellung qualifizieren (256). Es überrascht dann ebenfalls nicht, wenn sich der fraktionsinterne Meinungs- und Willensbildungsprozeß immer wieder an dem latent stets vorgegebenen Konkurrenzverhältnis nahezu aller gegenüber allen sowie an einer daraus abgeleiteten „Hackordnung" orientiert.

Einfluß des einzelnen MdB?

Damit sind wir wieder bei der unseres Erachtens entscheidenden Problematik des Parlamentariums in der Bundesrepublik heute, bei der Frage nämlich, ob der einzelne Abgeordnete am Sitz des Bonner Parlaments noch eine sinnvolle Aufgabe zu erfüllen vermag, oder ob sich seine Abgeordnetentätigkeit nicht letzten Endes als eine Art „jobbing von Einflußlosen" darstellt. Alle theoretischen und „praktischen" Beobachter sind sich darin einig, daß der einzelne Hinterbänkler, ja sogar der einzelne Mittelbänkler zwar ein König in seinem Wahlkreis sein mag, dafür aber in der Regel ein Bettler in seiner Fraktion in Bonn ist. Sperling formuliert hier sehr zutreffend:

> „Diese Wahlkreisarbeit und der erste Wahlkampf sind die Erlebnisbasis für die späteren Anpassungserfahrungen in Bonn. Der erste Wahlkampf endet mit der großen Schockerfahrung: Der Sturz von der Bedeutung als Hauptperson im Wahlkreis in die Anonymität und Bedeutungslosikgiet der Parlamentsbänke von Bonn" (257).

Ebenso konstatieren alle Analytiker der Szene die oligarchische Abkapselung der engeren, manchmal auch weiteren Fraktionsführung, die sich hinter ein arcanum imperii ohne Transparenz und Kontrolle verschanzt und über deren Verhandlungen es zumindest in der SPD-Fraktion nicht einmal Protokolle gibt. Hinzuzurechnen zu den Vorstandsmitgliedern sind in allen Parteien unter dem Sichwort „Führungseliten" mit Kaack die jeweiligen Ausschußvorsitzenden, stellvertretenden Ausschußvorsitzenden, Arbeitskreisvorsitzenden, stellvertretende Arbeitskreisvorsitzende und Obmänner. Kaack kommt damit im 6. Deutschen Bundestag auf 90 parlamentarische Führungspositionen bei der SPD, 101 bei der CDU, 26 bei der CSU und 21 bei der FDP, also insgesamt auf 241 Abgeordnete mit echten Führungsaufgaben und Aufstiegschancen. Im übrigen ist Kaack auch darin voll zuzustimmen, daß nur solche Führungskräfte, die sowohl Positionen im Bundestag als auch auf der Parteiebene besetzt halten, „eine zentrale Steuerungsfunktion", wir würden sagen, auf Dauer ausüben können (258). Wer etwa in der SPD-Fraktion keine Chancen oder nicht die Neigung verspürt (259), in dieses Arkanum einzudringen und somit zu den Erlauchten zu gehören, der bleibt in der Tat einflußlos, es sei denn, es kommt zu einer Kampfabstimmung, bei der jede einzelne Stimme gebraucht wird. Das aber hat der Verfasser in der ganzen 7. Legislaturperiode nicht ein einziges Mal erlebt. Wenngleich der Begriff „bürokratisches Parlament" kein sehr glücklicher ist, die Sache, um die es hier geht, wird zutreffend dargestellt. Im bürokratischen Parlament ist nach Reese

„a) die vertikale Kooperation eher hierarchisch als egalitär; . . .
d) der Entscheidungsprozeß eher unöffentlich als öffentlich;
e) der Entscheidungsbeitrag des einzelnen Parlamentariers eher intern als extern bestimmt" (260).

Es ließe sich daraus folgern, daß etwa die Hälfte der Abgeordneten in Bonn letztlich nur Abstimmungsnummern darstellen, auf die das parlamentarische System nicht zuletzt im Interesse der Steuerzahler verzichten könnte, weil es genügen würde, den ganzen legislativen Betrieb mit allen seinen zureichend oder unzureichend wahrgenommenen Funktionen gegenüber der Exekutive durch eben diese Führungskräfte bewerkstelligen zu lassen. Mit anderen Worten, die Zahl der Abgeordneten könnte etwa um die Hälfte gekürzt werden – in Großbritannien möglicherweise noch weiter, weil hier „die Regierung" durch mehr Parlamentarische Staatssekretäre verschiedener Provenienz ein noch stärkeres Parlamentskontingent stellt. Auf diesen Aspekt wird im nachfolgenden Unterabschnitt nochmals zurückzukommen sein.

Was ist nun aber der zentrale Einwand gegen solche „radikalen" Parlamentsreformvorschläge? Weil ein großer Teil der parlamentarischen Führungseliten in der Fraktionsspitze einerseits mit der jeweiligen Parteispitze, andererseits mit der Regierung selber (im Falle einer Regierungspartei) deckungsgleich ist, wäre dem entscheidenden raison d'etre jeder parlamentarisch-demokratischen Regierungsweise zuwidergehandelt, wonach jedwede Macht einer Kontrolle, zumindest aber einer Instanz bedarf, der gegenüber es sich zu „verantworten" gilt, da unkontrollierte, nicht verantwortete Macht in der Tat zu einer Involutionsdemokratie à la Agnoli führen müßte. Zu einseitig negativ erscheint uns auf jeden Fall das Fazit von H. Wuermeling (261):

„Das ist die traurige Bilanz unserer Volksvertretungen. Ihnen ist es weder gelungen, die Massen politisch zu mobilisieren noch die Macht in den Griff zu bekommen. Es gelang ihnen nicht, die politische Steuerung aus dem Bezirk der

Macht herauszuholen, um sie für sich und das Volk zu benutzen. Statt ihrem Vertretungsanspruch gegenüber dem Volk zu genügen, ist die Volksvertretung heute durch ihren kommunikativen Standort ein Organ der Staatsgewalt, in deren Apparat sie eingebaut ist"... Agnoli sagt es drastisch „Repräsentiert wird im Parlament nach wie vor – nur nicht das Volk, sondern die eigentlichen Träger von Herrschaft. Gruppen arkan-oligokratischer, zum großen Teil privater Natur, die das Vorrecht besitzen, über öffentlich-demokratische Gewalt zu verfügen...".

Demgegenüber lautet unsere Antwort in diesem Stadium auf die Frage dieses Schlußkapitels zunächst einmal partiell: Die parlamentarische Demokratie hat noch einen Sinn, wenn ...

Und damit sind wir bei einigen weiteren Reformüberlegungen, die unseres Erachtens angestellt werden müssen, wenn ein neuer Sinngebungsprozeß eingeleitet werden, und dann von Dauer sein soll:

Erstens wäre zu denken an eine *Reform* des derzeit in der Bundesrepublik Deutschland geltenden *Wahlrechtes* und anderer Bestimmungen mit dem Ziel, die Macht der regionalen Parteiapparate durch eine bessere Bürgerbeteiligung bei der Bundestagskandidatenaufstellung zu schwächen, die „Massen" stärker politisch zu aktivieren und gleichzeitig den Handlungsspielraum des späteren einzelnen Abgeordneten zu erweitern. Die radikalste Reform bestünde hier zweifellos in der Einführung von Vorwahlen nach nordamerikanischem Muster, für die der Verfasser im Rahmen der Arbeit der Enquete-Kommission für Verfassungsreform des Deutschen Bundestages plädierte. Damit würde jeder Wahlbürger – und nicht nur jeder Parteibürger – seinen Einfluß „außerhalb des parteiinternen Verfahrens in staatlich geregelter Form in der Weise betätigen, daß die von den Parteien getroffene Vorauslese („theoretisch" sowohl von Direkt- als auch von Listenkandidaten, d.V.) seiner Bestätigung bzw. seiner Korrektur unterliegt".

Die Enquete-Kommission kam jedoch mehrheitlich zu dem Schluß, daß

„Vorwahlen kein geeignetes Mittel sind, die Legitimation der in den Bundestag gewählten Volksvertreter zu stärken. Sie schwächen im Gegenteil die Integrationsleistungen der großen Parteien und setzen damit die Wirksamkeit des parlamentarischen Systems herab." (262)

Diese Formulierung schien dem Verfasser seinerzeit zu parteienfreundlich oder, anders ausgedrückt, zu wenig parteienkritisch, das heißt zu wenig der unbestreitbaren Tatsache Rechnung zu tragen, daß die politischen Parteien die Bürger eben nicht gemäß Auftrag des Grundgesetzes politisch aktivieren, sondern im Gegenteil eher mediatisieren, was natürlich etwas ganz anderes als „integrieren" bedeutet. Die dann von der Verfassungsreformkommission beschlossene und

dem Parlament damit vorgeschlagene Einführung einerseits von parteiinterner Briefwahl bei der Kandidatenaufstellung und andererseits von „begrenzt-offenen Listen“ geht nach Auffassung des Verfassers wenigstens in die richtige Richtung. Mehrheitlich hielt die Kommission die Briefwahl für ein geeignetes Mittel, um die derzeit bedauerlicherweise geringen und den Repräsentationsgedanken abträglichen Prozentsätze der Beteiligung von Parteibürgern an der Kandidatenaufstellung („10, allenfalss 20%) heraufzusetzen. Die Einführung der begrenzt-offenen Listen nach bayerischen Vorbild bewirkt in der Tat eine sinnvolle Einwirkungsmöglichkeit der Wahlbürger zumindest auf die Plazierung der Listenbewerber. Die „Bürger“ erhalten die „Möglichkeit, auf die Auswahl der Personen, die in der Volksvertretung das Volk repräsentieren, einen bedeutend stärkeren Einfluß zu nehmen als bisher. Die begrenzt-offene Liste bringt dabei eine echte Balancierung der Position der politischen Parteien bei der Kandidatenauswahl, ohne ihnen das Recht der Aufstellung der Kandidatenlisten zu beschneiden: diese Balancierung verhilft dazu, Wählereinfluß und Parteienmacht bei der Bestimmung der personellen Zusammensetzung der Volksrepräsentation in ein ausgewogenes Verhältnis zu bringen und die Wechselbeziehungen zwischen den politischen Parteien und ihrer Wählerbasis zu verstärken“ (263). Diese Plazierung noch zusätzlich einem bestimmten parteiinternen Nominierungsverfahren zu unterwerfen und damit die bisherige Monopolstellung der zuständigen Landesgremien einer Partei zu brechen, konnte sich die Enquete-Kommission – nach Auffassung des Verfassers bedauerlicherweise – nicht entschließen.
Nicht zur Diskussion stand in der Enquete-Kommission für Verfassungsreform die Frage der Einführung eines Mehrheitswahlrechtes nach britischem Muster. Diese vor allem in den 60er Jahren in der Bundesrepublik von Theoretikern wie Praktikern der Politik sehr engagiert geführte Diskussion scheint heute nicht mehr aktuell zu sein, obwohl nach wie vor für diese Form des Wahlrechtes das Argument spricht, daß auch dadurch der freie Raum des einzelnen Abgeordneten gegenüber seiner Partei und Fraktionsspitze gestärkt wird. Allerdings deuten selbst in Großbritannien heute immer weniger Befunde in diese Richtung. Auch muß zugegeben werden, daß in Großbritannien die Anwendung des Mehrheitswahlrechtes aus vielerlei Gründen schon nicht mehr als Regelfall ein eindeutiges Zweiparteiensystem aufrechterhält mit dem Resultat, daß in diesem klassischen Land des Mehrheitswahlrechtes ernsthafte Theoretiker bereits für die Einführung des Verhältniswahlrechtes zumindest in einer modifizierten Form plädierten (264).

Aktualisieren ließe sich allerdings die alte Wahlrechtsdiskussion in der Bundesrepublik Deutschland unter dem bereits angeschnittenen Gesichtspunkt, daß man die *Zahl der MdBs insgesamt wieder reduzieren* könnte – ein Vorschlag, der unter ganz verschiedenartigen Konstellationen in den letzten Jahren wiederholt vorgebracht worden ist. In diesem Zusammenhang und speziell im Hinblick auf die erstmalig direkt gewählten Europaabgeordneten (ohne vorerst nennenswerte „Kompetenzen" einer „Regierungskontrolle" in Brüssel, mit sehr viel größeren „Betreuungsgebieten" als die derzeitigen Bundestagswahlkreise und ausschließlich aus Zweitstimmen im Sinne unseres Bundestagswahlrechtes hervorgehend) wird man sich ohnehin an *funktional sehr verschiedenartige* Abgeordnetentätigkeiten gewöhnen müssen. Auch die Rolle der Landtagsabgeordneten ist dabei zu überdenken, anstatt diese Abgeordneten ausgerechnet jetzt in den einzelnen Bundesländern ebenfalls zu „Vollparlamentariern" hochzustufen. Vor Inflationstendenzen ist auch im übertragenen Sinne zu warnen.

Aus solchen und anderen Erwägungen heraus ist auch schon der Gedanke erörtert worden – der hier nicht im einzelnen weiterverfolgt werden kann – künftig zwei Kategorien von Abgeordneten im Bundestag ins Auge zu fassen: *Eine* Kategorie, die vornehmlich die klassischen und nach Auffassung des Verfassers eben doch noch zeitgemäßen Funktionen der Mitwirkung an der Regierungstätigkeit (in der nordamerikanischen Terminologie als: branch of *government)* wahrnimmt, das heißt eine gründliche Mitwirkung am Gesetzgebungsprozeß in wirklich entscheidenden Bereichen mit einer im übrigen noch besseren Überwachung der immer stärker überwuchernden und auf wichtigsten Gebieten immer weniger überschaubar werdenden Verordnungstätigkeit der Exekutive und schließlich eine noch effizientere allgemeine Leistungskontrolle gegenüber dieser Exekutive. Vor allem aus dieser Kategorie würden sich die (dann durchweg hart arbeitenden) „ordentlichen" Mitglieder von verkleinerten Bundestagsausschüssen rekrutieren. Sie könnten zum Beispiel aus einer seinerzeit vor allem von Adenauer angeregten „Bundesliste" der jeweiligen Partei hervorgehen.

Einer *zweiten* Kategorie von Abgeordneten würde vornehmlich die Aufgabe gewissermaßen von Ombudsmännern (und Ombudsfrauen) vor Ort zufallen, das heißt sie würden in erster Linie als Transmissionsriemen zwischen „dem" Volk und „der" Verwaltung agieren und im Bundestag grundsätzlich nur stellvertretende Ausschußmitglieder sein – mit Ausnahme eines stark zu erweiternden Petitionsausschusses. Eine Reduzierung der Gesamtzahl der Abgeordneten würde

sich unter anderem dadurch ergeben, daß man für die spezielleren „Betreuungsabgeordneten" mehrere bisherige Bundestagswahlkreise gebietsmäßig zusammenfaßt. Auch die neuen Europaabgeordneten können ja nur sehr große Bereiche betreuen, also von der SPD her voraussichtlich nur zwei Volksvertreter das ganze Bundesland Rheinland-Pfalz.
Beide Kategorien von Abgeordneten würden natürlich mit den gleichen Rechten ausgestattet sein, also abgesehen von ihrer Einbindung in den Artikel 38 u.a. mit gleichem Frage- und Rederecht etc. Gemeinsam würden sie gegenüber der Exekutive vor allem im Bundestagsplenum eine „Richtungskontrolle" sowie die Aufgabe der Wahl oder gegebenenfalls Abwahl des Regierungschefs wahrzunehmen haben und die Regierungs- wie Oppositionspolitik auf Bundesebene vor der Öffentlichkeit, d.h. im Lande, erläutern. Abgeordnete der ersten Kategorie unterlägen aber z.B. nicht der Versuchung, an einem Freitagsplenartag schon bald nach 7 Uhr morgens, d.h. nach Eintragung in die Anwesenheitslisten, in den Wahlkreis abzureisen! Gewichtige Einwände gegen derartige „Gedankenspiele" bieten sich an, so unter anderem, daß bei solchen Modellen der „Idealtyp" des Bundestagsabgeordneten als Wahlkreisbetreuer *und* Mitkontrolleur in Bonn aufgespalten würde – im übrigen natürlich auch entgegen der Gesamttendenz dieser Fallstudie, obwohl in der weiteren Gegenargumentation mit aller Deutlichkeit auf die derzeitigen FDP-Abgeordneten ebenso wie auf die künftigen Europaabgeordneten hingewiesen werden muß, die aufgrund ihrer Zahl dieser idealtypischen Doppelfunktion gar nicht gerecht werden können; daß dann zwangsläufig von den bisherigen „Einmannwahlkreisen" im Bundesgebiet abgewichen werden müßte, dafür aber vielleicht dazu übergegangen werden könnte, dem Wähler durch Kumulieren seiner Stimmabgabe einen Einfluß auf die Plazierung der Bundestagskandidaten auf den Listen zu ermöglichen; daß der vorwiegend als Betreuungsabgeordneter tätige Volksvertreter wegen seiner vermutlich im Laufe der Jahre stärkeren Verbindung zur Basis den anderen „Typus" relativ rasch vor Ort ausstechen könnte, somit Probleme einer mangelnden Kontinuität der Parlamentsarbeit ebenso wie beruflich-finanzieller Schäden für relativ frühzeitig ausscheidende MdBs trotz aller Pensionierungsregelungen auftreten würden und auf diese Weise der Parlamentsberuf insgesamt an Attraktivität einbüßen müßte. Aus der Gesamttendenz dieser Studie ergäbe sich schließlich als vielleicht gewichtigster Einwand, daß eine Einengung auf den Typus Listenabgeordneter – ohnehin schon jetzt die Regel für die Europawahlen in acht Mitgliedstaaten! –

den einzelnen Abgeordneten *noch* stärker von seiner Parteiführung abhängig machen müßte.
Eine vom Verfasser in dieser Untersuchung schon mehrfach angesprochene Möglichkeit der Abwahl eines Wahlkreisabgeordneten durch ein Referendum mit entsprechendem Quorum *aller Wahlkreisbürger* steht weder in Großbritannien noch in der Bundesrepublik Deutschland ernsthaft zur Diskussion. Ohne daß sie Einzelheiten eines solchen Modus übersehen haben dürfte, sprach sich bei der erwähnten repräsentativen Umfrage in einem Bundestagswahlkreis 1969 immerhin eine Mehrheit der Befragten für die Einführung eines solchen Mechanismus aus, der in der Tat einen sehr starken politischen Mobilisierungseffekt auslösen könnte und nicht gleichgesetzt werden darf mit einem imperativen Mandat nach der bisher in der Bundesrepublik Deutschland geführten Diskussion, bei der es ja mehr oder weniger ausschließlich um eine Einbindung eines Mandatsträgers in die Weisungsbefugnis einer *Parteibasis* bzw. eines Parteiführungsgremiums ging. Ein *solcher* „extrem-parteienstaatlicher" recall ist vom Verf. auf der Linie dieser Fallstudie abzulehnen. Ganz abgesehen von dem Erfordernis einer Änderung des Grundgesetzes und des geltenden Wahlrechtes ist aber auch nicht zu verkennen, daß ein recall auf Wahlkreisebene zunächst einmal das Problem der Unüberschaubarkeit komplizierter politischer Fragen und Materien heute vonseiten des Durchschnittswählers aufwirft und somit auch demagogischen Praktiken Tor und Tür öffnen und eine konstruktive Arbeit der Abgeordneten in Bonn im Extremfall sogar zunichte machen könnte, zumal Erfahrungen in der Weimarer Republik mit Volksbegehren jeder Art schrecken. Allerdings sind inzwischen in der Bundesrepublik Deutschland auf regionaler Ebene Volksbegehren als solche und speziell unter dem Gesichtspunkt eines stärkeren politischen Engagements der Wahlbürger recht positiv zu beurteilen. Es könnte sich bei einem beschränkten recall auf Wahlkreisebene nur um eine „Bewertung" des betreffenden Abgeordneten entweder im Hinblick auf persönliche Verfehlungen oder aber um sein „Verhalten" in einer Grundsatzfrage von großer Bedeutung handeln, wie etwa seinerzeit bei der Reform des § 218, die letztlich für „jedermann" in seinen kontroversen Grundlinien überschaubar gewesen sein dürfte. „Systemimmanent" gesehen scheitern aber solche Modellvorstellungen wohl allein schon an dieser Frage der Festlegung von Voraussetzungen „inhaltlicher" Art. Von den Modalitäten her müßte ganz sicherlich bei einem Einbau aller solcher plebiszitärer Elemente in unser Regierunssystem das für die Einleitung entsprechender Verfahren notwendige Quorum relativ hoch

angesetzt werden (265). Listenabgeordnete könnten im übrigen allenfalls auf Landesebene „abberufen“ werden. Modalitäten wären aber hier noch schwerer zu entwickeln. Aus diesem Grunde dürfte sich auch eine gleichzeitige Realisierung von hier angedeuteten Vorschlägen eines recall und funktional verschiedener „Typen“ von Abgeordneten verbieten. Auf jeden Fall sollten Meinungsbekundungen der Bürger wie die aus dem Jahre 1969 referierten und viele andere seitdem sehr ernst genommen werden, da in ihnen ein heute immer stärker verbreitetes Gefühl der „Volkssouveräne“ zum Ausdruck kommt, letztlich kleinen, sich selber über Jahrzehnte hinweg parteiintern an der Macht haltenden und Manipulationen aller Art zuneigenden Machtcliquen in den politischen Parteien und damit auch Parlamenten mehr oder weniger ohnmächtig ausgeliefert zu sein.

Erscheint eine Realisierung von Reformvorschlägen auf dieser Ebene sehr unwahrscheinlich, so ließe sich eine *regelmäßige Rechenschaftslegung* von Abgeordneten gegenüber den Wählern vielleicht schon eher verwirklichen, unter Umständen durch eine Novellierung des Parteiengesetzes oder, wenn dies auf formal-jurisitsche Schwierigkeiten stößt, durch die gemeinsam vereinbarte Hereinnahme entsprechender Bestimmungen in die Satzungen der einzelnen Parteien. Man könnte sich vorstellen, daß Direktabgeordnete wie Listenabgeordnete veranlaßt werden, in jährlichen Abständen eine detailliertere Auflistung ihrer gesamten Aktivitäten in der Lokalpresse oder auf anderem Wege zu veröffentlichen. Eine solche Auflistung müßte genaue Angaben über die Beteiligung an der Arbeit in Ausschüssen und im Plenum des Bundestages (hier insbesondere auch der Fragestunde), über die Zahl der im Wahlkreis abgehaltenen politischen Versammlungen und Sprechstunden, die Betreuung von Besuchergruppen in Bonn und vielleicht auch die Anzahl der beim Abgeordneten eingegangenen Petitionen von Bürgern, Interessengruppen, Kommunalverwaltungen etc. enthalten. Eine gesetzliche Verpflichtung in dieser Beziehung dürfte unter anderem auf die Schwierigkeiten stoßen, daß nicht zuletzt gemäß Urteil des Bundesverfassungsgerichtes aus dem Jahre 1975 die Abgeordnetentätigkeit als solche grundsätzlich eine „freie“ ist, die keinen Auflagen von außen unterliegen kann. Es müßte daher wohl ein informeller Weg des Zwanges zu einer Rechenschaftslegung gefunden werden. Zumindestens aber sollten schon vorhandene Vorbilder in dieser Richtung allgemein zur Nachahmung empfohlen werden. Des öfteren machten ja auch schon Beispiele Schule, wie man sie sich

in diesem Zusammenhang auch für die finanzielle Rechenschaftslegung des SPD-Abgeordneten Gansel aus Kiel wünschen würde.
Zu erwartende Widerstände gegen eine weitere *Reformkategorie* sind demgegenüber möglicherweise nicht ganz so groß. Hier geht es um auch vom Verfasser dezidiert befürwortete Versuche einer *Stärkung der Stellung des einzelnen Abgeordneten* im Verhältnis zur Partei- und Fraktionsspitze, unter Umständen durch eine Ergänzung des Grundgesetzartikels 38. Die in der gesamten Studie und nochmals in diesem Schlußkapitel angesprochenen Mißstände im heutigen Parlamentarismus speziell der bundesrepublikansichen Provienz (Bürokratisierung, Oligarchisierung, Arkanisierung neben bedenklichen, sehr konkreten und in Großbritannien undenkbaren Erscheinungen wie Beschneidung des Frage- und Rederechtes der Abgeordneten) ließen sich auf jeden Fall dadurch angehen, wenn auch vielleicht nicht restlos beseitigen, daß der einzelne Abgeordnete in seinen Möglichkeiten der Einflußnahme aufgewertet wird. Das kann er aber nur, wenn die Fraktions- und Parteielite mit einem jeden Abgeordneten als Machtfaktor „rechnen" muß und wenn zunächst einmal – und vor allem – die der Bundestagsgeschäftsordnung entgegenstehenden Bestimmungen der Fraktionsgeschäftsordnungen beseitigt werden. In seiner Abhandlung „Zur Problematik der Unabhängigkeit der Abgeordneten im Deutschen Bundestag" hat H. Immesberger schon 1962 eine Ergänzung des Artikels 38 des Grundgesetzes vorgeschlagen, wonach sich jeder Abgeordnete des Deutschen Bundestages (265) „gegen die Ausübung des Fraktionszwanges durch seine eigene Fraktion ... durch einen Einspruch verwahren (kann), der bei den Fraktionsgeschäftsführern oder deren Vertreter einzureichen ist". In einem neuen Abschnitt 3 des Artikels 38 sollte nach Immesberger formuliert werden: „Die Ausübung eines Fraktionszwanges ist unzulässig. Kein Abgeordneter darf wegen seiner politischen Tätigkeit im Rahmen der verfassungsmäßigen Ordnung aus seiner Fraktion ausgeschlossen werden. Das Nähere bestimmt ein Bundesgesetz". Zusätzlich war vorgesehen, daß „der Abgeordnete vor dem Bundesverfassungsgericht beantragen kann festzustellen, daß seine Fraktion gegen Artikel 38 . . . verstoßen habe." Problematisch ist dieser Vorschlag eigentlich nur wegen des unklaren Gebrauches des Terminus Fraktionszwang. (Parallelen zu der gefährlichen Unklarheit solcher Formulierungen ließen sich in dem neuen Ordnungsrecht im Hochschulgesetz (HRG) finden, das nicht nur die „Anwendung von Gewalt" sondern auch eine „Bedrohung mit Gewalt" mit Sanktionen belegt.) Da in allen drei Fraktionen des Deutschen Bundestages und vor allem von ihrer je-

weiligen Führung sofort – und, wie auch wir in dieser Studie sahen, nicht ganz zu unrecht – bestritten werden würde, daß es bislang überhaupt einen Fraktionszwang gibt (266), müßte dieser Begriff etwa wie folgt konkretisiert werden: „Ein Fraktionszwang liegt dann vor, wenn dem einzelnen Abgeordneten durch sein Abstimmungsverhalten in Fraktion, Ausschuß oder Plenum vonseiten der Fraktion oder Partei nachweisbare Nachteile erwachsen", wobei solche Nachteile noch zusätzlich aufgelistet werden könnten unter anderem mit: Zurückziehen eines Abgeordneten aus einem Ausschuß, Nichtaufstellung als Redner im Plenum oder Einschaltung örtlicher Wahlkreisgremien der Partei mit dem Ziel, eine erneute Aufstellung zu gegebener Zeit zu verhindern.
Ob, wie ebenfalls von Immesberger vorgeschlagen, auch der „Ausschluß aus der Fraktion" ausdrücklich in eine solche Regelung aufgenommen werden sollte, ist schwer zu entscheiden. In der Geschichte des Deutschen Bundestages sind bislang keine Fälle eines echten Fraktionsausschlusses bekannt geworden, sondern vielmehr nur solche eines mehr oder weniger freiwilligen Übertrittes von einer Fraktion zur anderen oder aber auch ein Fall, bei der sich eine Fraktion weigerte, einen Nachrücker in die Fraktion aufzunehmen.
Etwas ganz anderes ist die erstaunliche Tatsache, daß im Deutschen Bundestag nach wie vor die Voraussetzungen nicht eindeutig geklärt sind, unter denen ein Abgeordneter wegen eines ehrenrührigen Verhaltens oder gar einer strafbaren Handlung zum Ausscheiden aus dem Bundestag überhaupt zu „bewegen" ist (267). Unklar bleibt im übrigen in diesem Zusammenhang, ob H. Kaack mit seiner Forderung, daß „dem Abgeordneten für den Konfliktfall gerade wegen der festgestellten starken Bindung durch Entscheidungen von Führungsgruppen eine Art Minderheitenschutz gewährt" werden soll, dem Grundgedanken von Immesberger nachkommt. Ausgeführt wird jedenfalls bei Kaack nicht, wie im einzelnen ein solcher *Minderheitenschutz* aussehen könnte (268). Nicht gelöst wird schließlich aber auch durch Reformvorschläge in dieser Richtung bislang die auch in einem Spiegelartikel 1978 aus gegebenem Anlaß wieder angesprochene Problematik, welcher Grundgesetzartikel (38 oder 21) in einem ausweglosen Kollisionsfalle *zu weichen* hat. Der Verfasser plädiert jedenfalls für einen „parteienstaatlichen" Primat nur dann, wenn – was zum Beispiel bei der Zurückweisung des Bundesratseinspruches durch die Kanzlermehrheit in Sachen neuer Anti-Terrorgesetze 1978 zwar kurzfristig erwogen, aber dann doch nicht angewandt wurde – eine bestimmte Abstimmung mit einem Vertrauensvotum verbunden wird und es

daher für den einzelnen Fraktionsangehörigen um den Bestand „seiner" Regierung oder aber die Möglichkeit der Übernahme von Regierungsverantwortung durch „seine" Opposition geht. Glaubt ein Abgeordneter selbst in einem solchen Falle aus Gewissensgründen seiner Fraktion die Gefolgschaft versagen zu müssen, dann – und nur dann – sollte er die einzig mögliche Konsequenz ziehen und sein Mandat an die Partei zurückgeben (269). In nahezu allen anderen denkbaren Fällen sollte dem Artikel 38 GG eher noch verstärkt der Vorrang gegeben werden. Dabei ist auch darauf hinzuweisen, daß eine gelegentliche Niederlage einer Regierung in einem bestimmten Gesetzgebungsverfahren nicht in jedem Fall den Untergang dieser Regierung einläuten würde bzw. sollte.

Ein entscheidender Einbruch in alle parlamentarischen arcana imperii wäre fraglos erzielt, wenn man einem alten Vorschlag von Forsthoff und anderen folgen würde (270), dem der Verfasser zuneigt, auch wenn dies von Parlamentspraktikern als eine „reine" Utopie belächelt werden mag. Forsthoff erwog zur Verstärkung der freien Abgeordnetenstellung unter anderem die Fixierung einer rechtlichen Unzulässigkeit von Parteiamt und parlamentarischem Mandat, um „innerhalb der Fraktion die Ausbildung eines esprit de corps zu fördern, was der Abgeordnetengemeinschaft helfen könnte, ihre Unterlegenheit gegenüber der Parteiführung zu überwinden". Der Verfasser hält die Einwände von Kremer hiergegen nicht für stichhaltig, sondern verspricht sich auf der Linie von Fortshoff von einer solchen „Reform" aufgrund seiner eigenen Erfahrungen sehr gute Wirkungen im Hinblick auf eine größere Durchlässigkeit und zeitliche Begrenzung von politischen Ämtern überhaupt. Er selber hatte bei seinem Einzug in den Bundestag expressis verbis auf erneute Kandidaturen zu allen Parteiämtern verzichtet und sich nicht einmal mehr als Delegierter irgendeines Parteitages aufstellen lassen. Wer nicht gleichzeitig über eine starke regionale Hausmacht verfügt, muß bei der Einführung eines solchen „Inkompatibilitätsgebotes" damit rechnen, daß er sich bei der jeweils nächsten Kandidatenaufstellung einer noch stärkeren Konkurrenz zu stellen hat, während umgekehrt der in die Abgeordnetenposition von einer starken Parteibasis her Hineindrängende sich vergegenwärtigen wird, daß er selber damit reale Macht unter Umständen zugunsten eines Prestigeamtes vertauscht. Auf jeden Fall würde sich der gewählte Abgeordnete veranlaßt sehen, auf der Linie des oben Gesagten regelmäßig vor Partei- und Wahlbürgern politische Rechenschaft über sein Tun und Lassen im Deutschen Bundestag abzulegen. Er würde sich dabei eben nicht auf die Parteibürgerschaft beschränken, weil er bestrebt sein müßte, sich einer möglichst breiten Zustimmung des gesamten Wählervolkes zu versichern, um auf diese Weise zusätzliche Punkte für eine Wiederaufstellung zu gegebener Zeit zu gewinnen. Auf solche Weise wäre schließlich auch sein Entscheidungsspielraum nach Artikel 38 des Grundgesetzes gegenüber „seiner" Regierung bzw. seiner Oppositionsführung noch besser legitimiert.

Drittens schließlich sollte überlegt werden, wie man den „Job" eines MdB wieder weniger attraktiv macht. Ganz unabhängig von der Frage der jetzt festgelegten Höhe der zu besteuernden Diäten wäre daran zu denken, künftig analog zur Behandlung der Bundestagsabgeordneten, die als Angehörige des öffentlichen Dienstes in den einstweiligen Ruhestand versetzt werden, alle Gehälter aus einem Zweitberuf mit den Diäten aufzurechnen. Wie angedeutet, stand dieser Vorschlag ursprünglich auch auf der Tagesordnung der Arbeitsgemeinschaft Diätenreform der SPD-Fraktion des 7. Deutschen Bundestages, wurde dann aber wieder verworfen, obwohl seine Verwirklichung nach Ansicht des Verfassers dem Gleichheitsgrundsatz entsprochen hätte. Sie wäre auch konform gewesen mit der Tendenz des Diätenurteiles des Bundesverfassungsgerichtes aus dem Jahre 1975, weil durch dieses Urteil insbesondere die Bundestagsabgeordneten zu voll alimentierten Staatsbeamten deklariert wurden. Ganz sicherlich aber sollten bei parlamentarischen Doppelmandatsträgern – hier ist vor allem an eine gleichzeitige Mitgliedschaft im Europäischen Parlament zu denken – die jeweils zweiten Diäten voll angerechnet werden auf die Diäten des Deutschen Bundestages. Einwände gegen solche Verrechnungsvorschläge sind von allen Seiten zu erwarten, vor allem natürlich von solchen Abgeordneten oder Bundestagskandidaten, die schon ein erhebliches Gehalt mit nach Bonn bringen. Man würde dann das Argument zu hören bekommen, daß künftig keine qualifizierten bzw. in ihrem Berufe ausgewiesenen Fachleute mehr für die Bundestagsarbeit zur Verfügung stünden und sich nur noch solche Bürger aufstellen lassen würden, die es entweder in ihrem bisherigen Beruf nicht allzuweit bringen konnten oder aber als reine Idealisten anzusehen wären. Letztere würden dem Zuge der Zeit folgend immer mehr in die Minderheit geraten, ja vielleicht sehr bald ganz aussterben. Einer solchen Argumentation kann sich auch der Verfasser insofern nicht ganz verschließen, weil er, wie schon dargelegt, selber auf entsprechende Ansichten in allen Parteien und Positionen des Deutschen Bundestages der 7. Legislaturperiode gestoßen ist. Abschrecken sollte diese „herrschende" Meinung jedoch bei einer Verwirklichung solcher gut „preußischen" Vorschläge nicht.

Letztendlich schiene es an der Zeit, Staatsdiener jedweder Art heute wieder an solche alten Tugenden wie die des Dienens zu erinnern, und dem Genossen Trend in dieser Beziehung entgegenzuwirken (271). Wer anders als die gewählten höchsten Repräsentanten des deutschen Volkes wären schließlich dazu berufen, im Interesse des Allgemeinwohls auch hier mit gutem Beispiel voranzugehen?
In dieser Zusammenfassung konnten einzelne Problemaspekte nur kurz vorgestellt werden, da unsere empirisch konzipierte Fallstudie nicht darauf angelegt war, detaillierte Lösungsvorschläge auszuarbeiten, geschweige denn festzulegen. Die Befunde der einzelnen Kapitel deuten aber nach Auffassung des Verfassers auf die dringende Notwendigkeit hin, so bald wie möglich eine unsere pluralistische Gesellschaftsordnung insgesamt widerspiegelnde, „parteienunabhängige" *Enquete-Kommission „Parlamentsreform"* ins Leben zu rufen (272). Sie hätte die Aufgabe, jeden einzelnen Aspekt der Gesamtthematik zu durchleuchten, Einzelheiten möglicher Lösungsmodelle auszuarbeiten und Alternativen gegeneinander abzuwägen. Parlamentsgremien haben sich in den letzten Jahrzehnten ebenso wie kompetente Wissenschaftler mit diesen Fragen kritisch beschäftigt. Wenn aber der immer stärker um sich greifenden Parlaments- und Parteiverdrossenheit Einhalt geboten werden soll, dann müssen aus schon vorliegenden und noch zu erstellenden Analysen für die politische Praxis endlich die notwendigen Konsequenzen gezogen werden.

Anmerkungen

1 Der Verfasser hatte naturgemäß Zugang zu den Protokollen dieses Ausschusses und machte sich laufend Aufzeichnungen über jede Sitzung in der 7. Legislaturperiode. Eine Detailstudie kann aber erst dann veröffentlicht werden, wenn dies nach den Bestimmungen der Geheimhaltung bzw. deren Aufhebung möglich wird.

1a Zur Charakterisierung „Mittelbänkler" siehe Rhein Zeitung, Koblenz, Ausgabe 6./7.12.1975. Zu den Plenaraktivitäten eines solchen Mittelbänklers in einer Legislaturperiode insgesamt siehe jetzt Sprechregister, 7. WP, II, S. 1655-1662. Dieser Hinweis erfolgt auch unter dem Gesichtspunkt einer sog. „intersubjektiven Überprüfbarkeit", die naturgemäß bei dem in der Einleitung skizzierten Ansatz der Untersuchung im einzelnen problematisiert werden könnte.

2 Siehe vor allem: Schweitzer, C.C., Amerikas chinesisches Dilemma, Opladen 1969, S. 12 ff und: Ders., Chaos oder Ordnung, eine Einführung in Probleme der Internationalen Politik, Köln 1973, S. 26 ff.

3 Der Verfasser konnte 1977 in Londen Einblick nehmen in einige Protokolle relevanter Sitzungen der Parliamentary Labour Party (im folgenden: PLP), die Labour „Fraktion" des britischen Unterhauses, aus denen im folgenden zitiert wird. Zu Vergleichen des britischen Regierungssystems mit dem der Bundesrepublik Deutschland siehe u.a.: Glum F.: Das parlamentarische System in Deutschland, Großbritannien und Frankreich, München/Frankfurt/M. 1965 (2), Beyme, K. von: Die parlamentarischen Regierungssysteme in Europa, München 1970; Macridis, R. (Hrsg.): Modern Political Systems, 2. Aufl., Prentice-Hall 1968; Sontheimer, K.: Das politische System Großbritanniens, München 1972; Kluxen, K. (Hrsg.): Parlamentarismus, Köln - Berlin 1967; Löwenstein, K.: Der britische Parlamentarismus, Hamburg 1964 (roro).

4 Hier ist insbesondere hinzuweisen auf die Veröffentlichungen von Lohmar, U.: Das Hohe Haus, DVA, Stuttgart 1975; Schäfer, Friedrich: Der Bundestag, Westdeutscher Verlag, Opladen 1975 (2); Apel, Hans: Bonn, den . . ., Köln 1972; Lattmann, D.: Die Einsamkeit des Politikers, München 1977; Barzel, R.: Auf dem Drahtseil, München 1978; Lemmer, E.: Manches war doch anders . . ., Frankfurt 1968; Ritzel, H.: Einer von 518, Hamburg 1967; Aufsätze der weiteren „Hochschulkollegen" Carlo Schmid und Eugen Gerstenmaier, deren angekündigte Memoiren leider noch nicht vorliegen sowie M. Abelein. Zu Carlo Schmid wird abgesehen von dem im Schlußkapitel genannten Aufsatz (siehe Anm. 245) auf die umfassende Bibliographie von H. Lehmann, Bonn 1977 verweisen, zu E. Gerstenmaier u.a. auf seine Rede: Vom Wesen der Parlamentarischen Demokratie, Maschinenschriftl. Ms o.O., 1964 und das Spiegelgespräch: 1964, Nr. 38: Brauchen wir einen besseren Bundestag. Besonders hinzuweisen ist auch

auf die sehr zahlreichen Veröffentlichungen von H. Dichgans, vor allem auf: Das Unbehagen in der Bundesrepublik Deutschland – ist die Demokratie am Ende, Düsseldorf 1968; ders.: Abgeordneter in der Regierungsfraktion, in: Pol-Soziale Korrespondenz 1967, Nr. 14 und ders.: Der Freiheitsraum des Abgeordneten – Vorschläge für die Wahrung seiner Unabhängigkeit, in: Evangelische Kommentare, 1975 S. 477ff.

5 Es ist unmöglich, auf die weitverzweigte Literatur zu diesen Komplexen im einzelnen hinzuweisen. Einen ausgezeichneten Überblick bis 1976 gibt die Hamburger Bibliographie zum Parlamentarischen System der Bundesrepublik Deutschland, Opladen 1973, 1975, 1976, 1978. Neben den besonders im Schlußkapitel und seinen Anmerkungen aufgeführten Veröffentlichungen sind schon an dieser Stelle zu nennen unter Auswahlgesichtspunkten: Loewenberg, G.: Parlamentarismus im politischen System der Bundesrepublik Deutschland, Tübingen 1969; Steffani, W. (Hrsg.): Parlamentarismus ohne Transparenz, Opladen 1971; Hübner, E. u.a. (Hrsg. mit einem Vorwort von Hans Maier): Der Bundestag von innen gesehen, München 1969; Oberreuter, H.: Kann der Parlamentarismus überleben . . ., Zürich 1977; Hereth, M.: Die Reform des Deutschen Bundestages, Opladen 1971; Thaysen, U. : Parlamentarisches Regierungssystem in der Bundesrepublik Deutschland, Opladen 1976; Dittberner, J. et al (Hrsg.): Parteiensystem in der Legitimationskrise . . ., Opladen 1973; Hübner, E.: Partizipation im Parteienstaat . . ., München 1976; Staritz, D. et al (Hrsg.): Das Parteiensystem in der Bundesrepublik Deutschland, Opladen 1976 und Hättich, M.: Parteien als Integrationssysteme, in: Strukturprobleme des lokalen Parteiensystems, Bonn 1975 (Konrad-Adenauer-Stiftung)

6 Siehe Anmerkung 4, zusätzlich Apel, H.: Der deutsche Parlamentarismus, Hamburg 1968 (roro) und die u.a. unter empirischen Gesichtspunkten sehr verdienstvollen Studien in den Jahrgängen der Zeitschrift für Parlamentsfragen ab 1969 (hrsg. v. Steffani, W. mit Uwe Thaysen, Udo Bermbach, Franz Nuscheler, Hans-Joachim Winkler und Peter Schindler). Ein Standardwerk, das unser Generalthema berührt, ist immer noch Lohmar, U.: Innerparteiliche Demokratie, Stuttgart, 1963. Siehe auch Anmerkung 236

7 Siehe Urteil zur sogenannten Parteienfinanzierung, BVG E 20, 1966, S. 101 ff.

8 Für Großbritannien generell in unserem Zusammenhang siehe die neueste kritische Studie von Johnson, N.: Die englische Krankheit, Stuttgart 1977; Crossmann, Richard: The diaries of a cabinet minister, Bd I und II, London; Wilson, H.: The Labour Government 1964-1970, London 1971; Grant, J.; Member of Parliament, London 1974; Richards, P.G.: Hon. members, London 1963 (2); Johnson, D.M.: A Cassandra at Westminister, London 1967; Hughes, E.: S. Silvermann – rebel in parliament, London 1969 und vor allem das Standardwerk v. Crick, B.: The Reform of Parliament, London 1964; zur parlamentarischen Geschäftsordnung (GO) immer noch maßgebend: Campion, G.: An Introduction to the Procedures of the House of Commons, London 1950. Für die Bundesrepublik vgl. u.a. Rausch, H.: Der Abgeordnete – Idee und Wirklichkeit, München 1965 und Steffani, W. (Hrsg.): Parlamentarismus ohne Transparenz, Opladen 1971; Oberreuter, H.: Kann der Parlamentarismus überleben: Zürich 1977.
H.: Der Abgeordnete – Idee und Wirklichkeit, München 1965. Vgl. Anm. 99.

9 So nannte sich der Vertasser im Gegensatz zum CDU-Direktabgeordneten des Wahlkreises 149 (Ahrweiler) 1972-1976 in der Öffentlichkeit, vgl. 16 unten.

10 Siehe Ellwein, Th.: Das Regierungssystem der Bundesrepublik Deutschland, Opladen 1973, (3) S. 181 ff. Diese nach wie vor als Standardwerk anzusehende Untersuchung enthält im übrigen zu allen Fragen, die in unserer Studie behandelt werden, wichtige Literaturhinweise. Vgl. im übrigen auch seine Abhandlung zusammen mit Görlitz, A.: Gesetzgebung und politische Kontrolle, Stuttgart 1967.

11 Zur Motivation eines Karrierewunsches „Bundestagsabgeordneter" vgl. Literatur bei Nr. 4 und 6.
Der Verfasser engagierte sich als ein Berichterstatter für das Hochschulrahmengesetz (s. S. 143) daher auch besonders bei dem Fragenkomplex „Mitbestimmung".

12 Werner Klein, Jahrgang 1928, nach Volks- und Handelsschule Eintritt als Angestellter in den Gewerkschaftsbund 1945, in die SPD 1946. 1950 bereits Arbeits- und Sozialrechtssekretär, 1953 geschäftsführender Vors. der DGB Kreise Mayen und Ahrweiler. 1961 hauptamtlicher Bürgermeister Weißenthurm (Rhein), von 1965 bis zu seinem Ausscheiden wegen Mitgliedschaft im rheinland-pfälzischen Landtag 1973 1. Bürgermeister von Andernach, Mitglied des Kreistages Mayen, dann Mayen-Koblenz 1966-76, Vorsitzender des SPD Unterbezirks Mayen-Ahrweiler 1968-1973, dann zwei Jahre nicht in diesen Vorstand gewählt, ab 1975 aber wieder Vorsitzender des Kreisvorstandes ab 1978 stellvertretender Vorsitzender des Unterbezirksvorstandes Mayen-Koblenz.

13 Der Bundestagswahlkreis war damals, 1968/69, noch identisch mit einem SPD-Unterbezirk. Dieser bestand aus zwei Kreisverbänden, dem von Mayen mit damals 25 Ortsvereinen einschließlich 5, die später ausgegliedert wurden (heute 25 mit insgesamt 2880 Mitgliedern) und dem von Ahrweiler mit damals 15 Ortsvereinen (heute 22 einschließlich 2 „von" Mayen mit 1115 Mitgliedern). 1978 wurde Ahrweiler ein selbständiger Unterbezirk mit der gleichen Anzahl von Ortsvereinen, während der Kreis Mayen in den gemeinsamen Unterbezirk Koblenz/Mayen aufging. Als Flächenwahlkreis mit einer Ausdehnung von 1.337,57 km^2 umfaßte der Bundestagswahlkreis 1968/69 232 selbständige Gemeinden, die nach der Gebietsreform der 70er Jahre zum Teil zusammengelegt wurden, aber natürlich „politisch" gesehen immer noch separate Einheiten darstellen mit insgesamt 15 Verbandsgemeinden bzw. Städten. Rund 86% der Bevölkerung gehörten der katholischen Kirche, 11% der evangelischen Kirche an, rund 12% waren bzw. sind Selbständige, 40,6% Arbeitnehmer, 33,6% Beamte und Angestellte und 6,5% Lehrlinge von der Erwerbsstruktur her.

14 Siehe Frankfurter Rundschau vom 17.9.1969, Bericht von K.-H. Krumm: „Ein Mann entwickelt demokratischen Dampf". Dort hieß es: „Seine Parteifreunde, die im Wahlkreis in nur 45 Ortsvereinen, zum Teil mehr heimlich als aktiv, organisiert sind hat er rasch aus ihrer Resignation herausgerissen: „Der bringt uns ganz schön in Trab" . . . Sein einziges Wahlversprechen, das er überall abgibt, lautet: Ich werde alle Gemeinden regelmäßig auch nach dem 28. September besuchen. Er sagt es, obwohl er genau weiß, daß er auch über die Landesliste diesmal nicht in den Bundestag kommen wird. Dennoch hat kaum jemand Zweifel daran, daß Schweitzer sein Versprechen erfüllen wird. Für ihn hat das Experiment

im Wahlkreis 149 erst begonnen": vgl. dazu Rhein-Zeitung 26. September 1972, also vor der Bundestagswahl, Bericht G. Michiels: „Hobby eines Professors, Information der Bürger – Schattenabgeordneter spricht über seine Erfahrungen" Nach Recherchen des Verfassers 1978 und Rücksprachen mit früheren Bundestagskollegen der CDU/CSU ist die Bonner Opposition jetzt z.B. in ihrem Landesverband Niedersachsen dazu übergegangen, nicht abgesicherte Bundestagskandidaten den von ihnen angestrebten Bundestagswahlkreis *nach einer verlorenen Wahl* ebenfalls als Schattenabgeordneter betreuen zu lassen, allerdings mit finanziellen Zuschüssen der Gesamtpartei. Ansonsten konnte eine derartige „Funktionswahrnehmung" nicht festgestellt werden. In Baden-Württemberg z.B. betreuen – was auch die Regel in anderen Parteien und anderen Landesverbänden ist – die jeweiligen CDU-Bundestagsabgeordneten immer noch einen in der Nähe gelegenen, von ihrer Partei nicht eroberten Bundestagswahlkreis bzw. listenmäßig durch keinen gewählten Listenabgeordneten versorgten „mit".

15 Ursprüngliche Mitbewerber im Kreis Ahrweiler waren der damalige Mitarbeiter im DED, heute Referent im Bundespresseamt, H. Wallow und der damalige wie heutige Redakteur im Westdeutschen Rundfunk Alexander von Cube; bei dem Mitbewerber aus dem Kreis Mayen handelte es sich um den in der Wirtschaft tätigen Gernot Mittler aus Mendig, damals wie heute Mitglied des Kreistages Mayen (Mayen/Koblenz), des SPD-Kreisvorstandes und Vorstandes seines Ortsvereins (heute Vorsitzender desselben). Die Aufstellung erfolgte am 23. September 1972 mit 60 zu 35 Stimmen bei zwei Enthaltungen durch insgesamt 97 von 100 anwesenden Delegierten aus 41 Ortsvereinen des Bundestagswahlkreises darunter damals 18 aus dem Kreis Ahrweiler. Zur Listenaufstellung siehe S. 23ff.

16 CDU-Direktkandidat und MdB war seit 1953 (bis heute) Schreinermeister Johann Peter Josten aus Oberwesel.

17 Bei den Bundestagswahlen errangen *1965* CDU 66,3 Prozent der Zweitstimmen und 67,9 Prozent der Erststimmen, SPD 25,8 Prozent Zweit- und 25,9 Prozent Erststimmen, FDP 6,4 Prozent der Zweitstimmen und 5,3 Prozent Erststimmen; *1969* CDU 62,1 Prozent Zweitstimmen und 62 Prozent der Erststimmen, SPD: 31.2 Prozent der Zweit- und 32,3 Prozent der Erststimmen, FDP: 3,8 Prozent der Zweit- und 3 Prozent der Erststimmen; *1972* CDU 57,1 Prozent der Zweit- und 57,7 Prozent der Erststimmen, SPD 36,9 Prozent der Zweit-und 38,7 Prozent der Erststimmen sowie FDP 5,5 Prozent der Zweit- und 3,2 Prozent der Erststimmen. 1972 konnte mit den Erststimmen in Andernach (51,7 Prozent) und Mayen (50,6 Prozent) erstmals in den zwei größten Städten die absolute Mehrheit für die SPD geholt werden. (1976 Andernach: SPD 47,2, CDU 47,3, in Mayen: SPD 48,3, CDU 46,7 – jeweils Erststimmen), s. auch Anm. 50.

18 Vgl. zur Bundesrepublik Deutschland grundlegend Kaack, H.: Geschichte und Struktur des deutschen Parteiensystems, Opladen 1971. Auf eine erneute Kandidatur verzichteten z.B. 1976 von der SPD die Abgeordneten Anbuhl und Hänschke, der eine bereits nach einer Legislaturperiode. Zur „Praxis" in Großbritannien siehe u.a. Richards, Hon Members, a.a.O., S. 17f. Schon am 12.7.75 hatte im übrigen der Verfasser in einem Presseinterview (Neue Rhein Zeitung) klargestellt: „Mit 55 mache ich in jedem Fall Schluß" (mit der „politischen Karriere", also „1979", d.V.) Tatsächlich erklärte er dann unmittelbar nach der Bundestagswahl 1976 und wieder-

holt danach vor der Presse und Wahlkreisöffentlichkeit, daß er 1980 für den Bundestag auf keinen Fall mehr zur Verfügung stehen werde – obwohl er immer wieder besonders aus dem SPD-stärkeren alten Kreis Mayen heraus dazu „animiert" wurde.

19 Sein Gegenkandidat, H. Wallow, erklärte z.B. in einem persönlichen Schreiben an alle Ortsvereinsvorsitzende im Bundestagswahlkreis 149 am 4.8.1975 wörtlich: „Es ist meine Auffassung, daß es bei der Abstimmung über Kandidaten möglichst Alternativen geben sollte. In einem Gebiet mit unverhältnismäßig starken CDU-Mehrheiten sollte der SPD-Abgeordnete nicht nebenberuflich, sondern nach Möglichkeit hauptberuflich seine Tätigkeit ausüben. Ein Volksvertreter sollte, sofern er keine wichtige Spezialaufgabe ausübt, in der Region, für die er Kandidat sein will, beheimatet sein" . . . (was auf den CDU-Direktabgeordneten im übrigen auch nicht zutraf, d.V.) In einem Schreiben vom 4.8.1975, also genau am gleichen Tage, wurde der Kreisvorsitzende der Junggsozialisten Ahrweiler, ein enger Mitarbeiter von Wallow, in gleichlautenden Briefen nicht nur im Kreise Ahrweiler, sondern auch an Parteigliederungen im Kreis Mayen sehr viel deutlicher: „. . . im Parlament ist C.C. ziemlich isoliert. Seine Arbeit wird von seinen Fraktionskollegen nicht besonders geschätzt, gleichgültig ob es sich um rechte MdBs aus Rheinland-Pfalz oder linke Mitglieder des Leverkusener Kreises handelt: Sie alle werten seine Verstöße, wie z.B. Präsenzpflicht im Plenarsaal, als billige personenbezogene Effekthascherei. Den Höhepunkt solcher Aktivitäten bildet ein von C.C. an den „Vorwärts" gerichtetes Schreiben, in dem er der sozialdemokratischen Wochenzeitung linksfaschistische Tendenzen vorwirft" (nachdem der „Vorwärts" Angriffe auf die politische Zuverlässigkeit des Bundestagsabgeordneten im Rahmen der Vorbereitungen der Hochschulgesetzgebung unter Hinweis auf „hohe" CDU-Verwandtschaft seiner Frau gestartet hatte, d.V.). „. . . Im Kreis Ahrweiler, den C.C. praktisch selbst verloren glaubt, wirkt seine Aktivität schon jetzt parteischädigend . . . Wir halten es für unsere Pflicht, Euch darüber zu informieren, warum wir C.C. für einen Mann halten, der in der politischen Arbeit jeden emanzipatorischen Ansatz vermissen läßt und bei genauerem Hinsehen nur für sich selbst arbeitet . . . Die Basis hat leider immer nur eine Chance, unsolide Volksvertreter loszuwerden und die liegt bei der Kandidatenaufstellung . . ." Die Querverbindungen zu gleichzeitigen Angriffen in der örtlichen, und z.T. auch überregionalen, Presse waren nicht zu übersehen. So hatte es weiter in diesem Schreiben geheißen: „. . . fünf Jusos aus dem Kreis Ahrweiler sind an der PH immatrikuliert. Von ihnen und aus der Tageszeitung (! d.V.) haben wir erfahren, daß es zwischen ASTA und C.C. wegen des mangelhaften Lehrerangebotes am Lehrstuhl für Politikwissenschaft zum Konflikt gekommen ist . . . Die Studenten, mit denen wir Jusos solidarisch sein sollten, fühlten sich schlicht übers Ohr gehauen . . ." Tatsächlich hatte die *Bonner Rundschau* Anfang Juli 1974 unter Berufung auf den ASTA entsprechende Behauptungen aufgestellt, die durch den Verfasser am 9.7.1974 in Form eines Leserbriefes richtigestellt wurden, zumal auch der ASTA seinen Vorwurf gegenüber dem Wissenschaftsminister Rau in Düsseldorf unter Hinweis auf eine Fehlinformation zurückziehen mußte. Der „Stern" befaßte sich mit der gleichen Thematik in Nr. 28/74 (Richtigstellung durch Verf. als Leserbrief in Nr. 30). Anders gelagerte Angriffe in einer „*Spiegel*glosse" im Zusammenhang mit einer (angeblich) grotesk

niedrigen SPD-Beitragszahlung des Bundestagsabgeordneten erfolgten in Nr. 20/1974, wurden in Nr. 25/1974 durch eine Leserzuschrift des Verfassers richtiggestellt und im übrigen auch in dem „linkslastigen" Berliner „Extradienst" am 3. Mai 1974 unter einer entsprechenden Überschrift aufgegriffen. Solche in die Publizistik getragenen Diffamierungskampagnen mit dem Ziel, hinderliche Konkurrenten in der eigenen Partei auszuschalten, sind für die SPD durchaus atypisch; vgl. aber z.B. Haungs, P. u. A.: Wahlkampf als Ritual – Studien zur Bundestagswahl 1969 im Wahlkreis Heidelberg/Mannheim-Land, Meisenheim 1974, S. 28, siehe auch Anm. 224.

20 Siehe „Stern" vom 18.12.1975: „Carl-Christoph Schweitzer, 51, SPD-Bundestagsabgeordneter des Wahlkreises Ahrweiler, suchte auf ungewöhnliche Weise seine Wiederaufstellung als Kandidat zu sichern. In einem Schreiben forderte der Politologieprofessor Genossen seines Wahlkreises auf, in anonymen Briefen an seine Bonner Adresse den Herrn Abgeordneten zu loben. Mit der Briefflut im Rücken will der Sympathieträger dann seinen Konkurrenten ausstechen. Die Idee für das Rundschreiben will Schweitzer dem politischen Gegner abgeguckt haben: Ich folge damit dem Beispiel der CDU in Mainz".
Hieran war so gut wie alles schief, was aber den „Stern" nicht dazu veranlassen konnte, eine sofort geforderte Richtigstellung zu veröffentlichen. Tatsächlich waren z.B. nur Stimmzettel (mit ja oder nein) verschickt worden, mit deren Hilfe die Mitglieder der SPD im Kreis Ahrweiler aufgefordert wurden, ihre Ansicht zu einer erneuten Kandidatur des Abgeordneten zu äußern. Diese Veröffentlichung im „Stern" führte zu einem Schreiben des Sprechers der rheinland-pfälzischen CDU-Abgeordneten, Johannes Gerster, an den Verfasser vom 6.1.1976, in dem es hieß: „In Mainz gibt es kein Beispiel der CDU für derartige Machenschaften. Wer Gegenteiliges behauptet, sagt die Unwahrheit". Dieser Aspekt der Affäre konnte sehr schnell mit dem Hinweis des Verfassers aufgeklärt werden, daß er ja gerade den Selektionsprozeß der CDU in Rheinland-Pfalz hatte loben wollen. Siehe im übrigen zur Arbeit der Enquete-Kommission für Verfassungsreform in diesem Zusammenhang S.234f.

21 Siehe S. 23ff. Vgl Haungs u.A., a.a.O., S. 14. Die CDU im Bundestagswahlkreis 149 ging insbesondere bei der Aufstellung zur Wahl 1976 vorbildlich vor und veranstaltete in vielen Ortsvereinen Anhörverfahren mit den insgesamt 4 Gegenkandidaten des amtierenden und wieder kandidierenden Bundestagsabgeordneten J.P. Josten.

22 An den Nominierungssitzungen 1976 mit beiden Kandidaten jeweils getrennt bzw. hintereinander nahmen teil: z.B. im Ortsverein Andernach mit rund 340 Mitgliedern 71, im eigenen Ortsverein Sinzig (am 12.12.1975) 77 von damals rund 190 Mitgliedern und in Bad Neuenahr (am 20.12. 1975) von rund 170 Mitgliedern 42. Zu durchschnittlichen Prozentzahlen bei solchen Gelegenheiten im Bundesgebiet siehe Zeumer, B.: Wahlen ohne Auswahl, in: Parlamentarismus ohne Transparenz, a.a.O., S. 165ff.

23 Siehe Abschlußbericht der Kommission als Bundestagsdrucksache 7/5924, 1976, S. 17ff: „begrenzt-offene Listen" und Schlußkapitel hier S. 234ff.

24 Siehe Kaack, H.: Geschichte und Struktur des deutschen Parteiensystems, Opladen 1971, u.a. S. 598ff; vgl. Wiss. Dienste, D. Bundestag, Nr. 22, 1971.

25 Vgl. Apel, H.: Der deutsche Parlamentarismus, a.a.O., S. 82ff.

Eine typische Karriere im Hinblick auf das vierte Kriterium („von der Parteispitze protegiert") ist etwa die von Bruno Friedrich, geb. 1927, Redakteur 1951-59, 1960-62 pers. Ref. seines ersten „Förderers", des stellvertretenden SPD- Vorsitzenden von Knoeringen, 1962-65 Ref. für Bildungsfragen beim Parteivorstand der SPD, 1970 Vors. des SPD-Bezirks Franken, 1971 Mitglied des SPD Landespräsidiums Bayern, Einzug in den Bundestag 1972, sofort „Sprung" in den Vorstand der SPD-Fraktion, 1973 auch in den SPD Parteivorstand, seit 1976 einer der 5 stellvertretenden Vorsitzenden der SPD-Fraktion.

26 Bei der Aufstellung der Bezirksliste Pfalz z.B. 1976 unterlag der SPD-Landeslistenanführer 1972, von Dohnanyi, dem Bundestagsabgeordneten und Lehrer im Ruhestand, Peter Büchner, in einer Kampfabstimmung nach Reden beider Listenplatzbewerber mit rd. 30 Stimmen. Was die „Unterstützung" des Verf. im Hinblick auf seinen jeweiligen Listenplatz durch manche der hauptberuflichen Spitzenpolitiker bzw. Parteibuchbeamten im eigenen Unterbezirk, z.T. auch in benachbarten Unterbezirken betraf, so ließe sich diese anhand von Besprechungsprotokollen aller Art, falls es sie gäbe, sicherlich als eine allenfalls platonische nachweisen. Das „oligarchische" Zusammenspiel im Sinne von Robert Michels gegen einen Außenseiter verlief letztlich auf einer gemeinsamen „Schiene" von Juso-Gewerkschafts- und Parteienfunktionären (hauptberuflichen) sozusagen der „zweiten Stunde" nach 1945 im nördlichen Rheinland-Pfalz, also etwa zwischen: W. *Klein* (s. Anm. 12), G. *Steen* (Jahrgang 1923, Eintritt in die Gewerkschaftsbewegung 1946, in die SPD 1948, 1951 Angestellter beim SPD-Bezirk Rheinland-Hessen Nassau als Jugendsekretär, Unterbezirkssekretär, seit 1959 Gesch.F. der SPD Rheinland-Hessen-Nassau, MdL seit 1963, ab 1970 1. Vizepräsident des Landtags); W. *Buchstaller* (Jahrgang 1923, 1949/59 Zentralsekretär und Vors. Jungsozialisten, 1959/61 Bundesgeschäftsführer, Vors. Kreisverband SPD und – bis 1977 – des UB Koblenz, stellvertr. Vors. des SPD-Bezirks Rheinland-Hessen-Nassau, Mitgl. des Landesvorstandes, MdB); K. *Haehser,* (Jahrgang 1928, 1947 Angest. des SPD-Unterbezirks Koblenz, 1949 Bez. Jugendsekretär für die Reg.-Bez. Koblenz, Trier, Montabaur, 1950 Geschäftsführer des SPD-Unterbezirks Trier bis 1965, Juso Bezirksvorsitzender Rheinland-Hessen-Nassau 1960-64, 1962-64 ihr Landesvorsitzender, 1955 MdL bis Einzug Bundestag, Vors. UB Trier; seit 1974 Parl. Staatssekretär); K. *Schön* (Jahrgang 1923, Eintritt SPD 1955, 1963-67 Geschäftsführer SPD UB Neuwied-Altenkirchen, seit 1967 hauptamtl. Bürgermeister der Stadt Bendorf/Rhein, Kreisvors. SPD seit 1966, später Vors. UB, Mitgl. des Bezirksvorstandes Rheinland-Hessen-Nassau, MdL von 1967 bis zur Aufgabe wegen neuer Inkompatibilitätsvorschrift in Rheinland-Pfalz. Entsprechende Stimmenpakete waren auf diese Weise aus mindestens drei SPD-Unterbezirken im nördlichen Rheinland-Pfalz mehr oder weniger fest in der Hand eines solchen „Kreises", – mit vielen weiteren Verzweigungen auf Bezirks- und Landesebene. Angaben hier nach „Amtliches Handbuch des Landtages Rheinland-Pfalz", Mainz 1971, 7. Wahlperiode, und Kürschners Volkshandbuch: Deutscher Bundestag, 8. Wahlperiode, 1977.

27 Der MdB Peiter, der bei seinem ersten Einzug in den Bundestag (laut pers. Auskunft) auf die Mitgliedschaft im Bezirksvorstand verzichtete, dessen

Sitzungen aber fortan kraft Amtes beiwohnen konnte, war gleichzeitig und durchweg in diesem Zeitraum Vorsitzender seines Unterbezirks. Der Verfasser hatte „den Kreis Ahrweiler" im Bezirksvorstand vom 17. Bezirksparteitag Rheinland-Hessen-Nassau am 21.2.1970 bis zum 18. Bezirkstag am 17.6.1972 vertreten. Hier war vor ihm der Landestagsabgeordnete Diel mit 77 Stimmen der Delegierten gerade noch in den neuen Vorstand gekommen, er selber jedoch nicht mehr mit 66 Stimmen, weil eben aus dem eigenen Kreis Ahrweiler Hans Wallow kandidiert und 48 Stimmen erzielt hatte, die dem Verfasser dann verloren gingen. Dieser Umstand wurde Wallow damals innerhalb des Kreises Ahrweiler sehr verübelt und war ausschlaggebend für seinen endgültigen Verzicht auf eine Bundestagskandidatur 1972. Die örtlichen Parteigremien in Ahrweiler hatten eindeutig den Verfasser vorher „nominiert", während Wallow auf den entsprechenden Sitzungen der Ahrweiler Gremien erklärt hatte, er würde wohl aus den Reihen der Jusos heraus bzw. auf deren Wunsch für Ahrweiler zusätzlich kandidieren.

28 Siehe eigenes Protokoll des Verfassers über die Bezirksvorstandssitzung vom 10.5.1976. Normalerweise werden vom Bezirksgeschäftsführer nur Beschlußprotokolle gefertigt und übersandt. Aus der Anwesenheitsliste geht hervor, daß von den ordentlichen Mitgliedern, das heißt nicht solchen kraft Amtes im Bundestag oder als Unterbezirksvorsitzende, 6 entschuldigt waren, 5 unentschuldigt fehlten und somit nur 5 einschl. Bezirksgeschäftsführer an der eigentlichen „Abstimmung" teilnahmen. Von den Bundestagsabgeordneten, die kraft Amtes an den Sitzungen teilnehmen konnten, wenn sie nicht dem eigentlichen Vorstand angehörten, fehlte der Abgeordnete Immer aus Altenkirchen entschuldigt. Sämtliche anwesenden Bundestagsabgeordneten enthielten sich fairerweise der Stimme bei der Frage, ob man gegen die Pfalz in einer Kampfabstimmung zugunsten des Verfassers um den letzten sicheren Platz gegen von Dohnanyi antreten sollte oder nicht. Vorher hatte der zuständige Unterbezirksvorstand Mayen-Koblenz am 10. März 1976 beschlossen, den Verfasser an eben der 6. Stelle im Bezirk vorzuschlagen bzw. zu unterstützen, das heißt auch nicht pro forma den Versuch zu machen, den eigenen Mann weiter oben abzusichern. Der Bezirksparteitag fand dann am 20. März 1976 statt. Eine „Europakandidatur" wurde später vom Verf., der ja seit 1972 auf alle Parteiämter einschl. Delegiertenstatus verzichtet hatte und diese Linie auch nach 1976 beibehielt, auf Bezirks- und Landesebene nur am Rande verfolgt – ganz im Gegensatz zu den hier analysierten 3 Bundestagskandidaturen.

29 Bei der Aufstellung von Bundestagskandidaten der SPD 1976 führte z.B. der Einsatz des Parteivorsitzenden (und anderer Spitzenfunktionäre) zugunsten von Professor Karl Kaiser in Bonn-Bad Godesberg, der gegen den amtierenden MdB Ostmann Freiherr von der Leye sowie gegen den (dann aufgestellten, aber nicht gewählten) Mitbewerber, Brungs kandidierte, nicht zu dem erhofften Erfolg. 1972 hatte lediglich der Bundesgeschäftsführer der SPD, H. Börner, an einen höheren Funktionär im Wahlkreis 149 zugunsten des Verfassers einen Brief geschrieben mit dem Bemerken, daß man die Anwesenheit eines Fachmannes „wie . . ." in der Bundestagsfraktion sicherlich sehr begrüßen würde.

30 Zu Großbritannien siehe hier u.a.: Richards, P.G.: Hon. Members, a.a.O., S. 13ff und Jackson, R.J.: Rebels and whips, London 1968, S. 250ff; zur

Problematik der Kriterien bei Kandidatenaufstellungen siehe Literaturangabe Anmerkung 24. In der Literatur begegnet man häufig dem Irrtum, daß es von einer Intervention oder dem Gesamtvorgang der Aufstellung her nuancierte, aber wichtige Unterschiede zwischen Direktkandidaten und Listenkandidaten gibt, so unter anderem auch bei Schwarz, H.P.: Ein Platz für Rebellen – zur Legitimationskrise des freien Mandats, in: Politische Meinung, Heft 143, 1972, S. 80f. Siehe im übrigen auch grundlegend Henkel, J.: Die Auswahl der Parlamentsbewerber, Berlin 1976. Siehe im übrigen Statuten CDU § 34, SPD § 11.

31 So z.B. focht der SPD-Ortsvorsitzende von Altenahr, J. Slawik, Kreisvorstandswahlen als unterlegener Kandidat für dieses Gremium an. 1974-1976 wurden große Auseinandersetzungen im Kreisverband Ahrweiler nicht zuletzt deshalb vom Zaune gebrochen, weil innerparteiliche Gegner einen Ortsverein – die sogenannte Grafschaft – durch ein Einschleusen von Mitgliedern aus einem anderen Bereich unterwandern wollten; vgl. z.B. Rhein-Zeitung Ahrweiler vom 25. September 1975: „Beleidigt bleibt beleidigt, . . . Grafschafter-Querelen . . ." Des Verfassers spezielle Vermittlung in diesem Falle mißlang, weil u.a. der damalige Kreisvorsitzende gegen den langjährigen bewährten Ortsvorsitzenden, Mitglied des Kreisvorstandes, Maerker, im Unterbezirksvorstand und Kreisvorstand Stellung bezog. Maerker trat dann 1977 – zweifellos in einer Überreaktion – aus der SPD aus. Gerade im Zentrum der sogenannten Grafschaft, das heißt in Gelsdorf bei Bonn, hatte der Verfasser 1969 vermutlich durch die Art seines Vorwahlkampfes u.a. mit einem Pater aus Maria Laach erhebliche Zugewinne für die SPD erzielen können und eine sehr schlagkräftige „Mannschaft" aufgebaut, deren angesehenster „Führer", ein Beamter im höheren Polizeidienst, schon 1973 mit seiner ganzen Familie aus Protest gegen „Störenfriede" in der Parteigliederung aus der SPD ausgetreten war.

32 Siehe u.a. Haungs, a.a.O.; Beyme, K. von (Hrsg.): Wahlkampf und Partei . . ., Tübingen 1974, in: Tübinger Studien zur Geschichte und Politik; die Übersicht der Wissenschaftlichen Dienste des Deutschen Bundestages, Bibliographie Nr. 45, 1976; Zeumer, B.: Kandidatenaufstellung und Bundestagswahlen 1965 sowie Faltlhauser, K.: Wahlkampf im Wahlkreis, eine Untersuchung zur Wähleranalyse . . . auf Wahlkreisebene . . . im Bundestagswahlkreis 152, Diss. Mainz 1971/2.

33 So etwa Bekundungen des langjährigen Andernacher Ortsvorsitzenden Dr. med. Berghammer gegenüber dem Verfasser 1970. Der Wahlkampfausschuß 1969 wurde vom Ortsvorsitzenden und damaligen Angestellten der Stadt Mayen, Hans Seichter, geleitet, der als öffentlicher Bediensteter vor der Bundestagswahl als zusätzlicher Bundestagszählkandidat beurlaubt und für das Wahlkampfbüro freigestellt werden konnte. Den Wahlkampfausschuß 1972 leitete ein höherer Beamter des Bundesfinanzministeriums, Piduch, der im Wahlkreis ansässig war und ebenso genau Protokoll wie Buch zu führen wußte. Die Unstimmigkeiten im Zusammenhang mit Ein- und Ausgaben des Wahlkampfes 1969 hatten dazu geführt, daß bei der Delegiertenkonferenz zur Aufstellung des Bundestagskandidaten 1972 Kandidat und Gegenkandidat „angehalten" wurden, vorher einen Revers zu unterschreiben, wonach sie sich verpflichteten, sich „an die Beschlüsse des Wahlkampfausschusses zu halten". Der zweite Satz lautete: „Meine Zustimmung zur Plazierung auf der Landesliste werde ich nicht von einem

bestimmten Listenplatz abhängig machen". Dieser Passus bezog sich auf den Umstand, daß der Verfasser auf dem Landesparteitag 1969 in Mainz hinter der Kulisse (er war kein Delegierter gewesen) und dann später parteiintern gedroht hatte, den zugesprochenen Listenplatz überhaupt nicht anzunehmen, sondern sich nur noch als Zählkandidat weiter unten auf der Liste aufstellen zu lassen – was natürlich zu einer Wiederholung des entsprechenden Landesparteitages geführt hätte. Zur Frage von 2 getrennt operierenden Wahlkampfteams eines Kandidaten (eines eigenen und eines parteiamtlichen) siehe auch Faltlhauser, a.a.O., im Hinblick auf den CDU-MdB Pieroth.

34 In seinen hektographierten Einladungen zu Versammlungen – so etwa an die Bürger von Kempenich in der Eifel am 6.9.1969 – erklärte er: „Ich habe Ihnen versprochen, bis zum 15. September 1969 alle Gemeinden in Ahrweiler/Mayen wenigstens einmal zu besuchen. Ich bin der Aufffassung, daß alle Bundestagskandidaten für den Bundestagswahlkreis denselben Einsatz zeigen müssen. ... Als Bürger können Sie erwarten, daß Ihr Abgeordneter Sie auch nach der Wahl ständig besucht. Sind diese Erwartungen bisher erfüllt worden?" (!, d.V.) Nach nun beginnenden Einsätzen vonseiten der CDU in entlegensten Eifeldörfern wurden jeweils anschließend von den Wahlhelfern des Verfassers hektographierte Mitteilungen in den Dörfern verteilt, worin er seiner Freude darüber Ausdruck gab, daß nun „auch endlich einmal wieder" die CDU, wenn auch nur vor Wahlen, in diesem Gebiet tätig geworden sei. Angemerkt sei, daß der Einsatz der CDU-Funktionäre bei den Bundestagswahlen 1976 mit Hilfe nicht nur von Bundestagsabgeordneten, sondern auch von Landtagsabgeordneten und Bürgermeistern die in weit geringerem Umfang zur Verfügung stehenden SPD-Funktionäre überrollte.

35 Das galt z.B. im Hinblick auf Gerüchte über Verfehlungen von Mandatsträgern oder auch die Personalpolitik. Obwohl z.B. in der Stadtverwaltung Mayen unter einem CDU-Oberbürgermeister und einem 1. SPD-Bürgermeister 48 Stellen mit CDU-Mitgliedern und nur 4 mit SPD-Mitgliedern besetzt sind, wurde in der Öffentlichkeit in neuester Zeit viel stärker gegen eine Parteibuchpersonalpolitik dort der SPD als der CDU polemisiert.

36 Siehe Kapitel V.

37 Noch 1969 wurde das recht dezidierte protestantische Engagement des Verfassers in Wahlkampfpublikationen der SPD nicht erwähnt, im Gegensatz zu 1972 und 1976. Jetzt ging man davon aus – wie sich zeigte zu Recht – daß konfessionelle Vorurteile immer weniger eine Rolle spielten. Themen der erwähnten Sonderpublikation waren unter anderem: „Das war eine Tat – ein Schulproblem unserer Zeit" (zu einem speziellen Einsatz des Verfassers in diesem Raume, siehe unten, siehe Seite 186 f.); „Das Ende einer Lüge" (über die Leistungen der SPD in der Weimarer Republik); „Auseinandersetzungen mit dem Kommunismus" (über Ernst Reuter in Berlin); „Besuch in Trier" (über einen Besuch des Kandidaten beim Generalvikar der Erzdiözese); „Willy Brandt – ein Verräter?" (über Willy Brandt's Vergangenheit); Bilder vom Verfasser mit Carlo Schmid, dem Pater aus Maria Laach, dem Weltmeister Graham Hill auf dem Nürburgring und Sepp Herberger; Berichte über einen Staatsempfang beim Bundespräsidenten und schließlich über eine Vorstandssitzung der vom Verfasser mitbegründeten „Aktion Gemeinsinn". Zusätzlich wurden wirtschaftspolitische Fragen

unter Hinweis auf die Aktivitäten von Karl Schiller angesprochen. Schließlich enthielt die vierseitige Wahlkampfzeitung einen Aufruf eines „Ausschusses unabhängiger Persönlichkeiten für die Direktwahl Professor Dr. C.C. Schweitzers in den Deutschen Bundestag", unterschrieben unter anderem von einem Oberförster, einem Hauptmann, einem Metzgermeister, einem Werkzeugmacher, einem Arzt und einem Medizinaldirektor. Aktiv gegen den SPD-Kandidaten bzw. MdB schaltete sich in den Wahlkämpfen von „klerikaler" Seite mit Predigten und anderen Verlautbarungen nur der kath. Pfarrer von Kruft ein – was aufgrund der öffentlichen Antworten des Verfassers (in Sachen § 218) 1972 zum SPD Erfolg in diesem Ort beigetragen haben dürfte.

38 Siehe Beispiel Kapitel V. Eine besondere Aktion erfolgte auch in den vielen kleinen ländlichen Gemeinden des sogenannten „Maifeldes", das in den vorausgegangenen Bundestagswahlkämpfen nahezu ausschließlich CDU gewählt hatte. Hier war „Aufhänger" der SPD Propaganda die Tatsache, daß eine sehr beliebte Landwirtschaftsschule geschlossen worden war. Die Wahlergebnisse 1969 zeigten in diesem Raum einen Stimmenanstieg der SPD zum Beispiel um 3,8% in Kehrig, 3,5% in Mertloch, 4,8% in Münstermaifeld, 3,1% in Pillig, 3,9% in Polch oder 9,7% in Hausen (einer Gemeinde am Rande dieses landwirtschaftlichen Gebietes).

39 Die schon oben angedeuteten Aktivitäten der CDU-Bundestags- und Landtagsabgeordneten im Wahlkampf 1976, aber auch schon etwa 1 Jahr vorher, fielen rein quantitativ nicht zuletzt deshalb mehr ins Gewicht, weil sie durchweg in der lokalen Presse auch für die kleinsten Ortschaften angekündigt wurden. Darauf hatte der SPD-MdB verzichtet, um die „Gegenseite" über seinen Einsatz im Unklaren zu lassen. Unter „politischen Frühschoppen" sind besonders in diesem Raume Veranstaltungen in den Wirtshäusern eines Ortes nach dem sonntäglichen Gottesdienst zu verstehen. Die Teilnahme der männlichen Bevölkerung ist dabei sehr groß.

40 1969 lag dies zweifellos im Interesse der SPD und ihres Kandidaten, damit dessen Bekanntheitsgrad gesteigert werden konnte. 1976 war das für die SPD nicht mehr nötig. Die politische Praxis zeigt durchweg, daß an solchen Veranstaltungen zu 90% Besucher und/oder Claqueure kommen, die an die jeweilige Partei gebunden sind.

41 In Großbritannien müssen Kandidaten einen unter Umständen verlorenen Geldeinsatz in Höhe von 150 englischen Pfund als Vorbedingung für ihre Kandidatur leisten.

42 Im Wahlkampf 1969 steuerte der Bundestagsabgeordnete persönlich etwa DM 10.000,– u.a. für den Druck und die Verteilung der oben genannten Wahlkampfzeitung – weitere DM 20.000,– in Form von Geld- und Sachspenden zum zentralen Wahlkampffonds des Bundestagswahlkreises bei und engagierte sich während seiner Schattenabgeordnetentätigkeit zwischen 1969 und 1972 dann mit rund DM 10.000,– einschließlich Benutzung seines PKWs bei seinen mehrmaligen Einsätzen pro Woche. Siehe auch Anm. 224. Vgl. zu Ausgaben von Bundestagskandidaten bei Bundestagswahlkämpfen u.a. Haungs, a.a.O., S. 71 ff unf 131 ff; im übrigen siehe auch Kap. V. Zu gesetzlich begrenzten Ausgaben der Kandidaten in Großbritannien siehe Richards, P.G.: Hon. Members, a.a.O., S. 24.

43 In Abwesenheit des Kandidaten hatte man sich am 16.2.1976 auf die Summe von DM 10.000 „geeinigt", (Aktenvermerk Geschäftsführer SPD-Unter-

bezirk Koblenz-Mayen, eingesehen vom Verfasser).

44 Vorbildlich engagierten sich in allen drei Wahlkämpfen die allerdings recht finanzstarken und an Spenden Dritter besser „herankommenden" großen Ortsvereine Andernach und Mayen. Regelmäßig kommen in der letzten Phase von Wahlkämpfen engagierte Ortsvereine und Bundestagswahlkampfausschüsse in rote Zahlen, so auch der Wahlkampfausschuß des Wahlkreises 149 der SPD 1969 mit rund DM 5.000, deren „Genese" später nicht mehr aufgeklärt werden konnte.

45 Der Ausschuß konstituierte sich am 10.4.1976 und trat insgesamt sechsmal zusammen, beschloß das Gesamtkonzept sowie Teilkonzepte des Wahlkampfes und legte in jedem einzelen Falle notwendig werdende Ausgaben vorher fest. Der „Haushalt" war daher auch bei der Endabrechnung mit Ausgaben und Einnahmen von rund DM 38.000 ausgeglichen. Ein Restposten zu diesem Ausgleich wurde Anfang 1977 vom ehemaligen MdB zur Verfügung gestellt. Einiges an Informationen war am Vorsitzenden des Ausschusses und amtierenden MdB vorbeigegangen, vgl. Vermerk des Bezirksgeschäftsführers über eine Besprechung beim Parteivorstand vom 23.3.1976, der von diesem „Vertraulich, nur für die beiden Kreisvorsitzenden" gezeichnet wurde (Einsicht in Akten der SPD-Bezirksgeschäftsstelle Koblenz)

46 Siehe auch Kapitel V.

47 Laut Mitteilung des damaligen SPD-MdL Moesta gegenüber dem Verfasser bezogen auf die erklärten Intentionen des oben geannnten MdL Klein, damals Kreisvorsitzender des neuen Kreisverbandes der SPD Mayen/Koblenz. Der Verfasser konnte nie klären, wieviel Exemplare schon im „alten" Kreis Mayen verteilt worden waren.

48 Um ein solches Wahlverhalten der FDP-Anhänger war im ganzen Bundesgebiet mit entsprechenden Erfolgen von der Führung dieser Partei gebeten worden.

49 Vgl. dazu den außergewöhnlichen Erfolg von Wilhelm Dröscher, der 1965 7,1% mehr Erststimmen als die SPD erhielt, das beste SPD-Ergebnis im ganzen Bundesgebiet, das auf CDU-Seite nur von Leisler Kiep mit 7,7% übertroffen wurde, siehe: Faltlhauser, a.a.O. S. 37.

50 Vgl. dazu Sperling, D., in: Beilage „Das Parlament": Einstellungswandel bei neuen Abgeordneten im Bundestag, 38/1970, S. 18 f. S. 208f., 232ff. oben. Wahlergebnis 1976 im BTWK 149: CDU 60,0% Erst-, 60,1 Zweitstimmen; SPD 34,6% Erst-, 34,0% Zweitstimmen; FDP 4,8% Erst-, 5,4% Zweitstimmen. Vgl. Anm. 17.

51 Siehe oben Anmerkung Nr. 5. Im Hinblick auf die schon unübersehbar gewordene Spezialliteratur sei herausgehoben die Auswahlbibliographie der „Wissenschaftlichen Dienste des Deutschen Bundestages": „Das Abgeordnetenmandat in der parteienstaatlichen Demokratie", Juni 1973, Nr. 33, mit Hinweisen u.a. auf weitere Abhandlungen von Abgeordneten über die von uns schon erwähnten hinaus, d.h. von Lentz, CDU und Leicht, CDU; zu Gerhard Leibholz, abgesehen von seinem grundlegenden Sammelwerk: Strukturprobleme der modernen Demokratie, München 1967 (3) und ders.: Die Repräsentation in der Demokratie, Berlin 1973 (3); siehe jetzt auch „Spiegel" Nr. 9/1978, S. 36 ff: „Abgeordnete sind der Partei verpflichtet"; ferner: Parteienstaat und Abgeordnetenfreiheit – zur Diskussion über das imperative Mandat, (Hrsg. Guggenberger, Veen et. al.),

München 1976; Kevenhörster, P.: Das imperative Mandat, Frankfurt 1975. Vgl. im übrigen Schlußkapitel, S.227, 238f.

52 § 32 der Geschäftsordnung des Deutschen Bundestages sieht vor: „Mitglieder des Bundestages, die zur Sache sprechen wollen, haben sich in der Regel schriftlich bei dem Schriftführer, der die Rednerliste führt, zum Wort zu melden".
Demgegenüber heißt es im § 3 der Geschäftsführung der Fraktion der SPD im Bundestag in der Fassung vom 2.6.1970, die heute noch abgesehen von wenigen Änderungen gültig ist: „Will ein Mitglied der Fraktion in eine Plenardebatte eingreifen, so verständigt es sich darüber mit dem zuständigen Ausschußobmann und dem Parlamentarischen Geschäftsführer" (vgl. § 2)
Ähnlich stringente Bestimmungen fehlen in den Geschäftsordnungen der CDU/CSU und der FDP, obwohl auch hier die Praxis die ist, daß Wortmeldungen ans Präsidium gewissermaßen über die Fraktion laufen. Zu den widersprüchlichen Aussagen der Bundestagsgeschäftsordnung einerseits und den Fraktionsgeschäftsordnungen andererseits in Hinblick auf das Einreichen von mündlichen und schriftlichen Fragen an die Bundesregierung siehe unten Nr. 107. Vgl. aber bei CDU/CSU § 7, (4).

53 Der Terminus wurde übernommen u.a. von Verney, D.: The Analysis of Political Systems, London 1959.

54 Siehe S. 240ff.

55 Zu diesem Begriff siehe u.a.: Bauer, H.: Der Fraktionszwang, Diss. Mainz 1961; zu Großbritannien im übrigen grundlegend bei Jackson, R.J.: Rebels ... a.a.O., S. 15-17, vgl. Anmerkung 99 unten und die dort angegebene Literatur; Crossmann, R.: The diaries, a.a.O., Bd. II, S. 347; zur „Gewissensfreiheit" eines M.P.: Standing Orders of the Labour Party" 1961, abgedruckt bei Jackson a.a.O., S. 315/16. Siehe auch das Standardwerk McKenzie, R.I.: Politische Parteien in England, Opladen 1961.

56 Parallelen bieten sich hier durchweg zu Großbritannien an, wie Gespräche des Verfassers 1977 u.a. mit dem konservativen Unterhausabgeordneten N. Marten in Oxford und dem inzwischen verstorbenen Labour Abgeordneten Professor Mackintosh in Londen ergaben. Vgl. „Report of the Special PLP Committee on Relations between Government and Backbenchers", dem Verfasser von der PLP im Sommer 1977 in Londen übergeben, nachdem dieser Bericht gerade vorlag.

57 Als Beispiele aus der 7. Legislaturperiode wären das „unbekümmerte" publizistische Verhalten des SPD-Direktabgeordneten Conrad Ahlers aus Rheinland-Pfalz oder die starke Stellung und schnellen Bundestagskarrieren von Gewerkschaftsfunktionären wie Adolf Schmidt oder H. Rappe zu nennen – ganz abgesehen von den Gewerkschaftsführern, die nach 1969 zu Kabinettswürden kamen.

58 Zur Literatur siehe hier die ausgezeichnete bibliographische Übersicht der Wissenschaftlichen Abteilung des Deutschen Bundestages, Materialien Nr. 11, Juni 1969: „Parlamentsreform – Kritik am Bundestag und Modellvorstellungen zur Parlamentsreform in der wissenschaftlichen Literatur". Ferner ist auf das Sammelwerk „Bundestag von innen gesehen", a.a.O. hinzuweisen und hier nicht zuletzt auf den Beitrag des SPD Abgeordneten H. Collet, der seinerzeit eine besondere interfraktionelle Arbeitsgruppe initiierte und leitete, siehe dort S. 277. Vgl. Lohmar, U.: Das Hohe Haus,

a.a.O., S. 209 f und Apel, H., : Der deutsche Parlamentarismus, a.a.O., S. 84 f; zu Großbritannien siehe Crick, B.: The Reform . . ., a.a.O. und Crossmann, R.: The Diaries . . . a.a.O., Bd II, S. 130 ff, 235 ff und 337 ff.

59 Eine Klausurtagung der SPD-Fraktion gab es zum Beispiel am 25. März 1966 zu Fragen der Wissenschaftspolitik „aus der Opposition" heraus, siehe Protokoll der SPD-Fraktion. In der 5. Leg. Per hatte auch die SPD-Fraktion eine besondere Arbeitsgruppe bzw. „Kommission für *Parlamentsreform*". Diese Leg. Per. stellte insgesamt eine Blütezeit der Reformüberlegungen im Deutschen Bundestag dar, siehe u.a.: Materialien, Wissenschaftliche Abteilung des Deutschen Bundestages, Nr. 10., Bonn April 1969.

60 Die Gruppe der Mitte umfaßte u.a. die Abgeordneten Peter Glotz, Jochen Vogel und Günter Metzger. *Berichterstatter* – also in der Terminologie des Bundestages diejenigen Abgeordneten, die im Auftrage ihrer Fraktion jeweils für die Behandlung eines Gesetzentwurfes eben in Bundestagsausschüssen und im Bundestagsplenum verantwortlich sind, dort dann auch „berichten" – wurden zum Beispiel keineswegs regelmäßig zu Koalitionsgesprächen auf höchster Ebene hinzugezogen, siehe unten Kapitel IV, S. 152f., 169.

61 Siehe auch S. 61ff; der Verfasser nahm einmal an einer Zusammenkunft der „Leverkusener", hingegen regelmäßig an den gesellschaftlichen Veranstaltungen der „Kanalarbeiter" (unter dem Motto: „Freunde sauberer Verhältnisse"!) teil. Zur „Solidarität" insbesondere in der SPD-Fraktion siehe unter anderem Schäfer, F.: Der Bundestag, a.a.O., S. 148 ff.

62 Klausurtagung zur Verteidigungspolitik zum Beispiel am 5. November 1973; zur Redezeit siehe S. 94, 99, 134; zum Verhältnis Fraktions-Parteivorstand siehe Schäfer, F. a.a.O., S. 134.

63 Nach Bekundungen eines früheren Parlamentarischen Geschäftsführers der SPD-Fraktion, M. Schulte, wurde der Tagesordnungspunkt „Informationen" nach dem Eintritt der SPD in die Regierung 1967 eingeführt, um den Fraktionsmitgliedern Gelegenheit zu geben, die Regierung intern offener befragen zu können, als dies einer Regierungspartei in der parlamentarischen Fragestunde möglich sei; vgl. Lohmar, U.: Das Hohe Haus, a.a.O., S. 72 ff. Die Situation ist in diesem Punkt in Großbritannien bei der „regierenden" PLP viel schlechter, da der Prime Minister (oder ein anderer Minister) oft überhaupt nicht zu Fraktionssitzungen kommt. Callaghan z.B. tut dies regelmäßiger erst seit dem „Krisenjahr" 1977 (Auskunft von Labour MP Mackintosh dem Verfasser gegenüber in London, Sommer 1977)

64 Zum Problem des Doppelberuflers siehe unter Kapitel V.

65 Diese Einrichtung geht auf Herbert Wehner zurück. Das Gremium tagt fraktionsöffentlich und stellt nach den Beobachtungen des Verfassers ein ausgezeichnetes Informationssystem dar. Vgl. auch Apel, H. Der Deutsche Parlamentarismus, a.a.O. S. 225 ff.

66 Fraktionsvorsitzender und Geschäftsführer erhalten in der Regel eine Pauschale aus den Zuweisungen an die Fraktionen unter dem Haushaltstitel 02 (Bundestag).

67 Getrennt wurden vor allem Ämter im Bereich des Fraktionsvorstandes, der Ausschuß-Vorsitzenden und Ausschuß-Obleute sowie der Arbeitskreis-Vorsitzenden. Zur Elitebildung siehe grundsätzlich Kaack, H., Ge-

schichte und Struktur . . ., a.a.O. S. 664 ff; Apel, H.: Bonn, den . . . a.a.O., S. 32 zum Beispiel. S. Anlagen 1a und 1b.

68 Vgl. Deutscher Bundestag, Stenographischer Bericht (im folgenden: DBSB) 155. Sitzung 13. März 1975; Diskussion in der Fraktion erstmalig am 25. Februar 1975. Hier meldete sich Widerstand aus allen „Gruppen" vor allem wegen des Verfahrens, den Kandidaten ohne vorherige Aussprache in der Fraktion zu benennen. Auf eine entsprechende, rhetorische Frage von Herbert Wehner, ob die Fraktion eine Vertagung der Wahl beantragen sollte, stellte der Abgeordnete Coppick eben diesen Antrag, der jedoch mit einer ca. Zweidrittelmehrheit abgelehnt wurde. Am 11. März 1975 berichtete Herbert Wehner dann über den letzten Stand und richtete die „dringende Aufforderung" an alle Fraktionsmitglieder, – auch die potentielle „Dissidenten", die sich diesbezüglich schon geäußert hatten, – geschlossen für Werner Buchstaller zu stimmen. Der Verfasser hält es für ausgeschlossen, daß Herbert Wehner im Plenum später bewußt Buchstaller aus irgendeiner persönlichen Rancune heraus „auflaufen" lassen wollte, wie behauptet wurde. Eher anzunehmen war eine beabsichtigte Demonstration einzelner gegen den Bundeskanzler. Bei der Fraktionssitzung am 14. März 1975, auf der über den Beschluß beraten wurde, Berkhan vorzuschlagen, beschwerte sich Helmut *Schmidt* bitter über die „27", die gegen Buchstaller gestimmt haben mußten; so etwas habe es in der SPD-Fraktion seit 1949 zum erstenmal gegeben. Am 7. März 1975 hatte sich interessanterweise noch K. Schön im Namen des UB-Vorstandes Koblenz-Mayen mit einer brieflichen Empfehlung an H. Wehner gewandt. Er hätte u,U, Buchstaller als MdB für Koblenz ab 1980 „beerbt"!

69 Siehe unten.Vgl. auch die ausgezeichneten Anlagen im Buche von Schäfer, F.: Der Bundestag, a.a.O.

70 Hans-Dietrich Genscher zum Beispiel war nach seinem Eintritt in die FDP 1952 zunächst von 1956 bis 1959 Assistent der FDP-Bundestagsfraktion, von 1959 bis 1965 ihr „Geschäftsführer" als Fraktionsangestellter und vor seinem Eintritt in den Bundestag 1965 von 1962 bis 1964 Bundesgeschäftsführer der FDP. Bereits ab 1968 stellvertretender Bundesvorsitzender, 1965 bis 1969 Parlamentarischer Geschäftsführer der FDP-Bundestagsfraktion. Innerhalb der „Massenpartei" SPD verlief die Blitzkarriere von Bruno Friederich nur insofern typisch, als sie sicherlich zu einem Teil auf einflußreiche Förderer (zunächst Waldemar von Knoeringen und dann Herbert Wehner) zurückging; siehe Anmerkung Nr.25.

71 Einer der außenpolitischen Referenten der SPD-Bundestagsfraktion „beschwerte" sich zum Beispiel gegenüber dem Verfasser darüber, daß dieser ihn nicht auf seine Absicht angesprochen habe, für die SPD-Fraktion erstmalig mit einer Delegation in die Volksrepublik China zu fahren. Oft wußten solche Fraktionsreferenten besser über „vorgesehene" Plenarreden von SPD-Fraktionsmitgliedern Bescheid, als diese zunächst selber. Vgl. auch den entsprechenden Beitrag in: Der Bundestag von innen gesehen, a.a.O.

72 Ein seltenes Beispiel für eine fraktionsinterne „Sitzung", das heißt für einen Ausschluß von Nichtfraktionsmitgliedern, war die Sitzung vom 13. Juni 1967 in der Zeit der Großen Koalition, als es um das Verhältnis zur DDR bzw. den am gleichen Tage übermittelten Brief von Bundeskanzler Kiesinger an Stoph ging.

73 So auf der Fraktionssitzung am 18. September 1973. Der Verfasser konnte im Zusammenhang mit dem Auswärtigen Ausschuß in der 7. Legislaturperiode so gut wie keine Indiskretionen von irgenwelcher Bedeutung feststellen. Häufiger operierte die Opposition in Plenardebatten in Richtung Regierungsparteien insofern wider besseres Wissen, als im Auswärtigen Ausschuß die Diskussion ganz anders verlaufen war. Dieses „Spiel" – nach Auffassung des Verfassers stilwidrig, weil eben aus dem Auswärtigen Ausschuß nicht zitiert werden kann – war wohl immer schon praktiziert worden. Für die 7. Legislaturperiode vgl. zum Beispiel Plenar-Diskussion (Aktuelle Stunde) über den Antrag der Opposition, die Bundesregierung zu einem regelmäßigen Bericht über die Situation der Menschenrechte in der DDR zu veranlassen, DBSB, 7/233. Sitzung, 1.4.1976.

74 Der Verfasser machte sich auch darüber recht genaue Notizen, aus denen hervorgeht, daß die Fraktion nach dem Rücktritt von Willy Brandt 1974 diesem zunächst im Gegensatz zu seinen Kanzlerjahren nur schlecht zuhörte, daß heißt sich während seiner Ausführungen vielen Einzelunterhaltungen hingab; umgekehrt proportional war es bei Helmut Schmidt. Auch ein Herbert Wehner genoß die ungeteilte Aufmerksamheit der Sitzungsteilnehmer nur bei besonderen, dramatischen Anlässen.

75 Vgl. Protokoll der Parlamentarischen Labour Party (PLP) vom 1. April 1974. Zu Fraktionssitzungen in Großbritannien generell siehe Richards, P.G., Hon. Members, a.a.O., S. 97ff und Crossmann, R.: The Diaries, a.a.O. Bd. II, 16 ff, 70 ff, 77 f und 369 f.

76 Vgl. Anmerkung Nr. 2.

77 So zum Beispiel im Zusammenhang mit der Kontroverse Willy Brandt/Herbert Wehner über dessen Moskauer Äußerungen auf der Fraktionssitzung am 2. Oktober 1973, bei der der Verfasser vergeblich versuchte, nachzuhaken bzw. eine Aussprache herbeizuführen und deshalb ohne Namensnennung, aber Nennung seines Berufes (!) unter anderem von Helmut Schmidt angegriffen wurde, was zu einem kurzen, aber durchaus „bereinigenden" Briefwechsel mit diesem führte. Herbert Wehner hatte sich unter Hinweis auf seine gleichlautenden früheren Äußerungen zur Sache in Rundfunk und Fernsehen gerechtfertigt; Willy Brandt hatte empfohlen, jetzt „Gras wachsen zu lassen", nachdem sich insgesamt drei Fraktionsmitglieder zu Wort gemeldet hatten. Der Verfasser hatte für Kritik und Selbstkritik in der eigenen Fraktion plädiert und eine Diskussion über die Ursachen für die entstandene Krise gefordert, die er vor allem in einer mangelnden Abstimmung und mangelnder Teamarbeit zwischen Regierungs- und Fraktionsführung sah und ebenso wie in einem Rundschreiben an alle Fraktionsmitglieder kurz darauf (5. Oktober) zur Sache unter völkerrechtlichen und politischen Gesichtspunkten die Auffassung Herbert Wehners („Das Berlin-Abkommen nicht überstrapazieren") unterstützt, dabei aber die Form der Kritik unabhängig vom Ort ihres Vorbringens, der für ihn gleichgültig sei, bedauert. Nach kurzen Auslassungen von Helmut Schmidt (unter anderem: „Professoren fressen auch Gras") und Ehmke („einige wollen offenbar hier Krach entfachen") wurde wiederum dieser Stil angegriffen. Die Diskussion wurde dann aber schnell beendet (s. S. 77). Sie gab es auch nicht am 7.5.74 bei Brandt's Rücktritt.
Interessant ist in diesem Zusammenhang ein Vergleich der Stimmen, die Herbert Wehner bei der Wahl zum Fraktionsvorsitzenden zu Anfang der

Legislaturperiode, am 29. November 1972 erzielen konnte: 212 von 225 abgegebenen Stimmen.,und nach dieser „Affäre" am 4. Dezember 1973 (172 von 219 Abstimmenden bei 47 Nein-Stimmen). Herbert Wehner hatte in einem persönlichen Schreiben an den Verfasser nach dessen Rundschreiben an die Fraktion durchaus zutreffend vorausgesagt, daß die Kollegen einen solchen Brief nicht zu honorieren wissen würden.

78 Vgl. zu den „Notstandsverhandlungen" Fraktionsprotokolle unter anderem vom 25. Januar, 1. März und 26. Mai 1966 oder vom 3. Oktober 1967 und 27. März 1968.

79 Kiesinger am 12. Dezember 1967, Genscher am 12. März 1976 laut Protokoll.

80 Mitunter konnte zum Beispiel der Verfasser feststellen, daß Wortmeldungen nicht in der richtigen Reihenfolge aufgerufen wurden, was allerdings zum Teil auch an den diese Wortmeldungen notierenden Geschäftsführern gelegen haben mag. Protokolle der PLP weisen demgegenüber aus, daß der „Vorsitzende" bei Namensaufrufen auf Fraktionssitzungen abwechselnd die eine und die andere Seite zu Worte kommen läßt, gelegentlich Diskussionen aber auch von sich aus abbricht (Vgl. Auskunft der Lab. MPs Ellis und Mackintosh gegenüber dem Verfasser in London 1977).

81 Vgl. etwa Fraktionssitzung vom 18. September 1973 zu einer Chile-Resolution; auch das Thema von Waffenexporten war schon in der 7. Legislaturperiode ein „Dauerbrenner", bis es dann in der 8. im Jahre 1978 durch eine Sondergruppe der Fraktion umfassend analysiert wurde. Im zuständigen Arbeitskreis 1 mußte in der 7. Legislaturperiode der Abgeordnete Walkhoff immer neue Anläufe unternehmen, um eine „Kleine Anfrage" zum Thema einzubringen: Im Alleingang wurde von ihm im Frühjahr 1973 eine Kleine Anfrage zu den bundesdeutschen Waffenlieferungen in die damaligen portugiesischen Kolonien Angola, Guinea-Bissao und Mocambique vorbereitet. Da eine derartige, von der Bundesregierung schriftlich zu beantwortende Anfrage von 21 Abgeordneten unterzeichnet werden muß und ihm um des Erfolges willen daran gelegen war, auch Unterschriften von Genossen, die nicht dem Leverkusener Kreis angehörte, und von Mitgliedern der Fraktion der FDP zu bekommen, waren langwierige Beratungen zur Abstimmung des Textes erforderlich. Über ein halbes Jahr war die Kleine Anfrage Diskussionsgegenstand im Arbeitskreis I der Fraktion. Die Regierung benötigte diese Zeit, um sich zu einer Einstellung der Lieferung von Waffen, die außerhalb des NATO-Bereiches eingesetzt werden bzw. zu einer Wirksamkeit und Kontrolle garantierenden Endverbleibsklausel durchzuringen. Als die Kleine Anfrage dann am 22. Januar 1974, um einige Schärfen und zu unbequeme Fragen gekürzt, offiziell im Bundestag eingebracht wurde, war beiden Seiten geholfen: Walkhoff hatte erreicht, daß der Einsatz aus der Bundesrepublik gelieferter Waffen in den portugiesischen Kolonien unterbunden wurde, und die Bundesregierung konnte in ihrer Antwort deutlich machen, daß alle Verdächtigungen unbegründet waren.
Erheblichen Ärger verursachte z.B. die Absendung eines Telegrammes nach Spanien von Arbeitskreismitgliedern ohne vorherige Verständigung im Arbeitskreis am 23. September 1975; vgl. Protokoll der Sitzung der Arbeitsgruppe Außenpolitik von diesem Tage.
In der Bundesrepublik tragen sich im übrigen die MdBs in Anwesenheitslisten der Fraktionssitzungen ein, wenngleich sie dies auch gelegentlich ver-

gessen und darüber hinaus häufig bald nach der Eintragung Sitzungen wieder verlassen.

82 Klage über schlechte Präsenz wurde z.B. am 17.2.1965 geführt (laut Protokoll); vgl. Crossman, R.: The Diaries . . . a.a.O., Bd. II, S. 153.

83 Sitzung vom 26. November 1966 laut Protokoll; vgl. zur Bildung der Kleinen Koalition Sitzungen vom 3. und 14. Oktober 1969.

84 Siehe DBSB 7/96. Sitz., 26. April 1974. Vgl. den Aufsatz von Hirsch, M. zur innerfraktionellen Willensbildung insbesondere im Zusammenhang mit der Notstandsgesetzgebung in: Der Bundestag von innen gesehen, a.a.O., S. 85 ff.

85 In der Resolution hieß es: „Die demokratischen Parteien der Bundesrepublik Deutschland sind entschlossen, unseren freiheitlichen, sozialen und demokratischen Rechtsstaat mit allen rechtsstaatlichen Mitteln zu verteidigen . . . In der Bundesrepublik Deutschland ist es bisher gelungen, mit rechtsstaatlichen Mitteln die Freiheit der Bürger vor kriminellen Angriffen in einem Maße zu sichern, wie es nur in wenigen anderen Ländern der Fall ist . . . Terrorismus kann mit polizeilichen und strafrechtlichen Maßnahmen allein nicht bekämpft werden. Die Abwehr des Terrorismus erfordert auch geistige Auseinandersetzung. Sie ist die Sache jedes einzelnen Bürgers. Wir werden nicht nachlassen, diese geistig politische Auseinandersetzung zu führen . . . . wenn die Bürger des Staat überzeugt mittragen, haben extremistische und kriminelle letztlich keine Chance".
In der Diskussion war u.a. das Wort „extremistische" (an Stelle von „radikale" im ursprünglichen Entwurf) eingefügt worden.

86 Vgl. Stellungnahme der Bundesregierung zum Bundesratsentwurf 90/75 und fraktionsöffentliches Hearing des SPD-Arbeitskreises Rechtswesen mit Generalbundesanwalt Buback und dem Chef des BKA, Herold, am 20.5. 1975.

87 Siehe: DBSB 7/213. Sitzung, S. 14740.

88 Ebenda; vgl. Abstimmungsverhalten Lattmann mit drei anderen SPD-Abgeordneten am 16. Februar 1978 gegen die sogenannten Anti-Terror-Gesetze und am 29. September 1977 gegen das sogenannte Kontaktsperren-Gesetz. Am 29. September 1977 stimmten gegen das Gesetz die Abgeordneten Coppick, Lattmann, Hansen und Thüsing, siehe DBSB 8/44. Sitzung S. 3384. 12 MdBs der SPD und fünf der FDP enthielten sich. Am 16. Februar 1978 stimmten die SPD Abgeordneten Coppick, Hansen, Meinike und Lattmann gegen das Gesetz, was von Lattmann begründet wurde: DBSB, 8/72. Sitzung, S. 5712 ff. Es gab keine Enthaltungen. S. Anm. 269.

89 Zum „Zurückpfeifen" Ehmkes siehe Protokoll der Fraktionssitzung vom 6. November 1973. Ehmke wurde praktisch von allen Fraktionsrichtungen her sowohl zur Sache als auch wegen der Form, das heißt des Übergehens zuständiger Fraktionsgremien, angegriffen (so unter anderem von Alex Möller), vom Bundeskanzler Willy Brandt aber in der Sache verteidigt. Eine dann von Herbert Wehner vorgeschlagene modifizierte Resolution zur ursprünglich von einem bayerischen Abgeordneten eingebrachten: Aussetzung der Kabinettsvorlage beim Postverwaltungsrat, wurde „gegen" Ehmke einstimmig angenommen. Zur Rentenfrage vgl. Fraktionssitzung vom 3. Dezember 1976, die letzte, die vom Verfasser „mitprotokolliert" wurde. Hier war die Ablehnung der Regierungsabsichten, die auch vom Fraktionsvorsitzenden unterstützt worden waren, ebenso einhellig wie

vehement und zahlreich. Viele Redner stellten das moralische Argument in den Mittelpunkt ihrer Kritik. 1974 wurde ganz ähnlich Gscheidles Konzeption eines Vier-Minuten-Telefontaktes (nunmehr auch sehr eindeutig vom Fraktionsvorsitzenden) abgelehnt – zweifellos nicht zuletzt angesichts der bevorstehenden Landtagswahlen.

90 Vgl. Fraktionsprotokolle vom 21. Oktober 1969, 13. Mai 1971, 27. Januar 1972 und 13.12.1976 (oder auch 12.9.1975 Bundeskanzler Schmidt zum Verhältnis Regierungschef - Parteitagsbeschlüsse). Erstaunlich demgegenüber die Theorie und Praxis der Hamburger SPD. Dort wurde nach den Wahlen des Frühsommers 1978 einmal mehr die Senatsliste des 1. Bürgermeisters bzw. Regierungschefs vom Landesvorstand und der Landespartei vor der Investitur durch die Bürgerschaft als Parlament „genehmigt": Nicht anders verfuhr die CDU in Baden-Württemberg nach Filbingers Rücktritt, vgl. FAZ 24.8.1978: „Späth stellt sein Kabinett vor" (auf gemeinsamer Sitzung der CDU-Landtagsfraktion und des Landesvorstandes).

91 Siehe Fraktionsprotokoll vom 3. Juni 1975. Leber wurde hier unter anderem sehr heftig von einem späteren Parlamentarischen Staatssekretär der Regierung Schmidt im Rahmen einer recht ausführlichen Debatte angegriffen. Zur Generalsaffäre siehe Protokoll vom 9. November 1976 und dort die ohne Gegenstimmen angenommene Presseerklärung, die eine Solidarität mit dem damaligen Bundesverteidigungsminister und eine Ablehnung des Mißbilligungsantrages der CDU/CSU zum Ausdruck brachte. An dieser Diskussion beteiligte sich Willy Brandt dreimal und tadelte unter anderem das Telegramm der „40", deren Alleingang von der Form her auf die Ablehnung auch anderer Redner stieß. In der Sache war sich hier die SPD-Fraktion entgegen anders lautenden Meldungen völlig einig.

92 Vgl. Fraktionsprotokolle vom 3. und 14.10.1969 z.Z. der Bildung der Kleinen Koalition sowie vom 12.12.1972 zu Beginn der neuen Legislaturperiode unter Bundeskanzler Willy Brandt.

93 Vgl. Fraktionsprotokolle vom 16. und 20.5.1974 zur Regierungsbildung Schmidt; vom 4.6.1974 zur Kritik U. Lohmars in diesem Zusammenhang und am 6.10.1976. Am 16.5.1974 meldete sich ernsthaft nur ein MdB zur Vermögensbildung. Die Regierungserklärung stand schon fest.

94 Siehe Protokoll der Sitzung vom 11.5.1967.

95 Siehe Protokoll der Sitzung vom 6.7.1966; vgl. Crossmann, R. The Diaries, a.a.O., Bd. I, S. 444 und Bd. II, S. 32 f und 387 ff.

96 Er hatte in einer Vorlage an die Reformkommisson vom 25.8.1973 gefordert: „Der Parteivorstand und in Sonderheit die Parteivorsitzenden werden gebeten, nach Möglichkeit Beschlußfassungen und ihre Veröffentlichungen in der Presse von Parteipräsidium und Parteivorstand in Bereichen, die die Gesetzgebungsarbeit des Bundestages betreffen, erst dann herbeizuführen, wenn die Fraktion Gelegenheit gehabt hat, sich dazu zu äußern. Die Fraktionsgeschäftsführer sollten zu diesem Zweck in die Lage versetzt werden, Tagesordnungen von Parteivorstand und Fraktion rechtzeitig aufeinander dadurch abzustimmen . . . Jeder möglichen Tendenz zu einer Entwicklung in Richtung auf ein imperatives Mandat – in diesem Falle gewissermaßen von oben - ist in unserer Partei entgegenzuwirken . . .". Vergl. Schäfer, F.: Der Bundestag, a.a.O., S. 134.

97 Vgl. z.B. Fraktionssitzung vom 15.4.1975 zu Vietnam. Vormittags hatte das Parteipräsidium eine Erklärung verabschiedet und veröffentlicht. Diese

Erklärung wurde bezeichnenderweise ohne Aussprache einstimmig „gutgeheißen" – nach einem „Politischen Bericht" von Willy Brandt, u.a. zu dieser Frage.

98 Vgl. dazu auch S. Rose: Policy decision in opposition, in: Political Studies 1956, Vol. IV. S. 128 ff.

99 Siehe vor allem Jackson, R.J.: Rebels ... a.a.O. und Lit. in Anm. 8, so u.a. Richards, P.G.: Hon. members, a.a.O., S. 13 ff; Eigenbericht von Johnson, D.M.: A Cassandra, a.a.O., S. 78, 167 und 184; Hughes, E.S. Silverman, a.a.O., S. 136 ff, 149, 170 und 194 ff; Leonhard, D.: The backbencher and Parliament, London 1973, S. 83 f; oder Statistiken über das Abschneiden bei Unterhauswahlen des Abg. D. Taverne (Lincoln): 1970 hatte er noch einen Vorsprung von 6537 Stimmen zugunsten von Labour herausgeholt, 1971 dann von 4750 in derselben Eigenschaft, danach „rebelliert", am 1.3.1973 durch eine Nachwahl als unabhängiger „Demokratischer Labour Abgeordneter" siegen können, dann aber 1974 als „Sozialdemokrat" relativ knapp verloren (mit einem Minus von 984 Stimmen): Siehe: DOD's Parliamentary Companion für diese Jahre. In der 8. Legislaturperiode wurde Manfred Coppick 1978 auch nach seinem Abstimmungsverhalten gegen die Regierung wieder mit großer Mehrheit zum Vorsitzenden seines hessischen Unterbezirks gewählt, während (laut Eigenbekundungen) der ebenfalls „abweichende" Abgeordnete Dieter Lattmann um dieselbe Zeit auf einer Unterbezirkskonferenz gegen Null Stimmen bei drei Enthaltungen eine Solidaritätskundgebung zugunsten seiner Person verbuchen konnte, die allerdings nicht eine Billigung zur Sache mit einschloß. Lattmann hätte sicherlich eine gewisse Möglichkeit, seinerseits über die zahlreichen Schriftsteller und andere Intellektuelle „Druck" auszuüben, falls Parteigliederungen in Bayern zu gegebener Zeit seine Wiederaufstellung in Frage stellen würden.

100 Der Verfasser z.B. monierte die bisherige Praxis sehr massiv auf einer Sitzung der SPD-Arbeitsgruppe Außenpolitik im Mai 1975, mit anderen (Hansen etc.) zur selben Zeit im Arbeitskreis 1 und in einem Briefwechsel mit dem stellvertretenden Fraktionsvors. Metzger, der einen Zwischenbescheid erteilte und auf Recherchen bei der zuständigen Geschäftsführerin verwies, ohne später das Schreiben in der Sache zu beantworten. Vgl. die Veröffentlichung im „Stern" Ende 1975, (indirekt einem SPD-MdB und engagierten Parlamentsidealisten angelastet, der Recherchen über „Reiseakten" beim Bundestag hatte anstellen lassen, in die er lt. Geschäftsordnung des Bundestages glaubte Einsicht nehmen zu können). Daraufhin wurden solche Akten offiziell zu Personalakten erklärt und der Einsichtnahme durch Abgeordnete entzogen, – so Auskunft der Verwaltung gegenüber dem Verfasser Ende 1976. Tatsächlich reiste in den Jahren 1973 und 1974, das heißt also genau in einer halben Legislaturperiode, z.B. ein Mitglied des Innenausschusses (!), gleichzeitig des Petitionsausschusses: nach Großbritannien, in die USA, nach Dänemark, Norwegen, Schweden, Finnland, Venezuela, Peru, Argentinien, Israel und in die Schweiz auf Kosten des Bundestages, ein MdB allerdings des Auswärtigen Ausschusses: nach Singapur, Australien, Thailand, Honkong, Südkorea, Großbritannien und im zweiten Jahr sogleich wieder nach Großbritannien, Australien, Singapur, Thailand, Hongkong, Südkorea, Österreich und Italien.

101 Unterschieden wird zwischen offiziellen Parlamentsdelegationen mit je-

weils einem Präsidiumsmitglied (Repräsentationsreisen), zu denen der Verfasser aufgrund von ihm unbekannt gebliebenen Mechanismen schon Anfang 1973 nach Irland und 1975 nach Zaire (offizielle Benennung dafür 17. September 1975 durch die Fraktion) aufgefordert wurde, die er aber ablehnte; Ausschußreisen, die im Ausschuß für Bildung und Wissenschaft zum Beispiel offiziell beschlossen und in der zuständigen SPD-Arbeitsgruppe zumindest pro forma vorbesprochen wurden, nicht hingegen im Auswärtigen Ausschuß – wo auch dessen Vorsitzender niemals vorab entsprechende Reiseabsichten kund tat, allerdings dann stets anschließend berichtete – und vom Präsidenten genehmigte Einzelreisen von MdBs. Dabei blieb dem Verfasser trotz Rückfragen beim Präsidium bis zuletzt unklar, inwieweit hier die Fraktion ein Vetorecht einlegen kann, obwohl der Dienstherr aller MdBs der Präsident ist. Alle übrigen Reisen erfolgen „im Auftrag der Fraktion", (so etwa auch die einzige offizielle Auslandsreise des Verfassers, abgesehen von Vorträgen in GB und Polen, in der 7. Legislaturperiode: in die Volksrepublik China, mit Rückreise über Südkorea, Japan und die Sowjetunion, siehe Anmerkung 103). Der Arbeitskreis 1 der SPD befaßte sich zum Beispiel am 19. März 1974 mit der Problematik von Auslandsreisen und „beschloß" auf Antrag des für seine vielen Auslandsreisen bekannten Vorsitzenden Mattick, daß bei Reisen von Abgeordneten mit Parlamentszuschüssen Fraktionsvorstand, Arbeitsgruppe und Arbeitskreis vorher zu befassen sind und nach erfolgter Reise Berichte der Abgeordneten in Arbeitsgruppe und/oder Arbeitskreis gegeben werden sollen. An die erste Regelung hielt sich die „Spitze" in diesen Gremien nie, an die zweite jedoch sehr regelmäßig. Auch der Verfasser berichtete dem Auswärtigen Ausschuß auf seiner letzten Sitzung in der 7. Legislaturperiode im Dezember 1976 über seine China-Reise, schriftlich dem zuständigen Arbeitskreis der Fraktion. Bekannt wurde in der 7. Legislaturperiode eine Reise des Ausschusses für Raumordnung, Bauwesen und Städtebau nach Asien oder in der 8. des Aussschusses für Arbeit und Sozialordnung nach Südostasien zum Zwecke des Studiums der Fürsorge für behinderte Kinder (!, d.V.).

102 Briefwechsel mit der Präsidentin A. Renger und Telefongespräch mit derselben am Sonntag, 21. September 1975. Der Verfasser hatte sich grundsätzlich für eine Reisedelegation in der Parteienrelation 1:1:1 statt 2:2:1 eingesetzt. Wegen seinem „Ausfall" fuhr dann auch nur ein SPD-MdB mit.

103 Die China-Reise hatte eine durchaus bemerkenswerte Vorgeschichte. Nach einem Gespräch mit dem Fraktionsvorsitzenden auch über andere Fragen hatte der Verfasser als der für die Volksrepublik China in der Arbeitsgruppe und im Auswärtigen Ausschuß auf Seiten der SPD „zuständige" SPD-Abgeordnete mit dem chinesischen Botschafter wegen einer ersten Delegationsreise der SPD-Fraktion schriftlich und mündlich Fühlung aufgenommen. Zunächst war Anfang 1975 von einer Gruppe von acht Abgeordneten die Rede gewesen. Nachdem die Chinesen grundsätzlich „grünes Licht" gegeben hatten, formalisierte der Verfasser den Vorschlag mit einem entsprechenden Vermerk an den Fraktionsvorstand, ohne lange Zeit hindurch eine Antwort zu erhalten. Ende 1975 kam es, nachdem der Verfasser auf einer Entscheidung bestand, zu einem teilweise turbulent verlaufenden Gespräch mit Bruno Friedrich bei Herbert Wehner, anschließend zu einem

Briefwechsel mit beiden und offenbar zu einem Beschluß des Fraktionsvorstandes ohne Konsultation des Verfassers, nur zwei Abgeordnete zu entsenden. Der Verfasser plädierte bis zuletzt zumindest für drei – schriftlich und mündlich gegenüber dem Fraktionsvorsitzenden und Bruno Friedrich. Es blieb dann bei zwei Abgeordneten und dem SPD-Journalisten und früheren Chefredakteur des Deutschlandfunkes, Stephan Thomas. Der Referent für außenpolitische Fragen der Fraktion, Eugen Selbmann, war lt. Bekundungen gegenüber dem Verfasser von Anfang an gegen die Idee gewesen. Die mit politischen Besprechungen und offiziellen Besichtigungen von der chinesischen Seite hervorragend geplante Reise fand dann endgültig im Sommer 1976 statt. Vorher waren, abgesehen von Regierungsmitgliedern und Bundeskanzler Schmidt selber, einige SPD-Abgeordnete mit Abgeordneten anderer Fraktionen auf Zwischenlandungen im Rahmen anderer Auslandsreisen kurz in China gewesen (vgl. FAZ 20.9.1974 zu Würdigung des Verf. für Fraktion: 25 Jahre VR China). Zur Reisepraxis in Großbritannien siehe vor allem Jackson, R.J.: Rebels . . . a.a.O.

104 Lt. eigener Bekundung beim „Antrittsgespräch" des Verfassers Anfang 1973.

105 Müller-Emmert hat seinen Wahlkreis von Anfang an mit steigendem Erfolg direkt „holen" können und gehörte zu den „unabhängigsten" Fraktionsmitgliedern der 7. Legislaturperiode. Er scheute sich nicht, gelegentlich die Regierungsspitze direkt hart anzugehen. Zusätzliche Parteifunktionen: Vors. UB Kaiserslautern, stellvertr. Vors. Bezirk Pfalz, Mitgl. Landesvorstand und SPD-Parteirat.

106 Siehe Fraktionssitzung vom 16.9.1975, auf der Helmut Schmidt diese Gruppe sehr scharf in Sachen Verteidigungspolitik anging. Am 21.5.1974 (DBSB 7/102. Sitz., S. 6820) gab es noch 5 Enthaltungen beim Verteidigungsetat: Coppick, Schinzel, Schöfberger, Walkhoff und Waltemathe. Hansen und Lattmann stimmten zu.

107 Eine derartige Bestimmung gab es in der „Arbeitsordnung" der CDU/CSU-Bundestagsfraktion vom 4.5.1971 in der 7. Legislaturperiode nicht. Im § 15 dieser Ordnung ist nur von „Gesetzesvorlagen, Anträgen, Kleinen und Großen Anfragen aus den Reihen der Fraktion" die Rede, die beim Fraktionssekretariat eingereicht werden müssen und von dort in der Regel weitergeleitet werden. Die Praxis in der 7. Legislaturperiode war offenbar die, daß eine Durchschrift der eingereichten Fragen an das Fraktionssekretariat ging, das heißt das Original direkt an das Präsidialbüro. Laut Auskünften von CDU/CSU-Kollegen ist in der 8. Legislaturperiose diese formlose Regelung auf dem Wege eines Umdruckes in gewisser Weise formalisiert worden. Die Geschäftsordnung (GO) der CSU-Landesgruppe im Deutschen Bundestag" sah hingegen im § 14,3 von Anfang an vor, daß Anfragen zur Fragestunde in einer Durchschrift an den Parlamentarischen Geschäftsführer gehen. Im übrigen heißt es im § 15 hier: . . . „Beim Zusammentreffen einander widersprechender Bestimmungen der Landesgruppen-GO und der GO der Gesamtfraktion, die den Rechte- und Pflichtenkreis der Mitglieder betreffen, gehen die Bestimmungen der Landesgruppen-GO vor." In der Fraktionsgeschäftsordnung der FDP vom 7.10.1976 heißt es unter § 12,3: „Vor Einbringung von Anfragen und Anträgen einzelner Mitglieder ist der Vorstand zu unterrichten . . .".
Laut Auskunft der zuständigen Fraktionsgeschäftsstelle gilt dies auch

eindeutig für mündliche bzw. schriftliche Anfragen an die Bundesregierung. Insofern ist die Handhabung hier trotz der weniger stringenten Formulierung der Geschäftsordnung ähnlich wie in der SPD. Vgl. Ausführung von Schulte, M. im Beitrag: Bundestag von innen gesehen, a.a.O., S. 82. Zu Großbritannien siehe u.a. Standing Order of the PLP 1961 bei Jackson, R.J.: Rebels . . ., a.a.O., S. 315/16, § 7: „For the purpose of securing concerted action in the House, Members shall consult Officers of the PLP before tabling any Motion, Amendment or prayer. The tabling of such . . . shall be delayed for one sitting day should the Officers so request . . ." „Fragen" sind hier also nicht einbezogen.

108 Siehe „Sonderdruck": Drucksache 7/4980 zur Drucksache 7/4963 Deutscher Bundestag, 7. Wahlperiode für die Fragestunde am Mittwoch, dem 7. April 1976, und Schreiben der Präsidentin A. Renger an den Verfasser vom 7. April 1976.

109 Siehe DBSB 7/Drucksache 448, 5.4.1973.

110 S. Lloyd, Selwyn: Mr. Speaker, Sir. London 1976, S. 81 f. Vgl. Richards, P.G.: Hon. Members, a.a.O., S. 79 ff und Campion, G.: An Introduction . . ., a.a.O., S. 189 ff.

111 In diesem Punkt verschleiert die CDU/CSU in ihrer „Geschäftsordnung" die tatsächliche Praxis insofern, als es beim § 13,3 nur heißt: „Im Plenum des Bundestages ist jeweils der Vorsitzende oder einer der stellvertretenden Vorsitzenden für die Geschäfte verantwortlich." Stringent sind hier hingegen die Bestimmungen über ein unentschuldigtes Fehlen von einer Plenarsitzung oder Kampfabstimmung – dies wird mit einer Buße belegt – sowie über das Erfordernis, dem Fraktionsvorsitzenden oder der Fraktion, eine „von der Fraktionsmehrheit abweichende Abstimmungsabsicht im Plenum des" Deutschen Bundestages mitzuteilen. Letzteres ist in der SPD-Fraktion auch die Praxis, so aber nicht expressis verbis in der Fraktionsgeschäftsordnung festgehalten. Die FDP-Geschäftsordnung sieht ähnliches nicht vor.
Im übrigen heißt es interessanterweise noch im § 12,4 der Arbeitsordnung der CDU/CSU: „In der auf eine namentliche Abstimmung folgenden Fraktionssitzung werden die Namen der Mitglieder der Fraktion unter Angabe der Entschuldigungsgründe mitgeteilt, die an der Abstimmung gefehlt haben. Diese Mitteilung ergeht durch die Fraktionsführung . . . auch an die Landes- bzw. Kreisverbände".

112 Vgl. Arbeitskreissitzung vom 30. März 1976, wo dies nicht vorgetragen wurde, und Sitzung des Auswärtigen Ausschusses vom 31. März 1976, wo es zur fraglichen Debatte und Abstimmung kam. Die Aktuelle Stunde zur Problematik der Menschenrechte fand einen Tag später am 1.4.1976 statt, siehe Protokoll der 233. Sitzung. Vgl. hingegen Vortrag des Abgeordneten Pawelczyk am 6. November 1973 im Arbeitskreis im Zusammenhang mit dem „Nichtverbreitungsvertrag" vor seiner Berichterstattung im Auswärtigen Ausschuß.

113 Siehe S.133 ff.

114 Erklärung des Verfassers zu Protokoll in der Plenarsitzung am 19. März 1975, DBSB 7/158. Sitzung;
Vgl. Arndt, C.: Zum Rederecht der Mitglieder des Bundesrates im Bundestag, in: Zeitschrift für Parlamentsfragen, Heft 3/1976.

115 Siehe S. 215 ff. Obwohl die Pressestelle der Fraktion die Erklärung vom Verfasser rechtzeitig bekam, wurden keinerlei Anstalten zur Verbrei-

tung derselben unternommen, so daß sie einmal mehr durch Eigenverbreitung gegenüber den Nachrichtenagenturen in die Presse gelangte.

116 Vgl. Briefwechsel Schweitzer/Mattick am 12. und 15. Mai 1973 sowie 12. Februar 1974. So Mattick z.B. am 15.5.1973: „... Dieses Haus ist in Fraktionen geordnet, was bedauerlicherweise, wie Du bei dem Fall Kiep gesehen hast, dazu führt, daß der einzelne Abgeordnete durch den Willen der Fraktion sehr bedrängt werden kann", – als Antwort auf den Verfasser, der am 12.5.1973 (nach der UN-Debatte) geschrieben hatte: „... Ihr solltet ... sehen, daß diese Neulinge möglichst schnelle in das kalte und für sie in der Tat ungewohnte Wasser im Plenum selber springen. Ich werde dort nur zur Außenpolitik sprechen, da ich nichts von Leuten halte, die meinen, zu allem etwas sagen zu können."

117 Vgl. Sitzungen von AG-Außenpolitik und AK 1 am 13. Januar 1976. Rundschreiben Bruno Friedrich vom 16. Januar 1976; siehe auch S. 125ff., 128f.

118 Vgl. unter anderem Sitzungen der Arbeitsgruppe Außenpolitik am 20. März und 6. November 1973, 16. Oktober 1974, Klausurtagung 4. November 1974 und 16. Dezember 1974 (nach Aufzeichnungen des Verfassers).

119 Vgl. PPP 2. März 1976 und „Die Welt" 4. März 1976; zur Debatte vom 16.2.1976 siehe DBSB 7/224. Sitzung, Erklärung zu Protokoll dort S. 15631 D.

120 Siehe DBSB 7/233. Sitzung, 1. April 1976, S. 16249 ff; vgl. Kommentar Walter Henkels unter anderem: „Neue Westfälische Zeitung", 16. April 1976 „Wo Europa zur Farce wird" oder auch „Frankfurter Rundschau", 13. April 1976: „Keiner merkte, daß die Vorlage überholt war – die Attacke des Abgeordneten Schweitzer wider eine Pflichtübung des Deutschen Bundestages." (15.5.1975).

121 Es sprachen dann im Plenum W. Brandt, Mattick, Corterier und H. Wehner, siehe DBSB 7/170. Sitzung, 15.5.1975.
Im Gegensatz etwa zum US-Senat, wo alle Redner gleichermaßen nach der Stoppuhr inbezug auf ihre Redezeit behandelt werden, erhalten die „Matadoren" im Deutschen Bundestag durch das jeweils amtierende Präsidiumsmitglied regelmäßig eine Sonderbehandlung, so etwa Willy Brandt in dieser NATO-Debatte. Als dieser seine angemeldete Redezeit von 25 Minuten überzogen hatte, erklärte die Präsidentin, A. Renger: „Ich nehme an, Sie wollen noch etwas mehr beantragen, das ist nach der Geschäftsordnung möglich" (schon dieses „Monitum" führte zu Unmutsgefühlen gegen die Präsidentin in den Reihen der SPD-Fraktion).

122 So hieß es in einem Schreiben des SPD-Arbeitsgruppenreferenten „Wissenschaft und Bildung" vom 11. Dezember 1974: „Die Anträge der CDU (zum HRG in der 2. Lesung, d.V.) werden, wie wir telefonisch abgesprochen haben, von folgenden Berichterstattern abgelehnt ..." (darunter Anträge 5 und 8 der Opposition vom Verfasser, der von solchen Absprachen überhaupt nichts gewußt hatte).

123 Hier irrten Fachleute auf einem Symposium der Deutschen Vereinigung für Parlamentsfragen in Bonn am 3.2.1977, die glaubten, Ahlers habe in der 7. Legislaturperiode nicht das Wort ergriffen (tatsächlich erstmals in der 8.!), weil er sich „zu gut dünkte" und jederzeit über „bessere Medienmöglichkeiten" verfügen konnte (siehe Maschinenschriftprotokoll „Der Abgeordnete ein unbekanntes Wesen?, S. 18). Das nun vorliegende Personen-

register für die 7. Legislaturperiode weist für Ahlers lediglich 6 mündliche und schriftliche Anfragen aus.

124 Entgegen anders lautenden Pressemeldungen wurde im Zusammenhang mit der großen fraktionsinternen Debatte der SPD im 8. Deutschen Bundestag über das Kontaktsperregesetz kein neuartiger „Liaison-Ausschuß“ sozusagen zur Koordinierung eines Abstimmungsverhaltens geschaffen.

125 Siehe DBSB 7/208. Sitzung, Hammelsprungabstimmung: 254 zu 113 bei 2 Enthaltungen; namentliche Abstimmung am 1.7.1976: DBSB 7/ 256. Sitzung, S. 18395 f. Gegenstimmen aus der SPD: Büchner, Collet, Immer, Kern, Nagel, Schweitzer, Wilhelm, aus der CDU/CSU 5 Gegenstimmen und eine Enthaltung (ohne Berliner Stimmen).

126 Siehe oben Anmerkung 84. Die dritte Beratung und Schlußabstimmung erfolgte am 26. April 1974 auf der 96. Sitzung mit dem Abstimmungsergebnis 247:233:9 (namentlich), die Zurückweisung des Bundesratseinspruches auf der 104. Sitzung am 5. Juni 1974 mit 260:218:4 (hier jeweils ohne die „Berliner“ Stimmen; am 26.4. waren das 14 ja, 7 nein und eine Enthaltung). Die Erklärung zur Abstimmung des Verfassers zur dritten Lesung am 26. April 1974 hatte unter anderem folgenden Wortlaut: ... „In der Politik gilt es nach meiner theoretischen und meiner praktischen Erkenntnis häufiger als wahrscheinlich in irgendeinem anderen Lebensbereich, Güterabwägungen vorzunehmen und sich dabei dann auch immer wieder zwischen zwei Übeln zu entscheiden. ... Auch ich habe das erweiterte Indikationsmodell von Anfang an als den relativ besten oder anders ausgedrückt, als den am wenigsten schlechten Gesetzentwurf zur Reform eines Paragraphen in unserem Strafgesetzbuch angesehen, deren verheerende Unzulänglichkeiten von niemanden hier bestritten wurden. Der von mir unterstützte Gesetzentwurf unterlag im ersten Durchgang der 2. Lesung in einem speziellen Abstimmungsverfahren, gegen das ich im übrigen aus grundsätzlichen Erwägungen in meiner eigenen Fraktion und dann auch bei meiner Gegenstimme zu Beginn der 2. Lesung im Plenarsaal selber Bedenken angemeldet hatte. In dem Stadium der Abstimmungsprozedur des Stichentscheides in der 2. Lesung entschied ich mich dann zu einer Stimmenthaltung in der vagen, aber nicht völlig abwegigen Hoffnung, daß sich in der 3. Lesung unser 27iger Entwurf auf dem Wege von Abänderungsanträgen doch noch würde durchsetzen lassen. ...
Nachdem diese Hoffnung begraben werden mußte, stimme ich jetzt in der 3. Lesung ebenfalls trotz schwerer Bedenken für das von mir nunmehr als das kleinere Übel angesehene Fristenmodell, weil ich meine, daß in einer so ernsten Schicksalsfrage zum Schluß jedenfalls von mir mit ja oder nein votiert werden muß. Diese Lösung ist für mich deshalb das kleinere Übel, weil die Alternative jetzt nur die gewesen wäre, auf unabsehbare Zeit überhaupt zu keiner Reform des § 218 zu kommen ...“

127 Zu Großbritannien siehe das grundlegende Werk von P. Norton: Dissention in the House of Commons, London 1975. Für einen Zeitraum von 1945-1974 stellte er 621 Fälle von Abstimmungen mit Abweichlern fest, davon 281 aufseiten der Labour und 418 aufseiten der Konservativen, siehe ebenda S. 609.

128 Siehe DBSB 7/236. Sitzung vom 9.4.1976, S. 16545 f, wo er feststellte: „... nach dem gestrigen, im eigentlichen Europateil völlig unbefriedigenden Debattenverlauf, ... lehne ich auch heute aus grundsätzlichen, euro-

papolitischen Erwägungen die zur Kenntnis vorgelegten EG-Vorlagen insbesondere im Bereiche der Verordnungen ab. Ich werde mich auch weiterhin aus geschäftsordnungstechnischen Erwägungen so lange zu einem solchen Abstimmungsverhalten gezwungen sehen, bis der Geschäftsordnungsausschuß dieses Hauses endlich sinnvollere Reformvorschläge zur Behandlung der sogenannten sekundären europäischen Gesetzgebung durch den Deutschen Bundestag vorlegt".

129 Siehe S. 215 ff. und DBSB 7/259. Sitzung vom 8.12.1976.

130 Bei der Wahl von BK Schmidt am 16.5.74 „fehlten" bekanntlich drei „*Koalitions*stimmen". Vgl. im übrigen S. 50 f.

131 Selten gingen die Sitzungen an Freitagen über 13.00 Uhr hinaus, vielmehr endeten sie oft schon am späten Vormittag; in Großbritannien beginnen sie in Sitzungswochen jeden Tag mittags. 1978 z.B. kam es im Deutschen Bundestag „laut Plan" zu 23 Sitzungswochen.

132 Siehe dazu jetzt die Studie Schweitzer, C.C.: Die nationalen Parlamente in der Gemeinschaft – ihr schwindender Einfluß in Bonn und Westminster auf die Europagesetzgebung, Bonn 1978.

133 Siehe DBSB, 7/158. Sitzung, 19.3.1975, S. 11087 f.

134 Siehe DBSB 7/238. Sitzung, 6.5.1976. Die Abstimmung verlief 265 (und 15 „Berliner" Stimmen) zu 170 (und 5 Berliner) zu 0. Es fehlten vor allem eine größere Anzahl von Oppositionsabgeordneten bei einer Abstimmung immerhin über die „Endfassung" der Reform des § 218. Die CDU/CSU hatte in der 7. Legislaturperiode 234 Abgeordnete.

135 Vgl. dazu Herbert Wehner in der 8. Legislaturperiode am 19.1.1978, DBSB 7/65. Sitzung, S. 4987: „... die das ja gewöhnt sind, demonstrativ sich zu erheben, sich zu setzen, zu schreien ... ich bin für ein Parlament und nicht für eine Bude ..." (Der Verf. erinnert sich im Hinblick auf solche Stilfragen an sein erstes „Aha-Erlebnis" in der 7. Legislaturperiode, als er bei der Eröffnungsrede des Alterspräsidenten und Altbundeskanzlers L. Erhard auf der 1. Sitzung bei einer seiner Ansicht von allen Demokraten zu bejahende Passage im vollen Haus Beifall spendete und dann aus den eigenen Reihen freundlich-belehrend „als Neuling" angeflüstert wurde: „pst, das ist doch nicht einer von uns!")
Genscher hatte an diesem wichtigen Debattentag um 16.30 Uhr 32 Abgeordnete der SPD, 30 der CDU und 18 der FDP „anziehen" können, ebenso wie der Wirtschaftsminister Lambsdorf, der nach ihm sprach, während der Oppositionsführer Kohl es am Vormittag auf 45 der SPD, 14 der FDP und zwischen Zweidrittel und Dreiviertel der CDU-Fraktion bringen konnte (Beobachtung des Verf. – geändert hatte sich also nichts!)

136 Wenn nicht ausdrücklich anders vermerkt, werden im folgenden immer zuerst die Anwesenheitszahlen für die SPD, dann die der CDU/CSU und die der FDP Fraktion genannt.

137 Der Verfasser schrieb entsprechend an den Fraktionsvorsitzenden am 3. September 1974. Zur Präsenz britischer Abgeordneter in anders gearteten Ausschüssen dort siehe unter anderem bei Crick, B.: The Reform a.a.O., S. 84. Der Verfasser wechselte am 5. Juni 1974 vom stellvertretenden zum ordentlichen Mitglied des Auswärtigen Ausschusses. Er hatte sich davon noch mehr Möglichkeiten der Einflußnahme auf einem Gebiet der Politik versprochen, das zu seinem hauptberuflichen Betätigungsfeld in der Wissenschaft gehört. Am 19. Februar 1974 hatte er nach einer Sitzung der Arbeits-

gruppe Bildung und Wissenschaft deren Obmann dafür zur Rede gestellt, daß dieser den Verfasser in der ganzen Frage nicht konsultiert habe. Vgl. im übrigen Briefwechsel mit dem damaligen Parlamentarischen Geschäftsführer K. Wienand, der seinen eigenen Platz zugunsten des Verfassers räumte. Widerlegt wurde in diesem Falle die „Feststellung" von M. Hirsch in: Der Bundestag von innen gesehen a.a.O., S. 91: „Da dieser Ausschuß aber ein ganz vornehmer ist, kommt man in ihn nur nach langer, nicht unbedingt guter Dienstzeit . . .".

138 Bundesaußenminister Genscher war in der 7. Legislaturperiode noch häufiger im Auswärtigen Ausschuß als sein Vorgänger Scheel in der vom Verfasser allein beobachteten 7. Legislaturperiode. Scheel hatte allerdings in der 6. Legislaturperiode im Zusammenhang mit den sogenannten Ostverträgen lt. eingesehenem Protokollen sehr ausgedehnte Sitzungen bestritten. Im 7. Deutschen Bundestag war Scheel zum Beispiel am 23. Januar 1974 im Zusammenhang mit dem Nichtverbreitungsvertrag anwesend, der Bundeskanzler Helmut Schmidt unmittelbar nach Amtsantritt und wiederum am 25. September 1974 im Zusammenhang mit der Entwicklung in der Europäischen Gemeinschaft, Bundesaußenminister Genscher am 6.11.1974, 15.1.1975, 12.3.1975, 9.4.1975, 23.4.1975 (Abkommen mit der Volksrepublik Polen), 14.7.1975 (ganzt. Sitz. KSZE) 18.6.1975 und 15.10.1975 (wiederum über die Beziehungen zur Volksrepublik Polen). Typisch war die Tatsache, daß der Abgeordnete F.J. Strauss am 22.10.1975 über eine China-Reise berichtete, jedoch am 3.12.1975 dann nicht anwesend war, als der Bundeskanzler über seine Reise vortrug. F.J. Strauss war damals allerdings nur stellvertretendes Mitglied und insofern nicht „moralisch" zu einer besseren Präsenz verpflichtet! Bei Fragen der Präsenz gerade im Auswärtigen Ausschuß ist im Hinblick auf das Zahlenverhältnis „Regierungs"- zu „Oppositionsabgeordneten" im übrigen zu berücksichtigen, daß es (nach Auffassung des Verf.: leider) in der Regel zu einem Frage- und Antwortspiel viel stärker zwischen den Vertretern der Regierung und den Oppositionsabgeordneten als zwischen der Regierung und „ihren" MdBs kommt. Das liegt an dem von vielen Analytikern des parlamentarischen Systems herausgearbeiteten und auch in dieser Studie angesprochenen Wandel im Gesamtverhältnis Exekutive-Legislative. Mit anderen Worten: Auch in einem solchen streng vertraulich arbeitenden Ausschuß werden die oppositionellen MdBs immer wieder versuchen, die Regierung argumentativ in die Enge zu treiben – umgekehrt die Vertreter der Regierungsparteien sich im wesentlichen darauf beschränken, der Regierung Schützenhilfe zu leisten, wenn sie in einem solchen Ausschuß in Bedrängnis geraten sollte. Gelegentlich kommt es aber auch, wofür der Verf. immer plädierte, zu einem echten Austausch von Argumenten, ja sogar zu einem „geistig-politischen" Ringen um die bessere – in diesem Falle außenpolitische – Linie. Die Bewertung der Einflußmöglichkeiten „des" Auswärtigen Ausschusses auf dem außenpolitischen Entscheidungsprozeß in der Bundesrepublik Deutschland generell muß anhand der sehr genauen Unterlagen und Daten des Verfassers einer späteren Studie vorbehalten bleiben. Unter seinen früheren „Doppelkollegen" hat sich vor allem Ernst Majonica mit diesem Problem befaßt, nicht zuletzt in seinem Buch über die deutsch-chinesischen Beziehungen nach 1949 (Bonn-Peking . . ., Stuttgart 1971). Siehe im übrigen *Anm. 1* oben.

139 Im Gegensatz zur 6. Legislaturperiode standen in der 7. „nur" die Verträge mit der Volksrepublik Polen, der CSSR, der Republik Frankreich (über die Verfolgung von Straftaten) sowie der Beitritt der Bundesrepublik Deutschland zu den Vereinten Nationen, die Ratifizierung der Internationalen Pakte für Politische und Bürgerliche sowie Soziale und Wirtschaftliche Rechte und der Kernwaffen-Nichtverbreitungs-Vertrag als wichtige Gesetze an, die aber nur eine *relativ* geringe Beratungszeit erforderten. Darüber hinaus gab es sechs „harmlosere" Abkommen und Konventionen, die als Gesetze verkündet werden mußten – abgesehen von insgesamt 153 völkerrechtlichen Vereinbarungen besonders im Bereich der Europapolitik, die in der Regel ohne Aussprache angenommen werden (siehe: Stand der Gesetzgebung des Bundes, 7. Wahlperiode, Baden-Baden 1977, Hrsg.: Bundestag und Bundesrat).

140 Siehe dazu Beispiel im Kapitel IV im Zusammenhang mit dem HRG.

141 Siehe S. 210ff. Aus der Literatur ergibt sich zu diesem speziellen Problemkomplex kein klares Bild, sei es von Praktikern, sei es von Theoretikern der Politik. Für Großbritannien wird von mehr Sitzungswochen auszugehen sein pro Jahr, vgl. Mitt.: The First Deputy Chairman of Ways and Means, 9.11.1977. Danach kam es in der Session 1976-1977 (ca. 1 Jahr) zu 149 Plenartagen mit 1369 Stunden in 32 Wochen.

142 Nach Beobachtungen des Verfassers bröckelt auch in einer Fraktion wie der SPD auf Routinesitzugen die Präsenz spätestens nach zwei Stunden stark ab – natürlich *nach* Eintragung in die Anwesenheitslisten!

143 So zu beobachten z.B. bei einer Parlamentarischen Geschäftsführerin, die in Rotation mit ihren Kollegen ihre Zeit im Plenum „absitzen" muß. Im House of Commons wird derartiges als ein Verstoß gegen die „Würde des Hauses" angesehen, vgl. Campion, G.: An introduction . . . a.a.O., S. 195 ff. (Rules of Conduct)

144 Siehe DBSB 7/71. Sitzung vom 13.12.1973, S. 4468 D.

145 Zu Reformvorschlägen in dieser Beziehung aus Praxis und Theorie der Politik siehe u.a. in: Bundestag von innen gesehen, a.a.O.; für Großbritannien B. Crick, a.a.O. Zu erinnern ist an die britische Praxis, häufig das „ganze Haus" als Ausschuß tagen zu lassen. Vgl. auch Schlußbericht der Enquete-Kommission Verfassungsreform, Drucksache 7/5924 S. 81ff.

146 Eine erstaunliche Feststellung angesichts der Tatsache, daß in der Regel Ausschüsse des Bundestages während der Plenarzeit nicht tagen „dürfen", außer: Haushalts-Vermittlungs-Untersuchunhsausschüsse, Ältestenrat.

147 Vgl. S. 107. Am 22.5.1975 richtete der Verfasser ein weiteres Schreiben an die Mitglieder des Ältestenrates sowie an den Vorsitzenden des Ausschusses für Wahlprüfung, Immunität und Geschäftsordnung, in dem er unter Berufung auf den früheren Präsidenten des Deutschen Bundestages, Eugen Gerstenmaier, die Auffassung vertrat, daß sich die Mitglieder des Bundestages die ihnen zustehenden Rechte in keiner Weise sozusagen durch Konvention oder Gewohnheitsrecht „beschneiden lassen dürfen" und daher eine Teilnahme an Sitzungen des Ältestenrates möglich sein müsse. Der Vorsitzende des zuständigen Ausschusses antwortete dem Verfasser mit Schreiben vom 16.10.1975, berief sich auf den Art. 73 der Geschäftsordnung des Deutschen Bundestages und zog daraus des Schluß, daß nur Mitglieder des Präsidiums und die von den Fraktionen benannten Mitglieder an den Sitzungen des Ältestenrates teilnehmen dürften.

148 Siehe auch Kapitel V, S. 205 und Brief des Verfassers im Wahlkampf 1976 in Anzeigenform an die Bevölkerung des Kreises Ahrweiler, in dem er auf diese Notwendigkeit hinwies. Vgl. Haungs, a.a.O., S. 98 zu Klagen über eine Vernachlässigung des Wahlkreises von Alex Möller wegen zu starker Inanspruchnahme in Bonn.

149 Siehe DBSB 7/125. Sitzung vom 17.10.1974, S. 8375, zur Unterbrechung; Zitat zu Herbert Wehner aus: Schweitzer, C.C.: Der Parlamentarier Herbert Wehner, Zur Vollendung seines 70. Lebensjahres, in: Das Parlament, Ausgabe vom 10.7.1976, Seite 3.

150 Zur Literatur siehe u.a. Linck, J.: Zulässigkeit und Grenzen der Einflußnahme des Bundestages auf die Regierungsentscheidungen, – Zum Verhältnis von Bundestag und Bundesregierung, Augsburg 1971 sowie Grimm, D.: Aktuelle Tendenzen in der Aufteilung gesetzgeberischer Funktionen zwischen Parlament und Regierung, in: Zeitschrift für Parlamentsfragen, Opladen 1970, Heft 4. Angaben über Gesetzesinitiativen und Änderungen im Gesetzgebungsverfahren bei Lohmar, U.: Das Hohe Haus, a.a.O., S. 201 f. Siehe auch Oberreuter, H.: Kann der Parlamentarismus überleben, . . . a.a.O., S. 52 ff. Zur Rolle der Opposition allgemein siehe Hereth, M.: Die parlamentarische Opposition in der Bundesrepublik Deutschland, München 1969 und Gehrig, N.: Gewaltenteilung zwischen Regierung und parlamentarischer Opposition, in: Deutsches Verwaltungsblatt, Köln 1971, S. 633-638; vgl. auch weitere Literatur bei Schäfer, F.: Der Bundestag, a.a.O.

151 Siehe Drucksachen Deutscher Bundestag 6/1784 und 1873 sowie die Zusammenstellung der *ersten* Ausschußdrucksache „Ausschuß Bildung und Wissenschaft" der 7. Legislaturperiode des Deutschen Bundestages. Es fanden in der 6. Legislaturperiode 22 Ausschußsitzungen statt, auf denen das HRG zur Sprache kam. Der Ausschuß veranstaltete damals insgesamt sieben Anhörverfahren zu zwei Entwürfen, verabschiedete mehrheitlich einen Entwurf am 5. und 8.6.1972 und erstattete dem Plenum Bericht unter der Drucksache Deutscher Bundestag 6/3506; siehe im übrigen Fallstudie von Schenck, G.: Das Hochschulrahmengesetz. Hochschulreform in der Gesellschaftskrise, Bonn 1976.

152 Siehe Drucksache Deutscher Bundestag 7/1328.

153 Vgl. Angriff auf Verfasser in diesem Zusammenhang im „Vorwärts" vom 14.3.1974, S. 16 und die Richtigstellung des Obmannes der SPD für Bildung und Wissenschaft, R. Meinecke, in der Ausgabe vom 21.3.1974 desselben Blatten: „Im übrigen hatte Carl Christoph Schweitzer vor seiner Benennung als Berichterstatter der Arbeitsgruppe auf die Möglichkeit von Mißverständnissen hingewiesen, weil er selbst Hochschullehrer ist. Die Arbeitsgruppe Bildung und Wissenschaft benannte ihn in Kenntnis dieser Funktion, da sie Carl-Christoph Schweitzer für geeignet hielt und in dieser Erwartung auch nicht enttäuscht wurde". Gegenüber der Chefredaktion selber hatte der Verfasser in seinem durchschriftlich an alle Fraktionsmitglieder übermittelten Brief in diesem Zusammenhang von „linksfaschistischen Tendenzen" gesprochen, weil der Angriff im „Vorwärts" nicht zuletzt unter Hinweis auf die CDU-Verwandtschaft seiner Frau erfolgt war: Siehe Anmerkung 19 oben.

154 Ausschußbericht Drucksache Deutscher Bundestag 7/2962; Text der vom Bundestag verabschiedeten Fassung siehe Bundesratsdrucksache 40/1975, Endfassung verkündet am 29.1.1976, Bundesgesetzblatt I, S. 185, in Kraft

getreten am 30.1.1976.

155 Siehe z.B. auch Schreiben des BMBW (Bundesministerium für Bildung und Wissenschaft) vom 28.5.1974 an den Verfasser als Berichterstatter, in dem der „Terminplan HRG – Stand 22.5.1974" übersandt wurde, der u.a. „vorsah": 4.6.1974 „Fraktionen, 5.6. ab mittags und 6.6. Berichterstatter aller Fraktionen, 7.6. Bundestagsausschuß (Bildung und Wissenschaft) in Sachen HRG, 12.6. Mitberatung des Rechtsausschusses und des Innenausschusses, 14.6. wiederum Bundestagsausschuß, 18.6. Berichterstattung in den Fraktionen, 20. oder 21.6. evtl. Sondersitzung Bundestagsausschuß (!, d.V.), 21.6. evtl. 2. und 3. Lesung Bundestag (alternativ 2. und 3.7.), 12.7. 2. Durchgang Bundesrat, Sept. 1974 evtl. Vermittlungsausschuß, evtl. „4." Lesung Bundestag, 18.10. evtl. 3. Durchgang Bundesrat". Also ein durchaus für die englischen Exekutivverhältnisse zutreffender Fahrplan von Regierungsseite!

156 Siehe S. 158ff. Durchgehend für die FDP als Berichterstatter J. Möllemann.

157 Siehe DBSB 7/136. Sitzung vom 12.12.1974, S. 9313 ff. Die zuständigen Herren des Ministeriums bedankten sich in einem Schreiben an den Verfasser, in dem es u.a. hieß: „. . . in Bezug auf die Zusammenarbeit zwischen Exekutive und Legislative war das Gesetzgebungsverfahren natürlich eine in dieser Intensität wohl einmalige Erfahrung. Uns hat dabei Ihr Hinweis auf die Rechte des Parlamentes nie gestört, im Gegenteil: Wir fühlten uns manchmal in den letzten Monaten zu sehr in eine für die Bürokratie nicht zu tragende Mitverantwortung genommen und hätten es durchaus begrüßt, wenn die Experten auf allen Seiten ihre parlamentarischen Rechte voll in Anspruch genommen hätten . . .".

158 Vgl. etwa die „Oppositionsvorlage" vom 3.12.1974 mit abschließenden Änderungswünschen von dieser Seite. Zum Problem der Abänderung von Gesetzesentwürfen im Gesetzgebungsverfahren siehe u.a. Schmitt-Vockenhausen, in: Bundestag von innen gesehen, a.a.O., S. 137ff., insbesondere 145-46, der hier „positiver" wertet als der Verf. im Hinblick auf Durchsetzungsmöglichkeiten durch den Bundestag.

159 Solche Monita finden sich nicht in den amtlichen *Kurzprotokollen* des Ausschusses.

160 So z.B. auf den Ausschußsitzungen vom 13. und 21.2.1974, im übrigen auch hier nach eigenen Protokollnotizen des Verfassers.

161 Siehe S. 168.

162 Der Verfasser hatte ihm geschrieben: „. . . da ich ja nun mindesten bis zum September der alleinige Berichterstatter in Sachen HRG unserer Fraktion bin, würde ich es für gut halten, wenn wir uns im Dreiecksverhältnis mit Peter Glotz eng abstimmen . . .". Am 18.9.1975 beschwerte sich der Verfasser in einem Brief an den Minister massiver über die nicht erfolgte Abstimmung im Zusammenhang mit dem Vermittlungsverfahren. Darauf antwortete dann der Minister am 22.9.1975 in einer Richtung, die wiederum nie eingeschlagen wurde: „. . . aber eines scheint mir aus meiner Sicht sinnvoll zu sein, daß wir in nächster Zeit die Fragen des HRG, wie sie sich im Vermittlungsverfahren abzeichnen . . . im AK eingehend erörtern. Mir wäre jedenfalls daran gelegen, zumal ich Entscheidungen von großem Gewicht nicht ohne Rückkoppelung mit den unmittelbar mit der Bildungspolitik engagierten Mitgliedern der Fraktion treffen möchte . . .".

163 Siehe S. 172f.

164 Siehe Anmerkung 162 und S. 172ff. Zum Ordnungsrecht siehe unter Anmerkung 186.
165 Ähnlich waren die Erfahrungen im Ausschuß für Bildung und Wissenschaft z.B. mit dem Bericht über das Europäische Hochschulinstitut in Florenz. Die Referenten des Ausschusses fanden es völlig normal, daß sie einen entsprechenden Entwurf vorlegten, dem dann der Verfasser und sein Mitberichterstatter von der CDU/CSU Gölter nach kurzen Rücksprachen und einer Änderung zustimmten. Zur Spezialliteratur über die Bundestagsausschüsse im allgemeinen siehe Literaturhinweise u.a. bei Schäfer, F.: Der Bundestag, a.a.O., S. 105 f.
166 Auch der Verfasser mußte sich z.B. wiederholt in jener Zeit in Presse, Funk und Fernsehen zum HRG-Komplex äußern, siehe Interviews mit der „Stuttgarter Zeitung", 17.10.1973; (zusammen mit dem CDU MdB Pfeifer) in „Deutscher Lehrerverband", Dez. 1974 oder im Südwestfunk am 3.7.1974 (Fernsehen).
167 In der SPD-Fraktion war er am 1.7.74 in einer kurzen Diskussion zum Stand der Ausschußberatungen nach Berichten von Meinecke und Wichert einer von 9 Rednern gewesen.
168 Siehe Schreiben des Verfassers an seinen CDU-Kollegen im Ausschuß, Gölter, vom 2.7.1974.
169 Siehe Hinweis auf Schmitt-Vockenhausen in Anmerkung 158 oben.
170 Besonders kontrovers waren zusätzlich durchweg Probleme der Zulassung, der Regelstudienzeit und der Studienreform.
171 Zur Verquickung von Bundestags- und Bundesratsebene aufseiten der CDU/CSU, siehe S. 179f.
Der Verfasser fertigte in den Sitzungen Vermerke auf den jeweils den drei Lesungen im Ausschuß zugrundeliegenden Synopsen an, die das Ministerium in Zusammenarbeit mit den Fachreferenten des Ausschusses für Bildung und Wissenschaft erstellt hatte. Die amtlichen Ausschußprotokolle konnten aus der Natur der Sache heraus hier nur grobe Zusammenfassungen enthalten.
172 Siehe Protokoll der Veranstalter – hier Bericht der Arbeitsgruppe I „Personalstruktur – Mitbestimmung" – über das Ergebnis der Diskussion am 20.4.1974, S. 2: „An einer Einschätzung des mutmaßlichen Ergebnisses der Personalstrukturregelungen des HRG durch Genossen Schweitzer, MdB, das mit Zustimmung der CDU noch vor der Sommerpause verabschiedet werden soll, entzündete sich eine Debatte, insbesondere über die Problematik der Einführung des Assistenzprofessors . . ."
173 Schon im Entwurf der 6. Legislaturperiode hatten sich diese „Kräfte" in dieser Frage durchgesetzt.
174 Vgl. dazu den Text nach der endgültig in Kraft getretenen Fassung, § 38,3. Hier wurde die „Mehrheit" der Sitze für die Professoren sozusagen nach oben offengelassen, so daß sich 1977/78 ein Land wie Nordrhein-Westfalen in seinem Entwurf eines Landeshochschulgesetzes auf der Linie der Bonner Koalition auf Punkt und Komma an die ursprünglich vom Bundestag verabschiedete Fassung halten konnte, hingegen ein Land wie Bayern oder Baden-Württemberg eine größere Professorenmehrheit zu fixieren in der Lage war.
175 Siehe „Bundestagsfassung" vom 12. Dezember 1974, § 51.
176 Siehe DBSB 7/136. Sitzung, 12. Dezember 1974, S. 9317 C.

177 Der Verfasser hatte damals mit beiden Ministern auch im Namen des von ihm ad-hoc mit begründeten „Arbeitskreis Sozial-Liberale Hochschulpolitik" Kontakt aufgenommen. Dieser Arbeitskreis betätigte sich nur während des Gesetzgebungsverfahrens HRG als „Lobby". Ihm gehörten namhafte Wissenschaftler und Bildungspolitiker aus SPD und FDP an.

178 Der Verfasser hatte sich hier von dem ehemaligen Bundesverfassungsrichter und Professor der Rechte, G. Leibholz, in Göttingen beraten lassen.

179 Schreiben vom 26. November 1973.

180 So in einer Sitzung vom 25. April 1974.

181 So Obmann der SPD „Bildung und Wissenschaft" zum Verfasser mündlich am 10. Juli 1974 im Bundeshausrestaurant; vgl. ein ausnahmsweise vorliegendes Protokoll über eine Sitzung der SPD-Arbeitsgruppe Bildung und Wissenschaft vom 11. September 1974, S. 12 zur Frage der Berichterstattung durch die Fraktion. Hier hieß es: „Rolf Meinecke machte den Vorschlag, Axel Wernitz mit der Berichterstattung zu betrauen. Sollte dies nicht möglich sein, würde Dieter Lattmann gebeten, sich in das Gebiet einzuarbeiten. Zur Not stünde auch er selbst zur Verfügung." Hingewiesen worden war auf das Ausscheiden der „beiden Hauptberichterstatter". Unmittelbar darauf fungierte jedoch der Verf. (pro forma zur Beamtenrechtsnovelle) in den offiziellen Einladungen des Arbeitsgruppenvorsitzenden wieder als einer von zwei Berichterstattern zum Hochschulrahmengesetz, eine Nomenklatur, die dann bis zum Schluß, d.h. einschließlich der Unterzeichnung des offiziellen Ausschußberichtes an das Plenum des Deutschen Bundestages Ende 1974 aufrechterhalten wurde.

182 Vgl. Sitzung der Koalitionsberichterstatter am 8. Oktober 1974, Sitzung des Ausschusses für Bildung und Wissenschaft am 9. Oktober, Besprechung mit Senator Biallas am 11. Oktober erneute Sitzung der Koalitionsberichterstatter am 15. Oktober 1974 und anschließend am selben Tage eine Sitzung aller Berichterstatter.

183 Laut Auskunft eines Parlamentarischen Geschäftsführers der SPD dem Verfasser gegenüber am 24. Oktober 1974. Die beiden Berichterstatter der SPD, Wernitz und Schweitzer, nahmen daran nicht teil.

184 Siehe § 38 des endgültig in Kraft getretenen Gesetzes, der mit dem § 42 der Bundestagsfassung 1974 verglichen werden muß.

185 Der Verfasser äußerte sich schriftlich hierzu in einem Schreiben an seinen Fraktionsvorsitzenden vom 6. Juni 1974 („. . . unsere AG wollte ursprünglich nicht. Jetzt steht sie dahinter. Ist auch mehr Schlichtungsrecht. Für mich war dies übrigens nie entscheidend, im Gegenteil, natürlich politisch heikel . . .") und an den Bundesvorsitzenden der FDP mit einem Schreiben vom 15. Juni 1974 im Namen des Arbeitskreises Sozial-Liberale Hochschulpolitik, deren „freidemokratische Mitglieder" . . . „entsetzt sind, nachdem sie in der Presse in den letzten Tagen Erstaunliches von einigen Ihrer Parteifreunde gelesen haben . . ."

186 Siehe DBSB, 7/ 136. Sitzung, S. 9344. Vgl. § 31 in der Fassung des Bundestages, Bundesratsdrucksache 40/1975 und § 28 der in Kraft getretenen. Es ging und geht vor allem um die Frage, was unter „Aufforderung zur Gewalt", oder „Bedrohung mit Gewalt" zu verstehen ist.

187 Eine sogenannte *„Experimentierklausel"* als Möglichkeit im Sinne des Modells: Universität Bremen kam auch bei dem erwähnten Anhörverfahren der SPD Arbeitsgruppe Bildung Wissenschaft im Februar 1974 zur Sprache;

vgl. Protokoll der SPD-Fraktionssitzung vom 12.12.1975, vor allem vom 1.7.1974 über die Haltung des Bremer Senatspräsidenten in dieser Frage.

188 Unter diesem Aspekt ließe sich auch die Eherechtsreform des Jahres 1975 analysieren; vgl. die Studie des Verfassers zur Frage der Behandlung von Europagesetzen in nationalen Parlamenten, siehe oben Anmerkung Nr. 132.

189 Eine sehr beachtliche Ausnahme in der Geschichte des Deutschen Bundestages stellt in diesem Zusammenhang die Erhöhung des Ansatzes für den Haushalt des Bundesministerium für Wirtschaftliche Zusammenarbeit gegen den Widerstand des Bundesfinanzministers für das Haushaltsjahr 1978 in Höhe von DM 74 Mio. und 1 1/2 Mrd. an Verpflichtungsermächtigungen dar. Hier hatte insbesondere der SPD-Vorsitzende des entsprechenden Bundestagsausschusses, U. Holtz, nicht zuletzt im Fraktionsvorstand – sehr geschickt zusammen mit dem Haushaltsausschuß taktiert. Ein anderes Beispiel aus der 8. Legislaturperiode zeigt einmal mehr, daß sich auch „der" Haushaltsausschuß gegebenenfalls nicht durchsetzt. Es handelte sich um die mögliche Einfügung eines Haushaltsansatzes in Höhe von DM drei Millionen für das Jahr 1978 zugunsten der relativ neuen UN-Universität in Tokio, für die sich der Verfasser noch als Bundestagsabgeordneter der 7. Legislaturperiode eingesetzt hatte. Die beiden mitberatenden Ausschüsse (Bildung und Wissenschaft und Unterausschuß des Auswärtigen Ausschusses für Auswärtige Kulturpolitik) zogen bei einem einmaligen Haushaltsergänzungsantrag mit. Auch diejenigen Experten des Haushaltsausschusses, die die Sache grundsätzlich für bedeutungsvoll hielten, taten dies, machten jedoch eine endgültige Zustimmung davon abhängig, daß sich der Bundesfinanzminister, der von Anfang an sein Veto eingelegt hatte, positiv zum Grundanliegen des parlamentarischen Antrages auch in Übereinstimmung mit dem Auswärtigen Amt äußere, was er „natürlich" nicht tat. Unter diesen Umständen kam es in der Schlußberatung des Haushaltsausschusses Ende 1977 nur noch zu einer platonischen Erklärung eines sich für die Materie zuständig fühlenden SPD-Mitgliedes.

190 Der Verfasser hat durchweg die Auffassung vertreten, daß die Schöpfer des Grundgesetzes hier von falschen „Übertragungen" aus der Bismarck-Aera ausgingen, in der in der Tat die Mitglieder des Reichsrates die „verbündeten" Exekutiven verkörperten und als solche der Legislative gegenübertraten, während die Mitglieder des Bundesrates der Bundesrepublik Deutschland einen völlig anderen Status – legislativen – haben. Auch störte ihn stets die mangelnde Reziprozität im Verhältnis Bundestag - Bundesrat.

191 Siehe PPP vom 3.12.1974.

192 Siehe DBSB, 7.Sitzung vom 12.12.1974, a.a.O., S. 9361 A.

193 Vgl. Protokolle und Abschlußbericht der Enquete-Kommission für Verfassungsreform, a.a.O.

194 Zur CDU vgl. Anmerkung Nr.14 oben.

195 Zur Literatur in der Bundesrepublik siehe u.a. Apel, Dichgans, Lattmann, demnächst auch Alex Möller und Anmerkungen 4 und 6 oben; zu Großbritannien siehe Anmerkung Nr. 7.
Private Besuchergruppen kamen, was Anreise und Verpflegung betraf, in der *Regel auf Kosten* des Verfassers. Das war nur möglich, weil der Wahlkreis in unmittelbarer Nähe Bonns gelegen war. Die Betreuung dieser Gruppen stellte den Hauptgrund für ein eigenes gelegentliches „Schwänzen" von

Plenarsitzungsstunden auch durch den Verfasser dar.

196 In Andernach gab es zunächst die einzige SPD-Ortsvereinsgeschäftsstelle im Bundestagswahlkreis 149 unabhängig von der lange Zeit dort befindlichen für den gesamten Unterbezirk; im Laufe der 7. Legislaturperiode des Bundestages kamen dann auch Geschäftsstellen in Plaidt, Sinzig, Bad Breisig und Bad Neuenahr hinzu. Zu den „surgeries" in Großbritannien siehe u.a. Grant, J.: Member . . ., a.a.O., S. 77 ff. und 127.

197 Der Verfasser erhielt zu diesem Thema rund 310 Posteingänge einzelner Bundesbürger (und zwar oft mit der gleichen fehlerhaften Hausnummer, die offensichtlich dem Bundestagshandbuch entnommen worden war) und 5 Sammelpetitionen mit jeweils mehreren Hundert Unterschriften.

198 Glückwünsche wurden 1973/74 wegen Überlastung seines Bundestagsbüros restriktiv bzw. selektiv gehandhabt, danach erfolgten Glückwunschschreiben wieder regelmäßig an alle älteren Mitbürger „ab 70. Geburtstag" auch im Namen seiner SPD-Landtagskollegen. Entsprechende Listen wurden später analog zur Praxis der CDU von den Verwaltungen vorab angefordert, das heißt man verließ sich jetzt nicht mehr allein auf die Lokalzeitungen und deren Ankündigungen. Interessanterweise kooperierten nicht alle „CDU"-Verwaltungen.

199 Auch der CDU Direktabgeordnete J.P. Josten setzte sich nachweislich für Bürger aller Richtungen ein.

200 Vgl. *Bonner Rundschau,* Ausgabe Ahrweiler, vom 1.2.1971.

201 Schreiben des Verfassers vom 12.6.1969, Antwort des Regierungspräsidenten vom 18.6.1969

202 Vgl. Presseerklärung des Verfassers gegenüber der Rhein-Zeitung vom 6.7.1969. Auch auf lokale Bürgerinitiativen reagierten im übrigen MdBs schon damals. So hatten z.B. im Namedyer Ortsteil der neuen „Großstadt" Andernach 1973/74 dem Verfasser die beteiligten Ortsvereinsvorsitzenden von CDU und SPD Sammelpetitionen einer Interessengemeinschaft und „Bürgerinitiative zur Beseitigung der schienengleichen Bahnübergänge" mit rund 200 Unterschriften überreicht. Nach einem Briefwechsel mit dem zuständigen Bundesbahndirektionspräsidenten in Köln sowie dem Staatssekretär im Bundesverkehrsministerium konnte ein exakter Terminplan zur Beseitigung der Mißstände bis 1980 aufgestellt und veröffentlicht werden.

203 Vgl. öffentliche Erklärung an die „Mayener Bürger" des Verfassers in der Sache vom 14.3.1970.

204 Siehe Rhein-Zeitung, Ausgabe Andernach/Mayen.

205 Zur Frage im Bundestag siehe DBSB 7/70. Sitzung 12.12.1973, S. 4310 B; Schreiben des Verfassers an Bundesinnenminister Genscher vom 17.12.1973, 22.1. und 4.4.1974; Schreiben Dröscher an den Verfasser über seinen Briefwechsel mit Kultusminister Vogel vom 6.9.1974, Schreiben des Ministers an den Verfasser mit der Mitteilung, daß die betreffende Dame eingestellt werden würde, vom 31.10.1974. Im Rundfunkgespräch mit Frau Laurien hatte diese das Absolvieren der 2. Ausbildungsphase der „Junglehrerin" im benachbarten Nordrhein-Westfalen als eine Art konspiratives Untertauchen gewertet (ohne zu wissen, daß der Verf. selber dies vermittelt hatte) und darüber hinaus auf Material des Verfassungsschutzes dunkel-überlegen angespielt, um dann vom Verf. im gleichen Stil auf seine eigene „Akteneinsicht" bei den infragekommenden Behörden hingewiesen zu werden.

206 Nachweis vom Verfasser in einem Falle (Polen betreffend) mit Namensangabe regional veröffentlicht.

207 Im Endeffekt konnte die angestrebte Fusionsgenehmigung nicht erreicht und somit auch nicht verhindert werden, daß die Zahl der Beschäftigten in dieser Firma um 118 abnahm (lt. Mitteilung des Betriebsratsmitgliedes N. aus Ochtendung bei Mayen, an den Verfasser). „Öffentlich" wurde z.B. auch der Einsatz des Verfassers zugunsten des Lava-Werkes bei Wassenach im Krs. Ahrweiler im Zusammenwirken mit dem Landratsamt 1975. Hier konnten die Arbeitsplätze voll erhalten werden.

208 Am 12.4.1974. Von der CDU war der Landtagsabgeordnete von Ahrweiler anwesend, nicht jedoch der Bundestagsabgeordnete, der sich ausdrücklich entschuldigen ließ.

209 Auch zwischen 1969 und 1972 war der Verfasser durch Verwaltung und SPD in Bad Breisig wiederholt mit dem Problem der B 9 Ortsdurchfahrt befaßt worden und hatte an mehreren Bürgerversammlungen zur Sache aktiv teilgenommen.

210 Vgl. zum Beispiel Recherchen des Verfassers beim Bundesminister für Arbeit und Sozialordnung sowie der Landesversicherungsanstalt in Sachen eines Rentners aus Remagen-Kripp im Verlaufe weniger Wochen im Frühjahr 1974, Fundstelle: Aktenordner „Petitionen" Bd. 5; oder, um ein anderes Beispiel für die Einschaltung von Bundes- und Landesbehörden zu nennen, wie sie zweifellos durch alle Abgeordneten erfolgt, ebenda Bd. 6 zum Briefwechsel zwischen Oktober 1975 und Juni 1976 mit dem Bundesfinanzminister in Sachen Steuererleichterungen für „Flutgeschädigte" in Adenau, Krs. Ahrweiler, sowie Pressemitteilung darüber in der Rhein-Zeitung, Ausgabe Ahrweiler.

211 So mußte z.B. wegen einer Ausgleichentschädigungszahlung für einen früheren DDR-Bewohner insgesamt in einem Zeitraum vom Juli 1973 bis zum Juli 1975 mit dem zuständigen Regierungspräsidenten, dem Lastenausgleichsamt und dem Petitionsausschuß des Bundestages korrespondiert werden.

212 Zu letzterem vgl. z.B. Eingabe des Bauern- und Winzerverbandes Mayen vom 18.7.1974 an den Verfasser und Korrespondenz daraufhin mit dem zuständigen Bundesministerium, dem zuständigen Bundestagsausschuß und den Experten der SPD Bundestagsfraktion. Genaue Aufschlüsse über das mögliche quantitative und qualitative Ausmaß der Bearbeitung solcher Petitionen durch einen Bundestagsabgeordneten dürfte später beispielhaft die Auswertung der Materialfülle im Büro des verstorbenen Bundes- und Landtagsabgeordneten Wilhelm Dröscher aus Kirn an der Nahe ergeben.

213 Vgl. z.B. Schreiben des Landes- und Bezirksvorsitzenden Wilhelm Dröscher an den Verfasser vom 6.9.1974, in dem es hieß: „. . . ich möchte Dir, was die Neugliederung angeht, den Entwurf zu meinem Wahlprogramm-Vorwort übersenden. Darauf haben wir uns jetzt landesweit geeinigt. Das schließt nicht aus, daß die örtlichen Parteien sich bei lokalen Abstimmungen engagieren können und ihrerseits, etwa als Kreisverband, sich für den Entscheid aussprechen. Ich halte allerdings, das muß ich sagen, mit Ausnahme vom äußersten Norden im Krs. Ahrweiler, an der Sieg und in einigen Teilen Montabaurs, nicht viel davon. Das bringt uns nichts und erschwert uns die sonstige Situation . . ."

214 Abgesehen von der Begründung für sein Votum hatte die Aufforderung des

Verfassers in den Anzeigen vom 10.1.1975 an die Bürger gelautet: „. . . Am 19. Januar kommt eine erste staatsbürgerliche Aufgabe in diesem Jahr auf uns zu: Gemäß dem Auftrag des Grundgesetzes sind alle Wahlberechtigten u.a. in unserem Regierungsbezirk Koblenz aufgerufen, sich mit ihrer Stimme für oder gegen eine Angliederung unseres Gebietes an Nordrhein-Westfalen zu entscheiden. Die politischen Parteien und ihre Führer in unseren Parlamenten und Regierungen in Bund und Ländern sind nicht mehr als die auf Zeit durch die Wähler mit dem schwierigen Geschäft des Regierens Beauftragten. Sie sollten daher immer wieder erfahren, was ihre Auftraggeber tatsächlich wollen und wünschen.
Deshalb fordere ich Sie alle als Bundestagsabgeordneter gerade der SPD auf, von Ihrem wichtigsten Recht der Teilnahme an Abstimmungen und Wahlen am 19. Januar genauso wie am Tage der Landtagswahl im März Gebrauch zu machen".

215 Erneut äußerte er sich in diesem Rundschreiben zur Länderneugliederung bzw. zur Volksabstimmung, zu Problemen des Bodenrechtes, der Agrar- und Steuerpolitik, der Herabsetzung des Volljährigkeitsalters und des zivilen Ersatzdienstes.

216 In diesem Zusammenhang führte er die von ihm in diesem Zeitraum durchgeführten Veranstaltungen auf (17), die von ihm im Wahlkreis besuchten Veranstaltungen Dritter (19), Sprechstunden (10), Besichtigungen, Besprechungen mit Amtsträgern außerhalb der SPD (3), Anfragen an die Bundesregierung im Parlament und direkt (11) und den Empfang besonderer Besuchergruppen in Bonn (7).

217 Er äußerte sich in Funk und Fernsehen in dieser Zeit u.a. zum Hochschulrahmengesetz, zum Fall der nichteingestellten Lehrerin in Rheinland-Pfalz, zur Europapolitik, zur VR Polen nach einer Reise dorthin als Wissenschaftler sowie zu seinen Gesprächen in der UdSSR und der VR China nach seiner Reise im Frühsommer 1976. In der Endphase des Bundestagswahlkampfes 1976 intervenierte z.B. die Bonner Rundschau ganz eindeutig in Meldung und Kommentar zu ungunsten des Verfassers und damit der SPD; vgl. Leitartikel in der Ahrweiler Ausgabe dieser Zeitung vom 9.6.76, in dem eine improvisierte, vom „betroffenen" CDU-Bürger selber sehr positiv aufgenommene öffentliche *Gratulation* des Verfassers als „geschickt und frech zugleich" bezeichnet wurde. Sehr exakte empirische Daten werden in der ausgezeichnete Dissertation von Faltlhauser, K.: Wahlkampf, . . . a.a.O., analysiert und bewertet; vgl. Pappi, F.U.: Wahlverhalten und politische Kultur. Politik und Wähler, Bd. L, Meisenheim 1970.

218 Zur beinahe schon unübersehbar gewordenen allgemeinen Literatur in Sachen Wirkungsforschung siehe u.a. Noelle-Neumann, E.: Kumulation, Konsonanz und Öffentlichkeitseffekt. Ein neuer Ansatz zur Analyse der Wirkung von Massenmedien, in: Publik, 18/73 Heft 1; vgl. Traugott, E.: Die Herrschaft der Meinung, Bertelsmann Universitäts Verlag 1970.

219 Lt. Mitteilung des heutigen Chefredakteurs des ZDF, Herrn Appel, vom 8.2.1978 an den Verfasser sehen nach neuesten Zuschauerdaten zu den Nachrichtensendungen tatsächlich im Durchschnitt nur 48% die Sendung „Heute" (19.00 Uhr: 29%, „Heute-Journal", montags bis freitags 21.00 Uhr: 19%) und die Tagesschau 42% (20.00 Uhr 29%, 22.30 Uhr montags bis freitags als Tagesthemen jetzt: 13%).

220 Korrelationsrechnungen über die ganze Breite der Fragen liegen vor, kön-

nen aber in diesem beschränkten Rahmen nicht dargestellt werden und müssen einer späteren Publikation vorbehalten bleiben.

221 Siehe auch Frage 5 aus der Umfrage von 1969, zusammengefaßt veröffentlicht im „Parlament", 20.9.1969, S. 11 f; vgl. Thaysen, U.: Richten sich die Bundestagsabgeordneten nach Ihrem Gewissen, in: Zeitschrift für Parlamentsfragen, H. 1/1974, S. 3-14.

222 Siehe jetzt auch eine Umfrage der Emnid-Institute vom Sommer 1978. Danach gaben mit 46% der befragten Bundesbürger im Bundesgebiet an, daß sie den Namen des für sie zuständigen Bundestagsabgeordneten namentlich kennen. Ein Name wurde allerdings nicht erfragt. Auch blieb bei der Frage offen, ob es um einen Direkt- oder Listenabgeordneten ging. Nach der Emnid-Umfrage 1978 gaben 15% aller Befragten an, daß sie sich regelmäßig über die Arbeit der Bundestagsabgeordneten in Bonn informieren, während 84%, d.h. hochgerechnet ca. 32 bis 35 Millionen aller Erwachsenen, eine Art Abgeordnetenapathie bekundeten. Insbesondere die jüngeren Leute unter den Befragten, d.h. die jünger als 19 Jahre sind, fielen dadurch auf, daß sie sich uninformiert über die Arbeit der Bundestagsabgeordneten zeigten. Der Anteil derjenigen, die Interesse an der Arbeit der Bundestagsabgeordneten bekundeten, erhöhte sich ganz deutlich mit der Schulbildung und war abhängig von der beruflichen Tätigkeit (zit. Emnid).
Zu anderen Ergebnissen kommt allerdings die Dissertation von Faltlhauser: Wahlkampf im Wahlkreis, a.a.O. mit den detaillierten Untersuchungen über den Wahlkreis von Dröscher, S. 150 ff; danach konnte im Jahre 1969 von einem Bekantheitsgrad Dröschers von 77% ausgegangen werden. Zweifellos aber sind diese Ergebnisse bzw. die ihnen zugrundeliegenden Fakten als exzeptionell für die Bundesrepublik Deutschland seit 1949 anzusehen und nicht zuletzt auf die langjährigen Aktivitäten Dröschers auch als Amtsbürgermeister und MdL in diesem Raum zurückzuführen. In Großbritannien mit seinen Einmanndirektwahlkreisen kennen im nationalen Durchschnitt rund 60% „ihren" (Direktabgeordneten) M.P.

223 Die Jusos von Bad Neuenahr-Ahrweiler unter dem Vorsitz von A. Schuck gehörten 1976 zu seinen entschiedensten Unterstützern und Helfern.

224 Siehe Rhein-Zeitung 17. Dezember 1975. Frage: Können Sie die Bezüge aus Ihrem Bundestagsmandat und deren Verwendung darlegen?" Antwort: „In meinem Falle kann die Rechnung wie folgt aufgemacht werden: Von den 7900 Mark sog. Diäten, das heißt einschließlich Aufwandsentschädigungen, gehen monatlich an festen Beiträgen ab: 962,50 für den Versorgungsbeitrag, der nach achtjähriger Zugehörigkeit zum Deutschen Bundestag aus einer Pensionskasse an einen Abgeordneten, der dann ausscheiden würde, wieder zurückfließt; 450 Mark Zuschuß an die Fraktion, 150 Mark an den Bezirk der Partei und 120 Mark an den Ortsverein. Hinzukommen im Monatsdurchschnitt: rund 500 Mark für Porto, 250 Mark für div. Übernachtungen in Ausübung des Mandats, etwa 300 Mark Benzinkosten für Fahrten im Wahlkreis (von Abnutzung der Wagen gar nicht zu reden), Zuwendungen an andere Parteiorganisationen im Wahlkreis innerhalb und außerhalb von Landtags- und Kommunalwahlkämpfen 1000 DM, „Stiftungen" zugunsten von Wettkämpfen etc. 350 Mark, Veröffentlichungen von Anzeigen etc. 500 Mark, Zuwendungen an Unbekannte 150 Mark, Einladungen div. Gruppen aus dem Wahlkreis nach Bonn (Reisekosten und

entsprechende Beköstigung im Bundeshaus) rund 500 Mark . . .".
Der MdB Norbert Gansel aus Kiel gab unter anderem in der „Zeit", Ausgabe 14. November 1975, Rechenschaft ab und kam für einen Jahreszeitraum auf Einnahmen in Höhe von DM 96.670,12 und Ausgaben von DM 93.275,49 einschließlich seiner monatlichen Ausgaben zu Hause. Diese beliefen sich zusammen mit Beiträgen an Fraktion, Partei und Unterhalt einer Wohnung in Bonn sowie Unkosten im Büro in Kiel auf monatlich DM 5.812,40. Vgl. Lohmar, U.: Das Hohe Haus, a.a.O., S. 185 und Apel, H.: Bonn, den. a.a.O., S. 144. Wie in Gegendarstellungen 1974 z.T. richtiggestellt werden konnte, hatte der Verf. im Einvernehmen mit der zuständigen Geschäftsstelle zwischen 1970 und 1972 als „Schattenabgeordneter" (und nicht nach 1972, wie behauptet wurde) zeitweilig den satzungsgemäßen Mitgliedsbeitrag reduziert, um so einen Teil seiner beträchtlichen Ausgaben zwischen 1968 und 1970 (siehe Anm. 19 und 42) wieder „hereinzuholen".
Der Verf. mußte hingegen anhand der Delegiertenlisten zu Unterbezirkskonferenzen mit ihren „amtlichen" Eintragungen der Mitgliedsbeiträge feststellen, daß es um die sog. „Beitragsehrlichkeit" ausgerechnet seiner beiden inzwischen zu Amt und Würden gekommenen Jusokontrahenten von damals nun wirklich nicht gut bestellt war.

225 Zur Aufstellung eines SPD Landtagskandidaten 1970 hatte er kurz vor der entscheidenden Delegiertenversammlung mit vertraulichem Rundschreiben vom 2. Juni 1970 an die Ortsvereinsvorsitzenden in Ahrweiler mitgeteilt, daß er laut Gesetz seinen Wohnsitz nach Rheinland-Pfalz hätte verlegen müssen, dies aber wegen der Gesundheit seiner Frau nur in einer Höhenlage möglich sei. Das Vorhaben (in der Nähe von Lindt/Ahr) sei aber gescheitert. Wörtlich versicherte er: „Helfen tue ich so oder so – beim jetzt notwendig werdenden Aufbau unserer Männer außerhalb des Unterbezirks und im Kampf mit diesen Männern zusammen . . .. Ich war und bin bereit – auf Landesebene ja ohnehin –, (der ursprünglich vorgesehene Spitzenkandidat der SPD hatte ihn für sein Schattenkabinett vorgesehen d.V.) mich im Landtagswahlkampf einzusetzen für die Partei . . ."
Auf der Wahlkreiskonferenz vom 11. Juli 1970 in Koblenz war „sein Mann", (C.H. Moesta), dank der Absprachen des Verfassers knapp durchs Ziel gegangen, was letzteren veranlaßte, in einem nachträglichen Rundschreiben an die Delegierten dieser Konferenz Vorschläge für Kriterien bei der künftigen Aufstellung von Landtagskandidaten zu übermitteln. Tatsächlich hat ihm der sich durch den Ausgang der Kandidatenaufstellung *zu unrecht* benachteiligt fühlende damalige Unterbezirk Koblenz-Stadt-Land mehrere Jahre hindurch nicht verziehen, daß „Koblenz" auf einen zusätzlichen Abgeordneten verzichten mußte. Nach der neuen Wahlkreiseinteilung für die Landtagswahl war die Absicherung des Ahrweiler Kandidaten das nächstemal sehr viel leichter. Besonders warmherzige und ausführliche schriftliche Würdigungen des Einsatzes des Verf. über die Jahre hinweg im Bundeswahlkreis kamen Ende 1976 vom Ortsvorsitzenden Andernach, Harald Mittler, der Verbandsgemeindevorsitzenden Brohltal, Waltraut Naß sowie dem Ortsvereinvors. Burgbrohl-Weiler, einem „typischen" Arbeiterortsverein im Wahlkreis, R. Kulmus, (siehe Handakte 1976-77,1).
Vgl. Rhein-Zeitung vom 14. Februar 1977 „Abschied vom Unterbezirk"; zu Großbritannien siehe unter anderem: Grant, J.: Member, a.a.O., S. 89.

226 Vgl. Anmerkung Nr. 19 oben.

227 Zitiert nach BVG, Bd. 40 vom 5. November 1975, S. 296 ff. Vgl. Lohmar, U.: Das Hohe Haus, a.a.O., S. 188 ff.

228 Vgl. Bezugnahme darauf im „Tätigkeitsbericht für die Zeit vom 1. Januar 1973 bis 1. Juli 1974", übermittelt an alle SPD-Mitglieder im Bundestagswahlkreis 149, August 1974, S. 2.

229 Siehe Spiegel, Ausgabe Nr. 23, Juni 1976, S. 63 ff. Eine Leserzuschrift des Verfassers darauf wurde nicht veröffentlicht. Der Spiegel glaubte festgestellt zu haben: „Schließlich meutern auch Parlaments-Idealisten wie SPD-MdB Carl-Christoph („C.C.") Schweitzer. Der Politologieprofessor hält nichts von wahltaktischen Verzögerungsmanövern . . .".

230 Vgl. Statistik nach den Materialien des Wissenschaftlichen Dienstes Nr. 40 vom Mai 1975 über die Mitgliederstruktur der drei Fraktionen im 7. Deutschen Bundestag (S. 169 ff). Abgesehen von 45 Regierungsmitgliedern und ehemaligen Regierungsmitgliedern in allen Parteien waren in der SPD 99 Beamte und Angestellte des Öffentlichen Dienstes und vier evangelische Pfarrer; in der CDU/CSU 95 und zwei Pfarrer sowie in der FDP 9 Beamte und Angestellte; in der SPD 49 Angestellte politischer und gesellschaftlicher Organisationen einschließlich Gewerkschaften, in der CDU/CSU 22 und in der FDP 0; in der SPD 25 Angestellte in der Wirtschaft, in der CDU/CSU 28 und in der FDP 9; in der SPD 5 Selbständige (Unternehmer, Handwerker, Land- und Forstwirte), in der CDU/CSU 51 und in der FDP 11; in der SPD 17 Angehörige freier Berufe (Rechtsanwälte, Notare, Ingenieure, Ärzte, Journalisten etc.), in der CDU/CSU 23 und in der FDP 3; in der SPD 5 Hausfrauen, in der CDU/CSU 4 und in der FDP 0; den Beruf eines Arbeiters gaben in der SPD 5, in der CDU/CSU 2 und in der FDP 0 an, Sonstige 4:1:1 – bei insgesamt 518 Mitgliedern des Deutschen Bundestages.

231 Zur tatsächlich durch das sogenannte Diätengesetz (offiziell: Gesetz zur Neuregelung der Rechtsverhältnisse der Mitglieder des Deutschen Bundestages) in dieser Frage eingeführten Regelung siehe: Deutscher Bundestag, Drucksachen 7/5903 und 7/5929, verkündet im Bundesgesetzblatt 1977, I, S. 297 ff. (Vgl. frühere Regelungen BGBL I, 29.6.1972 und I, 1968, S. 334 ff.). Wichtigte Angaben in: Kabel, R.: Das neue Abgeordnetengesetz vom Dezember 1976, in: Zeitschrift für Parlamentrfragen, 1977/1. Der Verfasser hatte am 16. Juni 1976 die Frage eingereicht: „Wie steht die Bundesregierung zu dem Teil der Empfehlungen der sogenannten Rosenberg-Kommission in Sachen künftige Rechtsstellung der Abgeordneten des Deutschen Bundestages, der die Mitglieder der Bundesregierung tangiert?" Diese Frage war von der Fraktionsgeschäftsführung nicht weitergeleitet worden, zu diesem Komplex siehe oben S. 81 ff.

232 Nach Briefen und Gesprächen sowohl mit der damaligen Präsidentin des Deutschen Bundestages A. Renger als auch mit dem Fraktionsvorsitzenden (im Mai 1976).

233 Siehe: Der Präsident des Deutschen Bundestages an den Vorsitzenden der Fraktion der SPD, Herrn Herbert Wehner, MdB, Bundesminister a.D. im Hause, 18. Juni 1976: „. . . in der Anlage übersende ich Ihnen ein Exemplar des Beiratsgutachtens . . .", dort S. 11.

234 Siehe DBSB, 7/259. Sitzung, S. 18592 ff zu den Erklärungen vor allem der Abgeordneten Gansel (SPD), Becker (CDU/CSU), Köhler (CDU/CSU) und Mertes (CDU/CSU); vgl. zur Gesamtproblematik unter anderem Veröffent-

lichung des Karl-Breuer-Institutes des Bundes der Steuerzahler 1975, H. 32: Abgeordnetenentschädigung und Grundgesetz. Zum Selbstverständnis britischer Parlamentarier Mitte der 60er Jahre (parlamentarischer Hauptberuf etc.), siehe Crick, B., a.a.O., S. 208 ff; zum Selbstverständnis von Abgeordneten in der Bundesrepublik in diesem Zusammenhang siehe unter anderem die Veröffentlichungen von Dichgans, a.a.O., Hüsch, H.G. (damals MdL, heute MdB) und H. Locher: Gewählt – sieben Tage aus dem Leben eines Abgeordneten, Düsseldorf 1973, Apel, H.: Der deutsche Parlamentarismus, a.a.O., S. 82 ff. Vgl. jetzt auch: Stenographische Niederschrift der Seminartagung ... Deutsche Vereinigung für Parlamentsfragen e.V., 2. bis 3. Mai 1978 in Berlin zum Thema: „Politik als Beruf" (MS), 1978.

235 Siehe Anmerkungen 100 u. 101, vgl. auch etwa Capital 12/1973, S. 114 ff.

236 The English Constitution, World Classics, Oxford University Press 1958, S. 118 ff. 2. Auflage. Zu Bagebot siehe u.a. Steffani, W.: Parlamentarismus in den EG-Staaten ..., in: Zeitschrift für Parlamentsfragen, Juni 1978 S. 234 ff; Siehe 1978 auch Spiegelartikel G. Leibholz: „Abgeordnete sind der Partei verpflichtet", Nr. 9/1978, S. 36 ff. Zu diesem Abschlußkapitel insgesamt vgl. Oberreuter, H.: Kann der Parlamentarismus überleben? Bund-Länder-Europa, Osnabrück 1977; vgl. Tagungsprotokoll Deutsche Vereinigung für Parlamentsfragen: Der Abgeordnete, Bonn-Bad Godesberg 1970 (Tagung 4.6.1970). Oberreuters lapidar gebündelten Reformforderungen an unser parlamentarisches Regierungssystem als Beitrag zur politischen Potenzsteigerung: 1. Sicherung der Kommunikation von Parlament und Öffentlichkeit durch verstärkte Transparenz des parlamentarischen Verfahrens; 2. Sicherung und Verbesserung der Führungs- und Kontrollqualität der (parlamentarischen) Regierung gegenüber der Exekutive; 3. Akzentuierung der Funktionseinheit regierende Mehrheit durch durchlässige Willensbildung zwischen Parlamentsmehrheit und Kabinett; 4. Ausbau der Oppositionsposition als Residium der überkommenen Parlamentsrechte zugunsten der Funktionssicherung des neuen „Dualismus" im parlamentarischen Regierungssystem; 5. Ständige Verbesserung der Arbeitsbedingungen zur Sicherung der Wettbewerbsfähigkeit mit Bürokratie und Verbänden". Siehe S. 111 unten bis 112 Buchende.

237 Zitiert nach Agnoli, J.: Die Transformation der Demokratie, Frankfurt/Main 1968, S. 57.

238 Vgl. unter anderem Hereth, M., a.a.O.; Veen, H.-J.: Opposition im Bundestag, Schriftenreihe der Bundeszentrale für politische Bildung Nr. 113, 1976 Bonn und Friedrich, M.: Opposition ohne Alternative?, Köln 1962.

239 Zitiert nach: Politik – aktuelle Informationen der SPD, November 1977, Nr. 9, S. 2. Der verstorbene britische Labour M.P., Prof. Mackintosh, erwähnte dem Verfasser gegenüber in London 1977 die öffentliche Äußerung des Callagahn-Ministers D. Healey, das abweichende Verhalten von zwei Labour M.Ps damals sei „verfassungswidrig" (!) gewesen.
Vgl. demgegenüber die Auffassung Churchills 1952, für den die Loyalität gegenüber der Partei erst an „3. Stelle" kam – im Gegensatz zu dem Lab. M.P. Crossmann, der ihm in diesem Punkt widersprach, zit. nach Sontheimer, K.: Das politische System Großbritanniens, München 1972, S. 101 f.

240 Hier zum Teil zitiert nach Wildemann, R.: Macht und Konsens als Problem der Innen- und Außenpolitik, Frankfurt/Bonn 1963, S. 97.

241 Vgl. Studie Schweitzer C.C.: Die nationalen Parlamente . . . a.a.O., S. 64.

242 Dieser Vorschlag unter anderem der SPD-Fraktion im 7. Deutschen Bundestag (siehe oben Kapitel 2) konnte nicht realisiert werden, zielte aber auf eine Gleichstellung mit den Verbänden im Gesetzgebungsprozeß ab.
Auch in der 5. Legislaturperiode wurde dieses Problem des öfteren angesprochen, siehe unter anderem: Wissenschaftliche Abteilung des Deutschen Bundestages: Materialien, „Parlamentsreform", Nr. 10, April 1969 und Nr. 11, Juni 1969. In diesem Zusammenhang stellt sich auch das immer stärker in den Mittelpunkt wissenschaftlicher Erörterungen rückende Problem der politischen Planung als Frage nach Möglichkeiten der Mitwirkung parlamentarischer Gremien, siehe u.a. dazu Scharpf, F.W.: Planung als politischer Prozeß, Frankfurt/M. 1973.

243 Dies geschieht natürlich sehr häufig, wie eine Durchsicht der ausgedruckten Tagesordnungen der Plenarsitzungen ergibt; siehe hierzu für frühere Legislaturperioden Hennis, W.: Zur Rechtfertigung und Kritik der Bundestagsarbeit, in: Festschrift A. Arndt, Stuttgart 1969, S. 158.

244 Laut Mitteilung des ZDF an den Verf. vom 17.5.78 beträgt die Einschaltquote bei Übertragungen aus dem Bundestag morgens zwischen 9 und 13 Uhr rund 3%, erst ab „normaler" Sendezeit (d.h. ab 17 Uhr) wird sie höher. Am 16.2.78 lag sie z.B. im ZDF bei 4%, am 19.1.78 im ARD bei 3%.

245 Siehe Hennis, W.: Zur Rechtfertigung . . . a.a.O., S. 152, Schmid, Carlo: Der Abgeordnete zwischen Partei und Parlament, in die Neue Gesellschaft, November/Dezember 1959, S. 439 ff., Kevenhörster, P.: Das imperative Mandat, a.a.O. und Dichgans, H.: Der Freiheitsraum des Abgeordneten, a.a.O., S. 478 sowie Anm. 51 oben; vgl. auch Klein, H.H.: Mehr geheime Abstimmungen in den Parlamenten. Ein Vorschlag zur Sicherung des freien Mandats, in: Z. für Rechtspolitik, 1976, H. 4.

246 Siehe Hennis, W. ebenda S. 151 und 153. Vgl. jetzt auch Kriele, Martin: Legitimitätsprobleme der Bundesrepublik, München 1977, S. 24 ff.

247 Zitiert nach Agnoli, J.: Die Transformation . . . a.a.O., S. 58.

248 Siehe Hennis, W.: Zur Rechtfertigung . . . a.a.O., S. 158 f; vgl. Literaturangaben Anmerkung 150. Die unter anderem in diesem Zusammenhang aufgestellte Reformforderung nach mehr „Öffentlichkeit", d.h. öffentlich abgehaltenen Sitzungen der Ausschüsse des Bundestages, würde m.E. ein Bedürfnis nach mehr echter Sachaufklärung und Transparenz der Entscheidungsfindung auf Seiten der „interessierten" ebenso wie der „allgemeinen" Öffentlichkeit nicht sehr viel besser befriedigen, da dann die Abgeordneten auch in den Ausschüssen in erster Linie „zum Fenster hinaus" reden würden, und ein mitunter natürlich doch engagiertes Ringen um bessere Gesetzesinhalte restlos infrage gestellt wäre. Auf einer ganz anderen Linie liegen Forderungen nach *mehr öffentlichen Anhörverfahren.* Dazu aus der Sicht des Verf. einerseits die Bewertung in einem ganz konkreten Fall (HRG, s. S. 165ff.), andererseits aber die Feststellung, daß Anhörverfahren zu politischen Grundsatzfragen und komplizierten Sachthemen als echte Informationssitzungen der Abgeordneten mit Experten (d.h. also nicht so sehr zu konkreten Gesetzestexten) sehr nützlich sein können und verstärkt durchgeführt werden sollten. Der Verf. hat es in dieser Hinsicht jedenfalls immer wieder – z.T. in schriftlicher Form gegenüber Ausschußkollegen – bedauert, daß im *Auswärtigen Ausschuß* der 7. Legislaturperiode auswärtige Experten nur einmal länger „angehört" wurden, – solche des

Deutschen Roten Kreuzes zur Problematik der Familienzusammenführung und Aussiedlung Deutscher aus der Volksrepublik Polen. Die Durchsicht aller Protokolle dieses Ausschusses seit 1949 ergibt quantitativ eine ähnliche Fehlanzeige pro Legislaturperiode. Vorbildlich scheint demgegenüber ein längeres Anhörverfahren mit Experten vor allem aus der Wissenschaft durch den Ausschuß für Innerdeutsche Beziehungen der 8. Legislaturperiode gewesen zu sein. Vgl. hierzu im übrigen auch Schlußbericht der Enquete-Kommission Verfassungsreform, 7/5924 a.a.O., S. 80 f.

249 E. Burke zitiert nach Underdown, P.T.: Edmund Burke, the Commissary of his Bristol Constituents in: The British Historical Review, April 1958, S. 253. Rede vom 6.9.1780; vgl. aber auch Barker, E.: Essays on Government, Oxford 1956(2), S. 182 zur Ablehnung jedes Gedankens an ein imperatives Mandat: „utterly unknown to the laws of this land . . ."

250 Sperling, D., in: Beilage „Das Parlament": Einstellungswandel bei neuen Abgeordneten im Bundestag, 1970, Nr. 38, S. 18. Zum Selbstverständnis britischer M.Ps. siehe u.a.: Ovenden, K.: Policy and self-perception, London 1969.

251 Kevenhörster, P.: Das Imperative Mandat, a.a.O., S. 24 ff.) Problematisiert sehr übersichtlich die verschiedenen Aspekte einer sozusagen *extremparteienstaatlichen* Form des recall, die mehr oder weniger ausschließlich in der Bundesrepublik Deutschland diskutiert wird – unter eben dem Oberbegriff „imperatives Mandat", d.h. Abberufung durch die Gremien der *Partei* des betreffenden Mandatsträgers aus Legislative *und* Exekutive. Der Verf. folgt Kevenhörsters Gesamtbewertung hier: „Das imperative Mandat hat schon allein deshalb nicht egalitären, sondern elitären Charakter; es schafft elitäre Machtpositionen im egalitären Gewande" (ebenda S. 86). Eine weitere, im weiteren Sinne *rätedemokratische* Form des recall durch die *Wähler*basis wird von K. nur kurz analysiert und unter Berufung auf K.H. Jäger abgelehnt:" (die) . . . schweigende Mehrheit ist nicht in der Lage, sich des recall zu bedienen", ebenda S. 86. Vgl. im übrigen die Literaturübersicht bei K., ebenda S. 120, vor allem den dort angegebenen Beitrag von Bermbach, U.: Rätesystem als Alternative . . ., in: Sonderheft 2/1970 Politische Vierteljahresschrift: Probleme der Demokratie heute, Opladen 1971, und Beyme, K. von: Parlamentarismus und Rätesystem – eine Scheinalternative, in: Zeitschrift für Politik, 1970, H.1.

Natürlich stellt sich in der Bundesrepublik Deutschland auch im Hinblick auf die zweite Variante eines recall die Frage der Unvereinbarkeit mit dem Grundgesetz. Nach v. Mangoldt-Klein (Kommentar, Das Bonner Grundgesetz, Berlin-Frankfurt, 3. Lieferung 1959, 2. Auflage S. 888) sind die Bundestagsabgeordneten nach Abs. 1 Satz 2 (erster Teil) des Art. 38 GG „Vertreter des ganzen Volkes, d.h. des *gesamten ungeteilt-einheitlichen Bundesvolkes* (Hervorhebung d. Verf., da v.M. hier Giese zitiert). Danach verbietet sich die Auffassung, daß sie nur einen irgendwie gearteten Teil der Gesamtnation, etwa ein Land, einen Wahlkreis oder -bezirk, die Wählerschaft im ganzen (? d.V.) oder als Teil, eine politische Partei . . . repräsentieren".

Siehe im übrigen Seite 238 und Anm. 265.

252 Siehe Apel, H.: Der Deutsche Parlamentarismus, a.a.O., S. 86 f.

253 Siehe Kaack, H.: Geschichte und Struktur des deutschen Parteiensystems, Opladen 1971, S. 598 f.

254 Zitiert nach Wuermeling, H.L.: Werden wir falsch regiert?, Kindler Paperback 1971, S. 19; vgl. auch Untersuchungen S. 202 und Angaben zu England bei Crick, B. a.a.O.

255 Siehe Dichgans, H.: Das Unbehagen in der Bundesrepublik Deutschland, 1968, S. 59.

256 Vgl. „Blitzkarriere" von Bruno Friedrich, die schon angedeutet wurde; andere Neulinge der 7. Leg. Per. gelangten dann in der 8. ebenfalls relativ rasch in den Vorstand, so zum Beispiel Peter *Reuschenbach* (im Bundestag seit Beginn der 7. Legislaturperiode), davor u.a. zwei Jahre Persönlicher Referent von Bundeskanzler Brandt, Ende 1976 in den Fraktionsvorstand gewählt.
W. *Steinhauer* (in den Bundestag erst 1975 nachgerückt), 1965 Vorsitzende des DGB im Kreis Siegen-Wittgenstein, seit 1969 im Bezirksvorstand der SPD Westliches Westfalen, Sommer 1974 dessen stellvertr. Vors., im Dezember 1977 in den Fraktionsvorstand gewählt;
oder *Erwin Horn:* im Bundestag seit 1969; 1962 Vors. des SPD-Unterbezirks Giessen-Land, Fraktionsvorstand Dezember 1977, wegen Überlastung (lt. eigener Aussage) jetzt nur noch „ordentliches" Mitglied in den Unterbezirks- und Bezirksvorständen seiner Parteiregion.

257 Siehe Sperling, D., in: Beilage 1970 a.a.O., S. 19.

258 Siehe Kaack, H.: Geschichte und Struktur, a.a.O., S. 664 ff.

259 Ersteres war in der 7. Leg. Per. etwa bei Dieter Lattmann der Fall, letzteres bei Anke Riedel-Martiny (Glotz), die vorgeschlagen worden war und gewählt worden wäre, aber aufgrund persönlicher Erwägungen verzichtete.

260 Siehe Reese, J.: Bürokratie im Parlament, in Beilage, 1976 a.a.O., S. 3 ff.

261 Siehe Wuermeling, H., a.a.O., S. 165.

262 Abschlußbericht der Enquete-Kommission Deutscher Bundestag 7/5924, a.a.O., S. 14 f. Vgl. Kevenhörster, P.: Das imperative Mandat, a.a.O., S. 98 ff.

263 Ebenda S. 17 ff. Zum „Kumulieren" (Wähler verfügt über mehrere Stimmen, die er gebündelt einem Kandidaten geben kann) und Panaschieren (Möglichkeit der Verteilung mehrerer Stimmen eines Wählers auf Kandidaten miteinander konkurrierender Listen) siehe u.a.: Enquete-Kommission Verfassungsreform, Schlußbereicht, a.a.O., S. 18.

264 Für England siehe: The Report of the Hansard Society Commission on Electoral Reform, Juni 1976 unter Vorsitz von Lord Blake, London, veröffentlicht von dieser Gesellschaft; vgl. auch Johnson, N.: Die englische Krankheit a.a.O. Zum Diskussionsstand in Sachen Einführung eines Mehrheitswahlrechts in den 60er Jahren vgl. z.B. Aufsatz T. Ellwein in Beilage, „Das Parlament", 1968/14.

265 Siehe u.a. Immesberger, H.: Zur Problematik der Unabhängigkeit der Abgeordneten im Deutschen Bundestag, Dissertation Mainz 1962, S. 32 f. Anm. 251 u. S. 1. Was das Problem der *Rechenschaftslegung* im folgenden Absatz betrifft, so kann darauf verwiesen werden, daß in der o.a. Umfrage 1969 90% der Befragten eine solche für erforderlich hielten – und zwar ohne nennenswerte Abweichungen der einzelnen Gruppen.

266 So etwa Herbert Wehner sehr vehement auf einer SPD-Fraktionssitzung der 7. Leg. Per., als der Antrag gestellt wurde, festzustellen, daß der Gesetzentwurf zur Reform des § 218, der von der Minderheitengruppe der Fraktion eingebracht worden war (siehe oben), von der Fraktion nicht als

Verstoß gegen die Fraktionsdisziplin mißbilligt würde.

267 Nicht aufgenommen in die SPD-Fraktion wurde auf Vorschlag des Vorstandes in der 7. Leg. Per. der ehemalige Abgeordnete Emeis wegen eines angeblich ehrenrührigen Verhaltens im Wahlkampf, (als „fraktionslos" begrüßt, 10.12.75, 7/208. Si., 14315). *Ausgeschlossen aus der* Fraktion könnte ein Abgeordneter vermutlich nur werden in Verbindung mit einem satzungsgemäß durchgeführten *Partei*ausschlußverfahren. Bei der Frage nach einem Ausschluß aus dem *Bundestag* ist einmal zu berücksichtigen, daß eine „Ehrenordnung" nach § 22 der GO des Deutschen Bundestages nicht vorliegt; zum anderen sind hier in diesem Punkt durchaus nicht klaren bzw. unumstrittenen Bestimmungen des Bundeswahlgesetzes in der Fassung vom 1.9.1975 § 46 (Verlust der Mitgliedschaft im Bundestag, hier: 1,3 betr. „Wegfall einer Voraussetzung der jederzeitigen Wählbarkeit") und dem Wahlprüfungsgesetz § 14 ff. im Hinblick auf die Formulierung Art. 41,1 GG heranzuziehen. Zur weiteren Literatur siehe hier Angaben bei Schreiber, W.: Handbuch des Wahlrechts zum Deutschen Bundestag, Köln 1976, Bd. I, S. 431. Ausgeschlossen wurde bislang nur 1956 der in die DDR „übergewechselte" CDU-Abgeordnete Schmidt-Wittmack. Siehe DBSB 2/68 und 144. Sitzung sowie E, BVG 5 (1956), Nr. 2.

268 Siehe Kaack, H.: Geschichte und Struktur a.a.O., S. 689.

269 Siehe Gerhard Leibholz im Spiegel 1978/9 a.a.O.; Rede des Bundestagsabgeordneten D. Lattmann: Zum Gesetzentwurf zur Änderung der Strafprozeßordnung und des Strafvollzuggesetzes DBSB 8/1283 und 1482, 16. Februar 1978, wo er sich in seinem einleitenden Satz ausdrücklich auf den Artikel 38 des Grundgesetzes beruft und dann wörtlich erklärt: „Deswegen sei hier eines mit Entschiedenheit klargestellt: Wer ein nein in dieser Sachfrage mit einem nein zur sozial-liberalen Bundesregierung verwechselt, betreibt öffentliche Irreführung. Keiner von den Sozialdemokraten, die dem Gesetz nicht zustimmen, will, daß die Bundesrepublik von rechts regiert wird. Ebenso ist kein Berichterstatter gezwungen, dem Zweckgerücht aufzusitzen, der Regierung fehlten entscheidende Stimmen, wenn es tatsächlich einmal um die Regierung geht. Das auseinanderzuhalten sollte gelingen; denn Hunderprozentigkeit ist nicht das wesentliche Merkmal der Demokratie ... Gebraucht wird ... nicht immer nur die Tapferkeit des Gehorsams, die in Deutschland ohne Mühe nachwächst, sondern auch einmal die Zivilcourage des Ungehorsams, die sich über keinen anders Entschiedenen moralisch zu erheben trachtet, sondern die demokratisch errungene Mehrheit respektiert – auch wenn sie ihr im Einzelfall nicht folgen kann. ... der einzelne, der sich diesem Prozeß verweigert, muß sich der Gefahr der Selbsterhöhung bewußt sein, um ihr zu entgehen und sachlich zurückzufinden in seinen politischen Zusammenhang ...". D. Lattmann stimmte dann für die Zurückweisung des Einspruches der CDU/CSU-Mehrheit im Bundesrat wenige Monate später auf der „Parteilinie" und damit, wie seine anderen drei Gesinnungsfreunde, noch nachträglich sozusagen gegen den Art. 38. Dieser Zwiespalt bereitete ihm, wie er dem Verfasser gegenüber in einem Gespräch im April 1978 versicherte, großes Unbehagen. Vgl. auch „Spiegel"-Artikel 1978, Nr. 9: „Von der Viererzahl müssen wir weg".

270 Zitiert nach Kremer, K.: Der Abgeordnete ..., München 1953, S. 95. Siehe Aufsatz insgesamt: Forsthoff, E.: Zur verfassungsrechtlichen Stellung

und inneren Ordnung der Parteien, Tübingen 1950, S.5-24.

271 Es sollte zu denken geben, daß das Institut für Demoskopie Allensbach aufgrund einer Umfrage vom Juli 1978 (siehe Mitt. Nr. 23/1978) zu dem Schluß kommt, „das Ansehen des Abgeordneten (habe) einen seit den 60er Jahren nicht mehr registrierten Tiefstand" erreicht. Nur 55% der Bundesbürger sind der Auffassung, daß man „große Fähigkeiten" haben müsse, um Bundestagsabgeordneter zu werden, 32% sind der gegenteiligen Meinung.

272 Die Enquete-Kommission Verfassungsreform des Deutschen Bundestages hat sich mit *diesen* Fragen gemäß seinem eigentlichen Auftrag nur zum Teil beschäftigen können, siehe insbesondere Kap. 2 (Zum Parlamentarischen Mandat), Kap. 1 (Stärkung der politischen Mitwirkungsrechte der Bürger in Verb. mit Komm. Drks. 115, Böckenförde, E.W.: Stärkung der Bürgerrechte im Rahmen des Wahlverfahrens) und Kap. 5 (Gestaltung der Gesetzesberatung) des Schlußberichtes, Drucksache 7/5924, a.a.O. Im Hinblick auf die Bemerkungen dort zur Präsenz (S. 85 f.) sei an dieser Stelle als *Nachtrag des Verf. bei Vorliegen der Umbruchfahnen* dieser Studie festgehalten, daß nach seinen fortgesetzten Beobachtungen „vor Ort", d.h. jetzt von der Tribüne des Deutschen Bundestages, auch die durch den Ältestenrat im Herbst 1978 zunächst „auf Probe" eingeführte Neuregelung kürzere Redezeiten betreffend – so sehr sie als Schritt in die richtige Richtung von ihm wie von anderen Befürwortern solcher Regelungen z.T. schon der 5. Leg. Periode begrüßt werden kann – offensichtlich alleine noch nicht zu einer besseren Präsenz im Plenum führt.
Ebenfalls unmittelbar vor der *Drucklegung* dieser Studie bot der *„Außerordentliche Landesparteitag der SPD Rheinland-Pfalz am 25. November 1978* in Mainz einen neuen „typischen" Anschauungsunterricht für die Problematik von Kandidatenaufstellungen, wie sie oben auf den Seiten 14ff angesprochen wurde. Es erscheint daher sinnvoll, dieses Beispiel als weiteres empirisches Material im technisch letztmöglichen Augenblick mit vorzulegen, weil auf diese Weise einmal mehr deutlich gemacht werden kann, wie dringend reformbedürftig auch dieser Aspekt der innerparteilichen Demokratie in unserem „repräsentativen" System ist, wenn dem Image der Parteien und ihres so oft beschworenen Einsatzes bzw. des Einsatzes ihrer Funktionäre für das Gemeinwohl in den Augen der Öffentlichkeit nicht immer neuer Schaden zugefügt werden soll.
Der außerordentliche Parteitag diente der Verabschiedung der Landtagswahlplattform der SPD Rheinland-Pfalz „unter" ihrem Ministerpräsidentenkandidaten 1979, Klaus von Dohnanyi (vgl. S. 25 oben), sowie unter Tagesordnungspunkt 7 der „Festlegung der Reihenfolge der rheinlandpfälzischen SPD-Kandidaten für die gemeinsame Bundesliste zur Europawahl 1979". Die besondere Schwierigkeit in letzterer Hinsicht lag darin, daß nur zwei sogenannte A-Kandidaten auf der SPD-Bundesliste für die Europawahl *abgesichert* werden konnten, aber, wie sonst auch bei Bundes- und Landtagswahlen, drei Bezirke: Rheinland-Hessen-Nassau, die Pfalz und Rheinhessen – zu „berücksichtigen" waren. (Nach dem Wahlgesetz für die Europawahl 1979 in der Bundesrepublik Deutschland erhält jeder der 81 A-Kandidaten im Bundesgebiet einen B-Kandidaten, der im Falle des Ausscheidens nachrücken müßte. Der nächste A-Kandidat auf der Bundesliste würde dann erst nachrücken, wenn der vorausgegangene B-Kandidat ebenfalls ausschei-

den sollte, Berlin ist hier mitgezählt).
Der Landesvorstand unter seinem Vorsitzenden Hans Schweitzer, MdL, (Nachfolger von Wilhelm Dröscher auch im Amte des Bezirksvorsitzenden Rheinland-Hessen-Nassau) hatte unter Beteiligung des Spitzenkandidaten von Dohnanyi am Abend vorher unter anderem eine Geschäftsordnung erarbeitet, die wie üblich zu Beginn des Parteitages ohne Aussprache angenommen wurde. Sie sah unter Punkt 9 vor: „Bei der Beratung und Entscheidung zu Punkt 7 der Tagesordnung befaßt sich der Parteitag nur mit den Kandidatenvorschlägen der Bezirke. Die in den Bezirken beschlossene Reihenfolge für die Kandidaten kann durch den Landesparteitag nicht geändert werden. Die Wahl der Kandidaten auf dem Landesparteitag erfolgt nach der Wahlordnung der SPD. Beratungsgrundlage ist der Vorschlag des Landesvorstandes". Damit sollte verhindert werden, daß es unter übergeordneten Landesgesichtspunkten zu einer echten Auswahl der verschiedenen Bezirkskandidaten im Hinblick auf die Reihenfolge kommen konnte. Ein solcher modus procedendi entsprach durchaus, wie auch aus dieser Studie schon deutlich wurde, den Gewohnheiten der SPD Rheinland-Pfalz. Man hätte allerdings aufgrund der SPD-internen, das heißt vom Bundesparteivorstand herausgegebenen Richtlinien, bei der erstmaligen Aufstellung einer Bundesliste der SPD in Form von verbundenen Landeslisten anders verfahren und damit, wie der Verfasser meint, nachahmenswertes Neuland betreten können. Im Sinne des letzten Absatzes der Geschäftsordnung unter Punkt 9 hatte der Landesvorstand sodann noch eine Reihenfolge für die A- und B-Kandidaturen 1-5 (ab Nummer 3 sozusagen als reine Ehrenkandidaturen) vorgeschlagen. Wie aus Teilnehmerkreisen zu erfahren war, hatten bei dieser sehr wichtigen und lange im voraus angekündigten Landesvorstandssitzung zumindest zwei MdB-Vorstandsmitglieder gefehlt bzw. einer derselben die Sitzung vor der entscheidenden Klärung verlassen, um anderen Vortragsverpflichtungen im Wahlkreis nachzukommen. Man wird davon ausgehen dürfen, daß sich in solchen Fällen gerade MdBs aus den verschiedenen Bezirken nicht mit bestimmten Wahlvorschlägen für eine Reihenfolge „festnageln" lassen wollen, weil sie ja selber spätestens bei der nächsten Aufstellung der Bundestagsliste Rheinland-Pfalz ihrerseits auf Bündnisse mit mindest einem anderen Bezirk angewiesen sind.
Auf der Vorschlagliste des Landesvorstandes hatte „man" – nachdem vorher parteiöffentlich völlig unnötigerweise, weil sicherlich fälschlicherweise jede auch informelle Absprache zwischen den drei Bezirken geleugnet worden war – den Kandidaten des kleinsten Bezirkes, Rheinhessen, nicht nur auf Platz 3 a hinter den jeweiligen Spitzenbewerbern aus dem stärksten Bezirk Rheinland-Hessen-Nassau und dem zweitstärksten Bezirk Pfalz gesetzt, sondern *zusätzlich* noch auf die Plätze 1b und 2b. Der Hintergedanke war offenbar der, dem Vertreter dieses dritten Bezirkes eine *dreifache* Nachrückchance einzuräumen. Wäre der Parteitag später diesem Vorschlag gefolgt, dann wäre tatsächlich das einmalige „Schauspiel" geboten worden, *daß ein und derselbe Bewerber auf drei* von 10 Plätzen einer Landesliste für die Wahlöffentlichkeit ausgedruckt worden wäre. Zwei Plätze, bzw. Chancen das heißt einen A-Platz und einen B-Platz, hätten vielleicht noch manche der von Anfang an gegen diesen Vorschlag rebellierenden Parteitagsteilnehmer hingenommen.
Dieser erstaunliche Vorstandsvorschlag wurde bei der üblichen Vorbe-

sprechung der Delegierten aus Rheinland-Hessen-Nassau von den dort anwesenden Landesvorstandsmitgliedern dieses Bezirkes, vor allem vom Bezirks- und Landesvorsitzenden, mit dem beschwörenden Hinweis verteidigt, daß „alles" für den eigenen Mann, den in dieser Studie schon erwähnten Karl Schön, Bürgermeister aus Bendorf (vgl. Anmerkung 26) als 1a-Kandidat „schiefgehen" könnte, wenn an dem sorgfältig ausbalancierten „Kandidatengerüst" aus den eigenen Bezirksreihen gerüttelt werden sollte. Auf dieser Vorbesprechung hatte bereits der aus dem Bezirksparteitag Rheinland-Hessen-Nassau mit *28* mehr Stimmen als der 1a-Kandidat selber hervorgegangene erste B-Kandidat, ein Gewerkschaftsfunktionär aus Bad Kreuznach erklärt, unter diesen Umständen würde er nicht auf dem ihm vom Landesvorstand zugedachten völlig hoffnungslosen Platz 3b, sondern auf 1b (gegen)-kandidieren. Eine solche 1b-Kandidatur, das heißt also eine theoretische Nachrückchance, hatte ihm Karl Schön im Hinblick vermutlich auf den sehr „delegiertenstarken" Unterbezirk, Bad Kreuznach, kurz vor dem Bezirksparteitag Rheinland-Hessen-Nassau ebenso in Aussicht gestellt wie einem weiteren B-Kandidaten aus dem Unterbezirk Neuwied-Altenkirchen. Es ist durchaus möglich, obwohl dies bestritten wurde, daß die Taktierer aus Rheinland-Hessen-Nassau auch im Landesvorstand von Anfang an damit gerechnet hatten, daß sich der Kandidat aus Rheinhessen, einmal vom Parteitag tatsächlich auf Platz 3a gewählt, nicht gegen einen anderen 1b-Kandidaten aus Rheinland-Hessen-Nassau würde durchsetzen können, obwohl ihm in dieser Hinsicht von Beteiligten aus allen Bezirken offenbar Hoffnung gemacht worden war. Tatsächlich spielte dann dieser rheinhessische Kandidat seinen innerparteilichen „Freunden" in die Hände, indem er auf Vorschlag seines Bezirksvorsitzenden schon für die Position 1a und dann noch einmal für die Position 2a kandidierte und damit natürlich die Reihen zwischen den beiden anderen Bezirken Rheinland-Hessen-Nassau und der Pfalz noch fester zusammenschloß.

Der Ablauf des Parteitages unter Punkt 7 der Tagesordnung gestaltete sich somit auf der Ausgangsbasis von 65 bei zwei fehlenden Delegierten aus Rheinland-Hessen-Nassau, 60 bei vier fehlenden Delegierten aus der Pfalz, allen 19 anwesenden aus Rheinhessen und 14 von 15 Landesvorstandsmitgliedern wie folgt: Nach jeweils kurzen Vorstellungen erhielt der Kandidat 1 aus Rheinland-Hessen-Nassau 89 Stimmen, der Rheinhesse 54 bei 3 Enthaltungen und 1 Neinstimme und wurde somit Landesspitzenkandidat. Bei Platz 2a unterlag wiederum der rheinhessische Kandidat, diesmal mit 57 Stimmen gegen 83 bei 7 Enthaltungen. Sieger wurde hier „der" Spitzenkandidat aus der Pfalz, eine langgediente frühere Bundes- und Landtagsabgeordnete. Allgemein wurde bedauert, daß es zwar zu kurzen Vorstellungen, aber nicht zu Befragungen der Kandidaten kam. In diesem Punkte scheint der FDP-Parteitag Nordrhein-Westfalen bei der Aufstellung seiner Europa-Kandidaten um dieselbe Zeit sehr viel funktionsgerechter vorgegangen zu sein. Besondere Qualifikationsmerkmale für das erste direkt gewählte europäische Parlament kamen jedenfalls auf dem Mainzer SPD-Parteitag nicht zur Sprache – abgesehen ausgerechnet vom unterliegenden rheinhessischen Kandidaten.

Ohne Vorstellungen überhaupt wurden dann die reinen „Ehrenkandidaturen" auf den Plätzen 3a bis 5a in einem gemeinsamen Wahlgang mit „ja" oder „nein" zur Abstimmung gestellt, da keinerlei Gegenvorschläge gekommen

waren, d.h. die Kandidaten mit diesen aussichtlosen Ehrenplätzen ihr Einverständnis vorab bekundet hatten, nun also auch der Spitzenkandidat aus Rheinhessen. Interessant war im Vergleich zur Festlegung der Bundestagswahlliste Rheinland-Pfalz 1976 (siehe oben S. 26), daß der Bezirk Rheinland-Hessen-Nassau insgesamt über mehr Mitglieder und daher auch über mehr Delegierte verfügte als der konkurrierende Bezirk Pfalz, diesem aber von den Matadoren des offenbar informell zustandegekommenen Bündnisses Pfalz/Rheinland-Hessen-Nassau im Landesvorstand als zusätzlicher Anreiz ohne jede praktische Bedeutung die Plätze 4a und 4b eingeräumt worden waren, die an sich dem „stärkeren" Bezirk von den beiden zugestanden hätten, wenn man sich an die „übliche" Bezirksarithmetik gehalten hätte.
An dieser Stelle ist zur *Seite 25/6* oben im Hinblick auf den *Landesparteitag der SPD Rheinland-Pfalz 1976:* Aufstellung der Landesliste für die Bundestagswahl, *nachzutragen,* daß der Verfasser erst jetzt, bei Drucklegung, die tatsächlichen Delegiertenzahlen für die 3 Bezirke damals ermitteln konnte: Rheinland-Hessen-Nassau 65, die Pfalz 63 und Rheinhessen 22. Der Delegiertenschlüssel richtet sich stets, wie oben festgehalten, nach den abgerechneten Mitgliederbeiträgen und wies zur nunmehrigen Überraschung des Verfassers doch erstmals in der Geschichte der SPD dieses Bundeslandes ein eindeutiges Übergewicht seines eigenen Bezirks, eben von Rheinland-Hessen-Nassau, auf, dem daher 1976 nach dem bislang immer praktizierten Bezirksproporz der bewußte „noch sichere" Platz zugestanden hätte. Dieser nachträglich festgestellte Befund dürfte unter dem Gesichtspunkt sowohl von Aufstellungskriterien als auch von Stilfragen (in diesem Falle von „Treu und Glauben" unter „Parteifreunden") für sich sprechen, konnte aber angesichts des bereits vorliegenden Umbruches auf der S. 26 nur noch durch einen Verweis auf diesen Nachtrag berücksichtigt werden.
Die Wahl der B-Kandidaten auf dem *Landesparteitag 1978* gestaltete sich nicht minder dramatisch und „typisch". Wider die (allerdings zwischenzeitlich durch Gespräche in den Wandelgängen aufgeweichten) Beschlüsse des Landesvorstandes wurde zunächst der erste B-Kandidat aus Rheinland-Hessen-Nassau für den Platz 1b gegen den rheinhessischen Spitzenkandidaten vorgeschlagen, den er mit 80 zu 46 Stimmen bei 5 Enthaltungen schlagen konnte. Als dann schließlich vom Bezirk Rheinhessen in Anlehnung wiederum an den ursprünglichen Landesvorstandsbeschluß derselbe Mann zum 5. Mal an diesem Tage für einen Platz, jetzt den Platz 2b, vorgeschlagen wurde, obwohl er ja schon 3a innehatte und auf 1b geschlagen worden war, ermannte sich endlich ein Delegierter und erklärte unter großer Zustimmung des Parteitages, daß diese ganze Prozedur, wie sie der Landesvorstand ausgearbeitet hatte, unzumutbar sowohl für den rheinhessischen Kandidaten als auch für den gesamten Parteitag sei. Der so oft abgeschlagene, aber ja schon auf Platz 3a gesetzte Rheinhesse verzichtete daraufhin endlich auf einen zweiten Listenplatz. Gewählt wurde jetzt ein Juso-Kandidat aus der Pfalz als eine sinnvolle Ergänzung zur pfälzischen Kandidatin 2a.
Als daraufhin für den Ehrenplatz 3b der vom Landesvorstand unter 5b „vorgesehene" Kandidat aus Rheinland-Hessen-Nassau kandidierte, wurde zur Überraschung vieler Parteitagsteilnehmer eine neue Krise heraufbe-

schworen, weil der Landesvorsitzende unter Bezugnahme auf die Ziffer 9 der verabschiedeten Geschäftsordnung den Vorschlag für „unzulässig“ erklärte und anschließend ein für den Parteitag völlig neuer Bewerber aus Rheinhessen benannt wurde, der bislang in den Unterlagen des Parteitages überhaupt nicht aufgetaucht war. Natürlich war der Grundgedanke der, daß nunmehr auch ein B-Platz an den kleinsten Bezirk zu vergeben sei, für den ja vom Vorstand ursprünglich die ersten beiden B-Plätze „reserviert“ worden waren zusätzlich zu dem Platz 3a. In der allgemeinen Unmutsstimmung, die sich in Presseberichten am nächsten Tage niederschlug, beschwor der Ministerpräsidentenkandidat von Dohnanyi die Anwesenden, sich doch jetzt unbedingt an den „Bezirksproporz“ zu halten, gestand sodann im Namen auch des Landesvorstandes ein, daß dieser wohl doch einen falschen Vorschlag insgesamt unterbreitet hatte und fügte schließlich hinzu, daß „man auch anders, nämlich überbezirklich“ hätte verfahren können. Der Appell verfehlte seine Wirkung nicht, so daß nun auch die letzten B-Plätze einvernehmlich und durch Abstimmung en bloc vergeben werden konnten.
Dieser nach Auffassung des Verfassers keineswegs atypische Verlauf (und Vorlauf) einer Listenaufstellung auf Landesebene – dies gilt ganz sicherlich auch für andere Bundesländer und andere Parteien – dürfte einmal mehr die auch in dieser Studie erhobene Forderung unterstreichen, für solche Zwecke „objektivierbare“ Kriterien ins Auge zu fassen, auf jeden Fall aber durch den Einbau verbindlicher Entscheidungsmechanismen „zugunsten“ von Parteibasis und Delegierten dem bei derartigen „Wahlabläufen“ aufkommenden Unlustgefühl von Wahl – wie Parteibürgern entgegenzuwirken, dem Eindruck nämlich, daß eine kleine Gruppe von Ämterinhabern zur Erhaltung nicht zuletzt der eigenen Machtpositionen derartige Fragen vorab unter sich entscheiden und auf solchen Parteitagen mit allen Mitteln, notfalls auch mit Stilbrüchen, durchzubringen sucht.
Insofern ist zu bedauern, daß sich die Enquete-Kommission für Verfassungsreform nicht zu einer „Festlegung eines parteiinternen Nominierungsverfahrens“ für die Festlegung der Reihenfolge von Landeslistenbewerbern durchringen konnte, (s. Drks. 7/5924, a.a.O., S. 17) und erneut auf Vorschläge auch in dieser Hinsicht von parteiunabhängigen Expertengremien zu drängen.

Anlage 1a

Organisations- und Geschäftsverteilungsplan der Fraktion der SPD im Deutschen Bundestag (Stand: Oktober 1975)

Legende: unterstrichen: Doppelfunktionen, kursiv: Dreifachfunktionen, halbfett: mehr als Dreifachfunktionen.

Vorsitzender:	Herbert Wehner
Stellv. Vorsitzender	*Dr. Herbert Ehrenberg*
Referent:	Dr. Klaus Achenbach
Stellv. Vors.:	Günther Metzger
Referent:	Peter Streichan
Stellv. Vors.:	Prof. Dr. Alex Möller
Referent:	Dr. Thies Bünning
Stellv. Vors.:	Prof. Dr. Friedrich Schäfer
Referent:	Dr. Rüdiger Kipke
Stellv. Vors.:	Adolf Schmidt (Wattenscheid)
Referent:	Frau Dr. Hüttel
Parlamentarischer Geschäftsführer:	Gerhard Jahn
Referent:	Konrad Wenckebach
Parlamentarischer Geschäftsführer:	Helmut Lenders
Referent:	Günter Schmühl
Parlamentarischer Geschäftsführer:	Konrad Porzner
Sachbearbeiterin:	Frau Steinforth
Referent:	Wolfgang List
Parlamentarischer Geschäftsführer:	Dr. Helga Timm
Referent:	Frau Liebau

Aufgabengebiete der Parlamentarischen Geschäftsführer:

Gerhard Jahn
Obmann im Vermittlungsausschuß;
Gesetzgebung mittel- und langfristig;
Rechts- und Geschäftsordnungsfragen;
Bundesrat;
Verbindung zu den SPD-Landtagsfraktionen und den sozialdemokratisch regierten Ländern (siehe unten);
Organisation, Verwaltung, Personal.

Helmut Lenders
Pflege der Beziehungen zu Institutionen, politischen Gremien, Einrichtungen und Verbänden, die für die Bundestagsfraktion von Bedeutung sind;
Verbindung zum DGB und den Gewerkschaften;

Verbindung zu den Bundesverbänden der Gebietskörperschaften;
Referentenvermittlung;
Beschickung von Kongressen und Tagungen;
Delegationen;
Fragestunden und Aktuelle Stunden;
Finanzen der Fraktionen.

Konrad Porzner
Obmann im Ältestenrat;
Plenarsitzungen, Sitzungen des Fraktionsvorstandes und der Fraktion, mit den sich aus den Tagesordnungen ergebenden aktuellen Vorlagen (Gesetzgebung, Berichte, Große Anfragen), Kontakte zu den Fraktionen des Bundestages.

Helga Timm
Präsenz im Plenum und in den Ausschüssen;
Ausschußbesetzung, Besetzung von Gremien, Europarat, Europäisches Parlament, IPU, NATO-Parlamentarierkonferenz usw.;
Parlamentariergruppen;
Betreuung der Fraktionsmitglieder (inkl. Abgeordneten-Mitarbeiter);
Reisen von Fraktionsmitgliedern;
Raumfragen.

Verbindung zu den SPD-Landtagsfraktionen und den sozialdemokratisch regierten Ländern:

Referent:	Dr. Hubert Voigtländer
Referent:	Jürgen Schröter
Weitere Vorstandsmitglieder:	Dr. Alfons Bayerl
	Dr. Andreas von Bülow
	Hermann Dürr
	Elfriede Eilers
	Bruno Friedrich
	Eugen Glombig
	Rudolf Hauck
	Antje Huber
	Hans-Jürgen Junghans
	Karl Liedtke
	Kurt Mattick
	Dr. Rolf Meinecke
	Philip Rosenthal
	Dr. M. Schmidt (Gellersen)
	Manfred Schulte
	Horst Seefeld
	Olaf Sund
	Heinz Westphal

ex officio:

Bundestagspräsidentin:	Annemarie Renger
Bundestagsvizepräsident:	Dr. H. Schmitt-Vockenhausen

Fraktionssekretariat	
Büroleitung:	Frau Kox
Sekretariat:	7 Damen
Archiv und Registratur:	4 Angestellte
Vervielfältigung:	4 Angestellte
Materialausgabe:	2 Angestellte
Fahrer:	3 Angestellte
Postverteilung:	11 Angestellte

Pressestelle	
Pressesprecher der Fraktion:	Knut Terjung
Referenten:	Ulrich Heier
	Willi Hüls
	Fritjof Mietzsch
	Helga Wanke
	Ulrike Wöhning
Weitere Mitarbeiter:	Helga Jekewitz-Dürig
Sekretärinnen:	Brigitte Engelhardt
	Elfriede Müller
sowie	Martin Welter
	Willy Ruhl

Arbeitskreis I
Außen- und Sicherheitspolitik
Innerdeutsche Beziehungen
Europa- und Entwicklungspolitik

Vorsitzender:	*Kurt Mattick*
Stellv. Vors.:	Werner Buchstaller
	Ludwig Fellermaier

Der Arbeitskreis ist zuständig für die Sachgebiete der folgenden Bundestagsausschüsse, die Europäischen Gremien und die IPU:

a) Auswärtiger Ausschuß

Stellv. Vors.:	*Kurt Mattick*
Obmann:	Bruno Friedrich

b) Ausschuß für innerdeutsche Beziehungen

Stellv. Vors. *und* Obmann:	Egon Höhmann

c) Verteidigungsausschuß

Vorsitzender:	Werner Buchstaller
Obmann:	Paul Neumann

d) Ausschuß für wirtschaftliche Zusammenarbeit

Vorsitzender:	Dr. Uwe Holtz
Obmann:	Erwin Stahl

e) Europarat und WEU

Obmann:	Klaus Richter

f) Verbindungsstelle für Europafragen

Obmann:	Horst Seefeld

Referenten des Arbeitskreises:
Eugen Selbmann
Außenpolitischer Berater
verantwortlich für Arbeitskreis und Büro

Dr. Herbert Prauß
Armin Hindrichs
Dr. Walter Zöller
Dieter Dettke
Hubert Jansen
Michael Forster
Helga Köhnen
Christian Lange
Frau Sablautzki, Sachbearbeiterin
Fritz Rode, Sachbearbeiter
und 12 Sekretärinnen

Arbeitskreis II
Inneres, Bildung, Forschung und Technologie, Sport

Vorsitzender:	Karl Liedtke
Stellv. Vors.:	Karl-Hans Kern
	Dr. Rolf Meinecke

Der Arbeitskreis ist zuständig für die Sachgebiete der folgenden Bundestagsausschüsse:

a) Innenausschuß

Vorsitzender:	Prof. Dr. Friedrich Schäfer
Obmann:	Hermann Spillecke

b) Ausschuß für Bildung und Wissenschaft

Stellv. Vors. *und* Obmann:	**Dr. Rolf Meinecke**

c) Ausschuß für Forschung und Technologie

Vorsitzender:	Prof. Dr. Ulrich Lohmar
Obmann:	Karl-Hans Kern

d) Sportausschuß

Obmann:	Manfred Wende

Arbeitsgruppen:

AG Umweltfragen

Obmann:	Klaus Konrad

AG Heimatvertriebene und Flüchtlinge

Obmann:	Karl Hofmann

AG Presse und Massenmedien

Obmann:	Hellmut Sieglerschmidt

Referenten des Arbeitskreises:
Wolfgang Zeisig
verantwortlich für den Arbeitskreis und

Edgar Moron
Jürgen Klie
Dr. Ferdinand Wiebecke
Dr. Guntram von Schenck

	Walter Haack
	Ernst Dieter Schmickler
	Klaus Thüsing
und	7 Sekretärinnen

Arbeitskreis III	
Wirtschaftspolitik	
Vorsitzender:	Hans-Jürgen Junghans
Stellv. Vors.:	Prof. Dr. H.-G. Schachtschabel
	Dr. M. Schmidt (Gellersen)

Der Arbeitskreis ist zuständig für die Sachgebiete der folgenden Bundestagsausschüsse:

a) Ausschuß für Wirtschaft	
Stellv. Vors. *und* Obmann:	*Dr. Herbert Ehrenberg*
b) Ausschuß für Ernährung, Landwirtschaft und Forsten	
Vorsitzender:	*Dr. M. Schmidt (Gellersen)*
Obmann:	Karl-Heinz Saxowski
c) Ausschuß für Verkehr und für das Post- und Fernmeldewesen	
Vorsitzender:	Holger Börner
Obmann:	Lothar Wrede
d) Ausschuß für Raumordnung, Bauwesen und Städtebau	
Stellv. Vors.:	Rolf Schwedler
Obmann:	Erich Henke

Arbeitsgruppen	
AG Selbständige	
Obmann:	Prof. Dr. H.-G. Schachtschabel
AG Verbraucherpolitik	
Obmann:	Dr. Anke Riedel-Martiny
Referenten des Arbeitskreises	
	Dietrich Szameitat
	Wolfgang Heitmann
	Ulrich Flohr
	Kurt Müller
	Dr. Karl-Heinz Rothe
	Knut Steffen
	Otfried Klein
	Gerd Enoch
und	7 Sekretärinnen

Arbeitskreis IV	
Sozialpolitik	
Vorsitzender:	Eugen Glombig
Stellv. Vors.:	*Rudolf Hauck*
	Olaf Sund

Der Arbeitskreis ist zuständig für die Sachgebiete der folgenden Bundestagsausschüsse:

a) Ausschuß für Arbeit und Sozialordnung

Vorsitzender: Prof. Dr. E. Schellenberg
Obmann: *Olaf Sund*
b) Ausschuß für Jugend, Familie und Gesundheit
Vorsitzender: *Rudolf Hauck*
Obmann: Jürgen Egert
c) Petitionsausschuß
Obmann: Karl-Heinz Hansen
d) Arbeitsgruppe Frauenpolitik
Vorsitzende: Elfriede Eilers
Referenten des Arbeitskreises
Günter Halberstadt
verantwortlich für Arbeitskreis und Büro, und
Dorothea Brück
Detlef Dietz
Dr. Thomas Ebert
Horst Eisele
Wolfgang Glöckner
Dr. Manfred Hiltner
Hartmut Schnabel
und 7 Sekretärinnen

Arbeitskreis V
Öffentliche Finanzwirtschaft
Vorsitzender: Prof. Dr. Alex Möller
Stellv. Vors.: *Dr. Andreas von Bülow*
Antje Huber

Der Arbeitskreis ist zuständig für die Sachgebiete der folgenden Bundestagsausschüsse:
a) Haushaltsausschuß
Stellv. Vors. *und* Obmann: *Dr. Andreas von Bülow*
b) Rechnungsprüfungsausschuß (als zuständiger Unterausschuß des Haushaltsausschusses)
Obmann: Alwin Kulawig
c) Finanzausschuß
Stellv. Vors. *und* Obmann: **Antje Huber**
Referenten des Arbeitskreises:
Frau List
Finanzpolitische Beraterin
verantwortlich für den Arbeitskreis und die Arbeitsgruppe Haushalt
Dr. Ernst-Günter Winkler
verantwortlich für die Arbeitsgruppe Steuern
Hans Buob
Armin Schulz
und 3 Sekretärinnen

Arbeitskreis VI
Rechtswesen
Vorsitzender: Hermann Dürr
Stellv. Vors.: Dr. Adolf Müller-Emmert
Dr. Claus Arndt

Der Arbeitskreis ist zuständig für die Sachgebiete der folgenden Bundestagsausschüsse:

a) Rechtsausschuß

Stellv. Vors. und Obmann:	Fritz-Joachim Gnädinger

b) Sonderausschuß für die Strafrechtsreform

Vorsitzender:	Dr. Adolf Müller-Emmert
Obmann:	Dr. Willfried Penner

c) Ausschuß für Wahlprüfung, Immunität und Geschäftsordnung

Vorsitzender:	Manfred Schulte
Obmann:	Hugo Collet

Referenten des Arbeitskreises:
Dr. Eberhard Sommer
verantwortlich für Arbeitskreis und Büro, und

	Kurt Brockelmann
	Immanuel Epting
	Dr. Bettina Lange
	Reinhard Schubert
und	6 Sekretärinnen

Anlage 1b

Zum Vergleich: Organisations- und Geschäftsverteilungsplan der Fraktion der SPD im Deutschen Bundestag (Stand: März 1978, nach Änderung GO, § 12 vom 14.1.75)

Vorsitzender:	Herbert Wehner
Stellv. Vors.:	Walter Arendt
Referent:	Dr. Günter Friedmann
Stellv. Vors.:	Prof. Dr. Horst Ehmke
Referent:	Dr. Guntram von Schenck
Stellv. Vors.:	Bruno Friedrich
Referent:	Dr. Wolfgang Adrian
Stellv. Vors.:	Karl Liedtke
Referent:	Dr. Ortlieb Fliedner
Stellv. Vors.:	Prof. Dr. Friedrich Schäfer
Referent:	Klaus Bremer
Parlamentarischer Geschäftsführer:	Helmuth Becker (Nienberge)
Referent:	Günter Schmühl
Parlamentarischer Geschäftsführer:	Elfriede Eilers
Referent:	Dr. Renate Hüttel
Parlamentarischer Geschäftsführer:	Gerhard Jahn
Sachbearbeiterin:	Birgitt Heidinger
Sachbearbeiterin:	Editha Kühne
Parlamentarischer Geschäftsführer:	Konrad Porzner
Sachbearbeiterin:	Margarete Tetzlaff

Sachbearbeiterin:	Brigitte Steinforth
Referent:	Wolfgang List
Parlamentarischer Geschäftsführer:	Dr. Helga Timm
Referent:	Irene Liebau
Büro Jahn/Porzner:	Karin Schulte

Verbindung zu den SPD-Landtagsfraktionen und den sozialdemokratisch regierten Ländern:

Referent:	Konrad Wenckebach
Sachbarbeiterin:	Anneliese Schmidt
Weitere Vorstandsmitglieder:	Hermann Dürr
	Eugen Glombig
	Claus Grobekcer
	Rudolf Hauck
	Dr. Uwe Holtz
	Erwin Horn
	Hans-Jürgen Junghans
	Georg Leber Kurt Mattick
	Kurt Mattik
	Dr. Rolf Meinecke
	Heinrich Müller (Nordenham)
	Peter Reuschenbach
	Helmut Rohde
	Marie Schlei
	Dr. Martin Schmidt (Gellersen)
	Manfred Schulte
	Waltraud Steinhauer
	Heinz Westphal

ex officio:

Bundestags-vizepräsidentin:	Annemarie Renger
Bundestagsvize-präsident:	Dr. Hermann Schmitt-Vockenhausen

Fraktionssekretariat

Büroleitung:	Thea Kox
Sekretariat:	7 Damen
Archiv und Registratur:	4 Angestellte
Vervielfältigung:	4 Angestellte
Materialausgabe:	
Adrema:	2 Angestellte
Fahrer:	3 Angestellte
Postverteilung:	10 Angestellte

Pressestelle:

Pressesprecher der Fraktion:	Knut Terjung
Referenten:	Ulrich Heier

	Willy Hüls
	Fritjof Mietzsch
	Helga Wanke
	Ulrike Wöhning
Weitere Mitarbeiter:	Helga Jekewitz-Dürig, Sachbearbeiterin
Sekretärinnen:	Sonja Kleinschmidt
	Elfriede Müller
	Ilse Schmitz
und	Paul Kraus
	Willy Ruhl
	Albert Zimmermann

Arbeitskreis I
Außen- und Sicherheitspolitik
Innerdeutsche Beziehungen
Europa- und Entwicklungspolitik

Vorsitzende:	Marie Schlei
Stellv. Vors.:	Werner Buchstaller
	Ludwig Fellermaier

Der Arbeitskreis ist zuständig für die Sachgebiete der folgenden Bundestagsausschüsse, die Europäischen Gremien, die IPU, die NAV und die UNO:

a) Auswärtiger Ausschuß

Stellv. Vors.:	Annemarie Renger
Obmann:	Dr. Peter Corterier
Stellv. Obmann:	Karsten D. Voigt
UA Abrüstung – Vors.	Alfons Pawelczyk

b) Verteidigungsausschuß

Stellv. Vors.:	Werner Buchstaller
Obmann:	Paul Neumann
Stellv. Obmann:	Erwin Horn

c) Ausschuß für innerdeutsche Beziehungen

Vorstizender:	Kurt Mattick
Obmann:	Dr. Heinz Kreutzmann
Stellv. Obmann:	Waldemar Schulze

d) Ausschuß für wirtschaftliche Zusammenarbeit

Vorsitzender:	Dr. Uwe Holtz
Obmann:	Günter Schluckebier
Stellv. Obmann:	Rudolf Bindig
AG Weltwirtschaft-Vors.:	Heinz Rapp

e) Europarat/WEU

Obmann:	Dr. Manfred Geßner
Stellv. Obmann:	Dr. Karl Ahrens

f) Verbindungsstelle für Europafragen

Obmann:	Horst Seefeld
Stellv. Obmann:	Manfred Schmidt

Referenten des Arbeitskreises:
Eugen Selbmann
Außenpolitischer Berater
verantwortlich für Arbeitskreis und Büro und 12 Refenten und Sachbearbeiter

Arbeitskreis II
Inneres, Bildung, Sport

Vorsitzender:	Dr. Willfried Penner

Der Arbeitskreis ist zuständig für die Sachgebiete der folgenden Bundestagsausschüsse:

a) Innenausschuß

Vorsitzender:	Dr. Axel Wernitz
Obmann:	Hugo Brandt

b) Ausschuß für Bildung und Wissenschaft

Vorsitzender:	Dr. Rolf Meinecke
Obmann:	Dieter Lattmann
Stellv. Obmann:	Gert Weisskirchen

c) Sportausschuß

Obmann:	Friedel Schirmer
Stellv. Obmann:	Heinrich Klein

Arbeitsgruppen

AG Umweltfragen	
Obmann:	Klaus Konrad
AG Geschädigtenfragen – Heimatvertriebene und Flüchtlinge	Horst Jaunich
AG Innere Sicherheit	
Obmann:	Heinz Pensky
AG Reaktorsicherheit und Strahlenschutz	Harald B. Schäfer

Referenten des Arbeitskreises:
Wolfgang Zeisig
verantwortlich für den Arbeitskreis

und	6 Referenten
und	7 Sekrätrinnen

Arbeitskreis III
Wirtschaftspolitik

Vorsitzender:	Hans-Jürgen Junghans
Stellv. Vors.:	*Dr. M. Schmidt (Gellersen)*
	Dr. Uwe Jens

Der Arbeitskreis ist zuständig für die Sachgebiete der folgenden Bundestagsausschüsse:

a) Ausschuß für Wirtschaft

Stellv. Vors.:	Peter Reuschenbach
Obmann:	Helmut Lenders
Stellv. Obmann:	Wolfgang Roth

b) Ausschuß für Ernährung, Landwirtschaft un Forsten

Vorsitzender:	*Dr. M. Schmidt (Gellersen)*
Obmann:	Rudolf Müller (Schweinfurt)
Stellv. Obmann:	Jan Oostergetelo

c) Ausschuß für Verkehr und für das Post- und Fernmeldewesen

Stellv. Vors.:	Hans Batz
Obmann:	Erhard Mahne
Stellv. Obmann:	Günter Topmann

d) Ausschuß für Raumordnung, Bauwesen und Städtebau
Stellv. Vors.: Erich Henke
Obmann: Horst Krockert
Stellv. Obmann: Ernst Waltemathe
e) Ausschuß für Forschung und Technologie
Obmann: Adolf Stockleben
Stellv. Obmann: Dr. Ulrich Steger
Arbeitsgruppen
AG Selbständige
Obmann: Prof. Dr. H.-G. Schachtschabel
AG Verbraucherpolitik
Obmann: Dr. Anke Martiny
Referenten des Arbeitskreises: 9 und 9 Sekretärinnen

Arbeitskreis IV
Sozialpolitik
Vorsitzender: Eugen Glombig
Stellv. Vors.: *Rudolf Hauck*
Hermann Rappe (Hildesheim)

Der Arbeitskreis ist zuständig für die Sachgebiete der folgenden Bundestagsausschüsse (Arbeitsgruppen):
a) Ausschuß für Arbeit und Sozialordnung
Vorsitzender: Hermann Rappe (Hildesheim)
Obmann: Jürgen Egert
Stellv. Obmann: Egon Lutz
b) Ausschuß für Jugend, Familie und Gesundheit
Vorsitzender: *Rudolf Hauck*
Obmann: Udo Fiebig
Stellv. Obmann: Horst Jaunich
c) Petitionsausschuß
Stellv. Vors.: Richard Müller (Bayreuth)
Obmann: Adolf Scheu
Stellv. Obmann: Klaus Kirschner
Zur Behandlung bestimmter Fragen bestehen folgende Arbeitsgruppen:
a) Arbeitsgruppe Frauenpolitik
Vorsitzende: Elfriede Eilers
Stellv. Vors.: Dr. Renate Lepsius
b) Arbeitsgruppe Probleme des Arbeitsmarktes
Vorsitzender: Egon Lutz
c) Arbeitsgruppe Ausländischer Arbeitnehmer
Vorsitzender: Hans-Eberhard Urbaniak
Referenten und Sachbearbeiter des Arbeitskreises: 12 und 9 Sekretärinnen

Arbeitskreis V
Öffentliche Finanzwirtschaft
Vorsitzender: Heinz Westpahl

Stellv. Vors.: Gunter Huonker
Lothar Löffler

Der Arbeitskreis ist zuständig für die Sachgebiete der folgenden Bundestagsausschüsse:

a) Haushaltsausschuß

Stellv. Vors.: Dr. Bernhard Bußmann
Obmann: Lothar Löffler
Stellv. Obmann: Bertram Blank

b) Rechnungsprüfungsausschuß (als ständiger Unterausschuß des Haushaltsausschusses)

Vorsitzender und Obmann: Helmut Esters

c) Finanzausschuß

Stellv. Vors.: Erich Meinike
Obmann: Gunter Huonker
Stellv. Obmann: Horst Gobrecht
Referenten des Arbeitskreises: 4 und 5 Sekretärinnen

Arbeitskreis VI
Rechtswesen

Vorsitzender: Hermann Dürr
Stellv. Vors.: Dr. Hans Bardens

Der Arbeitskreis ist zuständig für die Sachgebiete der folgenden Bundestagsausschüsse:

a) Rechtsausschuß

Stellv. Vors.: Dr. Herta Däubler-Gmelin
Obmann: Dr. Alfred Emmerlich
Stellv. Obmann: Günther Heyenn

b) Ausschuß für Wahlprüfung, Immunität und Geschäftsordnung

Vorsitzender: Manfred Schulte
Obmann: Hugo Collet
Stellv. Obmann: Dr. Jürgen Linde
Referenten des Arbeitskreises: 3 und 5 Sekretärinnen

Sach- und Personenregister

(Das Verzeichnis enthält von wenigen Ausnahmen abgesehen keine Angaben zur Literatur, die in den Anmerkungen angeführt wird, zumal diese Literatur dort und im Text in der Regel nicht im einzelnen bewertet werden konnte. Bei besonders wichtigen Komplexen wurden auch im Falle von Querverweisungen Ziffern doppelt aufgeführt.)